Harald Schumny

Mikroprozessoren

**6502, 6800, 8080, Z 80, 9900
Grundlagen – Programmierung –
Vergleiche – Übungen**

Springer Fachmedien Wiesbaden GmbH

CIP-Kurztitelaufnahme der Deutschen Bibliothek

Schumny, Harald:
Mikroprozessoren 6502, 6800, 8080, Z80, 990;
Grundlagen — Programmierung — Vergleiche —
Übungen/Harald Schumny. — Braunschweig;
Wiesbaden: Vieweg, 1983.

Umschlaggestaltung: Horst Dieter Bürkle, Darmstadt
Satz: Vieweg, Braunschweig

ISBN 978-3-528-04235-6   ISBN 978-3-663-14021-4 (eBook)
DOI 10.1007/978-3-663-14021-4

Vorwort

Dieses Buch weist ein paar Besonderheiten auf:

1. Im **Lehrteil** werden in kompakter Form einige wesentliche Grundlagen der digitalen Datenverarbeitung dargestellt;
2. Anhand eines einfachen Modell-Mikrocomputers wird eine Einführung in die Mikro-Datenverarbeitung gegeben;
3. Vier konkrete, weitverbreitete Lerncomputer mit den Prozessoren 6502, Z80 und 9900 werden, aufbauend auf der Modellcomputer-Beschreibung, in Betrieb genommen, wobei Verschiedenheit und Spezialitäten herauskommen;
4. Im **Arbeitsteil** sind zwei Lerncomputer mit dem 8-Bit-μP 6502 einerseits und einem 16-Bit-μP 9900 andererseits gegenübergestellt.

Damit kann das Buch in folgender Weise kurz beschrieben werden:

Teil 1 – Grundlagen lernen

Dies ist der *Lehrteil* mit Grundbegriffen, Zahlensystemen, Codierungen; mit der Beschreibung eines Modellrechners und der Inbetriebnahme von vier Lerncomputern; mit der Diskussion von Basisoperationen, der μC-Hardware und der Programmierung von Mikrocomputern.

Teil 2 – Am Mikrocomputer arbeiten

Dies ist der *Arbeitsteil,* in dem durch Programmieren im Maschinencode zweier wichtiger Mikroprozessoren der Stoff vertieft wird.

Das Hauptanliegen des Buches ist im Arbeitsteil verwirklicht, nämlich die Arbeitsweise von Mikroprozessoren im Detail zu verstehen und an konkreten Versionen mit Programmierübungen soviel Sicherheit zu vermitteln, daß

- einerseits das selbständige Weiterarbeiten mit den vorgestellten Prozessoren möglich wird,
- andererseits der Wechsel zu anderen Mikroprozessoren hiernach gelingen sollte.

Mit Bedacht wurden die beiden Prozessoren für den Arbeitsteil ausgewählt:

- Der Typ 6502 ist nach wie vor enorm verbreitet (z. B. in den Commodore-Computern), er ist mit seinem Befehlssatz und den 13 Adressierungsarten ein sehr leistungsfähiger 8-Bit-μP, und er scheint, wegen der klaren Architektur, für den „Einstieg" besonders gut geeignet. Weil der μP 6502 aus der 6800-Entwicklung hervorging, wird durch Üben am 6502 eine gute Basis auch für die ganze 68XX-Familie geschaffen.
- Der Typ 9900 war der erste 16-Bit-μP und ist vor allem in industriellen Anwendungen zu finden. Die Ähnlichkeit der Architektur zu der von Minicomputern macht diesen Prozessor zusätzlich interessant. Wegen der einzigartigen Schnittstellenprogrammierung mit der *Communications Register Unit* (CRU) sind Prozessoren dieser Familie vor

allem für das Messen, Steuern und Automatisieren von Prozeßabläufen geeignet (Prozeßdatenverarbeitung, PDV). Aufbauend hierauf stehen mit den Nachfolgetypen der
99000-Serie Höchstleistungsprozessoren zur Verfügung.

Der Arbeitsteil ist in 6 Kapitel gegliedert. Besprochen, geübt und gegenübergestellt werden
Transferbefehle (2.1), Status-, Initialisierungs- und Kontrollbefehle (2.2), Sprungbefehle
(2.3), Logik- und Schiebe-Befehle (2.4) sowie Arithmetik-Befehle (2.5). In Kapitel 2.6
sind alle Adressierungsarten zusammengefaßt.

Der ganze **Teil 2** ist in der Regel folgendermaßen gegliedert: Auf den linken Seiten wird
beschrieben und erklärt, auf den rechten Seiten sind die Übungen oder die kleinen „Programme" in Tafeln dargestellt, die die schrittweise Eingabe der Befehle und die Abarbeitung transparent machen sollen.

In einem **Anhang** wurden ergänzende Angaben zusammengestellt, beispielsweise die
Befehlssätze, Befehlsausführungszeiten und die Beeinflussung der Statusbits.

Braunschweig, im August 1983   *Harald Schumny*

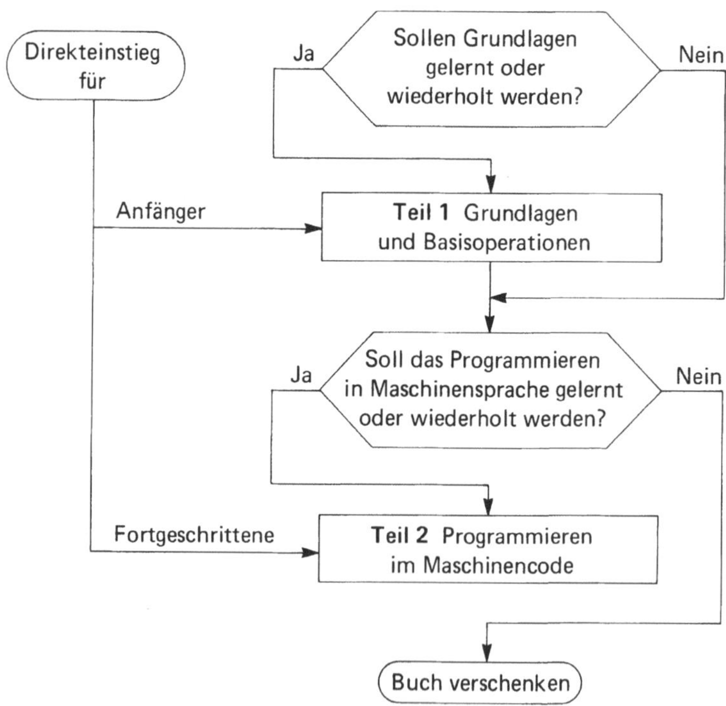

Inhaltsverzeichnis

Teil 1
Grundlagen und Basisoperationen

Als *Grundlagen* verstehen wir hier folgendes: Verabredungen und Begriffsbestimmungen (Kap. 1.1 „Grundbegriffe und Abgrenzungen") sowie das Rechnen mit Dualzahlen, Zahlenkonvertierungen und den Umgang mit Computer-Codes (Kap. 1.2 „Zahlensysteme und Datendarstellung").

In diesen ersten beiden Kapiteln wird kein Rechner verwendet. In Kap. 1.3 „Basis-Mikrocomputer" wollen wir zunächst einen einfachen Modellrechner beschreiben, der als typisches Lerngerät angesehen werden kann. Dann wird die Inbetriebnahme von vier konkreten µC-Lernsystemen besprochen, wobei einfache Kontrollschritte dies erleichtern sollen (1.3.1). In 1.3.2 folgt die Beschreibung der grundsätzlichen Abläufe im Modellrechner bzw. in den Lernsystemen. Es schließt sich in 1.3.3 eine Besprechung von Mikrocomputer-Hardware an. Auch hierbei sind einfache Beispiele unterstützend verwendet. Benutzt werden in diesem Kapitel die Mikrocomputer KIM-1 (mit µP 6502), ALPHA-1 (ebenfalls 6502), Z80-KIT (mit µP Z80) und TM 990/189 (mit µP 9980A).

Im letzten Abschnitt 1.3.4 wird die „Programmierung von Mikrocomputern" in einen allgemeineren Zusammenhang gestellt.

1.1 Grundbegriffe und Abgrenzungen

Um eine eindeutige Verständigung zu ermöglichen, werden zunächst einige Grundbegriffe erklärt. Dabei entsteht gleichzeitig ein erster systematischer Überblick über die Funktionsblöcke eines Computers und deren Zusammenwirken. Schließlich werden wichtige Anwendungsbereiche abgegrenzt und Rechnerklassen definiert, was zu einer groben Einordnung des Mikroprozessors bzw. Mikrocomputers führt.

Vorab seien folgende Definitionen angegeben:

> Die maschinelle, automatische Datenverarbeitung benutzt für alle Entscheidungen zwei Grundelemente (z.B. +/−; hoch/niedrig; Strom/kein Strom; 0/1). Das sind die binären Informationseinheiten, kurz: *Binäreinheiten* oder *Binärzeichen*. Die englische Bezeichnung lautet
>
> > *Binary Digit*; abgekürzt: *Bit*
>
> DIN 44300 unterscheidet zwei Schreibweisen:
> - *Bit* − Kurzform für Binärzeichen im beschreibenden Text, also z.B. „ein Bit" oder „drei Bits";
> - *bit* − Sondereinheit für die Anzahl der Binärentscheidungen, z.B. „Wortbreite 8 bit" oder „Datenrate 9600 bit/s" (kein Plural-s).
>
> Diese Regelung gilt ebenso für *Byte*.
>
> Bei der Angabe von Speichergrößen wird oft folgende Kurzform für Vielfache verwendet:
>
> $$1 \text{ K} = 2^{10} = 1024 \quad \text{(sprich: ein K)}.$$
>
> Damit bedeuten 1 Kbyte = 1024 Speicherstellen für jeweils 8 bit = 1 byte.
>
> Zu unterscheiden ist davon das Vielfache
>
> $$1 \text{ k} = 10^{3} = 1000 \quad \text{(sprich: ein Kilo)}.$$
>
> Nicht eindeutig ist die Kurzform „M":
>
> entweder $\quad 1 \text{ M} = 2^{20} = 1024 \text{ K}$
>
> oder $\quad\quad\; 1 \text{ M} = 10^{6} \quad$ (ein Mega)

1.1 Grundbegriffe und Abgrenzungen

1.1.1 Prozessor und Computer

Der *Prozessor* ist die zentrale Steuer- und Verarbeitungseinheit einer Anlage für „automatische Datenverarbeitung" (ADV). In dieser Einheit werden die einzelnen Programmbefehle interpretiert, daraus Steuerimpulse hergeleitet und, nach Maßgabe dieser Steueranweisungen, Daten verrechnet, also die gewünschten Ergebnisse ermittelt. Weil die Verarbeitung mit Hilfe elektronischer Schaltkreise vorgenommen wird, ist die Bezeichnung *Elektronische Datenverarbeitung* (EDV) allgemein eingeführt. In **Bild 1.1.1** ist für den Prozessor die Benennung „Steuer- und Rechenwerk" verwendet. Der englische Fachausdruck lautet *Central Processing Unit*, CPU. Die CPU, der Prozessor also, bildet zusammen mit einem Speicher (*Memory*) die Zentraleinheit der Datenverarbeitungsmaschine. Vollständig ist eine EDV-Anlage (*Computer, Rechner*) aber erst, wenn eine ausreichende Peripherie mit Ein- und Ausgabegeräten angeschlossen ist.

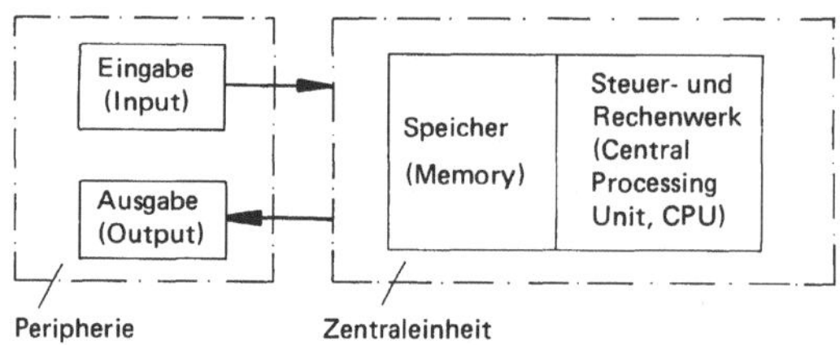

Bild 1.1.1

Schematische Darstellung einer Datenverarbeitungsanlage

● Hardware und Software

Die Gesamtheit der mit Bild 1.1.1 beschriebenen technischen Einrichtungen bildet die *Hardware* der EDV-Anlage. Fähig zum sinnvollen und selbsttätigen Arbeiten ist die Hardware erst dann, wenn eine konkrete Folge von Anweisungen vorliegt, die für die Maschine verständlich, d.h. geeignet codiert sind. Solch eine Anweisungsfolge heißt *Programm*. Die Gesamtheit aller Programme, die teils vom Benutzer erstellt, teils vom Hersteller der Hardware mitgegeben sind, wird *Software* genannt. Erst die Verbindung von Hardware und „passender" Software ergibt ein funktionsfähiges *EDV-System*. Ohne Software bleibt die Hardware eine nutzlose Maschine. Es gilt somit die Formel:

> Ein EDV-System setzt sich zusammen aus Hardware und Software.

Die vom Hersteller mitgelieferte Software wird auch *Firmware* genannt.

● Funktionseinheiten

Nach ihren Aufgaben innerhalb eines EDV-Systems werden die in **Bild 1.1.2** angegebenen Funktionseinheiten abgegrenzt:

- **Zentraleinheit** mit Steuerwerk (*Control Unit*, CU), Rechenwerk (*Arithmetic Logic Unit*, ALU) und Arbeitsspeicher (*Memory*). CU und ALU zusammen bilden die CPU (*Central Processing Unit*).
- **Peripherie** mit Ein-/Ausgabe-Einheiten (*Input/Output Units*, I/O) und Hilfsspeicher.

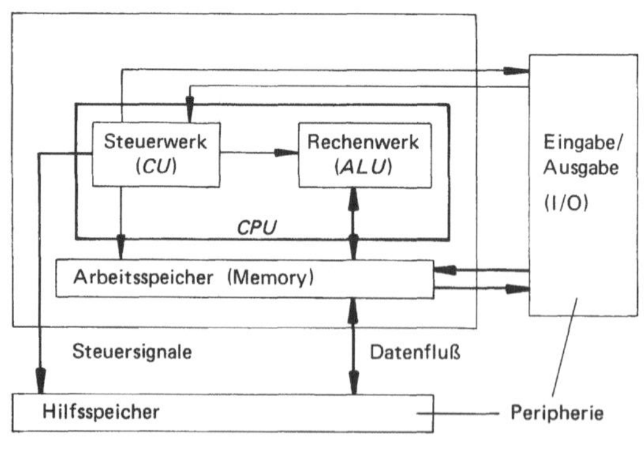

Bild 1.1.2

Prinzipieller Aufbau einer EDV-Anlage mit Steuersignalen und Datenfluß. (CU: Control Unit, ALU: Arithmetic Logic Unit, CPU: Central Processing Unit, I/O: Input/Output)

1.1.2 Anwendungsbereiche und Rechnerklassen

● Steuerwerk

Das *Steuerwerk* (auch: Leitwerk) ist die zentrale Überwachungs- und Steuerungseinrichtung der gesamten EDV-Anlage. Es gibt die Ein-/Ausgabe von Daten und Programmbefehlen frei, sorgt für die Decodierung (das Erkennen und Ausführen der Programmbefehle) und koordiniert sämtliche Geräte und Funktionseinheiten der EDV-Anlage.

● Arbeitsspeicher

Kontrolliert vom Steuerwerk nimmt der *Arbeitsspeicher* (auch: Hauptspeicher) von der Eingabeeinheit alle Daten und Programme auf und speichert sämtliche Zwischen- und Hauptergebnisse. Er ist also das zentrale Gedächtnis der Anlage. Arbeitsspeicher sind heute in der Regel als Halbleiterspeicher aufgebaut.

● Rechenwerk

Das *Rechenwerk* führt alle durch das Programm geforderten Verarbeitungen durch, wobei in der Hauptsache arithmetische und logische Verknüpfungen zu bewältigen sind, weshalb auch die Bezeichnung *Arithmetisch-logische Einheit* gebraucht wird. Die zu verarbeitenden Daten werden auf Anweisungen des Steuerwerkes hin aus dem Arbeitsspeicher in das Rechenwerk geladen; die Ergebnisse gelangen zurück in den Arbeitsspeicher.

● Hilfsspeicher

Ein zu großer Arbeitsspeicher kann teuer und langsam sein. Darum werden zur Entlastung und Erweiterung des Arbeitsspeichers *Hilfsspeicher* dazugeschaltet. Nur die jeweils unmittelbar benötigten Daten und Programmbefehle müssen dann im Arbeitsspeicher direkt zur Verfügung stehen — sie müssen *speicherresident* sein. Wichtige Hilfsspeicher sind: Magnetplatten, Floppy Disks oder Disketten, Computerbänder, Magnetbandkassetten, Magnetblasenspeicher.

● Direkter Speicherzugriff, DMA

Das *Laden* von Daten in den Arbeitsspeicher ist als typisch für alle normalen Abläufe in einer DV-Anlage anzusehen, weil es unter vollständiger Kontrolle des Steuerwerkes abläuft. Das hat zwei Konsequenzen: 1. Der Rechner ist während aller Ein-/Ausgabevorgänge blockiert für andere Aufgaben, weil ja die CPU für diese Vorgänge benötigt wird; 2. Die „normalen" Ein-/Ausgabevorgänge erfordern eine Reihe von CPU-Steuerschritten und damit viel mehr Zeit als die Ein-/Ausgabe selbst. Wenn diese zusätzliche Zeit nicht zur Verfügung steht, weil die Daten zu schnell anfallen, oder wenn die CPU während der Ladevorgänge für andere Aufgaben genutzt werden soll, empfiehlt sich eine Spezialeinrichtung, die mit dem Fachausdruck „direkter Speicherzugriff" oder englisch als *Direct Memory Access* (DMA) bezeichnet wird. Es handelt sich um einen besonderen Datenkanal (*DMA-Kanal*), der es erlaubt, Daten ohne Inanspruchnahme der CPU in den Hauptspeicher zu bringen.

● Mikroprozessor

Wir haben bislang überlegt, wie ein EDV-System prinzipiell aufgebaut ist, wie Steuersignale den gesamten Ablauf innerhalb des Systems lenken und welche Datenwege zur Verfügung stehen müssen. Die Darstellung der Zusammenhänge ist allerdings an dieser Stelle stark vereinfacht, sozusagen auf das Wesentliche beschränkt. Damit können wir aber leicht den Übergang zu unserem eigentlichen Thema „Mikroprozessor" angehen: Vereinfacht ausgedrückt, ist ein Mikroprozessor nichts anderes als die CPU eines Computers, der allerdings in seiner Leistungsfähigkeit, im direkt anschließbaren Speicherbereich und — nicht zuletzt — im Preis unter großen Computern liegt.

1.1.2 Anwendungsbereiche und Rechnerklassen

Hauptbereiche der maschinellen oder automatischen Datenverarbeitung (ADV) sind
- kommerzielle Datenverarbeitung
- technisch-wissenschaftliche Datenverarbeitung
- Prozeßdatenverarbeitung (PDV)
- Analogdatenverarbeitung

● Kommerzielle DV

Typisch für *kommerzielle DV* ist einerseits eine Vielzahl von Daten, die Speicher sehr großer Kapazität erfordern (Massenspeicher, Datenbanken). Andererseits ist in der Regel nur ein geringer Aufwand an Verrechnung nötig. Als Beispiel stelle man sich die Kontenführung eines großen Bankinstitutes vor mit viel-

3

leicht 100 000 Kunden. Bei reger Benutzung des Banken-Service (Überweisungen, Abhebungen, Daueraufträge, Schecks etc.) ergibt sich eine enorme Zahl von Daten (neuer Kontostand, Gebühren, Soll, Haben, Zinsen, Mahnungen etc.). Die Verrechnung dieser Daten und die Ermittlung des aktuellen Standes jedoch besteht aus einfachsten Operationen wie Addition und Multiplikation.

● Technisch-wissenschaftliche DV

Die zu behandelnden Probleme sind fast immer charakterisiert durch komplexe, umfangreiche und somit langwierige Verrechnungen weniger Ein- und Ausgabedaten. Natürlich handelt es sich bei diesen Unterscheidungen um Grenzfälle. In der Praxis wird oft eine mehr oder weniger starke Vermischung auftreten.

● Dialog-Datenverarbeitung

Eine wichtige Form in sowohl technisch-wissenschaftlichen als auch kommerziellen Bereichen wird als *Dialog-Datenverarbeitung* (DDV) bezeichnet. In „normalen" Anwendungsfällen wird zur Lösung eines bestimmten Problems ein Programm geschrieben, das vollständig ablaufen muß, um ein Ergebnis zu liefern. Erst danach ist es möglich, das Programm gegebenenfalls zu ändern, um ein „besseres" Ergebnis zu erzielen, was aber erneut einen vollständigen Programmablauf erfordert, usw. Bei DDV dagegen kann die Lösung eines Problems in einzelnen Schritten erfolgen, weil nicht erst das ganze Programm ablaufen muß, sondern der Rechner auf jede Anfrage direkt eine Antwort erteilt (Dialog Mensch/Maschine). Zu diesem Zweck muß natürlich der Hersteller den Rechner speziell ausgelegt haben, ihm also ein darauf zugeschnittenes *Betriebssystem* mitgegeben haben (vgl. hierzu [1], [2]).

● Prozeßdatenverarbeitung

Von *Prozeßdatenverarbeitung* (PDV) spricht man dann, wenn EDV-Anlagen in technischen oder wissenschaftlichen Prozessen für z.B. folgende Aufgaben eingesetzt werden:

● Meßdatenerfassung und -auswertung;
● Überwachung und Steuerung technischer Produktionsprozesse (Prozeßführung);
● Prozeßregelung.

Ein typisches Merkmal für PDV ist, daß die zumeist analogen Meßdaten (Prozeßdaten) vor der Verarbeitung „digitalisiert" werden müssen. Dazu werden dem Rechner Analog-Digital-Wandler (ADC, *Analog Digital Converter*) vorgeschaltet. Die Ergebnisse der digitalen Verarbeitung werden entweder direkt weiterverwendet (*Closed Loop*, d.h. „geschlossene Regelschleife"), oder sie werden über einen DAC (*Digital Analog Converter*) wieder ausgegeben. Häufig anzutreffen ist der Fall, daß Prozeßdaten in *Echtzeit* zu verarbeiten sind, daß also die Verarbeitungsergebnisse vor dem nächsten Prozeßschritt zur Verfügung stehen müssen. Schließlich sind oft sehr große Datenmengen in manchmal schneller Folge (hohe Datenraten) zu verkraften. Eine Auswahl von Literatur zum Messen, Steuern und Regeln ist unter [3] ... [8] angegeben.

● Serielle und parallele Verarbeitung

Ein gemeinsames Merkmal der ebenen vorgestellten Formen automatischer Verarbeitung ist, daß die Daten *seriell* verarbeitet werden. Das bedeutet, ein weiterer Verarbeitungsschritt wird erst ausgeführt, nachdem der vorhergehende abgeschlossen ist. Oder anders beschrieben: die zur Lösung eines Teilproblems nötigen Verarbeitungsschritte werden in einem einzigen „Rechenwerk" nacheinander (seriell bzw. sequentiell) ausgeführt. Die alternative Möglichkeit ist, ebensoviele „Rechenwerke" zu installieren, wie Verarbeitungsschritte zur jeweiligen Problemlösung erwartet werden. Dieses aufwendige *parallele Verfahren* wird in Digitalrechnern nicht angewendet, ist jedoch typisch für *Analogrechner*.

● Analogdatenverarbeitung

Im Gegensatz zu Digitalrechnern, die *diskrete Werte* seriell verarbeiten, arbeiten *Analogrechner* mit im wesentlichen stetigen physikalischen Größen (vgl. z.B. [9]). Die Lösung eines Problems wird hierbei nicht ziffernweise (numerisch) herbeigeführt, sondern es wird sozusagen ein physikalisches (analoges) Modell des Problems aufgebaut und dann die Lösung der Aufgabe durch Experimente mit dem analogen System gewonnen und durch Messungen der physikalischen Größen des Systems registriert. Das analoge Modell besteht darin, daß die mathematisch formulierte Aufgabe in *Rechenelemente* umgesetzt wird — Rechenelemente für Addition, Subtraktion, Multiplikation, Integration, Differentiation usw. der analogen Signalverläufe. Es müssen soviele Rechenelemente vorhanden sein, wie es die Aufgabe bzw. die gewünschte Genauigkeit fordert. Die Verarbeitung (Problemlösung) erfolgt dann *parallel*, also in einem Schritt mit allen einbezogenen Rechenelementen. Analogrechner sind darum „schneller" als Digitalrechner. Wo es aber auf hohe Genauigkeit ankommt, wird der Digitalrechner eingesetzt werden. Um die Vorteile beider Rechnertypen nutzen zu können, werden *Hybridrechner* aufgebaut. Sie enthalten außer den beiden Teilsystemen Analogrechner und Digitalrechner eine *Kopplungselektronik* zur „Vermittlung" zwischen ihnen.

1.1.2 Anwendungsbereiche und Rechnerklassen

● Rechnerklassen

Mit der eben besprochenen Gliederung in Hauptbereiche und wichtige Sonderfälle der ADV läßt sich beispielsweise das folgende Schema mit groben *Rechnerklassen* aufstellen:

> ● *Großcomputer* als aufwendige Spezialrechner für Technik, Wissenschaft und Rechenzentren (z.B. Kerntechnik, Raumfahrt, Zentralregister);
>
> ● *Mittlere Anlagen* für den kommerziellen Bereich („Mittlere Datentechnik", MDT, heute auch als *Business Computing* bezeichnet);
>
> ● *Prozeßrechner* zur Meßdatenverarbeitung in Industrie und Wissenschaft sowie zur Überwachung, Steuerung und Regelung technischer Produktionsprozesse;
>
> ● *Minicomputer* für die „Dezentrale Datenverarbeitung" und als Prozeßrechner;
>
> ● *Mikrocomputer* für die noch weiter dezentralisierte Datenverarbeitung, Datenvorverarbeitung in „intelligenten Terminals" sowie als anpassungsfähiges Mittel für die Meßtechnik und für einfachere Steuerungs- und Überwachungsaufgaben;
>
> ● *Programmierbare Tisch- und Taschenrechner* als bequeme und preiswerte Hilfsmittel in unzähligen Anwendungsfällen.

Nach der Auflistung von Hauptbereichen, allgemeinen Anwendungsfällen und Rechnerklassen bleibt die Frage, wo im Einzelfall und warum Mikroprozessoren bzw. Mikrocomputer sinnvoll einzusetzen sind. Zur Beantwortung sollen die beiden folgenden Fälle beitragen.

● Konventionelle digitale Schaltungen

Die „konventionelle Technik" zum Entwickeln und Aufbauen digitaler Schaltkreise besteht darin, daß das insgesamt gewünschte Verhalten durch Zusammenschaltung diverser integrierter Bausteine (IC, *Integrated Circuits*) erzielt wird. Das bedeutet, es werden aus einer „IC-Logikfamilie" diejenigen Bausteine herausgesucht, die zur Lösung der jeweiligen Aufgabe nötig erscheinen. Das gewünschte Verhalten (die „Intelligenz" des Schaltkreises) ergibt sich aus der richtigen Verknüpfung der Logik-Bausteine. **Bild 1.1.3** zeigt schematisch den Signalfluß solch eines konventionellen Systems. Solche „festverdrahteten Logiksysteme" haben den Nachteil, daß bei einer Veränderung der Aufgabenstellung auch neu „verdrahtet" werden muß. Bei Großserien bedeutet dies eine Änderung der bedruckten Platten.

Bild 1.1.3

Prinzipieller Signalfluß in einer konventionellen Digitalschaltung. Die „Intelligenz" des Systems ergibt sich aus der sinnvollen Verknüpfung einzelner Logik-Bausteine (feste Verdrahtung)

● Digitalschaltungen mit μP

In digitalen Schaltkreisen mit Mikroprozessoren ist die „festverdrahtete Logik", die sinnvolle Zusammenschaltung einzelner Logik-Bausteine also, ersetzt durch einen Mikroprozessor. Das hat folgende Konsequenzen:

● digitale Schaltkreise werden im wesentlichen mit nur noch einem Baustein aufgebaut — dem μP;

● die „Intelligenz" des Schaltkreises (das gewünschte Verhalten) wird durch ein Programm erzeugt;

● die Anpassung an eine veränderte Aufgabenstellung wird durch Änderungen im Programm erzielt.

Bild 1.1.4 soll im Vergleich mit Bild 1.1.3 den Unterschied zur konventionellen Technik verdeutlichen.

> In digitalen Schaltkreisen mit Mikroprozessoren ist die konventionelle, festverdrahtete Logik (*Hardware*) ersetzt durch eine Folge von Anweisungen, die der μP ausführt (*Software*). Bei Veränderungen der Anforderungen wird die Software geändert; Eingriffe in die Hardware sind kaum noch nötig.

Bild 1.1.4

Digitalschaltung mit Mikroprozessor. Die „Intelligenz" dieses Systems wird durch ein Programm erzeugt (programmgesteuertes System)

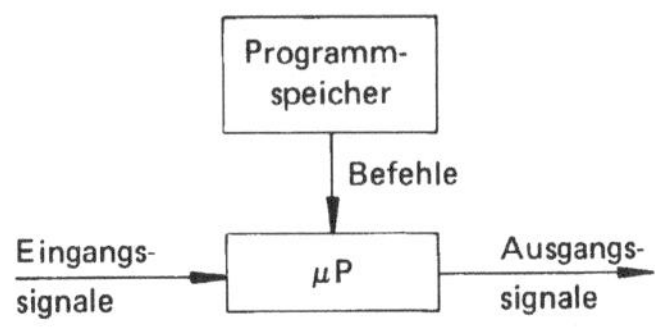

1.2 Zahlensysteme und Datendarstellung

Für maschinelle und automatische Verarbeitungsabläufe ist das dezimale Zahlensystem mit den zehn verschiedenen Elementen nicht geeignet. Dafür bieten sich Systeme an, bei denen die Anzahl der Elemente ein Vielfaches von zwei ist. Diese Systeme, der Zusammenhang untereinander und Umwandlungen zwischen ihnen sollen nun besprochen werden. Es folgen Grundlagen der Arithmetik und Darstellungen der wichtigsten Computer-Codes. (Weiterführende Literatur z.B. [1], [10] ... [18]).

1.2.1 Bildungsgesetz und Umwandlungen

Das universale *Zahlensystem-Bildungsgesetz* sieht folgendermaßen aus:

$$Z = \sum_{i=-\infty}^{i=+\infty} z_i \cdot B^i \qquad (1.2.1)$$

Jede Zahl Z wird mithin dargestellt durch Summation über alle vorkommenden Produkte $z_i B^i$, wobei z_i der Zahlenwert an der i-ten Stelle und B^i der Stellenwert ist, also

$$Z = z_{-\infty} B^{-\infty} + ... + z_{-2} B^{-2} + z_{-1} B^{-1} + z_0 B^0 + z_1 B^1 + z_2 B^2 + ... + z_\infty B^\infty. \qquad (1.2.2)$$

● **Basis des Zahlensystems**

Die Basis B eines Zahlensystems gibt die Anzahl der Elemente des Systems an. Im Dezimalsystem ist $B = 10$ (die Ziffern 0 bis 9). Mit $B-1$ kann die größte vorkommende Ziffer ermittelt werden. Dezimalzahlen ergeben sich aus der Summierung der richtigen Anzahl von Einern, Zehnern, Hundertern, Tausendern usw., also aus einer Summe von Potenzen zur Basis 10. Das Beispiel 27 186 lautet darum nach Gl. (1.2.1)

$$\begin{aligned} Z &= 0 \cdot 10^{-\infty} + ... + 0 \cdot 10^{-2} + 0 \cdot 10^{-1} + 6 \cdot 10^0 + 8 \cdot 10^1 + 1 \cdot 10^2 + 7 \cdot 10^3 \\ &\quad + 2 \cdot 10^4 + 0 \cdot 10^5 + ... + 0 \cdot 10^\infty \\ &= 2 \cdot 10^4 + 7 \cdot 10^3 + 1 \cdot 10^2 + 8 \cdot 10^1 + 6 \cdot 10^0 = 27 186 \end{aligned}$$

So lassen sich mit dem Bildungsgesetz beliebige Zahlen einschließlich negativer und gebrochener darstellen. Je nach Wahl der Basis B entstehen verschiedene Zahlensysteme. Einige Beispiele sind:

Dualsystem	$B = 2$
Oktalsystem	$B = 8$
Dezimalsystem	$B = 10$
Hexadezimalsystem	$B = 16$

● **Dualsystem**

Das Dualsystem ist für maschinelle und automatische Datenverarbeitung gut geeignet, weil es aus nur zwei unterscheidbaren Zuständen besteht (Zweiersystem). Die Basis ist $B = 2$, als Elemente existieren mithin nur die Dualziffern 0 und 1. Die technische Darstellung dieser beiden Elemente gelingt besonders einfach mit beispielsweise zwei verschiedenen elektrischen Spannungen oder den Zuständen „Strom ein" bzw. „Strom aus". Es sei hier auf den Unterschied zwischen „dual" und „binär" hingewiesen:

> *Dual* wird verwendet, wenn das Zahlensystem gemeint ist;
> *Binär* bedeutet: „genau zweier Werte fähig", also z.B. auch der Werte 0 und 1.
> *Binäre Variablen* nennt man hiernach die in der Digitaltechnik zu verknüpfenden Größen. Zur Kennzeichnung ihrer Werte werden auch die Ziffern 0 und 1 benutzt.
> *Pegel* oder *Signalwert* nennt man die physikalische Darstellung der binären Variablen. Zur Kennzeichnung dienen die Buchstaben L (für *Low*, z.B. Spannung 0V) und H (für *High*, z.B. Spannung 5V).

● **Dualzahlen**

Dualzahlen werden ebenfalls mit Hilfe des Zahlensystem-Bildungsgesetzes (1.2.1) dargestellt, indem für die Basis $B = 2$ eingesetzt wird und die Zahlenwerte z_i mit 0 oder 1 stellenrichtig angegeben werden. Ein Beispiel: Dezimalzahl 243.

Stellenzahl	8	7	6	5	4	3	2	1	
$Z_{dez} = \ldots$	$+0\cdot10^7$	$+0\cdot10^6$	$+0\cdot10^5$	$+0\cdot10^4$	$+0\cdot10^3$	$+2\cdot10^2$	$+4\cdot10^1$	$+3\cdot10^0$	$=243$
Stellenwert	10000000	1000000	100000	10000	1000	100	10	1	
$Z_{dual} = \ldots$	$+1\cdot2^7$	$+1\cdot2^6$	$+1\cdot2^5$	$+1\cdot2^4$	$+0\cdot2^3$	$+0\cdot2^2$	$+1\cdot2^1$	$+1\cdot2^0$	$=243$
Stellenwert	128	64	32	16	8	4	2	1	

Es ist also

243 im Dezimalsystem = 11110011 im Dualsystem.

Hieraus wird deutlich: Das für maschinelle Verarbeitungen besonders geeignete duale Zahlensystem ist für Menschen wenig geeignet, weil meist nur schwer lesbare Ausdrücke entstehen. Für einen Dialog mit dem Computer werden darum in der Regel „Kurzschriften" verwendet. Das sind Zahlensysteme, deren Basis ein Vielfaches von 2 ist.

• Oktalsystem

Die Basis des Oktalsystems ist $8 = 2^3$. Mit dem Bildungsgesetz Gl. (1.2.1) wird

$Z_{okt} = \ldots + 0\cdot8^4 + 0\cdot8^3 + 3\cdot8^2 + 6\cdot8^1 + 3\cdot8^0$					$=243$
Stellenwert	4096	512	64	8	1	

Es ist also

243 im Dezimalsystem = 363 im Oktalsystem. Diese Zahl ist sicher leichter lesbar als 11110011. Wegen $B = 8$ ist die größtmögliche Ziffer im Oktalsystem gleich 7. Bis zu dieser Ziffer decken sich die Elemente im Dezimal- und Oktalsystem.

• Hexadezimalsystem

Die Basis des Hexadezimalsystems ist $16 = 2^4$. Mit dem Bildungsgesetz Gl. (1.2.1) wird

$Z_{hex} = \ldots + 0\cdot16^4 + 0\cdot16^3 + 0\cdot16^2 + 15\cdot16^1 + 3\cdot16^0$					$=243$
Stellenwert	65536	4096	256	16	1	

Die zur Dezimalzahl 243 gehörende Hexadezimalzahl setzt sich also zusammen aus drei „Einern" ($3\cdot16^0$) und 15 „Sechzehnern" ($15\cdot16^1$). Wegen $B = 16$ ist 15 die größtmögliche Ziffer im Hexadezimalsystem. Weil aber im praktischen Gebrauch die Verwendung zweistelliger Zahlen (10 bis 15) zur Darstellung von einzelnen Hexadezimalziffern ungünstig ist, wurde folgende Benennung gewählt:

dezimal	0	1	2	3	4	5	6	7	8	9	10	11	12	13	14	15
hexadezimal	0	1	2	3	4	5	6	7	8	9	A	B	C	D	E	F

Es ist demzufolge

243 im Dezimalsystem = F3 im Hexadezimalsystem.

Damit ergibt sich am Beispiel der Dezimalzahl 243 folgende Gegenüberstellung:

Zahlendarstellung			
dezimal	dual	oktal	hexadezimal
243	11110011	363	F3

• Konvertierung

Unter Konvertierung versteht man die Umwandlung aus einem in ein anderes Zahlensystem. Die Umwandlung irgendeiner Zahl in eine Dezimalzahl ist leicht möglich durch konsequente Verwendung des Zahlensystem-Bildungsgesetzes (Gl. (1.2.1)), indem nämlich beispielsweise F3 (hexadezimal) eingesetzt wird (siehe oben) und aus $15\cdot16^1 + 3\cdot16^0 = 240 + = 243$ die zugehörige Dezimalzahl entsteht. Durch Einsetzen beliebiger Zahlen aus verschiedenen Zahlensystemen wird erkennbar, welche praktische Bedeutung das zunächst etwas theoretisch anmutende Zahlensystem-Bildungsgesetz hat.

1.2 Zahlensysteme und Datendarstellung

Die Systematik bei der Umwandlung von Dezimalzahlen in jede beliebige Zahl zur Basis B liegt darin, daß die Dezimalzahl „fortlaufend" durch die Basis B dividiert wird. Aus den Divisionsresten ergibt sich die gewünschte Zahl zur Basis B. Ein Beispiel: Umwandlung der Dezimalzahl 115 in die entsprechende Dualzahl.

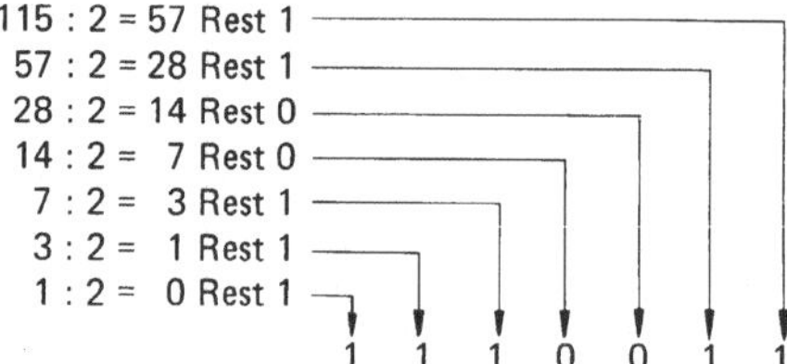

Die Konvertierung ist abgeschlossen, wenn als Divisionsergebnis 0 auftritt. Die Reste von unten nach oben gelesen ergeben die Dualzahl. In gleicher Weise kann die entsprechende Oktal- oder Hexadezimalzahl ermittelt werden, indem fortlaufend durch 8 bzw. 16 dividiert wird. In der Praxis wird man jedoch nicht so vorgehen, sondern den Weg über Dualzahlen, die einfache Division durch 2 also wählen. Oktal- oder Hexadezimalzahlen entstehen dann durch Übersetzung der Dreier- bzw. Vierergruppen.

1.2.2 Dualzahlen-Arithmetik

Zwei Besonderheiten beeinflussen die für die maschinelle Verwendung geeignete Dualzahlen-Arithmetik: 1. DV-Maschinen können im Grunde nur addieren; 2. Für die Darstellung negativer Zahlen sind spezielle Hilfsmittel nötig. Wir werden uns darum in diesem Abschnitt zunächst ansehen, wie die anderen arithmetischen Operationen auf die Addition zurückgeführt werden. Das Rechnen mit negativen Zahlen wird sich anschließen. Vorab seien mit nachfolgender Aufstellung ein paar arithmetische Begriffe erklärt:

Summand	+ Summand	= Summe
Multiplikand	× Multiplikator	= Produkt
Minuend	− Subtrahend	= Differenz
Dividend	÷ Divisor	= Quotient

$9 + 1 = 10$. Das Ergebnis dieser Addition zweier einstelliger Zahlen ist also zweistellig. Anders: Es gibt einen Überlauf auf die Stelle nächsthöherer Wertigkeit (von den „Einern" zu den „Zehnern"). Das gilt ganz allgemein für $(B - 1) + n$, wobei $n \geqslant 1$ sein kann. Im Dualsystem ist $B = 2$ und n kann nur 1 werden, weil nur die Elemente 0 und 1 existieren. Es entsteht mithin

$$(2 - 1) + 1 = 1 + 1 = 10,$$

nämlich ein *Überlauf* von den „Einern" zu den „Zweiern". Wir können also folgern

Arithmetische Regeln für Addition:
$$0 + 0 = 0$$
$$0 + 1 = 1$$
$$1 + 0 = 1$$
$$1 + 1 = 10$$

Ein *Beispiel*: $7 + 6 + 5 = 18$

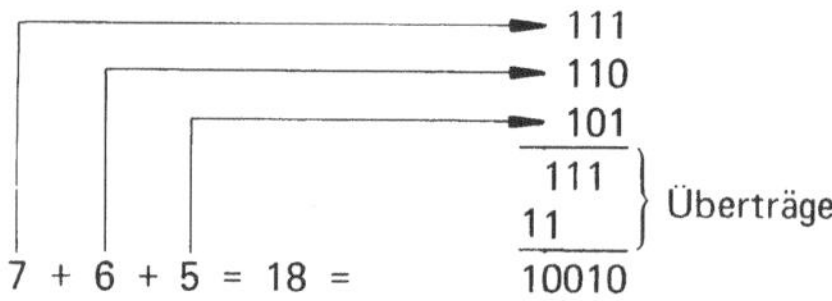

● **Multiplikation**

Die Multiplikation wird als *Mehrfachaddition* ausgeführt, nämlich so oft, wie es der *Multiplikator* fordert. Dabei muß nach jeder Teiladdition um eine Stelle verschoben werden. Dies entspricht also vollständig dem Vorgehen bei der schriftlichen Multiplikation von Dezimalzahlen. Ein *Beispiel*: 28 × 11 = 308

```
  11100 × 1011
  11100
  00000
   11100
    11100
100110100 = 308
```

Eine Kontrolle des Ergebnisses ist mit Hilfe des Zahlensystem-Bildungsgesetzes leicht möglich. Es sei hier erwähnt, daß manche Rechner *Multiplizierwerke* besitzen. Darin wird aber nichts anderes ausgeführt als die eben demonstrierte Mehrfachaddition mit Verschiebungen.

● **Komplement**

Subtraktion und Division werden mit Hilfe des Komplementes auf die Addition zurückgeführt. Unter dem *Komplement* versteht man die Ergänzung einer Zahl zur nächsthöheren, nichtbenutzten Wertigkeit. Ein *Beispiel*:

```
                10011 = 19
Komplement:     01101 = 13
```

Die nächsthöhere, nicht benutzte Bit-Wertigkeit zur gegebenen Zahl 19 ist 32. Die Ergänzung beträgt also 13. Wir wollen ein einfaches Rezept zur *Komplementbildung* angeben:

> 1. Umkehren (*Invertieren*) jedes einzelnen Bits (also 1 für 0 und 0 für 1) — dadurch entsteht das *Einerkomplement*.
> 2. Addition von 1 zum Einerkomplement — dadurch entsteht das *Zweierkomplement*. Dies ist die gesuchte Ergänzung zur nächsthöheren Bit-Wertigkeit.

In DV-Maschinen wird mit festen Wortlängen von z.B. 4, 8 oder 16 bit gearbeitet. Das gesuchte Komplement ist dann die Ergänzung zu 16, 256 oder 65536.

● **Subtraktion**

Subtraktionen werden ausgeführt, indem das *Komplement des Subtrahenden* zum Minuenden addiert wird. Überträge über das höchste Bit hinaus bleiben dabei unberücksichtigt! Ein *Beispiel*: 44 − 21 = 23; Wortlänge gleich 8 bit.

1. Schritt: *Komplementbildung*

```
 21 = 00010101
      11101010   (Einerkomplement)
      00000001   (Plus 1)
235 = 11101011   (Zweierkomplement)
```

2. Schritt: *Addition*

```
 44 = 00101100
235 = 11101011
      00010111 = 23
```

● **Division**

Divisionen werden durch fortlaufende Addition des Divisor-Komplementes durchgeführt. Ein *Beispiel* bei einer Wortlänge von 4 bit: 13 : 2 = 6 Rest 1.

1. Schritt: *Komplementbildung*

```
 2 = 0010
     1101   (Einerkomplement)
     0001   (Plus 1)
14 = 1110   (Zweierkomplement)
```

In diesem Beispiel war auch ohne Berechnung erkennbar, daß die Ergänzung zu 16 gleich 14 ist.

1.2 Zahlensysteme und Datendarstellung

2. Schritt: *Fortlaufende Addition*

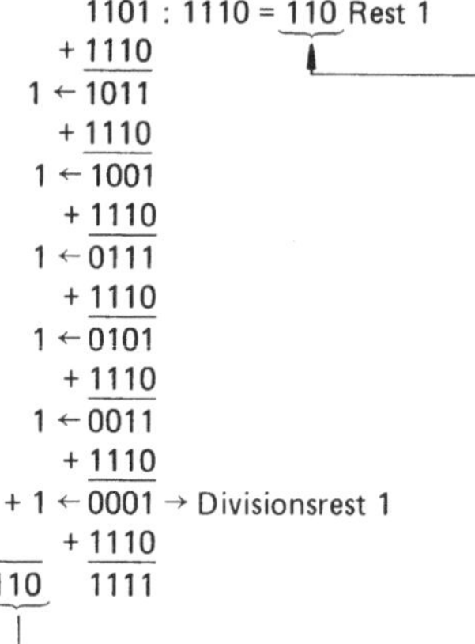

Dieses Beispiel zeigt folgendes:

> 1. Die fortlaufende Addition des Komplementes — die Division also — ist dann beendet, wenn kein Übertrag mehr über das werthöchste Bit hinaus erfolgt.
> 2. Die Summe aller Überträge bildet das Divisionsergebnis.
> 3. Das Ergebnis der letzten Addition, bei der es noch zu einem Übertrag kam, ist der Divisionsrest.

In jedem Fall ist also die Dualzahlen-Arithmetik auf die Addition zurückgeführt. Zusätzlich müssen im Falle der Multiplikation Verschiebungen, bei Subtraktionen und Divisionen Komplementbildungen ausgeführt werden. Die zentrale Verarbeitungseinheit eines Computers (ALU) benötigt also im wesentlichen Invertierer, Schieberegister und Addierer.

● Negatives Vorzeichen

1. Bei Subtraktionen kann das Ergebnis negativ werden (dies ist trivial).
2. Beispielsweise durch einen Größer-Kleiner-Vergleich zwischen Minuend und Subtrahend (oder mit anderen geeigneten Mitteln, siehe unten) ist festzustellen, ob ein positives oder negatives Ergebnis herauskommen muß.
3. Ist auf „negatives Ergebnis" erkannt, muß das Subtraktionsergebnis (das Ergebnis der Addition mit Hilfe des Zweierkomplementes nämlich) unter Zuhilfenahme des Zweierkomplementes umgeformt werden.
4. Das negative Ergebnis ist in geeigneter Form kenntlich zu machen.

● Vorzeichenbit

Die gebräuchliche Form der Kenntlichmachung negativer Zahlen ist die mit Hilfe eines *Vorzeichenbit*. Ein erster Hinweis auf diese Technik ist bereits unter dem Stichwort *Subtraktion* gegeben, wo gesagt wurde, daß bei der Addition mit dem Zweierkomplement des Subtrahenden eventuelle Überträge über das höchste Bit hinaus unberücksichtigt bleiben müssen. Folgendes ist leicht nachprüfbar: Wenn der Minuend positiv ist, tritt bei positivem Ergebnis ein Übertragsbit auf, kein Übertragsbit dagegen bei negativem Ergebnis. Damit deutet sich eine Unterscheidungsmöglichkeit an, die aber in dieser einfachen Form leider nicht eindeutig ist; denn bei negativem Minuenden (Subtraktion von einer negativen Zahl) gilt obige Regel mit dem Übertragsbit nicht mehr. Eine eindeutige Kennzeichnung entsteht dagegen, wenn man jede Zahl von vornherein mit einem zusätzlichen *Vorzeichenbit* versieht. Wichtige Beispiele für diese Technik sind in **Bild 1.2.1** angegeben. Gewählt sind Vierbitdarstellungen mit einem zusätzlichen Vorzeichenbit. Für numerische Verwendung hat die *Zweierkomplementdarstellung* mit einem Einsbit für negative Zahlen die größte Bedeutung. Der *Gray-Code* ist als sogenannter *Einschrittcode* für mechanische Codierungen wichtig. Für Digital-Analog- bzw. Analog-Digital-Wandlungen wird der *Offset-Binärcode* verwendet, der sich von der Zweierkomplementdarstellung nur dadurch unterscheidet, daß hier die positiven Zahlen mit dem Einsbit gekennzeichnet werden.

		Negatives Vorzeichen			
Dezimal	Dual	Betrag und Vorzeichenbit	Offset-Binärcode	Zweier-komplement	Gray-Code
15	1111	0 1111	1 1111	0 1111	01000
14	1110	0 1110	1 1110	0 1110	01001
13	1101	0 1101	1 1101	0 1101	01011
12	1100	0 1100	1 1100	0 1100	01010
11	1011	0 1011	1 1011	0 1011	01110
10	1010	0 1010	1 1010	0 1010	01111
9	1001	0 1001	1 1001	0 1001	01101
8	1000	0 1000	1 1000	0 1000	01100
7	0111	0 0111	1 0111	0 0111	00100
6	0110	0 0110	1 0110	0 0110	00101
5	0101	0 0101	1 0101	0 0101	00111
4	0100	0 0100	1 0100	0 0100	00110
3	0011	0 0011	1 0011	0 0011	00010
2	0010	0 0010	1 0010	0 0010	00011
1	0001	0 0001	1 0001	0 0001	00001
0	0000	0 0000	1 0000	0 0000	00000
− 1		1 0001	0 1111	1 1111	10000
− 2		1 0010	0 1110	1 1110	10001
− 3		1 0011	0 1101	1 1101	10011
− 4		1 0100	0 1100	1 1100	10010
− 5		1 0101	0 1011	1 1011	10110
− 6		1 0110	0 1010	1 1010	10111
− 7		1 0111	0 1001	1 1001	10101
− 8		1 1000	0 1000	1 1000	10100
− 9		1 1001	0 0111	1 0111	11100
−10		1 1010	0 0110	1 0110	11101
−11		1 1011	0 0101	1 0101	11111
−12		1 1100	0 0100	1 0100	11110
−13		1 1101	0 0011	1 0011	11010
−14		1 1110	0 0010	1 0010	11011
−15		1 1111	0 0001	1 0001	11001
−16			0 0000	1 0000	11000

Bild 1.2.1 Verschiedene Formen der Vorzeichendarstellung mit Hilfe eines Vorzeichenbit für die Dezimalzahlen + 15 bis − 16

1.2.3 BCD-Code

Eine wichtige Möglichkeit zur maschinengerechten Darstellung von Zahlen bietet der BCD-Code. BCD steht für *Binary Coded Decimals* (binär codierte Dezimalstellen). Darin drückt sich auch das Codierungsschema aus, daß nämlich bei mehrstelligen Zahlen jede Dezimalstelle getrennt in eine Vierbit-Dualzahl umgeformt wird.

● Codierung

Die „binärdezimale" Codierung sei an einfachen Beispielen verdeutlicht.

100:	1	0	0
	0001	0000	0000
777:	7	7	7
	0111	0111	0111
539:	5	3	9
	0101	0011	1001

Es wird also jede Dezimalstelle getrennt in eine Vierbitgruppe übertragen.

● BCD-Arithmetik

Die Dualzahlen-Arithmetik (1.2.2) ist für den BCD-Code entsprechend anwendbar. Es ist nur daran zu denken, daß in den Vierbitgruppen jeweils sechs Kombinationen nicht genutzt werden. Wenn also bei Additionen von Vierbitgruppen mehr als 9 herauskommt oder ein Überlauf in die nächste Vierbitgruppe auftritt (was ja gleichbedeutend ist), entsteht ein nicht erlaubtes Resultat. Dieses muß korrigiert werden, indem die sogenannte *Korrektur 6* angewendet wird. *Beispiele*:

1.2 Zahlensysteme und Datendarstellung

```
1.      12 = 0001 0010
      + 25 = 0010 0101
        37 = 0011 0111

2.      17 = 0001 0111
      + 79 = 0111 1001
             1000 0000 ⌉
                ↙      ⌡
                1
             0000 0110   Korrektur 6 wegen Überlaufs
        96 = 1001 0110

3.      36 = 0011 0110
      + 98 = 1001 1000
             1100 1110
             0110 0110   Korrektur 6
        0001 0011 0100 = 134
```

BCD-Rechenwerke müssen mithin so ausgelegt sein, daß bei Teilergebnissen größer 9 automatisch 0110 addiert wird. Überträge aus der Korrektur 6 führen zu keiner weiteren Korrektur.

1.2.4 7-Bit-Code (ASCII) und Paritätsprüfung

Der weitaus wichtigste Code für Kleinrechner wird *USA Standard Code for Information Interchange* (USASCII) genannt, kurz: ASCII. In Deutschland heißt dieser „Standard-Code für den Datenaustausch" nach DIN 66003 „7-Bit-Code". Im **Anhang A9** ist die Code-Tabelle angegeben. Einschließlich eines Paritätsbits für Querprüfungen paßt gerade jeweils ein Codewort in ein Byte.

● **Paritätsprüfung**

Für die zuverlässige Übertragung und Speicherung von digitalen Daten sind häufig Verfahren der *Code-Sicherung* bzw. *Code-Prüfung* unerläßlich. Die einfachste Methode ist — wie bereits oben erwähnt — das Anhängen einer Kontrollbitstelle (Prüfbit oder Paritätsbit) an das Codewort. Hierbei wird die binäre Quersumme errechnet und — nach Vereinbarung bzw. Herstellervorgabe — auf eine gerade oder ungerade Zahl ergänzt. **Bild 1.2.2** zeigt am Beispiel der byteweisen Abspeicherung von ASCII-Zeichen die Querprüfung (*Vertical Redundancy Check*, VRC) auf gerade Parität. D.h. in die Querprüfungsstelle wird dann ein Einsbit gespeichert, wenn das ASCII-Zeichen eine ungerade Quersumme aufweist (Ergänzung auf gerade Anzahl von Einsbits durch Anhängen eines Paritätsbits). Hiermit werden Einbitfehler erkennbar. Beim gleichzeitigen Auftreten zweier Fehler pro Codewort würde wieder die „richtige" Parität vorgetäuscht. Sollen auch diese Fehler erkannt werden, muß z.B. zusätzlich eine Längsprüfung (*Longitudinal Redundancy Check*, LRC, auch: Blockprüfung) eingeführt werden, indem in jeder „Spur" am Ende eines Datenblocks eine z.B. gerade Längsparität erzeugt wird. Gemäß Bild 1.2.2 verbleibt jedoch eine Fehlerkonfiguration, die weder durch Quer- noch durch Längsprüfungen erfaßbar ist. Solche *Rechteckfehler* sind zwar sehr unwahrscheinlich, aber nicht auszuschließen. Eine elegante und technisch einfach realisierbare Methode der Erkennung und Korrektur solcher Fehler ist die Erzeugung eines zyklischen Redundanz-Prüfzeichens (*Cyclic Redundancy Check*, CRC), mit dessen Hilfe auch automatische Fehlerkorrekturen

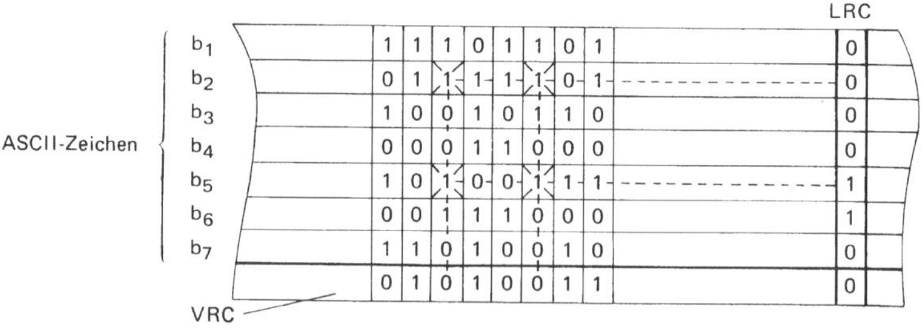

Bild 1.2.2 Paritätsprüfung. VRC: Vertical Redundancy Check (Querprüfung) auf gerade, LRC: Longitudinal Redundancy Check (Längsprüfung) auf gerade Parität ergänzt

möglich werden (*Error Correcting Code*, ECC). Vereinfacht erklärt handelt es sich bei CRC um eine „diagonale" Paritätsergänzung (vgl. [19]). Dieses Verfahren wird z.B. bei der Datenspeicherung auf Magnetplatten und Computerbänder sowie bei Datenübertragungen angewendet.

1.3 Basis-Mikrocomputer

Als *Basis-Mikrocomputer* verstehen wir ein funktionsfähiges Mikrocomputer-System in Minimalausstattung, ein Gerät also mit CPU (Mikroprozessor), etwas frei verfügbarem Speicherplatz, einer Hexadezimal-Eingabetastatur, einer Ausgabemöglichkeit (mindestens 6-stellige Hexadezimal-Leuchtanzeige) und einem vom Hersteller fest eingespeicherten Grundprogramm (Monitor), mit dessen Hilfe Daten ein- und ausgegeben werden können. In 1.3.1 wird solch ein *Modellrechner* beschrieben. Vier verschiedene *Lernsysteme* werden mit Hilfe einfacher Kontrollschritte in Betrieb genommen.

1.3.1 Beschreibung eines Modellrechners und Inbetriebnahme von Lernsystemen

Erinnern wir uns an Bild 1.1.2 aus 1.1.1: Ein Computer ist vollständig, wenn er eine CPU, einen Speicher und eine Ein-/Ausgabemöglichkeit besitzt. Diese Hardware funktioniert aber nur dann, wenn die geeignete Software dazukommt. Damit ergibt sich folgende grundsätzliche Aufstellung für ein Computer-System:

Computer-System:

Hardware	$+$	Software
CPU, Speicher, Ein-/Ausgabe		Systemprogramme, Anwenderprogramme

● **Systemprogramm**

Mit dem Begriff *Systemprogramm* (auch: *Betriebssystem*) werden alle Programme zusammengefaßt, die der Hersteller dem Computer mitgibt und unlöschbar einspeichert. Mit ihrer Hilfe wird es überhaupt erst möglich, dem Computer Daten einzugeben und Programme zu schreiben. Für den Umgang mit Mikrocomputern wesentliche Teile eines Betriebssystems sind:

Monitor. Das sind Programme, die die Ein- und Ausgabe von Anwender-Programmen und Daten überwachen, den Programmablauf steuern und die zeitliche und räumliche Koordinierung übernehmen. Diese Programme müssen unbedingt vorhanden sein. Von der Qualität und dem Umfang des Monitor-Programmpaketes hängt es ab, wie komfortabel und wirtschaftlich ein Computer-System zu handhaben ist.

Editor. Damit wird ein Systemprogramm bezeichnet, das das Schreiben, Ändern, Speichern und Ausgeben von Programmen erleichtert. Es ist immer dann nützlich, wenn in einer höheren Sprache programmiert wird. Wird im *Maschinencode* programmiert, genügt allein der *Monitor.*

Übersetzer. Wird in einer höheren Sprache programmiert, muß das Betriebssystem ein passendes *Übersetzungsprogramm* enthalten, mit dessen Hilfe die „Vokabeln" der höheren Sprache in den Maschinencode übersetzt werden. Man unterscheidet bei Übersetzern:

Assembler	— Übersetzer für Programme, die in *Assemblersprache* geschrieben sind.
Compiler	— Übersetzer für Programme, die in einer höheren Sprache wie z.B. FORTRAN geschrieben sind.
Interpretierer	— Umsetzer für Programme, die in einer *Dialogsprache* wie BASIC geschrieben sind

Compiler übersetzen jeweils vollständige Programme, *Interpretierer* bearbeiten sofort jede einzelne Programmzeile. Erst dadurch wird ein Dialog zwischen Mensch und Maschine möglich.

Verbinder (*Linking Loader*, Binde-Lader). Ein Programm, das es erlaubt, getrennt geschriebene und übersetzte Programmteile in der richtigen Reihenfolge zusammenzubinden und geschlossen abzuspeichern.

Fehlersuchprogramm (*Debug Program* oder *Debugger*). Programm, das die Lokalisierung und Korrektur von Programmierungsfehlern erlaubt.

1.3 Basis-Mikrocomputer

Unser Basis-Mikrocomputer weist als *Modellrechner* die im folgenden aufgezählten Merkmale auf.

- CPU (handelsüblicher 8-Bit- bzw. 16-Bit-Mikroprozessor;
- etwa 1 Kbyte Speicher für Anwenderprogramme;
- 1 bis 2 Kbyte Speicher für den Monitor;
- Tastatur für die Eingabe von Programmen und Daten im hexadezimalen Maschinencode (ausnahmsweise auch in Assemblersprache);
- mindestens sechsstellige Leuchtanzeige (*Display*) für Hexadezimalziffern;
- mindestens 8-Bit-Parallelanschlußstelle für Experimente;
- serieller Ein-/Ausgang für den Anschluß eines Fernschreibers oder Sichtgerätes;
- Anschlußmöglichkeit für einen Kassettenrecorder als Hilfsspeicher (*externer Speicher* bzw. *File*);
- Erweiterungsmöglichkeiten für zusätzliche Speicher und Ein-/Ausgänge.

Diese Spezifikationen sind als Standard für preiswerte Basis-Mikrocomputer anzusehen. **Bild 1.3.1** zeigt ein Blockschema.

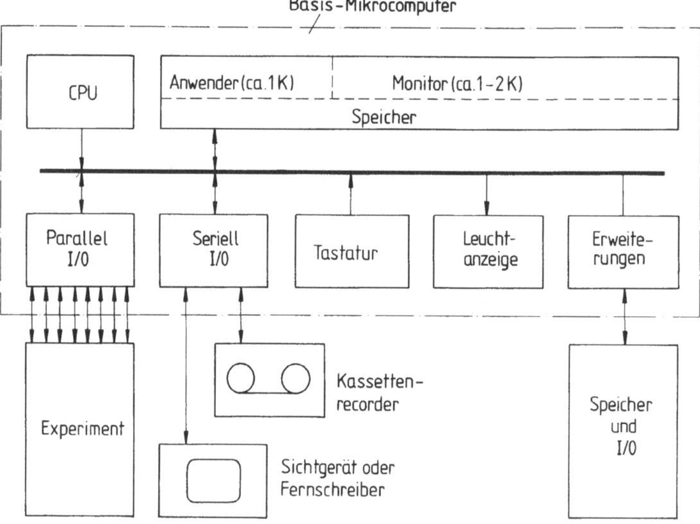

Bild 1.3.1 Blockschema eines Basis-Mikrocomputersystems (CPU: Central Processing Unit, I/O: Input/Output)

Die in **Bild 1.3.2** dargestellte Tastatur unseres Modellrechners besteht aus einem Tastenfeld, das zwei Funktionsgruppen aufweist:

Hexadezimal-Zifferntasten für die Eingabe von Adressen, Programmen und Daten im hexadezimalen Maschinencode, also die Tasten mit den Bezeichnungen 0 bis F.

Steuertasten für das Programmieren und für die Kontrolle bei der Programmentwicklung sowie zum Starten und Anhalten von Programmen. Die in Bild 1.3.2 verwendeten Abkürzungen haben folgende Bedeutung:

AD: Umschaltung auf Eingabe von Adressen,
DA: Umschaltung auf Eingabe von Daten,
+: Erhöhung der Adresse um eins, ohne Adressen- oder Datenvorwahl zu beeinflussen,
GO: Starten eines Programms,
E: Auslösung nur eines einzigen Programmschrittes,

1.3.1 Beschreibung eines Modellrechners und Inbetriebnahme von Lernsystemen

PZ: Rückruf des aktuellen Programmzählerstandes, wenn im Einzelschrittbetrieb (E) die Adresse ver-
   ändert wurde,
ST: Stop-Taste zum Anhalten von Programmen,
RS: Rücksetztaste (*Reset*) zum Versetzen des Computers in einen definierten Grundzustand (auch:
   Restart).

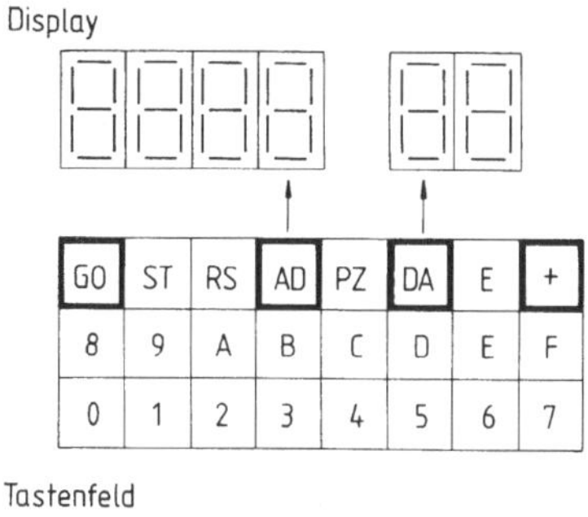

Bild 1.3.2

Tastenfeld und Leuchtanzeige (Display)
des Modellrechners. Erklärungen im Text.

● **Leuchtanzeige**

Als Leuchtanzeige (*Display*) wird für unseren 8-Bit-Modellrechner eine sechsstellige *Sieben-Segment-Anordnung* verwendet. Die mit sieben Leuchtsegmenten darstellbaren Ziffern und Buchstaben sind in **Bild 1.3.3** angegeben. Wir benötigen vorerst nur die Buchstaben A bis F. Zusammen mit den zehn Ziffern 0 bis 9 sind dann Hexadezimalzahlen ausgebbar. Mit der Display-Anordnung nach Bild 1.3.2 sind vierstellige Adressen und zweistellige Daten möglich, hexadezimal also (vgl. 1.2.1).

```
Daten:       00 . . . FF   ≙ 0 . . . 255
Adressen:    0000 . . . FFFF ≙ 0 . . . 65535
```

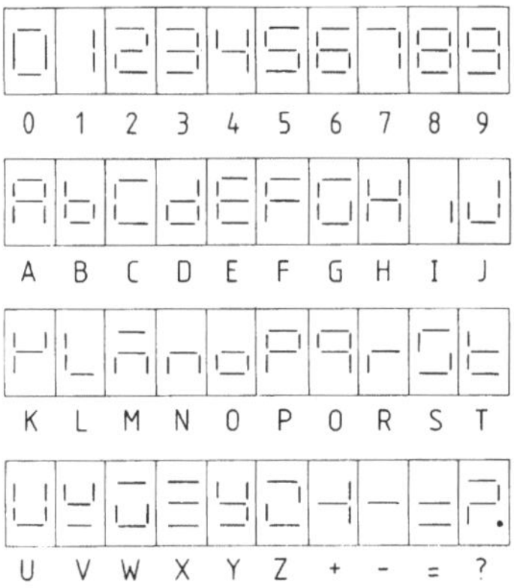

Bild 1.3.3

Mit Sieben-Segment-Leuchtanzeigen darstellbare Ziffern und Buchstaben

● **Rechnerstruktur**

Die wichtigsten Teile der Struktur des Modellrechners zeigt **Bild 1.3.4**. Skizziert sind Tastatur, Display und die CPU, wobei der *Akkumulator* (engl. *Accumulator*) als wichtiges *Register* getrennt gezeichnet ist (hierzu mehr in den folgenden Abschnitten). Über den 8 bit breiten Datenbus (DA) gelangen Daten in den Speicher, der aufgrund des 16 bit breiten Adreßbusses (AD) von hexadezimal 0000 bis FFFF durchnumeriert ist.

> *Register* nennt man einzelne Speicherstellen, die bestimmten Aufgaben oder Funktionseinheiten zugeordnet sind. Sie können über Adressen aufgerufen werden, die dem insgesamt verfügbaren *Adreßraum* entnommen sind. Diese Adressen stehen dann für andere Zwecke nicht mehr zur Verfügung.
>
> *Akkumulator* wird eines der wichtigsten Register genannt. Er dient in der CPU als zentrale Schalt- und Verknüpfungsstelle.

Wir wollen nun nacheinander vier μC-Lernsysteme in Betrieb nehmen und mit einfachen Kontrollschritten Unterschiede herausarbeiten bzw. Ähnlichkeiten feststellen.

1.3 Basis-Mikrocomputer

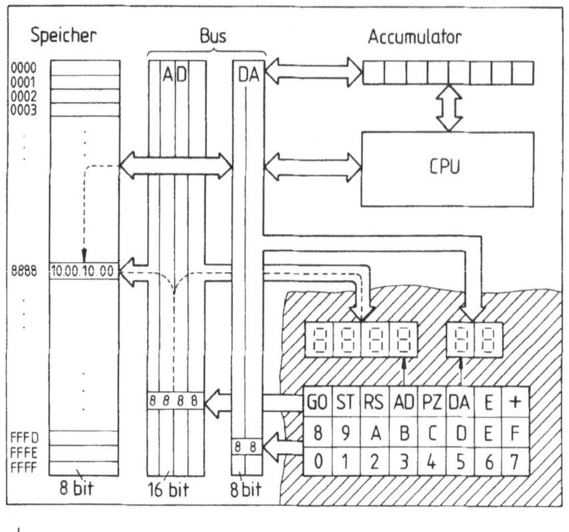

Bild 1.3.4

Struktur des Modellrechners. Gezeichnet ist der willkürliche Fall, daß über den Adreßbus (AD) die Speicherzelle 8888 „angewählt" und dorthin über den Datenbus (DA) der Hexadezimalwert 88 (dual 10001000) eingespeichert wurde.

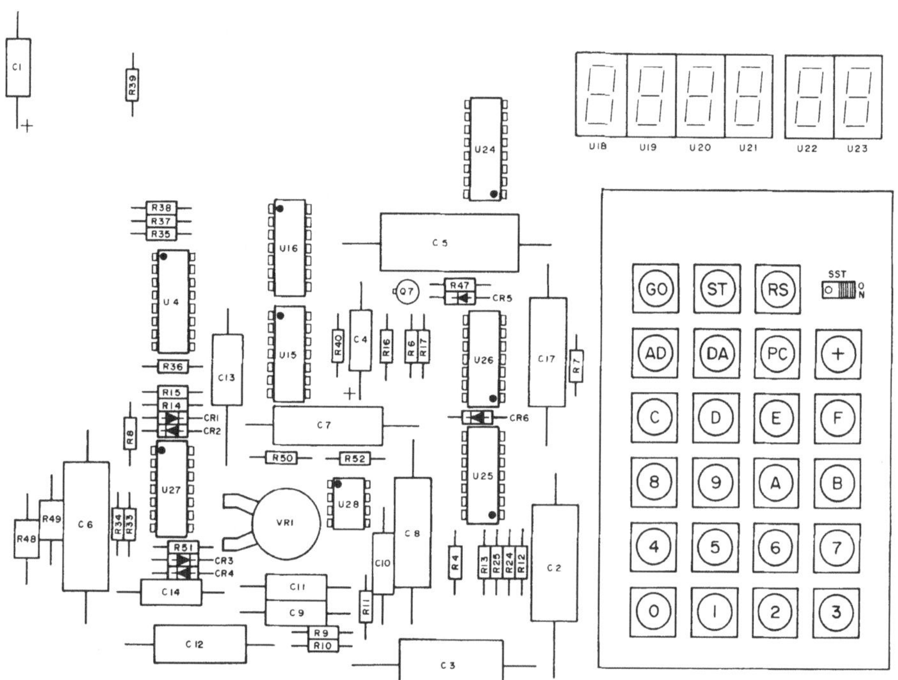

Bild 1.3.5 Mikrocomputer KIM-1. Schematische Darstellung eines Teiles der Platine mit Eingabetastatur, Leuchtanzeige und Hilfsschaltkreisen

● KIM-1

Der KIM-1 ist ein noch häufig verwendeter Mikrocomputer für das Selbststudium, für allerlei Computerspiele und — mit Erweiterungen — auch für den echten Einsatz als Rechner und für Steuerungsaufgaben nutzbar. Er besteht aus einer Platine von der Größe 200 mm × 275 mm. Darauf befinden sich gemäß **Bild 1.3.5** die Eingabetastatur, die sechsstellige Leuchtanzeige, der 8-Bit-Mikroprozessor 6502, zwei Ein-/Ausgabebausteine, Speicher, Decodierer, ein Quarzgenerator und diverse Hilfsschaltkreise. Nicht vorhanden ist ein Netzteil. Die Versorgung von ± 5 V (1,2 A) kann über die Steckleiste A (*Application Connector*) zugeführt werden. An diese 44-polige Leiste sind ebenfalls die bitparallelen und seriellen

1.3.1 Beschreibung eines Modellrechners und Inbetriebnahme von Lernsystemen

Ein-/Ausgänge gelegt. Über eine zweite Steckleiste E (*Expansion Connector*) lassen sich weitere Halbleiterspeicher anschließen. Leuchtanzeige und Tastatur stimmen prinzipiell mit der unseres Modellrechners (Bild 1.3.2) überein. Für den Programmzähler PZ steht hier lediglich die englische Abkürzung PC (*Program Counter*); der Einzelschrittbetrieb (Taste E beim Modellrechner) wird beim KIM mit einem Schiebeschalter SST (*Single Step*) eingestellt.

> Der KIM-1 ist so etwas wie der Urtyp des Einplatinencomputers. Weiterentwicklungen aus dieser Hardware und dem 2-Kbyte-Monitor haben einige populäre Computer beeinflußt, z.B. SYM (von Synertek), AIM-65 (Rockwell), PC-100 (Siemens), aber auch der PET (Commodore) ist daraus hervorgegangen.

● ALPHA 1

ALPHA 1 ist ebenfalls aus dem KIM-1 hervorgegangen, arbeitet demzufolge auch mit dem Mikroprozessor 6502 und besitzt einen verwandten Monitor. Er wird aber mit einem Tischgehäuse geliefert, in dem auch das Netzteil vorhanden ist und zwei Steckverbinder für Peripherieanschlüsse montiert sind. Es handelt sich also um ein betriebsbereites Gerät, an das außerdem zwei Kassettenrecorder als Massenspeicher angeschlossen werden können. **Bild 1.3.6** läßt erkennen, daß gegenüber dem Modellrechner und dem KIM weitere Möglichkeiten eingebaut sind: Die Taste „Einzelschritt" (E bzw. SST) ist hier durch einen Dreistufenschalter ersetzt. Neben „Normalbetrieb" (N) erlaubt er das Einschalten des Einzelschrittbetriebes (SI von *Single Step*) und einer Betriebsart *Slow Step* (SL), bei der ein Programm im Einsekundentakt abgearbeitet wird. Weiterhin ist eine Umschaltung zwischen der Tastatur (KEY) und der Eingabe von einem externen Bedienungsgerät möglich (COMM: *Communication Connector*). APPL bezeichnet den *Applikationsanschluß* (Stecker zum Anschluß von Experimenten). Die in der Leuchtanzeige des Bildes 1.3.6 skizzierten Punkte zeigen an, daß mit der Taste AD auf Adresseneingabe geschaltet wurde. Durch Drücken von DA werden auch die Punkte an die Datenanzeigen gelegt.

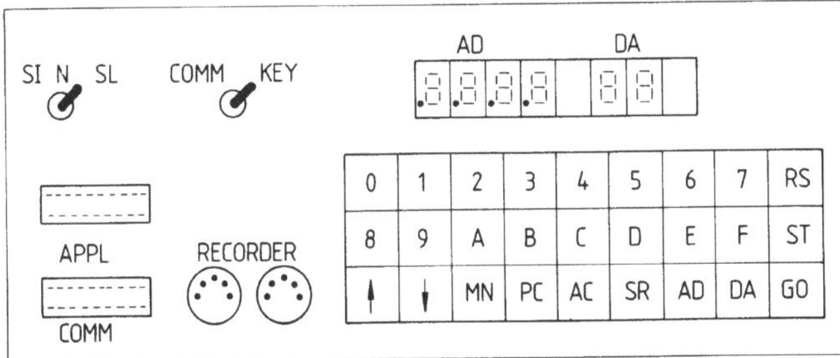

Bild 1.3.6

Frontplatte des Mikrocomputers ALPHA 1 (Erklärungen im Text)

Die beim KIM vorhandene Taste ⊞, die zum Weiterschalten von einem zum nächsten Speicherplatz dient (Adresse um eins erhöhen), ist beim ALPHA durch einen Pfeil ⬆ ersetzt. Zusätzlich gibt es hier die Taste ⬇, die das Rückwärtsschalten im Speicher (Herunterzählen von Adressen) erlaubt. In jedem Fall wird der jeweilige Inhalt der angewählten Speicherzelle angezeigt. Als weitere Sondertasten stehen zur Verfügung:

AC — Inhalt des Akkumulator-Registers wird angezeigt;

SR — Inhalt des Status-Registers wird angezeigt;

MN — der jeweils in der Datenanzeige sichtbare Hexadezimalcode eines Maschinenbefehls wird in mnemonische Darstellung übersetzt (*Dis-Assemblierung*); dazu wird die dritte Anzeigestelle ganz rechts mitbenutzt.

Beispiel: Angenommen, ein Sprungbefehl „JUMP" sei unter der Adresse 0000 abgespeichert und der Maschinencode laute 4C; dann erhalten wir folgende Anzeigen:

		AD				DA	
	0	0	0	0		4	C
MN →	0	0	0	0		J	M	P

Hierbei ist JMP die mnemonische Darstellung für den Sprungbefehl „JUMP".

1.3 Basis-Mikrocomputer

Ein etwas anderes Konzept wurde bei der Entwicklung des Lerncomputers Z80-KIT verfolgt, der den
sehr leistungsfähigen und viel benutzten Mikroprozessor Z80 enthält. Eine Besonderheit drückt sich in
der Bezeichnung „KIT" aus: Der Computer wird als Bausatz (als *Kit*) angeboten. Die zweite Besonderheit liegt darin, daß die Frontplatte auf der Rückseite eine sogenannte Mutterplatine (*Motherboard*) enthält, auf der Steckplätze für 5 Platinen vorhanden sind. Dieser preiswerte Lerncomputer ist mithin bequem ausbaufähig. Während das Display dem des Modellrechners gleicht, unterscheidet sich die Tastatur
durch eine Reihe zusätzlicher Steuertasten (**Bild 1.3.7**). Weiterhin wird aus der Doppelbelegung der
Zifferntasten erkennbar, daß der Prozessor Z80 eine Reihe allgemeiner und spezieller Register besitzt,
die im Prozessor 6502 nicht vorhanden sind. Durch richtige Kombination der Steuertasten mit diesen
doppelt belegten Zifferntasten sind die Register aufrufbar. Dabei bedeutet beispielsweise 4/P : Programmzähler.

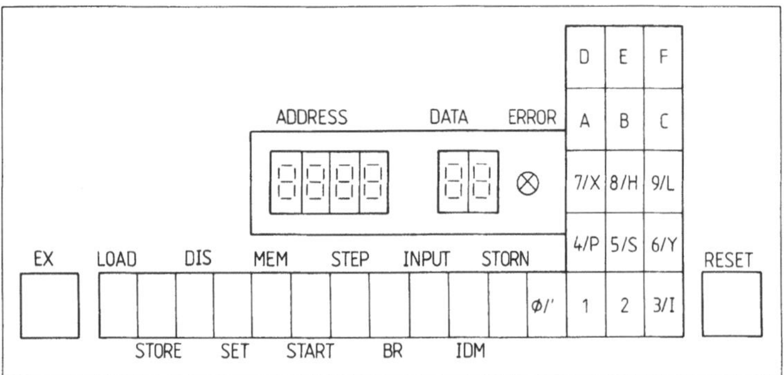

Bild 1.3.7 Frontplatte (Schema) des Mikrocomputers Z8Ø-KIT (Erklärungen im Text)

Die nachfolgende Tabelle zeigt in knapper Form die „Kommandosprache" des Z80-KIT.

Vorgang	Tastenfolge Z80-KIT	Anzeige	Modellrechner	Anzeige
Aufruf einer Speicher- zelle (z.B. 1234)	SET 4/P 1 2 3 4 EX	1234 XX	AD 1 2 3 4	1234 DD
Anzeige des Inhalts	SET 4/P 1 2 3 4 EX DIS MEM EX	1234 XX 1234 DD	AD 1 2 3 4	wie oben
Einschrei- ben eines Wertes (z.B. FF)	SET 4/P 1 2 3 4 EX SET MEM F F EX	1234 XX 1234 FF	AD 1 2 3 4 DA F F	1234 DD 1234 FF
Setzen eines Re- gisters (z.B. A-Register auf FF)	SET A F F EX	XXXX FF	AD 0 0 E 7 DA F F	00E7 FF
Setzen eines Re- gisters (z.B. X-Register auf 00)	SET 7/X 0 0 EX	0000 XX	AD 0 0 E A DA 0 0	00EA 00

1.3.1 Beschreibung eines Modellrechners und Inbetriebnahme von Lernsystemen

Vorgang	Tastenfolge Z80-KIT	Anzeige	Modellrechner	Anzeige
Anzeige eines Registerinhalts (z.B. Programmzähler, der auf 0200 steht)	DIS 4/P EX	0200 XX	PZ	0200 DD
Anzeige eines Registerinhalts (z.B. Akkumulator mit Inhalt 77)	DIS A EX	XXXX 77	AD 0 0 E 7	00E7 77
Eingabe eines Programms (z.B. ab Adresse F700)	SET 4/P F 7 0 0 EX INPUT D_1 D_1 EX D_2 D_2 EX	F700 XX F700 $D_1 D_1$ F701 $D_2 D_2$	AD F 7 0 0 DA D_1 D_1 + D_2 D_2 +	F700 XX F700 $D_1 D_1$ F701 $D_2 D_2$
Kontrolle des eingegebenen Programms	SET 4/P F 7 0 0 EX DIS MEM EX IDM ⋮	F700 XX F700 $D_1 D_1$ F701 $D_2 D_2$ ⋮	AD F 7 0 0 + ⋮	F700 $D_1 D_1$ F701 $D_2 D_2$ ⋮
Korrektur einer Fehleingabe	SET 4/P A 7 0 0 STORN SET 4/P IF 7 0 0 EX	XXXX XX F700 XX	AD A 7 0 0 F 7 0 0	A700 DD F700 DD

Anmerkungen zur Tabelle:

— Beim Z80-KIT muß jede Eingabe (jede Kommandofolge) mit der Taste EX (*Execute*) abgeschlossen werden.

— Beim Modellrechner wird zu jeder aufgerufenen Adresse direkt der Inhalt angezeigt, was in der Tabelle durch D_i im Display angedeutet ist. Beim Z80-KIT ist dazu die zusätzliche Kommandofolge DIS MEM erforderlich. Nicht definierte Inhalte sind mit X gekennzeichnet.

— Weil der Modellrechner nicht über Register-Aufruftasten verfügt, müssen alle Register über ihre Adressen aufgerufen werden, z.B. 00E7 für den Akkumulator oder 00EA für das X-Register. Beim ALPHA kann für den Akkumulatoraufruf die Taste AC benutzt werden.

Die weiteren in Bild 1.3.7 angegebenen Steuertasten des Z80-KIT haben folgende Bedeutungen:

LOAD — Anweisung zum Laden eines Programms von Kassette in den Arbeitsspeicher;
STORE — Abspeichern eines bestimmten Speicherbereiches auf Kassette;
START — Starten eines Anwenderprogramms (entspricht GO);
STEP — Einzelschrittkommando (entspricht *Single Step* SST bzw. SI);
BR — Setzen eines definierten Haltepunktes (*Breakpoint*);
RESET — entspricht RS.

● **TM 990/189**

Der Lerncomputer TM 990/189 unterscheidet sich in zwei wesentlichen Punkten von den anderen Modellen: Erstens, er enthält den 16-Bit-Prozessor TMS 9980A, der zur 9900-Familie gehört; zweitens, er verfügt über einen einfachen Assembler, der die Eingabe von Programmbefehlen in mnemonischer Schreibweise erlaubt. Allerdings wird nicht — wie sonst üblich — jeweils ein ganzes Programm in den Maschinencode übersetzt, vielmehr wird — wie bei einem Interpretierer — jeder vollständige Befehl sofort „assembliert" (*Step-by-step assembler*). **Bild 1.3.8** macht weitere Besonderheiten deutlich: Die Ein-

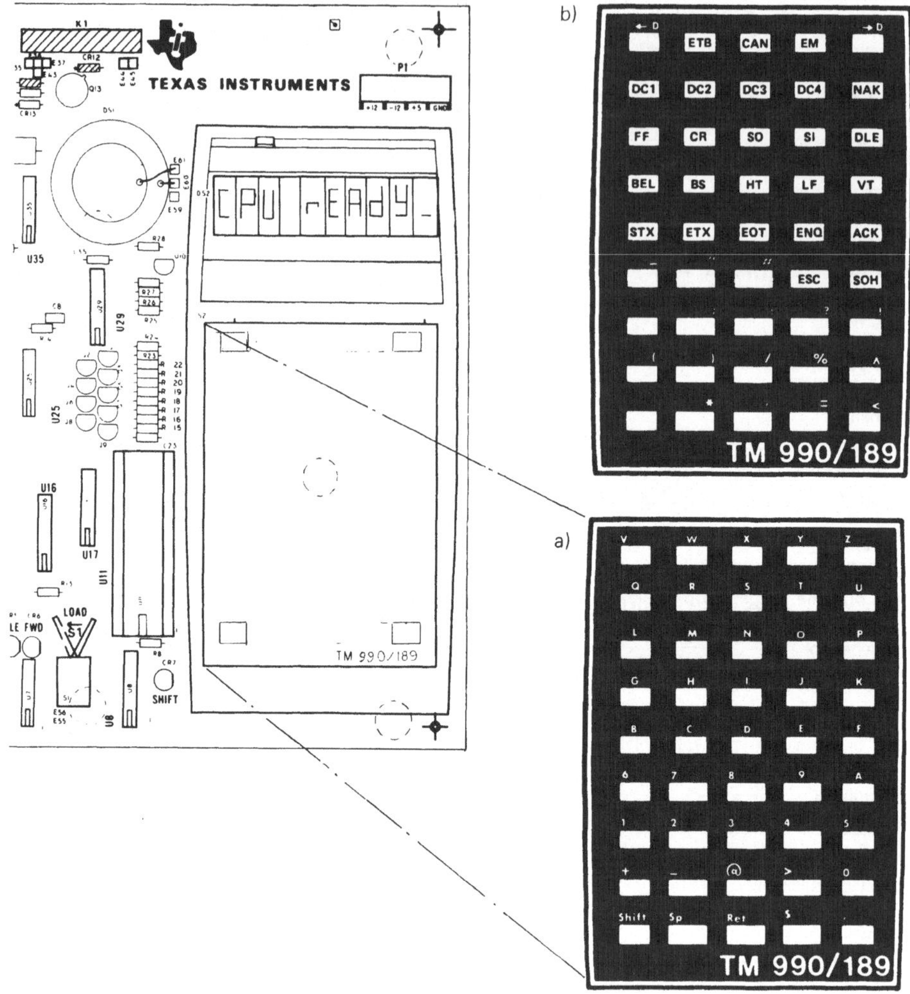

Bild 1.3.8 Lerncomputer TM99Ø/189 mit Darstellung der Tastaturbedeutung im „Normalzustand" (a) und nach Drücken der "Shift-Taste" (b)

gabe erfolgt mit einer Taschenrechner-ähnlichen Einheit mit zehnstelliger Sieben-Segment-Anzeige. Die Darstellung entspricht der in Bild 1.3.3 skizzierten. Zusätzlich sind Sonder- und Steuerzeichen vorhanden. Durch Doppelbelegung der Tasten sind neben dem vollständigen Alphabet ASCII-Steuerzeichen für Datenübertragungen eingebbar. Mit den Tastenfolgen Shift ← D (*Display Left*) und Shift → D (*Display Right*) läßt sich durch Verschiebungen um jeweils 6 Zeichen der Inhalt des Anzeige-Pufferspeichers sichtbar machen. Erwähnt seien schließlich der auf der Platine montierte Lautsprecher, freie Steckplätze für Speichererweiterungen, diverse Steckanschlüsse für Ausbaumaßnahmen, für Kassettenrecorder und V.24- bzw. 20 mA-Schnittstelle. Zur Inbetriebnahme müssen extra 5 V und ± 12 V angelegt werden.

1.3.1 Beschreibung eines Modellrechners und Inbetriebnahme von Lernsystemen

Ebenso wie für den Z80-KIT wird in nachfolgender Tabelle die „Kommandosprache" erläutert. Allgemein gilt, daß jede Ein-/Ausgabeoperation erst nach Betätigen der Taste [Ret] (*Return*) möglich wird bzw. abgeschlossen ist. Diese Taste entspricht der Wagenrücklauftaste (*Carriage Return*, CR) der ASCII- bzw. Schreibmaschinentastatur, ebenso wie die Shift-Taste ihr Gegenstück in der Kleinbuchstaben-/Großbuchstaben-Taste hat. Nach Drücken von [Ret] zeigt ein Fragezeichen im Display links die Bereitschaft für weitere Operationen an.

Vorgang	Tastenfolge	Anzeige (10stellig)
Aufruf einer Speicherzelle (z.B. 0200)	[Ret] [M][2][0][0]	`?` `–` `?` `M` ` ` `2` `0` `0` `–`
Anzeige des Inhalts	[Ret] [M][2][0][0][Ret]	`?` `–` `0` `2` `0` `0` `=` `X` `X` `X` `X` `–`

Einschreiben eines Wertes (z.B. FFFF)	[Ret]
	[M][2][0][0][Ret]
	[F][F][F][F]
		`?` `–`
		`0` `2` `0` `0` `=` `X` `X` `X` `X` `–`
		`X` `X` `X` `X` ` ` `F` `F` `F` `F` `–`

Setzen eines Arbeitsregister-bereiches (Workspace)	[Ret][W] [2][0][0]	`?` `W` ` ` `=` `X` `X` `X` `X` `–` `=` `X` `X` `X` ` ` `2` `0` `0` `–`

Setzen eines Registers (z.B. R0 auf 222)	[Ret][R][0]
	[Ret]
	[2][2][2]
		`?` `R` ` ` `0` `–`
		`R` `0` `=` `X` `X` `X` `X` `–`
		`=` `X` `X` `X` ` ` `2` `2` `2` `–`

Anzeige eines Registerinhalts (z.B. R0 mit Inhalt 0222)	[Ret][R][0] [Ret]	`?` `R` ` ` `0` `–` `R` `0` `=` `0` `2` `2` `2` `–`
Anzeige eines Registerinhalts (z.B. Programmzähler, der auf 0200 steht)	[Ret][P]	`?` `P` ` ` `=` `0` `2` `0` `0` `–`

Eingabe eines Programms (z.B. ab Adresse 0200)	[Ret][M][2][0][0]
	[Ret]
	[D_1][D_1][D_1][D_1]
	[Sp]
	[D_2][D_2][D_2][D_2]
	[Sp]
	⋮
		`?` `M` ` ` `2` `0` `0` `–`
		`0` `2` `0` `0` `=` `X` `X` `X` `X` `–`
		`X` `X` `X` `X` ` ` `$D_1$` `$D_1$` `$D_1$` `$D_1$` `–`
		`0` `2` `0` `2` `=` `X` `X` `X` `X` `–`
		`X` `X` `X` `X` ` ` `$D_2$` `$D_2$` `$D_2$` `$D_2$` `–`
		`0` `2` `0` `4` `=` `X` `X` `X` `X` `–`
		⋮

Kontrolle des eingegebenen Programms	[Ret][M][2][0][0]
	[Ret]
	[Sp]
	[Sp]
	⋮
		`?` `M` ` ` `2` `0` `0` `–`
		`0` `2` `0` `0` `=` `$D_1$` `$D_1$` `$D_1$` `$D_1$` `–`
		`0` `2` `0` `2` `=` `$D_2$` `$D_2$` `$D_2$` `$D_2$` `–`
		`0` `2` `0` `4` `=` `$D_3$` `$D_3$` `$D_3$` `$D_3$` `–`
		⋮

Korrektur einer Fehleingabe	
	[D_4][D_4][D_4][D_4]
	[Sp]
	[–]
		`0` `2` `0` `4` `=` `$D_3$` `$D_3$` `$D_3$` `$D_3$` `–`
		`$D_3$` `$D_3$` `$D_3$` `$D_3$` ` ` `$D_4$` `$D_4$` `$D_4$` `$D_4$` `–`
		`0` `2` `0` `6` `=` `X` `X` `X` `X` `–`
		`0` `2` `0` `4` `=` `$D_4$` `$D_4$` `$D_4$` `$D_4$` `–`

1.3 Basis-Mikrocomputer

Anmerkungen zur Tabelle:

— Nicht definierte Speicherinhalte sind mit X gekennzeichnet, eingegebene Daten- bzw. Maschinencodezeichen mit D_i.

— Weil der TM 990/189 einen 16-Bit-Prozessor enthält, wird durch Drücken der Taste $\boxed{\text{Sp}}$ (*Space*) um zwei 8-Bit-Adressen weitergeschaltet, also z.B. von 0202 nach 0204.

— Eine weitere Besonderheit der Prozessoren 9900 ist, daß spezielle Arbeitsregister, wie beispielsweise der Akkumulator, nicht festgelegt sind. Sie müssen jeweils erst erzeugt werden durch Definierung eines Arbeitsregisterbereiches (*Workspace*) im verfügbaren Adreßraum (vgl. vierten Vorgang in der Tabelle).

Weitere Besonderheiten und wesentliche Unterschiede werden im folgenden systematisch herausgearbeitet.

● Inbetriebnahme

Mit einfachen Kontrollschritten sollen nun die vier µC-Lernsysteme in Betrieb genommen werden. Dazu sind in nachfolgender Tabelle Kommandos und Kommentare sowie die zu erwartenden Darstellungen in der Leuchtanzeige angegeben. Nicht definierte Anzeigen sind mit XXXX (bei Adressen) bzw. XX oder XXXX (bei Daten) angedeutet. Bei allen vier Systemen sollte das Einschalten der Versorgungsspannung einen *Restart* bewirken, d.h. der jeweilige Mikrocomputer sollte automatisch in einen definierten Grundstand versetzt werden (*Reset*, d.h. Rücksetzen). Der ordnungsgemäße Restart drückt sich folgendermaßen aus:

	KIM-1	ALPHA 1	Z80-KIT	TM 990/189
Adresse	XXXX	XXXX	0000	} CPU READY
Daten	XX	XX	00	

Ist dies nicht der Fall, kann der Restart (das Rücksetzen) mit der Taste $\boxed{\text{RS}}$ bzw. $\boxed{\text{RESET}}$ oder dem Schalter LOAD (beim TM) erzwungen werden. Mehrmaliges Drücken dieser Tasten verändert nichts an den Anzeigen. Es folgt die Tabelle mit den Kontrollschritten.

1.3.1 Beschreibung eines Modellrechners und Inbetriebnahme von Lernsystemen

Kommentare	KIM-1 Tasten	KIM-1 Anzeigen	ALPHA 1 Tasten	ALPHA 1 Anzeigen	Z80-KIT Tasten	Z80-KIT Anzeigen	TM 990/189 Tasten	TM 990/189 Anzeigen
Netzschalter	EIN		EIN	.X.X.X.X XX	EIN	0000 00	EIN	CPU READY
Restart	[RS]	XXXX XX	[RS]	.X.X.X.X XX	[RESET]	0000 00	LOAD	CPU READY
Adressen	[AD]	XXXX XX	[AD]	.X.X.X.X XX	[SET] [4/P]	0000 00	[Ret]	[?] [-] ⬚⬚⬚⬚⬚⬚
	[0][0][0][0]	0000 XX	[0][0][0][0]	.0.0.0.0 XX	[3][C][5][0][EX]	3C50 00	[M][2][0][0][Ret]	[0][2][0][0][=][X][X][X][X][-]
Daten	[DA]	0000 XX	[DA]	0000 .X.X	[INPUT]	3C50 00	[1][0][0][7]	[X][X][X][X] [1][0][0][7][-]
	[4][C]	0000 4C	[4][C]	0000 .4.C	[C][3][EX]	3C51 C3	[Sp]	[0][2][0][2][=][X][X][X][X][-]
	[+]	0001 XX	[↑]	0001 .X.X				
	[0][0]	0001 00	[0][0]	0001 .0.0	[F][0][EX]	3C52 F0	[-]	[0][2][0][0][=][1][0][0][7][-]
	[+]	0002 XX	[↑]	0002 .X.X				
	[0][2]	0002 02	[0][2]	0002 .0.2	[3][C][EX]	3C53 3C		

Der letzte Schritt beim TM 990/189, durch den mit der Taste [-] die Adresse von 0202 auf 0200 zurückgeschaltet wird, ist nur als Kontrollschritt zu verstehen.

1.3 Basis-Mikrocomputer

Die Kontrollschritte in vorstehender Tabelle bedeuten folgendes: Es ist in Adresse 0000 (beim KIM und ALPHA) bzw. 3C50 (beim Z80-KIT) oder 0200 (beim TM 990/189) der Hexadezimalcode für einen absoluten Sprung (JUMP) eingespeichert worden (4C bzw. C3 oder 1000). Bei den 8-Bit-Prozessoren folgt in den nächsten beiden Adressen das *Sprungziel*, also die Adresse 0200 bzw. 3CF0. Beim 16-Bit-prozessor 9900 müssen dagegen innerhalb eines 16-Bit-Wortes der Maschinencode 1000 und die *Sprungweite* angegeben werden (zum Basiscode addiert), in unserem Fall hexadezimal 1000 plus Sprungweite 10 ergibt als Maschinencode 1007. Über den Befehlsaufbau und die Adressenrechnung werden wir uns noch sehr ausführlich unterhalten. In jedem Fall ist aber der Befehl JUMP XXXX (in symbolischer Schreibweise) eingegeben.

Zusammengefaßt ist folgendes geschehen:

Computer	Befehl	Hexadezimalcode	Bedeutung
KIM-1 ALPHA 1	JMP 0200	4C 0002	Springe zur Speicherstelle 0200
Z80-KIT	JP 3CF0	C3 F03C	Springe zur Speicherstelle 3CF0
TM 990/189	JMP 0210	1007	Springe zur Speicherstelle 0210

Die Sprungweite 07 beim TM 990/189 bezieht sich auf 16-Bit-Worte. Die Differenz zwischen Sprungbefehlsadresse 0200 und Sprungziel 0210 beträgt aber (hexadezimal) 10, also (dezimal) 16 Bytes. Zieht man davon 2 Bytes für den Befehl selbst ab, verbleiben 14 Bytes oder sieben 16-Bit-Worte als Sprungweite. Wir werden hierauf wieder zurückkommen. Es wird nun noch der jeweilige Zusammenhang zwischen Adressen und Befehlscodes angegeben:

KIM-1 und ALPHA 1			Z80-KIT			TM 990/189		
Adresse	Inhalt	Bedeutung	Adresse	Inhalt	Bedeutung	Adresse	Inhalt	Bedeutung
⋮			⋮			⋮		
0000	4C	JUMP	3C50	C3	JUMP	0200	10	JUMP
0001	00	zur Adresse	3C51	F0	zur Adresse	0201	07	um zusätz-
0002	02	0200	3C52	3C	3CF0	0202		lich
0003			3C53			0203		14 Bytes
⋮			⋮			⋮		

Achtung: Bei den 8-Bit-Prozessoren wird in den 16-Bit-Adressen immer zuerst das niedrigstwertige Byte, dann das höherwertige Byte abgespeichert. Beim 16-Bit-Prozessor TMS 9900 dagegen entspricht die Reihenfolge der gewohnten Sprechweise.

Bild 1.3.9 zeigt noch einmal schematisch die eben besprochenen Darstellungen des unbedingten Sprungbefehls. Bei den 8-Bit-Prozessoren handelt es sich gemäß Teilbild 1.3.9a um einen sogenannten Dreibytebefehl. Im ersten Byte ist der *Operationscode* angegeben, im gewählten Beispiel (Prozessor 6502) also 4C

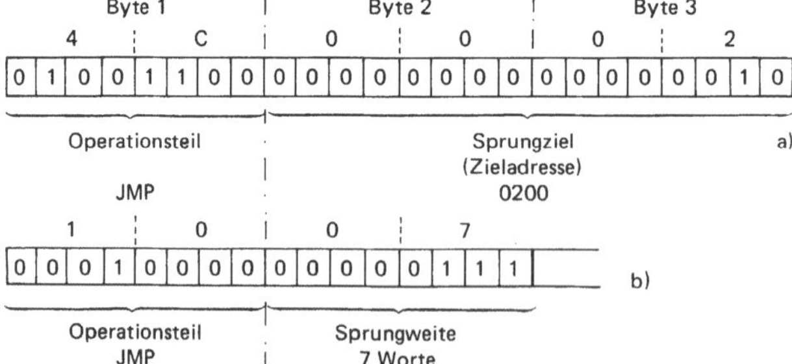

Bild 1.3.9

Befehlsaufbau am Beispiel des unbedingten Sprungbefehls JMP (Jump, Springe). a) Dreibytebefehl bei den 8-Bit-Prozessoren; b) Zweibyte- bzw. Wortbefehl beim 16-Bit-Prozessor

für JMP. Byte 2 und 3 enthalten das Sprungziel, also die *Zieladresse* 0200. Nach gleichem Muster sind alle Dreibytebefehle aufgebaut. Der 16-Bit-Prozessor TMS 9900 kommt im Fall des absoluten Sprungs mit einem Wort (2 Bytes also) aus. Im zweiten Byte (niedrigstwertiges Byte des 16-Bit-Wortes) ist die Wort-Sprungweite angegeben (Bild 1.3.9b).

● **Einzelschrittverarbeitung**

Durch Umschaltung auf Einzelschrittverarbeitung und Drücken der Starttasten wird die Ausführung des „JUMP-Befehls" veranlaßt; die Rechner werden anschließend bei den *Zieladressen* 0200 bzw. 3CF0 bzw. 0210 stehen bleiben. Bevor wir diesen *Sprungbefehl* ausführen lassen, müssen die Rechner für Einzelschrittverarbeitung vorbereitet werden. Das geschieht folgendermaßen:

KIM-1	Abspeicherung des Wertes 1C00 in Adresse 17FA, also

Tasten	Anzeige
AD 1 7 F A	1 7 F A X X
DA 0 0	1 7 F A 0 0
+ 1 C	1 7 F B 1 C

Anschließend Umschaltung auf SST; dann

Tasten	Anzeige
AD 0 0 0 0	0 0 0 0 4 C
GO	0 2 0 0 X X

ALPHA 1	Umschaltung von Normalbetrieb (N) auf Einzelschrittbetrieb (SI); dann

Tasten	Anzeige
AD 0 0 0 0	.0 .0 .0 .0 4 C
GO	.0 .2 .0 .0 X X

Z80-KIT	Setzen des Stack-Pointers mit

Tasten	Anzeige
SET 5/S 3 C D D EX	3 C D D X X

Danach Anwählen der Startadresse mit

Tasten	Anzeige
SET 4/P 3 C 5 0	3 C 5 0 C 3
STEP	3 C F 0 X X

TM 990/189	Setzen des Workspace-Pointers (hierzu Einzelheiten in Teil 2) mit

Tasten	Anzeige
Ret W 3 0 0	= X X X X 3 0 0 –

Anwahl der Startadresse:

Tasten	Anzeige
Ret P 2 0 0	= X X X X 2 0 0 –

Auslösung des Einzelschritts:

Tasten	Anzeige
Ret S	? S 0 2 1 0 –

Mit diesen einfachen Kontrollschritten ist die Betriebsbereitschaft der Mikrocomputer geprüft worden.

1.3 Basis-Mikrocomputer

1.3.2 Grundsätzliche Abläufe und Basisoperationen

Die grundsätzlichen Abläufe in Mikrocomputern unterscheiden sich nicht von den Vorgängen in größeren Computern. In der folgenden Besprechung werden aber eine Reihe von Besonderheiten herausgestellt. Als Grundlage dient dazu **Bild 1.3.10**, das mit der Strukturdarstellung Bild 1.3.4 übereinstimmt.

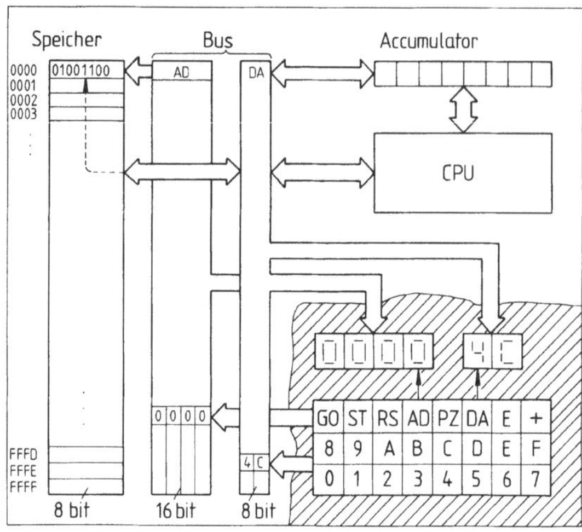

Bild 1.3.10
Modellrechner entsprechend Bild 1.3.4 zu dem Zeitpunkt, da in Adresse 0000 der Maschinencode 4C eingegeben wurde.

● **Modellrechner**

Zur Sichtbarmachung der internen Abläufe wird der in 1.3.1 beispielhaft benutzte „unbedingte Sprungbefehl" JUMP verwendet. Und zwar soll dieser Befehl, der bei den 8-Bit-Prozessoren ein Dreibytebefehl ist (vgl. Absatz „Adressen" in 1.3.1), ab Adresse 0000 gespeichert werden und einen Sprung zur Adresse 0200 veranlassen (alle Angaben hexadezimal). Der Maschinencode für den Sprungbefehl möge hexadezimal 4C lauten, d.h. JMP $\hat{=}$ 4C. Bild 1.3.10 zeigt die Situation nach dem Abspeichern von 4C unter der Adresse 0000. In **Bild 1.3.11** ist der Zustand auf dem Datenbus und dem Display nach Ausführung des Sprungbefehls „JMP 0200" dargestellt. Unter den Adressen 0000 bis 0002 ist der zugehörige Maschinencode abgespeichert, also:

Adresse	0000	0001	0002
Maschinencode	4C	00	02
Bedeutung	JMP	Sprungziel 0200	

Am Sprungziel (Adresse 0200) ist als Beispiel der willkürliche Inhalt FF angenommen. Das Display zeigt nach Ausführung von „JMP 0200" als Adresse dieses Sprungziel 0200 und den Inhalt FF an.

● **Basisoperationen**

Nahezu sämtliche Abläufe in Prozessoren lassen sich auf wenige Basisoperationen zurückführen — anders ausgedrückt: nur ein paar fundamentale Operationen bilden die Grundlage für fast alle Verarbeitungsvorgänge. Zur Illustrierung dieser Aussage sei hier das in 1.2.2 zur *Dualzahlen-Arithmetik* Gesagte wiederholt, daß DV-Maschinen nur addieren können, sämtliche arithmetischen Operationen mithin auf die Addition zurückgeführt werden. Zwar sind in der Regel spezielle Befehle für Subtraktionen oder manchmal auch für Multiplikationen und Divisionen vorhanden. Dahinter verbergen sich aber immer Manipulationen wie Komplementbildung (für Subtraktionen und Divisionen) oder Mehrfachaddition (für Multiplikationen). In der nachfolgenden Tabelle sind die *Basisoperationen* in ein paar Gruppen zusammengefaßt. Es sind deutsche und englische Bezeichnungen sowie häufig verwendete Abkürzungen dafür angegeben.

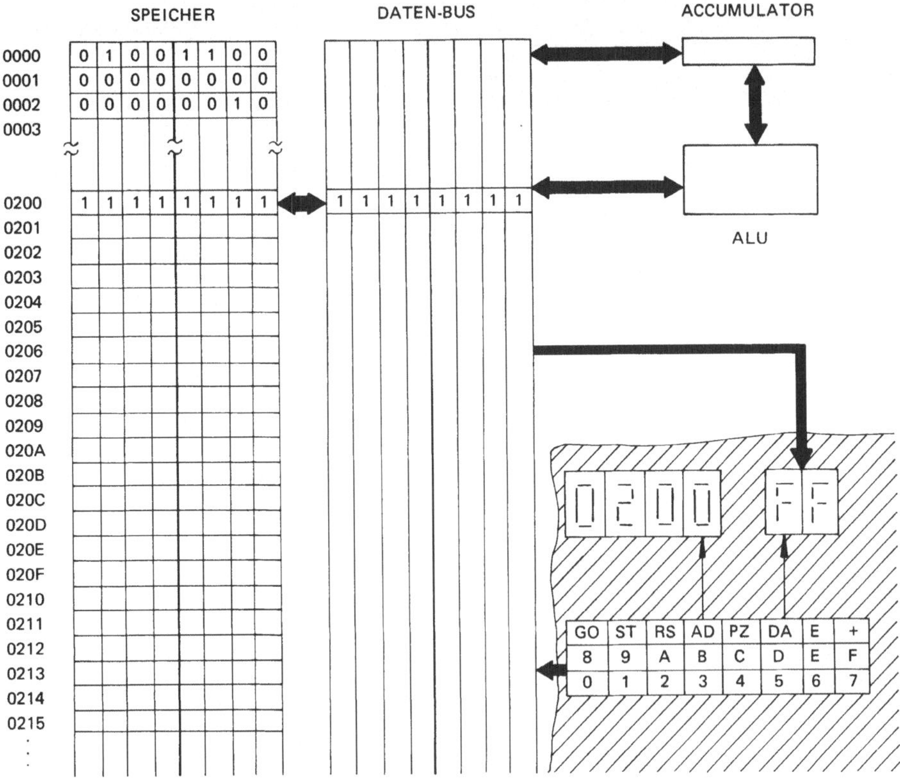

Bild 1.3.11 Modellrechner nach Ausführung des Sprungbefehls JMP Ø2ØØ (im Maschinencode 4C ØØØ2), der unter den Adressen ØØØØ bis ØØØ2 abgespeichert ist. Am Sprungziel Ø2ØØ wird der dort zufällig enthaltene Speicherinhalt FF angezeigt.

Befehlsgruppen	Basisoperationen	Englische Bezeichnungen	Abkürzungen	Übungen in Kap.
Transfer-Operationen	Laden	Load	LD	2.1
	Abspeichern	Store	ST	
	Transferieren	Transfer	TR	
		Move	MOV	
Lösch- und Setz-Operationen	Löschen	Clear	CL	2.2
	Setzen	Set	SE	
Sprung-Operationen	unbedingter Sprung	Jump	JMP	2.3
	bedingter Sprung	Branch	BR	
Logik-Operationen	UND	AND	AND	2.4
	ODER	OR	OR	
	Exklusiv-ODER	Exdusive OR	XOR	
Verschiebe-Operationen	Verschieben	Shift	SH	2.4
	Rotieren	Rotate	RO	
Arithmetik-Operationen	Addieren	Add	AD	2.5
	Subtrahieren	Subtract	SB	
	Inkrementieren	Increment	INC	
	Dekrementieren	Decrement	DEC	
	Vergleichen	Compare	CMP	

1.3 Basis-Mikrocomputer

Mit dem Fachausdruck *Transfer* bezeichnen wir die *Übertragung von Daten zwischen zwei verschiedenen Stellen*. Solche Stellen können Speicherplätze sein, oder auch Register, wie das in den Bildern 1.3.10 und 1.3.11 benutzte Akkumulator-Register. Die folgende Tabelle zeigt ein paar wichtige *Beispiele*.

Operation	Erklärung	symbolische Darstellung	Abkürzung	... von
Laden in den Akkumulator	Inhalt einer Speicherzelle M in den Akku transferieren	$(M) \rightarrow A$	LDA	Load in Accumulator (Lade in den Akkumulator)
Abspeichern aus dem Akkumulator	Inhalt des Akkus in eine Speicherzelle M transferieren	$(A) \rightarrow M$	STA	Store out of Accumulator (Speichere aus dem Akkumulator)
Transferieren zwischen zwei Registern	z. B. Inhalt des Akkus in ein anderes Register X transferieren	$(A) \rightarrow X$	TAX	Transfer Accumulator to X-Register (Transferiere Akkumulatorinhalt in das X-Register)

In Klammern gesetzte Symbole — wie (M) oder (A) — bedeuten, daß der *Inhalt* der Speicherzelle oder des Registers gemeint ist.

Der Befehl TAX enthält bereits die *Quelle* (das Akkumulator-Register) und das *Ziel* (ein Register X), zwischen denen der Datentransfer auszuführen ist. Die englischen Bezeichnungen sind *Source* (Quelle) und *Destination* (Ziel). In den Befehlen LDA und STA ist nur ein Endpunkt genannt, der Akkumulator A nämlich, der andere muß noch angegeben werden. *Beispiele*:

LDA 0000 bedeutet, daß der Inhalt der Speicherzelle mit der hexadezimalen Adresse 0000 in A zu laden ist;

STA 0001 bedeutet, daß der Akkumulatorinhalt unter der Adresse 0001 abzuspeichern ist.

Lösch- und Setz-Operationen sind nötig, wenn bestimmte, einzelne Bits in einem Datenwort oder Register gelöscht oder gesetzt werden sollen. Wir werden in Teil 2 lernen, daß das Setzen und Löschen einzelner Bits auch mit Hilfe der logischen Operationen möglich ist (Maskierungen). Zusätzliche Lösch- und Setz-Befehle erleichtern jedoch die Arbeit sehr. Einfache *Beispiele*:

Operation	Erklärung	symbolische Darstellung	Abkürzung	... von
Löschen	Löschen des Übertragsbits C	$C = 0$	CLC	Clear Carry
Setzen	Setzen des Übertragsbits C	$C = 1$	SEC	Set Carry

In 1.1.1 haben wir herausgestellt, daß „normale" Operationen in DV-Anlagen sequentiell, also unmittelbar nacheinander ablaufen. Es wurde aber auch schon angedeutet, daß unter bestimmten Voraussetzungen *Verzweigungen* möglich sind. D.h. der sequentielle Programmablauf kann unterbrochen und an anderen Stellen fortgesetzt werden. Solche Sprünge zu anderen Programmstellen (vorwärts oder rückwärts) können ohne jede weitere Bedingung gefordert werden (unbedingter Sprung, *Jump*), oder sie können von einer Bedingung bzw. einer logischen Entscheidung abhängig sein (bedingter Sprung, *Branch*).

1.3.2 Grundsätzliche Abläufe und Basisoperationen

Operation	Erklärung	symbolische Darstellung	Abkürzung	. . . von
unbedingter Sprung	Springe von der aktuellen Stelle zur angegebenen Programmstelle		JMP	Jump
bedingter Sprung	Springe, wenn Vergleichsergebnis gleich null	$= 0$	BEQ	Branch if Equal zero
	Springe, wenn Vergleichsergebnis nicht null	$\neq 0$	BNE	Branch if Not Equal zero
	Springe, wenn Vergleichsergebnis größer null	> 0	BPL	Branch on Plus
	Springe, wenn Vergleichsergebnis kleiner null	< 0	BMI	Branch on Minus

Als Logik-Operationen bezeichnen wir hier logische Grundverknüpfungen wie UND, ODER, Exklusiv-ODER. Diese drei sind meistens auch direkt ausführbar. *Beispiele*:

Operation	Erklärung	symbolische Darstellung	Abkürzung	. . . von
UND	UND-Verknüpfung zwischen dem Akku- und einem Speicherinhalt	$(A) \wedge (M)$	AND oder ANA	AND AND Accumulator
ODER	ODER-Verknüpfung zwischen dem Akku- und einem Speicherinhalt	$(A) \vee (M)$	ORA	OR Accumulator
Exklusiv-ODER	Exklusiv-ODER-Verknüpfung zwischen dem Akku- und einem Speicherinhalt	$(A) \neq (M)$	EOR oder XRA	Exclusive OR Exclusive OR Accumulator

Mit den bislang besprochenen Basisoperationen werden entweder ganze Datenworte ohne inhaltliche Veränderung transferiert, oder es werden gegebene Datenworte arithmetisch oder logisch miteinander verknüpft. Durch Verschiebe-Operationen dagegen wird innerhalb eines Datenwortes manipuliert, indem um jeweils eine Bitstelle nach links oder recht geschoben wird. Die bei den folgenden *Beispielen* gemachten Unterscheidungen zwischen *Verschieben* und *Rotieren* werden später erklärt.

Operation	Erklärung	symbolische Darstellung	Abkürzung	. . . von
Schieben rechts	Verschiebung des Akku-Inhalts um eine Stelle nach rechts	$(A) \rightarrow$	SR oder ASR oder LSR	Shift Right Arithmetic Shift Right Logic Shift Right
Schieben links	Verschiebung des Akku-Inhalts um eine Stelle nach links	$\leftarrow (A)$	SL oder ASL	Shift Left Arithmetic Shift Left
Rotieren rechts	Verschiebung des Akku-Inhalts um eine Stelle nach rechts	$\rightarrow (A) \rightarrow$	ROR oder RR oder RAR	Rotate Right Rotate Right Rotate Accumulator Right
Rotieren links	Verschiebung des Akku-Inhalts um eine Stelle nach links	$\leftarrow (A) \leftarrow$	ROL oder RL oder RAL	Rotate Left Rotate Left Rotate Accumulator Left

1.3 Basis-Mikrocomputer

Mikroprozessoren erlauben in der Regel direkt *Additionen* (ADD oder AD) und *Subtraktionen* (SUB oder SB). Aber auch Befehle zum *Inkrementieren* (Addition von 1), *Dekrementieren* (Subtraktion von 1) und *Vergleichen* (A minus B) sind im Grunde arithmetische Operationen. Es folgen ein paar *Beispiele*.

Operation	Erklärung	symbolische Darstellung	Abkürzung . . . von	
Addieren	Addition des Inhalts einer Speicherzelle zum Akkumulatorinhalt	(A) + (M)	ADC	Add with Carry (Addiere mit Übertrag)
Subtrahieren	Subtraktion des Inhalts einer Speicherzelle vom Akkumulatorinhalt	(A) − (M)	SBC	Subtract with Carry (Subtrahiere mit Übertrag)
Inkrementieren	Addition von 1 zum Inhalt einer Speicherzelle	(M) + 1	INC	Increment (Inkrementiere)
Dekrementieren	Subtraktion von 1 vom Inhalt einer Speicherzelle	(M) − 1	DEC	Decrement (Dekrementiere)
Vergleichen	Vergleich des Akkumulatorinhalts mit dem Inhalt einer Speicherzelle	(A) − (M)	CMP	Compare (Vergleiche)

Vergleichsoperationen bestehen darin, daß die Inhalte zweier Speicherzellen oder Register voneinander abgezogen werden; es wird dann geprüft, ob das Resultat größer, kleiner oder gleich null ist. Deshalb werden häufig Vergleichsbefehle als „Logik-Operationen" angesehen. Während INC und DEC Abkürzungen der englischen Namen sind, bedeutet der Buchstabe C in ADC und SBC, daß bei diesen Operationen der eventuelle Übertrag aus einer vorhergegangenen Berechnung berücksichtigt wird. C steht in diesen Fällen für *Carry*, der englischen Bezeichnung für Übertrag. Wir werden hierauf ausführlich zurückkommen.

Der *Befehlssatz* jedes Mikroprozessors baut auf den eben besprochenen *Basisoperationen* auf. Die in den Beispielen gezeigten Befehle sind so oder ähnlich fast immer vorhanden. Auch sind die in Form von einprägsamen Abkürzungen verwendeten Bezeichnungen durchaus recht ähnlich. Über die Basisoperationen hinausgehend werden die Befehlssätze von den verschiedenen Herstellern jedoch häufig unterschiedlich erweitert. Doch macht es keine großen Schwierigkeiten, diese Erweiterungen zu lernen, ebenso wie auch die etwas differierenden Abkürzungen für die manchmal bis an 200 Befehle heranreichenden Sätze gut zu lernen sind — unter einer Voraussetzung aber: den Befehlssatz irgendeines Prozessors sollte man beherrschen. Wir werden darum in Teil 2 gründlich den sehr übersichtlichen Befehlssatz des µP 6502 durchsprechen. Gegenübergestellt wird aber jeweils der 16-Bit-Prozessor 9900.

1.3.3 Mikrocomputer-Hardware

Unter der *Architektur* eines Computers versteht man die Art und Weise, wie die verschiedenen Funktionsblöcke zusammengeschaltet sind. Für Mikrocomputer typisch ist die *Busstruktur*, d.h. die µC-Architektur wird dadurch bestimmt, daß alle Funktionsblöcke an einem gemeinsamen Leitungsbündel arbeiten. Dieses Bündel (Leitungsbus oder kurz: Bus) besteht in der Regel aus den vier in **Bild 1.3.12** skizzierten Leitungsgruppen:

Datenbus	4, 8, 12 oder 16 Leitungen
Adreßbus	16, 20 oder 24 Leitungen
Steuerbus	10 . . . 30 Leitungen
Versorgung	5 . . . 10 Leitungen

Alle Leitungen zusammen bilden den sogenannten *Systembus*. Die weitere Besprechung lehnt sich an die mit Bild 1.3.12 vorgegebene Dreiteilung der Funktionsblöcke an:

CPU	— Verarbeitung entsprechend dem Programm
Memory	— Speicherung von Programm und Daten
I/O	— Ein- und Ausgabe von Programmen und Daten

Weiterführende Literatur mit besonderer Berücksichtigung von μC-Architekturen ist unter den Nummern [20] ... [23] angegeben.

• Adressierung

Die CPU (der Mikroprozessor also) kontrolliert als zentrale Leitstelle sämtliche Aktivitäten innerhalb des Computers und führt alle gewünschten Verarbeitungen durch. Über den Adreßbus (AD in Bild 1.3.12) spricht die CPU Speicherstellen an und gibt Ein-/Ausgaben frei. Dieser Vorgang wird *Adressierung* genannt. In der schematischen Darstellung des Bildes 1.3.12 ist mit den Pfeilrichtungen angedeutet, daß die Adressierung nur von der CPU ausgeht. Der Adreßbus wird deshalb auch als *unidirektional* bezeichnet (Informationsfluß in nur einer Richtung). Der Adreßbus besteht oft aus 16 Leitungen. Das bedeutet, es können 16 Bits parallel übertragen werden. Mit 16 Bits sind $2^{16} = 65536$ verschiedene Binärworte darstellbar, mithin sind ebensoviele verschiedene Speicherstellen bzw. Ein-/Ausgabestellen identifizierbar (adressierbar also). Mit der „Einheit" (Mengenangabe) $1 \text{ K} = 2^{10} = 1024$ ergeben sich die folgenden üblichen *Adreßräume*:

Adreßbusbreite	*Adreßraum*
12 bit	4 K = 4096 Speicherstellen
16 bit	64 K = 65536 Speicherstellen
20 bit	1024 K = 1 M = 1048576 Speicherstellen
24 bit	16384 K = 16 M = 16777216 Speicherstellen

• Datenbus

Die Anzahl der Datenbus-Leitungen (*Datenbusbreite*) stimmt mit der *Wortbreite des Prozessors* überein. In Bild 1.3.12 ist mit Doppelpfeilen deutlich gemacht, daß auf dem Datenbus die Signalübertragung in beiden Richtungen möglich ist (*bidirektionaler Datenweg*). Jedoch darf zu einer bestimmten Zeit die Übertragung in nur jeweils einer Richtung stattfinden. Dies wird mit einer Schaltung gemäß **Bild 1.3.13**

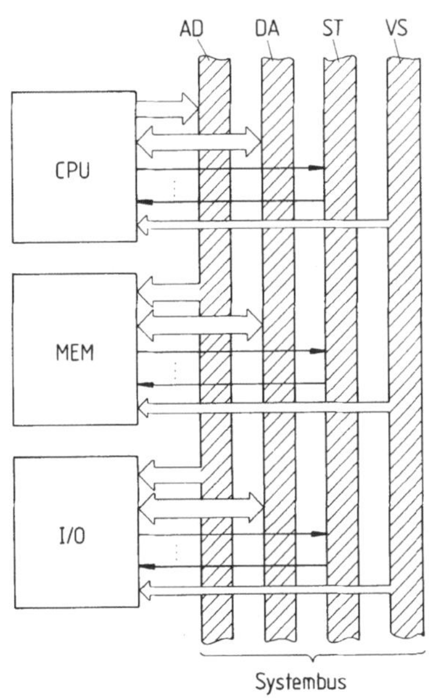

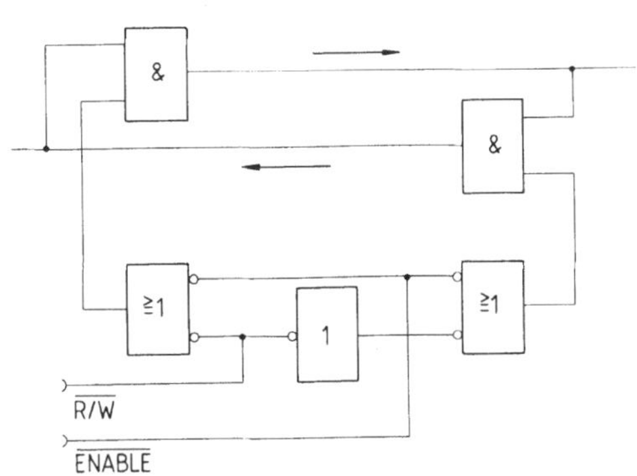

Bild 1.3.12 Busstruktur eines Mikrocomputers. AD; Adreßbus, DA: Datenbus, ST: Steuerleitungen, VS: Versorgungsleitungen

Bild 1.3.13 Prinzipschaltbild eines bidirektionalen Bus-Treibers (Bidirectional Tri-state Bus Driver). Weitere Erläuterungen im Text

möglich, die *Bidirectional Tri-state Bus Driver* genannt wird. Außer dem Durchschalten in jeweils eine Richtung (nach rechts oder links) ist mit diesem bidirektionalen Bus-Treiber die Einnahme eines dritten Zustands möglich (daher „Tri-state"), nämlich das vollständige Sperren des Datenweges. Dies geschieht mit Hilfe des Signals ENABLE (Freigabesignal). Um das zu verstehen, muß man sich die Bedeutung des Striches über den Signalnamen klar machen. Wir benutzen dazu die nachfolgend aufgestellte Tabelle.

| Signalname | Logik-System | Zustand | Spannung | | Beispiel | logische Symbole | |
			deutsch	englisch		binär	technisch
A	positiv	wahr	hoch	high	5 V	1	H
		falsch	niedrig	low	0 V	0	L
$\overline{A}$	negativ	wahr	niedrig	low	0 V	1	L
		falsch	hoch	high	5 V	0	H

● Logik-Systeme

Ein Signal A kann in Digitalschaltungen „wahr" oder „falsch" sein (englisch *true* bzw. *false*), das bedeutet, es ist mit einer vereinbarten Spannung entweder existent oder es ist abgeschaltet. Im Beispiel in obenstehender Tabelle ist für das „wahre" Signal (logisch 1 bzw. H) die heute technisch übliche Spannung 5 Volt angegeben (TTL-Spannung). Für den zweiten Binärzustand (logisch 0 bzw. L) ist die Spannung 0 Volt eingetragen. In praktischen Schaltungen liegt die Schaltschwelle zwischen beiden Zuständen bei etwa 1,4 Volt. Zur Kennzeichnung des eben beschriebenen Falles verwendet man die Benennung *positive Logik*. In technischen Ausführungen hat aber die *negative Logik* eine große Bedeutung. Der Signalname in obiger Tabelle ist dafür $\overline{A}$ — sprich: „A quer" oder „A nicht". Dabei ist die niedrige Spannung (low bzw. L) dem „wahren" Logikzustand 1 zugeordnet.

● Bus-Treiber

Nun ist die Wirkung des Bus-Treibers nach Bild 1.3.13 leicht zu verstehen. Wenn nämlich das Signal $\overline{ENABLE}$ (sprich: *Enable nicht*) „falsch" ist (logisch 0 bzw. Spannung H), dann liegt an den Ausgängen beider NOR-Gatter in jedem Fall der Logikpegel L, und beide AND-Gatter sind gesperrt, d.h. der gesamte Bus ist in beiden Richtungen gesperrt. Nur wenn $\overline{ENABLE}$ „wahr" wird (logisch 1 bzw. Spannung L), können die Gatter durchgeschaltet werden, und zwar abhängig vom Zustand des Signals $\overline{R/W}$.

● READ/WRITE

Read (Lesen) und *Write* (Schreiben) wird auf die CPU bezogen. D.h. wenn die CPU Daten auf den Bus schickt, heißt das „Schreiben", wenn Daten vom Bus in die CPU geholt werden, heißt das „Lesen". Am Bus-Treiber (Bild 1.3.13) bestimmt also die CPU mit dem Signal $\overline{R/W}$, in welche Richtung der Datenbus durchgeschaltet wird, wenn vorher (ebenfalls durch die CPU) das Freigabesignal $\overline{ENABLE}$ angelegt worden ist. Ist $\overline{R/W}$ „wahr" (Spannung L), schaltet bei $\overline{ENABLE}$ ebenfalls „wahr" das linke NOR-Gatter durch, und der Bus ist nach „rechts" frei. Wird $\overline{R/W}$ „high" (H), schaltet wegen des zwischengesetzten Inverters gerade das rechte NOR-Gatter durch, und der Bus ist nach „links" frei.

● CPU-Funktionseinheiten

Wir haben bisher zwei wichtige Aufgaben der CPU vorgestellt: die Adressierung und die Schreib-/Lese-Steuerung (*Read/Write Control*). In **Bild 1.3.14** sind alle Grundelemente (Funktionseinheiten) einer CPU dargestellt. Die zugeordneten Aufgaben sind:

Steuerwerk DEC ST	Befehlsdecodierung und Ablaufsteuerung innerhalb der CPU Steuerung des Computer-Systems im Systemtakt (*Clock*) über den Steuerbus
Adreßdecoder ADR	Ermittlung von Adressen und deren Verteilung über den Adreßbus
Rechenwerk REG ALU	Register für die Verwaltung und Abwicklung aller Verarbeitungsabläufe Arithmetisch-logische Einheit als eigentliches Rechenelement

Die Aufgaben der CPU-Elemente werden im folgenden im Detail besprochen.

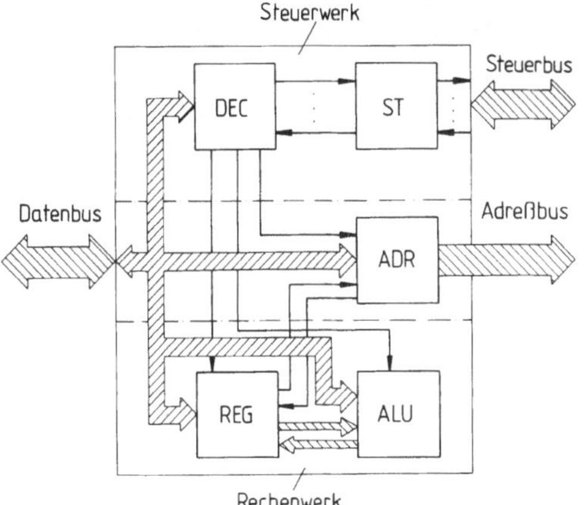

Bild 1.3.14
Aufbau einer CPU mit den Funktions-
blöcken Befehlsdecodierer (DEC),
Steuerung (ST), Adressenbearbeitung
(ADR), Register (REG) und Arithmetisch-logische Einheit (ALU). Darstellung in Anlehnung an [23]

● Steuerwerk

Das Steuerwerk ist die zentrale Leitstelle des ganzen Computers. Sämtliche Operationen, Datenbewegungen etc. laufen unter Kontrolle des in dem Funktionsblock ST (Steuerung) enthaltenen Taktgebers ab.
Der sogenannte *Systemtakt* (*System Clock*) liegt bei 8-Bit-Prozessoren überwiegend zwischen 1 und
4 MHz, bei 16-Bit-Prozessoren zum Teil bei 5 bis 12 MHz. Ein Taktschritt wird Prozessorzyklus oder
kurz *Zyklus* (*Cycle*) genannt. Für die verschiedenen Verarbeitungsschritte werden ganzzahlige Zyklus-
Vielfache benötigt. Beispielsweise beträgt beim μP 6502 der Systemtakt 1 MHz. Die verschiedenen Be-
fehle der CPU benötigen zwischen 2 und 7 Zyklen. Die Befehlsausführungszeiten liegen mithin in diesem
Fall zwischen 2 und 7 Mikrosekunden. Eine weitere interessante Zahl: Solch ein Mikroprozessor kann im
Mittel pro Sekunde 250 000 Befehle ausführen.

● Befehlsdecodierung

Der Baustein DEC (Decodierung) entschlüsselt jeden Programmbefehl, leitet daraus die geforderten
Operationen ab und identifiziert die Teilnehmer (die *Operanden*). Das geschieht etwa in der mit **Bild
1.3.15** dargestellten Weise. Dabei ist z.B. ein Programmzähler PZ (*Program Counter* PC) auf die „Nummer" (Adresse) 0200 gesetzt. Das Setzen dieses Zählers muß einmal vor Beginn jeder Verarbeitung auf
die festgelegte *Startadresse* vorgenommen werden. Der unter dieser Adresse gespeicherte Programmbefehl wird daraufhin aus dem Speicher, über den Datenbus, in das Befehlsregister BR geholt, dort decodiert und zur Ausführung gebracht. Der als Beispiel verwendete Additionsbefehl des Prozessors Z80
verlangt die Addition der Hexadezimalzahl n = 33 zum Inhalt des Akkumulator-Registers (hierzu mehr
unter dem Stichwort „Arithmetisch-logische Einheit"). Die symbolische Schreibweise und der hexadezimale Maschinencode dafür lauten:

	symbolisch	hexadezimal
Additionsbefehl	ADD A,n	C6 33

Es handelt sich hierbei um einen sogenannten *Zweibytebefehl*, wo das erste Byte C6 *Operationsteil* (OP)
heißt, das zweite Byte *Adreßteil* (A1) genannt wird. Je nach Prozessor und Befehlsklasse sind Maschinenbefehle zwischen 1 byte und 4 byte Länge möglich. Bei der Decodierung des Additionsbefehls laufen
folgende Schritte ab:

— Setzen des Programmzählers auf die Adresse 0200 (hexadezimal);
— Holen des Speicherinhalts C6 in das Befehlsregister und Erkennen der geforderten Operation „Addiere
   die im nachfolgenden Byte angegebene Konstante n zum Akkumulatorinhalt";
— Weiterschalten des Programmzählers auf Adresse 0201;
— Holen der Konstanten 33 und Veranlassung der Addition;
— Weiterschalten des Programmzählers auf Adresse 0202 und Holen des nächsten Befehls usw.

Der nächste Befehl wird je nach Sachlage 1 Byte oder mehrere Bytes lang sein. Aus dem Operationsteil
(dem ersten Byte) erkennt die Decodiereinheit, wieviele Bytes dazugehören. Erwähnt sei an dieser Stelle,
daß der Befehlssatz eines μP in Form von sogenannten Mikroprogrammen in der CPU vorhanden ist. Das
bedeutet, nach der Decodierung eines Maschinenbefehls wird das zugeordnete „Mikro-Teilprogramm"
ausgelöst, das die einzelnen Steuerschritte und Zuweisungen einleitet.

1.3 Basis-Mikrocomputer

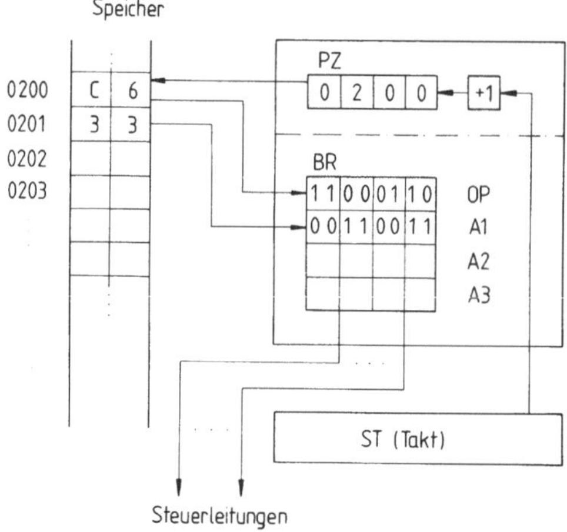

Bild 1.3.15

Befehlsdecodierung am Beispiel des Z 80-Additionsbefehls ADD A,n (Addiere die Hexadezimalzahl n = 33 zum Inhalt des Akkumulatorregisters A) — mit dem Maschinencode C6 33. PZ: Programmzähler, BR: Befehlsregister, OP: Operationsteil A1, A2 und A3: Adreßteile, ST: Steuerung

● **Adreßdecodierung**

Das Setzen des Programmzählers auf die Startadresse 0200 veranlaßt den Adreßdecodierer ADR in Bild 1.3.14, gerade diese Speicherstelle zu öffnen; der Inhalt wird daraufhin in das Befehlsregister gebracht. Auch wenn während einer Befehlsinterpretierung oder bei Datenein- und -ausgaben Speicherstellen oder Ein-/Ausgabe-Bausteine anzusprechen sind, führt ADR die Decodierung und Zuweisung aus. Das in **Bild 1.3.16** verwendete Beispiel ist ein Additionsbefehl des Prozessors 6502. Nun ist aber nicht, wie in Bild 1.3.15, im zweiten Byte direkt der Summand angegeben, vielmehr folgt in zwei weiteren Bytes die vollständige 16-Bit-Adresse 02FF, bei der der Summand abgespeichert ist. Dieses Verfahren hat den Vorteil, daß Programmbefehle und Daten in klar getrennten Speicherbereichen abgelegt werden können. Der verwendete Additionsbefehl hat die Bedeutung: ,,Addiere zum Akkumulatorinhalt den in Speicherstelle 02FF abgelegten Wert 33'', also

	symbolisch	hexadezimal
Additionsbefehl	ADC (Adresse)	6D FF02

Es handelt sich mithin um einen *Dreibytebefehl*. Die Zieladresse 02FF wird in diesem Fall in der Reihenfolge FF02 angegeben (vgl. hierzu 1.3.1). Bild 1.3.16 verdeutlicht, daß der Adreßdecodierer ADR die Operandenadresse ,,anwählt''. Weitaus komplizierte Adressenbearbeitungen werden wir schrittweise kennenlernen.

● **Arithmetisch-logische Einheit**

Die ALU (*Arithmetic Logic Unit*) in Bild 1.3.14 ist der Hauptbestandteil des Rechenwerks der CPU. Wie es der Name sagt, führt diese Einheit folgende Operationen durch:

Arithmetische Operationen	Logische Operationen
Addieren	UND
Subtrahieren	ODER
Vergleichen	Exklusiv ODER
Verschieben	Invertieren
Inkrementieren	Setzen
Dekrementieren	Löschen

In 1.3.2 sind diese Operationen im wesentlichen schon erläutert. Die ALU führt also alle durch das Steuerwerk decodierten Verknüpfungen und Manipulationen durch. **Bild 1.3.17** zeigt eine in der amerikanischen Literatur übliche ALU-Darstellung. Hervorzuheben ist, daß zwei Eingänge zur Verknüpfung zweier Operanden existieren und ein spezielles Register zur Eintragung sogenannter *Statusbits* vorhanden ist.

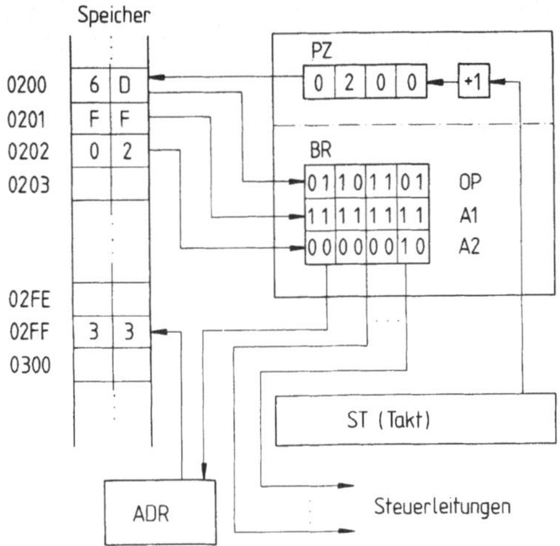

Bild 1.3.16 Befehlsdecodierung am Beispiel des 6502-Additionsbefehls ADC „Adresse" — (Addiere den Inhalt der angegebenen Adresse zum Akkumulatorinhalt) — mit dem Maschinencode 6D FF02. Der Adreßdecodierer ADR ermittelt hieraus die Operandenadresse 02FF.

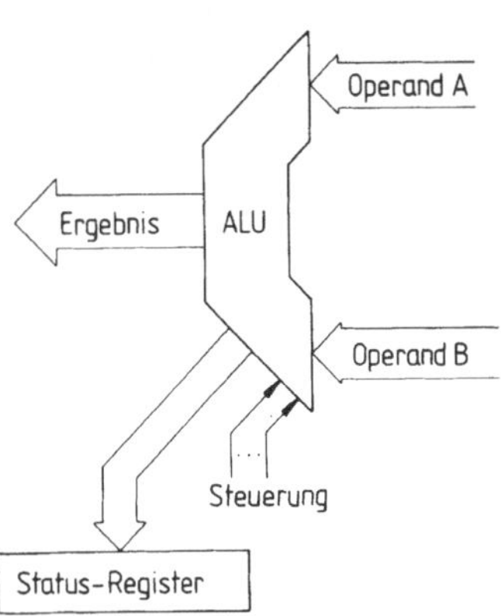

Bild 1.3.17 Schematische Darstellung der Arithmetisch-logischen Einheit (ALU)

● **Register**

Eine wesentliche Rolle spielen die Register der CPU. Das sind einzelne Speicherstellen der Länge 8 bit oder 16 bit, auf die die Elemente der CPU einen direkten und schnellen Zugriff haben. Das schon häufig erwähnte Akkumulator-Register muß man sich bei den Beispielen Bild 1.3.15 und 1.3.16 als eine der Eingabequellen der beiden ALU-Eingänge in Bild 1.3.17 vorstellen. Wichtige Register und ihre Aufgaben sind:

Register	oft benutzte Abkürzung	Hauptaufgaben
Programmzähler (*Program Counter*)	PC	Adressierung des als nächsten auszuführenden Befehls
Befehlsregister (*Instruction Register*)	IR	Aufnahme des durch PC adressierten Befehls zum Zwecke der Decodierung
Akkumulator (*Accumulator*)	AC	Wichtigstes Arbeitsregister der CPU; nimmt in der Regel einen von zwei Operanden auf
Indexregister (*Index Register*)	X, Y	Zusätzliche Arbeitsregister, die z.B. das Einrichten von Zählern erlauben
Statusregister (*Status Register*)	SR	Aufnahme einzelner Bits, die Aussagen über den jeweiligen Prozessorstatus zulassen
Stapelzeiger (*Stack Pointer*)	SP	Der Registerinhalt gibt an, unter welcher Adresse Zugriff zu dem wichtigen Speicherbereich „Stack" möglich ist

In Teil 2 werden diese Register ständig benutzt und dabei ausführlich erklärt.

● **Seitenbildung**

Eine organisatorische Besonderheit bezüglich der Numerierung von Arbeitsspeicherplätzen soll abschließend noch herausgestellt werden: die Bildung sogenannter Seiten (*Pages*). Dabei wird verwendet, daß mit einem Byte (8 Bits also) 256 verschiedene Werte (0 bis 255) dargestellt werden können. Solch

1.3 Basis-Mikrocomputer

ein Block wird Seite genannt. Entsprechend **Bild 1.3.18** lassen sich wieder mit 8 Bits 256 Seiten abzählen, hexadezimal die Seitennummern 00 bis FF. Die Seite 00 (*Page Zero*) wird später extra behandelt. Nehmen wir nun noch die für die meisten Mikroprozessoren übliche 16-Bit-Adressierung an, ergibt sich die in Bild 1.3.18 angegebene Hexadezimal-Adressierung der Zellen 0 bis 65535 (64 Kbyte Adreßraum) durch die Angabe einer der 256 Seiten und der Byte-Nummer 0 ... 255 pro Seite. Beispielsweise lautet für die Speicherzelle 65282 die Adresse FF 02. Angesprochen ist damit also das Byte Nr. 02 in Seite FF. Und in dieser Reihenfolge werden in der Regel auch die Adressen im Maschinencode angegeben (vgl. hierzu auch 1.3.1).

Dezimal	Höheres Byte								Niederes Byte								Hexadezimal Seiten-Nummer	Byte-Nummer
	15	14	13	12	11	10	9	8	7	6	5	4	3	2	1	0		
0	0	0	0	0	0	0	0	0	0	0	0	0	0	0	0	0	00	00
1	0	0	0	0	0	0	0	0	0	0	0	0	0	0	0	1	00	01
⋮																		
255	0	0	0	0	0	0	0	0	1	1	1	1	1	1	1	1	00	FF
256	0	0	0	0	0	0	0	1	0	0	0	0	0	0	0	0	01	00
257	0	0	0	0	0	0	0	1	0	0	0	0	0	0	0	1	01	01
⋮																		
65 279	1	1	1	1	1	1	1	0	1	1	1	1	1	1	1	1	FE	FF
65 280	1	1	1	1	1	1	1	1	0	0	0	0	0	0	0	0	FF	00
65 281	1	1	1	1	1	1	1	1	0	0	0	0	0	0	0	1	FF	01
⋮																		
65 535	1	1	1	1	1	1	1	1	1	1	1	1	1	1	1	1	FF	FF

Bild 1.3.18 Organisation eines 16-Bit-Adreßraumes in 256 Seiten und 256 Bytes pro Seite

1.3.4 Programmierung von Mikrocomputern

In 1.1.1 und 1.3.1 wurde die Formel „**EDV-System = Hardware + Software**" herausgearbeitet. Die *Hardware* haben wir bislang überwiegend behandelt. In 1.3.1 ist unter dem Stichwort „Systemprogramme" auch schon einiges zum Thema *Software* gesagt worden. Darauf aufbauend, wird nun eine Zusammenfassung zur Programmierung von Mikrocomputern aufgestellt. Zwei Aspekte sind dabei zu berücksichtigen:

1. Die Art der Programmierung eines μC wird sich danach richten, ob der Computer als Hilfsmittel benutzt werden oder die Funktionsweise datenverarbeitender Maschinen gelernt werden soll;
2. Höherer Komfort bei der Programmierung kostet Geld und Zeit bei der Programmausführung. Dazu soll **Bild 1.3.19** diskutiert werden.

Eine Auswahl ergänzender Literatur ist unter [24] ... [28] zu finden.

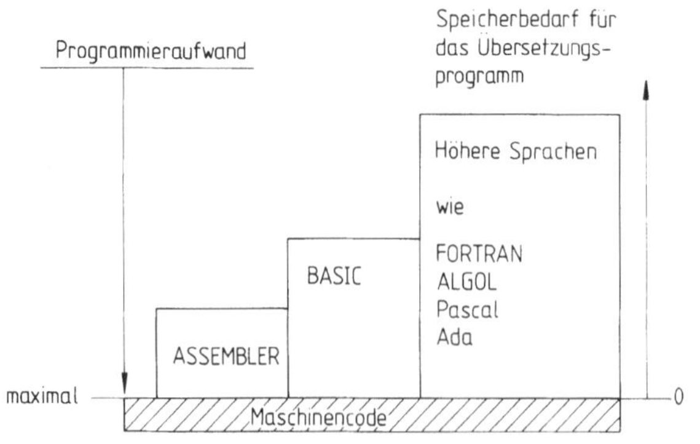

Bild 1.3.19

Qualitativer Zusammenhang zwischen dem Speicherbedarf von Übersetzungsprogrammen und dem Programmieraufwand

1.3.4 Programmierung von Mikrocomputern

● Maschinencode

Programmierung im Maschinencode bedeutet, jeden Verarbeitungsschritt in hexadezimaler Form dem Computer direkt einzugeben. In 1.3.1 sind dafür bereits Beispiele angegeben. Um Daten zur Weiterverwendung in den Akkumulator zu bringen (erster Schritt einer Vielzahl von Schritten, um z.B. einen trigonometrischen Wert ausrechnen zu lassen), ist dem Prozessor 6502 folgendes einzugeben:

Ladebefehl	Hexadezimalcode
LDA #17	A9 17

In zwei aufeinanderfolgende Bytes ist also A9 und 17 einzuschreiben. Es ist einleuchtend, daß die Eingabe langer Programme (mehrere hundert Bytes) in dieser Weise nicht nur mühsam, sondern auch in hohem Maße fehleranfällig ist. Andererseits erlaubt aber gerade diese Art der Programmierung, die Abläufe in Computern transparent und damit erlernbar zu machen. Im zweiten Teil werden wir dies benutzen. Aus Bild 1.3.19 wird noch ein anderer Gesichtspunkt deutlich: Für das Programmieren im Maschinencode ist kein zusätzlicher Speicher für ein Übersetzungsprogramm nötig. Der Programmieraufwand aber wird maximal.

● Assemblersprache

In der Regel werden Benutzer von Computern den Komfort einer Programmierung nutzen wollen, die anstelle der kaum lesbaren Hexadezimalcodes gut merkbare Spezialvokabeln oder Abkürzungen benutzt. Ein typisches Beispiel ist mit obigem Ladebefehl gegeben, bei dem zur Erklärung des Hexadezimalcodes A9 17 der „Text" LDA # 17 angegeben wurde. Für den Code A9 ist also die symbolische Abkürzung LDA eingeführt, was im Klartext „Lade in den Akkumulator" heißt. Mit dem Symbol „#" wird gekennzeichnet, daß ein Zahlenwert folgt, der in den Akkumulator zu laden ist. In diesem Zusammenhang spricht man auch von *mnemonischen Ausdrücken* (symbolische Ausdrücke). Solche vom Hersteller des μP festgelegten mnemonischen Ausdrücke und einige Regeln zur Schreibweise und Kennzeichnung bilden die sogenannte *Assemblersprache*. Dieser Name ist direkt von dem durch den Computer-Hersteller mitgelieferten *Übersetzungsprogramm* abgeleitet, das *Assembler* heißt. Dieses Programm übersetzt (assembliert) die mit mnemonischen Ausdrücken geschriebenen Programmbefehle in den Maschinencode (vgl. hierzu 1.3.1: Systemprogramm, Editor etc.). Folgende Zahlen verdeutlichen die Bedeutung der Maschinencodes und Assemblersprachen: Von allen Anwendern einzelner Mikroprozessoren oder von Mikrocomputern in Form modularer Steckkartensysteme (*Single Board Computer*, SBC, d.h. Einplatinencomputer, und *Board Level Computer*, BLC, d.h. Modul-Computer) benutzen etwa 25 % den Maschinencode und ca. 80 % die Assemblersprache. Diese Relationen verschieben sich aber vollständig bei Benutzern der sogenannten *Personal Computer* (auch: *Business* oder *Home Computer*). Bei diesen Computern aus der „Klasse" der Apple, CBM, PET, Tandy etc. ist BASIC die „Normalsprache".

● BASIC

BASIC ist ein Kunstwort aus der Abkürzung von *Beginners All-purpose Symbolic Instruction Code*. Darin drücken sich die beiden Zielsetzungen aus, nämlich 1. die einfache Programmierung auch Anfängern (*Beginners*) zu ermöglichen, und 2. eine Sprache für Universalanwendungen (*All-purpose*) zur Verfügung zu stellen. Und tatsächlich hat sich diese Sprache bei Benutzern von Personal Computern fast vollständig durchgesetzt, weil sie schnell zu erlernen ist und weil viele Hersteller nur diese Sprache anbieten. Man darf allerdings nicht glauben, daß BASIC nun als Universalsprache für alle Computer nutzbar ist. Es gibt nämlich fast so viele BASIC-Versionen, wie es Computer-Hersteller gibt. Übereinstimmend ist nur die genormte Grundversion, wie sie z.B. in [30] beschrieben ist. So gibt es beispielsweise BASIC-Ausführungen, die nur 2 Kbyte Speicher benötigen (Tiny BASIC) und damit auch für Billigstcomputer sinnvoll sind. Dann existieren aber auch Versionen, die 8 K, 10 K, 14 K oder noch mehr Speicherplatz belegen, mithin nur für Computer ab PET angemessen sind. Eine wesentliche Besonderheit muß noch herausgestellt werden: In der Regel sind BASIC-Sprachen mit Interpretierern (*Interpreters*) realisiert. D.h. es wird jede auf einer Tastatur eingegebene Programmzeile sofort auf richtigen Aufbau überprüft und dann zur Ausführung gebracht, indem ein diesen Befehl verkörperndes „Mikroprogramm" aufgerufen wird. Anders als bei Assembler- oder Compilersprachen werden Programme also nicht in die Maschinensprache übersetzt, sondern sie werden *interpretiert*.

● Programmiersprachen

Aus den bisherigen Ausführungen wird zweierlei erkennbar: Erstens sind offenbar Programmiersprachen danach zu unterscheiden, ob man im jeweiligen Maschinencode schreiben muß, oder ob leicht lernbare Abkürzungen verwendet werden können. Zweitens liegt ein anderer Unterschied in der Art der Übertragung aus einer „höheren", symbolisch geschriebenen Sprache in den Maschinencode: ob nämlich immer vollständige Programme in einem „Übersetzungslauf" in die Maschinensprache umgesetzt werden (As-

Programmiersprachen				Anwendungsbereiche
	Niveau	Sprache	Übersetzer	
problem-orientiert	hoch	BASIC / APL	Interpretierer	
		COBOL / PL/1	Compiler	
		ALGOL / FORTRAN / Pascal / Forth / Ada		
		PEARL / EXAPT		
anlagen-orientiert	mittel	Tastencode	Interpretierer	
	niedrig	Assembler	Assembler	
	null	Masch.-Code	—	

Dialog — kommerziell — technisch-wiss. — Lernen — Messen, Steuern Regeln (PDV)

Bild 1.3.20 Sprachengruppen, Übersetzer und Anwendungsbereiche

sembler- und Compilersprachen), oder ob jeder einzelne Befehl direkt umgesetzt wird (Interpretierer). All diesen verschiedenen Möglichkeiten kann man unterschiedliche Anwendungsfälle oder Problemgruppen zuordnen. Beispielsweise ist ein echter Dialog mit dem Computer nur möglich, wenn die verwendete Sprache Satz für Satz (d.h. Instruktion für Instruktion) nacheinander direkt interpretiert und ausgeführt wird. Darum wird oft die Bezeichnung *Dialogsprache* benutzt, mit der *interaktives Arbeiten* möglich ist. Mehr systematisch sind in **Bild 1.3.20** die Unterschiede und Anwendungsbereiche zusammengestellt.

In der Aufstellung Bild 1.3.20 ist mit dem Anwendungsbereich „Lernen" das Erlernen der Funktionsweise von Computern gemeint. Dafür sinnvoll sind nur die „Sprachen" Assembler und Maschinencode, weil nur dabei die Rechnerstruktur und die internen Abläufe sichtbar werden. Im Teil 2 dieses Arbeitsbuches wird darum ausschließlich auf diesem anlagenorientierten Niveau gearbeitet.

● **Höhere Sprachen**

Die problemorientierten Programmiersprachen werden in der Regel *Hochsprachen* genannt (engl. *High-Level Languages*, HLL), weil bei ihnen Vokabular und Syntax anlagenunabhängig aufgebaut sind. Sie orientieren sich primär am Problem, was sich in der Regel als sehr benutzerfreundlich erweist. Dies drückt sich zumeist auch in den Sprachennamen aus, die Kunstworte aus Abkürzungen sind:

BASIC — *Beginners All-purpose Symbolic Instruction Code*
APL — *A Program Language*
COBOL — *Common Business Oriented Language*
PL/1 — *Program Language 1*
ALGOL — *Algorithmic Language*
FORTRAN — *Formula Translation*
PEARL — *Process and Experiment Automation Real Time Language*
EXAPT — *Extended Automatically Programmed Tools.*

Für Mikrocomputer von Bedeutung sind vor allem die höheren Sprachen:

BASIC — als Standardsprache
PL/1 — als Hochleistungssprache in den µC-Spezialversionen PL/M; PL/µS; PL/Z; MPL etc.
Pascal — als neue Universalsprache
FORTRAN — als bewährte Sprache für Wissenschaft und Technik
COBOL — als wichtige kommerzielle Sprache
Forth — mit zunehmender Tendenz in der Meß-, Steuer- und Regeltechnik eingesetzt.

Ergänzend seien hier wenigstens die Namen zweier Sprachen für vor allem Anwendungen in der Schule genannt: ELAN und LOGO.

Die vom amerikanischen Verteidigungsministerium (*Department of Defense*, DoD) entwickelte „Supersprache" *Ada* wird vorerst für kleinere Mikrocomputer keine Rolle spielen.

Eine Auswahl von Literatur über höhere Programmiersprachen ist unter [29] ... [46] zusammengestellt.

● **Sprachenvergleich**

Mit Bild 1.3.19 ist der wichtige Zusammenhang zwischen Programmieraufwand und Speicherbedarf für Übersetzungsprogramme qualitativ dargestellt. An einem konkreten Beispiel sollen die Unterschiede beim Programmieraufwand präzisiert werden. Zu programmieren sei die einfache *Schwellenwertaufgabe*:

>   wenn A + 5 < B, dann ist C = A;
>   wenn A + 5 ≥ B, dann ist C = B.

In **Bild 1.3.21** ist diese Aufgabe graphisch veranschaulicht. Im folgenden Kasten sind Programmbefehle dafür in verschiedenen Sprachen aufgelistet. Als Beispiel für die Maschinenebene ist der Prozessor 6502 angenommen.

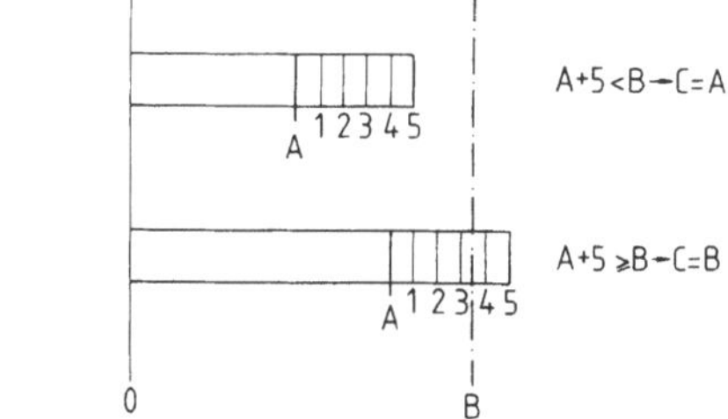

Bild 1.3.21

Graphische Darstellung einer einfachen Schwellenwertaufgabe

	Adresse	Maschinencode		Assemblersprache
Maschinenebene	0000	18		CLC
(Mikroprozessor 6502)	0001	AD 0002		LDA A
	0004	69 05		ADC #05
	0006	CD 0102		CMP B
	0009	30 09		BMI L1
	000B	AD 0102		LDA B
	000E	4C 1A00		JMP L2
	0011	AD 0002	L1	LDA A
	0014	8D 0202	L2	STA C
BASIC	10	C = A		
	20	IF A + 5 ≥ B THEN C = B		
FORTRAN		C = A		
		IF (A + 5.GT.B) C = B		
ALGOL Pascal		IF (A + 5) < B THEN C := A ELSE C := B;		

Aus dieser Gegenüberstellung wird exemplarisch wesentliches deutlich:

- Jeder Programmbefehl in der Assemblersprache entspricht genau einem Befehl im Maschinencode. Diesen Umstand umschreibt man mit der Angabe: *Übersetzungsverhältnis 1 : 1*.
- Bei Verwendung höherer Programmiersprachen reduziert sich die Schreibarbeit. Mit ALGOL ist in diesem Fall nur noch eine Zeile (eine Instruktion also) zu schreiben, um die zur maschineninternen Lösung der gegebenen Aufgabe nötigen etwa 10 Maschineninstruktionen auszulösen. Diese Tatsache beschreibt man mit der Angabe: *Übersetzungsverhältnis 1 : n* (ein Programmbefehl löst mehrere Maschinenbefehle aus).

1.3 Basis-Mikrocomputer

- Höhere Sprachen lassen rechnerinterne Abläufe überhaupt nicht erkennen. Sie lehnen sich vielmehr an die englische Umgangs- bzw. Fachsprache an. Mit ALGOL wird unsere Schwellenwertaufgabe praktisch so hingeschrieben, wie sie mathematisch vorliegt.
- In der untersten Sprachenebene entsteht zwar viel Schreibarbeit, bei Verwendung des Hexadezimalcodes gar unzumutbarer Konzentrationsaufwand. Aber nur hier werden rechnerinterne Abläufe direkt an der Programmiersprache sichtbar, und es sind direkte Manipulationen mit einzelnen Speicherstellen (Byte oder Bit) möglich. Das sind ideale Bedingungen für Verwendungen in der Meßtechnik und für Aufgaben der Steuerungstechnik und Prozeßautomatisierung.

Erweiterte BASIC-Versionen (in den USA ist eine Norm dafür entwickelt worden) ähneln in mancherlei Beziehung den ALGOL- und Pascal-Formen. Es existiert nämlich z.B. auch IF ... THEN ... ELSE. Andererseits ist aber auch wie bei FORTRAN die Verwendung lokaler Variablen möglich. Das sind Variablen, die nur im jeweils aufgerufenen Unterprogramm bekannt sind. Damit wird BASIC noch mehr zur sehr leistungsfähigen und konfortablen Standardsprache für Mikrocomputer.

Teil 2
Programmieren im Maschinencode

Inhaltsübersicht

In den nachfolgenden Beschreibungen und Übungen werden eine Reihe spezieller Symbole zur Kennzeichnung von Zahlensystemen, Speicherstellen, Adressierungsarten usw. verwendet. Die wichtigsten werden hier vorab erklärt:

	6502	9900
Hexadezimalzahl	$	>
Dualzahl	%	%
Dezimalzahl		
Adresse direkt		@
Wert unmittelbar	#	
Programmzähler	*	$

In der Prozeßdatenverarbeitung dominiert für die Programmierung immer noch die Assembler-Sprache. Die Gründe dafür sind in 1.3.4 bereits angedeutet: Assemblerprogramme laufen zeitoptimal ab, und die Prozeßabläufe sind transparent, d.h. sie spiegeln sich direkt in den einzelnen Programmbefehlen wider. Und besonders bei der Verwendung von Mikrocomputern kann es einem häufig passieren, daß Änderungen in übersetzten („assemblierten") Programmen direkt im Maschinencode vorgenommen werden müssen. Eine andere Sache ist, daß sogenannte Lerncomputer in der Regel nur direkt im Maschinencode programmiert werden können. Das geschieht sicher nicht primär aus Kostengründen. Vielmehr verbirgt sich dahinter die didaktische Absicht, jeden einzelnen Verarbeitungsschritt sichtbar zu machen — und das gelingt eben besonders, wenn im Maschinencode programmiert wird, wenn also die Abläufe im Computer vom Lernenden sozusagen bitweise vorgegeben werden müssen.

Die folgenden Arbeitseinheiten sind nach diesen Überlegungen entstanden. Die grundsätzlichen Abläufe im Mikroprozessor und wichtige Verfahren der Programmierung werden anhand der „Maschinensprache" entwickelt. Weil aber die hexadezimalen Maschinencodes kaum lesbar sind, wird die Beschreibung zusätzlich immer auch in mnemonischer Darstellung gegeben. Das ist aber nichts anderes, als die Verwendung der Assembler-Schreibweise. Konkret bedeutet dies, es wird der Maschinencode-Befehlssatz des 8-Bit-Mikroprozessors 6502 entwickelt. Dazu wird der Lerncomputer ALPHA 1 verwendet. Gegenübergestellt ist jeweils das entsprechende Verhalten des 16-Bit-µP TMS 9980A, der bis auf einen eingeschränkten Speicher-Adreßbereich (*Adreßraum*) mit dem TMS 9900 identisch ist. Das Besondere: der benutzte Lerncomputer TM 990/189 mit dem µP TMS 9980A enthält einen einfachen Assembler (vgl. 1.3.1), d.h. man muß nicht immer mühevoll den Hexadezimalcode eingeben. Dieser Arbeitsteil orientiert sich mithin an folgendem Schema:

<table>
<tr><td>

Lerncomputer ALPHA 1 mit

| 8-Bit-µP 6502 |

Eingabe im Hexcode,
Anzeige in mnemonischer Schreibweise
(*Disassembler*)

</td><td>

Lerncomputer TMS 990/189 mit

| 16-Bit-µP 9900 |

Eingabe in mnemonischer Schreibweise
(*line-by-line assembler*),
Anzeige nach Übersetzung im Hexcode

</td></tr>
</table>

2.1 Transferbefehle

Von grundlegender Bedeutung sind Befehle, die in einem DV-System Daten zwischen verschiedenen Stellen, denen exakt definierte funktionelle Aufgaben zugeordnet sind, bewegen können. **Bild 2.1.1** gibt in stark schematisierter Darstellung die Haupt-Funktionsblöcke an:

- I/O (*Input/Output*, Ein-/Ausgabe) als Nahtstelle zwischen Computer-System und Außenwelt (Peripherie);
- M (*Memory*, Speicher) als „Ablage" für Programmbefehle, Variablen, Konstanten, Ergebnisse etc.;
- ALU (*Arithmetic Logic Unit*, Rechenwerk) als zentrale Verknüpfungs- und Berechnungsstelle;
- Register als Hilfseinrichtungen für Koordinierungen, Zwischenergebnisse usw. Sie sind oft 8 bit oder 16 bit breit.

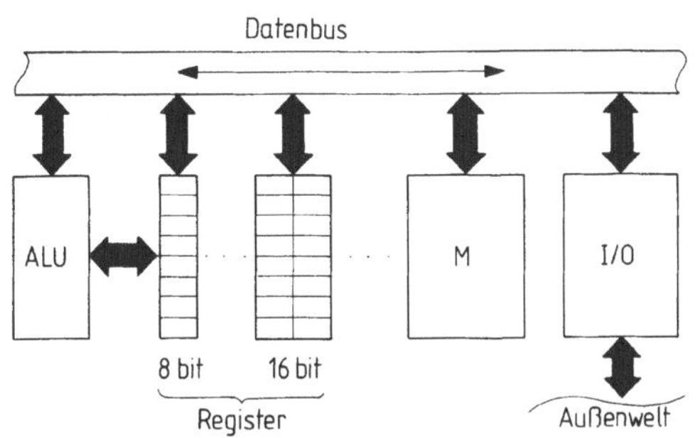

Bild 2.1.1

Funktionsbausteine eines Mikrocomputers, zwischen denen Daten transferiert werden können (ALU: Arithmetic Logic Unit; M: Memory; I/O: Input/Output)

Die Datentransfers zwischen den Einheiten werden über den Datenbus abgewickelt. Je nach Partner und Richtung lassen sich folgende Befehlstypen unterscheiden:

Operation \ Prozessor	6502 6800	8080	Z80	9900
Laden einer Konstanten n in ein Register R	LOAD R,n	MOVE R,n	LOAD R,n	LOAD R,n
Laden aus einer Speicherzelle M in ein Register R	LOAD R,(M)	MOVE R,(M)	LOAD R,(M)	MOVE (M),R
Abspeichern aus einem Register R	STORE (R),M	MOVE M,(R)	LOAD M,(R)	MOVE (R),M
Transfer zwischen zwei Registern, von R1 nach R2	TRANS (R1),R2	MOVE R2,(R1)	LOAD R2,(R1)	MOVE (R1),R2
Eingabe von Peripherie	LOAD R,(M)	IN R2,(R1)	IN R2,(R1)	STORE oder MOVE
Ausgabe an Peripherie	STORE (R),M	OUT (R2),R1	OUT (R2),R1	LOAD oder MOVE
Austausch zwischen zwei Speicherstellen	–	EXCHANGE	EXCHANGE	–

Die Angaben in Klammern bedeuten: Inhalt von Speicherplatz (M) bzw. von Register (R).

Diese Aufstellung ist rein schematisch; sie gibt den Befehlsaufbau nicht direkt an. Dies wird in den folgenden Abschnitten geschehen. Hier sollen das Prinzip gezeigt und die etwas unterschiedlichen Konzepte herausgearbeitet werden. Betrachten wir dazu die in obiger Aufstellung stark gerahmten Fälle „Laden'', „Speichern'' und „Transferieren''.

Grundsätzlich gilt für jeden Maschinenbefehl ein Schema ähnlich dem, wie es in **Bild 2.1.2** dargestellt ist, nämlich eine Gliederung in *Operationsteil* und *Adreßteil*. Enthalten sein muß also, *was* zu tun ist (Laden, Speichern, Transferieren) und *womit* etwas zu tun ist bzw. mit welchen Partnern.

	Operationsteil	Adreßteil	
Allgemeine Darstellung	OP Operationscode	DEST Zieladresse	SOURCE Quellenadresse
8080	MOVE	DEST	SOURCE
Z80	LOAD	DEST	SOURCE
9900	MOVE	SOURCE	DEST
6502	LOAD	DEST	SOURCE
	STORE	SOURCE	DEST
	TRANS	SOURCE	DEST

Bild 2.1.2

Schematische Darstellung des allgemeinen Befehlsaufbaus und Übertragung auf spezielle Beispiele für das Laden, Abspeichern und Transferieren von Daten (DEST: Destination, Ziel; SOURCE: Quelle)

Bei den Prozessoren 8080, Z80 und 9900 wird für die drei „Bewegungstypen'' ein einheitlicher Name (Operationsteil) MOVE bzw. LOAD verwendet. Die Reihenfolge bei der Angabe von *Quellenadresse* (SOURCE) und *Zieladresse* (DESTINATION) ist immer gleich, entweder DEST ← SOURCE (bei 8080 und Z80) oder SOURCE → DEST (beim 9900). Anders wurde beim Prozessor 6502 verfahren. Dabei wechseln die Namen, und sie enthalten symbolisch auch die Richtungsangabe, nämlich:

µP 6502:	„Lade *in* Register *aus* Quelle''	— LDA:	Load in A
	„Speichere *aus* Register *nach* Quelle''	— STA:	Store out of A
	„Transferiere *von* 1 *nach* 2''	— TAX:	Transfer from A to X

Erkennbar wird mithin, daß die „Maschinensprachen'' durchaus ähnlich sind, sich in Details aber doch ziemlich unterscheiden können. Wir werden darauf im folgenden immer wieder zurückkommen.

Transferbefehle für	Seite
µP 6502	45
Zusammenfassung	58
µP 9900	59
Gegenüberstellung	78

8-Bit-µP 6502

Transferbefehle	Seite
LDA, LDX, LDY	46
STA, STX, STY	50
TAX, TXA, TAY, TYA, TXS, TSX	52
PHA, PHP, PLA, PLP	54

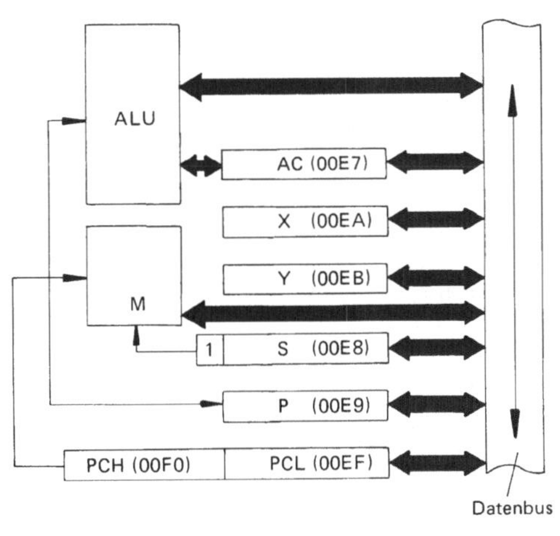

Bild 2.1.3

Registermodell des Prozessors 6502. Erklärung der Abkürzungen im Text. Bit Nr. 8
des 9-Bit-Registers S (Stack Pointer) ist fest
auf binär 1 gesetzt. In Klammern ist in den
Registern angegeben, unter welcher Adresse
sie aufgerufen werden können.

Wesentliche Aussagen über Arbeitsprinzip und Leistungsfähigkeit eines Prozessors lassen sich aus der jeweiligen Registerstruktur ableiten.

> Als **Register** bezeichnet man eine Speicherstelle, die entweder von vornherein für eine bestimmte Aufgabe reserviert ist oder die vom Benutzer für eine Aufgabe reserviert werden kann. Register sind in der Regel 8 bit oder 16 bit „groß". Aber auch ganze Blöcke mit mehreren Bytes werden manchmal Register genannt (vgl. auch 1.3.3).

Bild 2.1.3 zeigt das *Registermodell* des Prozessors 6502. Eingezeichnet sind neben ALU und M (Speicher) die vom Hersteller festgelegten Register:

AC (8 bit)   — Akkumulator-Register als zentrale Schalt- und Verknüpfungsstelle;
X   (8 bit)   — als Indexregister X;
Y   (8 bit)   — als Indexregister Y. Zu beiden mehr bei den Transferbefehlen;
S   (9 bit)   — als Stapelzeiger (*Stack Pointer*). Hierzu mehr bei den speziellen Ladebefehlen;
P   (8 bit)   — als Statusregister (*Prozessor-Statuswort*). Hierzu mehr in 2.2;
PC (16 bit)— als Programmzähler (*Program Counter*) mit PCH (*High Byte*) und PCL (*Low Byte*).

Beim µP 6502 existieren direkte Ladebefehle für die Register A, X und Y. Sie heißen LDA, LDX und LDY. Damit können Konstanten „unmittelbar" oder aus einer bezeichneten Speicherstelle in diese Register geladen werden, wo sie dann für die weitere Verwendung zur Verfügung stehen.

> Es sind die **Ladebefehle LDA, LDX und LDY** auszuführen. Und zwar der Reihe nach:
> 1. Unmittelbares Laden des Hexadezimalwertes FF (Hex-Kennzeichnung: $) in die Register A, X und Y. Zahlenwerte (Konstanten) werden mit dem Symbol # kenntlich gemacht.
> 2. Laden des Wertes $11 aus der Speicherzelle $00A0. In diesem Fall, bei dem das höherwertige Byte (PCH aus Bild 2.1.3) 00 beträgt, kann zur Adressierung allein $A0 verwendet werden. Diese sogenannte „Nullseitenadressierung" (*Zero Page Addressing*) wird später noch behandelt (vgl. aber auch 1.3.3, Seitenbildung).
> 3. Laden des Wertes $A0 aus der Speicherzelle $0200.
>
> Angegeben ist auf der rechten Seite, wie für die Eingabe der einzelnen Aufgaben zunächst auf „Adressen" AD , dann auf „Daten" DA umzuschalten ist. Die Auslösung der Befehle geschieht mit der Taste GO .
>
> *Aber:*   > Es muß vor der Ausführung auf Einzelschrittverarbeitung umgeschaltet worden sein (vgl. hierzu 1.3.1).

Mit den angegebenen Kontrollschritten wird geprüft, ob der gewünschte Wert richtig in das jeweilige Register geladen wurde. Dazu werden die aus Bild 2.1.3 zu entnehmenden Adressen angewählt, unter denen die Registerinhalte aufgerufen werden können.

Achtung: Diese Speicherstellen sind nicht frei verfügbar!

Beim Laden wird der alte Registerinhalt „überschrieben". Der Wert in der Ursprungsadresse bleibt aber erhalten, so daß nach Befehlsausführung in beiden Speicherstellen das gleiche steht.

Kommentar	Kommandotaste	Adresse	Hexadez.-code	Mnemonische Schreibweise	Adressen	Daten
Laden des Wertes $FF	AD	0000			0 0 0 0	X X
in ein Register	DA		A9	LDA #$FF	0 0 0 0	A 9
(Akkumulator)	↑		FF		0 0 0 1	F F
	↓				0 0 0 0	A 9
	GO				0 0 0 2	X X
Kontrolle	AD	00E7			0 0 E 7	F F
Laden des Wertes $11 aus	AD	00A0			0 0 A 0	1 1
der Speicherzelle $A0		0000			0 0 0 0	X X
	DA		A5	LDA $A0	0 0 0 0	A 5
	↑		A0		0 0 0 1	A 0
	↓				0 0 0 0	A 5
	GO				0 0 0 2	X X
Kontrolle	AD	00E7			0 0 E 7	1 1
Laden des Wertes $A0 aus	AD	0200			0 2 0 0	A 0
Speicherzelle $0200		0000			0 0 0 0	X X
	DA		AD	LDA $0200	0 0 0 0	A D
	↑		00		0 0 0 1	0 0
	↑		02		0 0 0 2	0 2
	AD	0000			0 0 0 0	A D
	GO				0 0 0 3	X X
Kontrolle	AD	00E7			0 0 E 7	A 0
Laden des Wertes $FF	AD	0000			0 0 0 0	X X
in das X-Register	DA		A2	LDX #$FF	0 0 0 0	A 2
in das Y-Register	↑		FF		0 0 0 1	F F
		0000	A0	LDY #$FF	0 0 0 0	A 0
	↑		FF		0 0 0 1	F F
Laden des Wertes $11	AD	00A0			0 0 A 0	1 1
aus der Speicherzelle $A0		0000			0 0 0 0	X X
in das X-Register	DA		A6	LDX $A0	0 0 0 0	A 6
	↑		A0		0 0 0 1	A 0
		0000	A4	LDY $A0	0 0 0 0	A 4
	↑		A0		0 0 0 1	A 0
Laden des Wertes $A0	AD	0200			0 2 0 0	A 0
aus Speicherzelle $0200		0000			0 0 0 0	X X
in das X-Register	DA		AE	LDX $0200	0 0 0 0	A E
	↑		00		0 0 0 1	0 0
	↑		02		0 0 0 2	0 2
in das Y-Register		0000	AC	LDY $0200	0 0 0 0	A C
	↑		00		0 0 0 1	0 0
	↑		02		0 0 0 2	0 2
Kontrollen						
z.B. X-Register	AD	00EA			0 0 E A	A 0
Y-Register	AD	00EB			0 0 E B	A 0

Normalerweise werden in digitalen Rechenwerken (also auch im μP) alle Steuerungs- und Verarbeitungsschritte nacheinander ausgeführt (serielles bzw. sequentielles Verarbeitungsprinzip, vgl. auch 1.1.2). Das bedeutet, es muß eine Einrichtung vorhanden sein, die die einzelnen Programmschritte „mitzählt": der *Programmschrittzähler* oder kurz **Programmzähler** (*Program Counter*, PC). In Bild 2.1.3 ist dieser Zähler als 16-Bit-Register dargestellt. Weil der μP 6502 ein 8-Bit-Prozessor ist, wird der PC in zwei Teile zerlegt: ein niedrigwertiges Byte (*Low Byte*, PCL) und ein höherwertiges Byte (*High Byte*, PCH). Mit 16 bit lassen sich 2^{16} = 64 K = 65536 verschiedene Werte darstellen, d.h. es kann von null bis 65535 gezählt werden.

Zu Beginn jedes Ablaufs muß der Programmzähler auf die Startadresse gesetzt werden. Nach dem Programmstart zählt dann der PC im CPU-Takt um jeweils ein Byte weiter. Das Setzen ist möglich durch:

1. Eingabe der Startadresse über die Tastatur und anschließend Auslösen des Starts ($\boxed{\text{GO}}$);
2. „Anwählen" von $00EF (PCL) und $00F0 (PCH; vgl. Bild 2.1.3) und direktes Einschreiben der 16-Bit-Adresse.

Folgende Anweisungen sind ab Adresse $0200 einzugeben:

$0200 LDA #$FF;   Wert $FF in Akkumulator laden
$0202 LDX #$FF;   Wert $FF in X-Register laden
$0204 LDY #$FF;   Wert $FF in Y-Register laden

Mit Einzelschrittstellung wird nun abgearbeitet. Nach jedem $\boxed{\text{GO}}$ wird das jeweils geladene Register angesehen.

Das Aufrufen, Anzeigen und Ändern von Speicherzellen geschieht mit Hilfe des Monitors (vgl. hierzu 1.3.1).

Das Aufrufen (und damit „Ansehen") eines Registers gelingt durch Eingabe der Registeradresse ($00EA für X und $00EB für Y). Im Falle des Akkus kann beim ALPHA auch die Taste $\boxed{\text{AC}}$ gedrückt werden. Zurück zum nächsten auszuführenden Befehl gelangt man über die Taste $\boxed{\text{PC}}$, d.h. durch Aufrufen des aktuellen Programmzählerstandes. Man kann den PC auch frei verändern, indem in die Adressen $00EF und $00F0 die gewünschte nächste Programmadresse eingeschrieben wird (nach Low und High Byte getrennt).

Unter welchen Adressen die Register zu finden sind und welche Speicherbereiche für Programmbefehle frei verfügbar sind, hängt von der durch den Computer-Hersteller gewählten **Speicherorganisation** ab. **Bild 2.1.4** zeigt die Organisation des ALPHA 1. Pro Kbyte (K0 ... K63) existieren vier Seiten (vgl. 1.3.3: Seitenbildung bzw. *Paging*). Die Registeradressen befinden sich am oberen Ende der Seite 0 (*Page Zero*). Freie Speicher für Programme (Anwender-RAM) sind in den Seiten 0, 2, 3 und 247 vorhanden, insgesamt ca. 1,25 Kbyte. Auf die Sonderbereiche in den Seiten 1 (*Stack*) und 246 (*Ein-/Ausgabe-Adressen*) werden wir noch ausführlich eingehen.

Kommentar	Kommando-taste	Eingaben Adresse	Hexadez.-code	Mnemonische Schreibweise	Anzeigen Adressen	Daten
Startadresse	AD	0200			0 2 0 0	X X
Befehlseingabe	DA		A9	LDA #$FF	0 2 0 0	A 9
	↑		FF		0 2 0 1	F F
	↑		A2	LDX #$FF	0 2 0 2	A 2
	↑		FF		0 2 0 3	F F
	↑		A0	LDY #$FF	0 2 0 4	A 0
	↑		FF		0 2 0 5	F F
Einzelschrittverarbeitung	AD	0200			0 2 0 0	A 9
	GO				0 2 0 2	A 2
Akku aufrufen	AC				0 0 E 7	F F
Programmzähler	PC				0 2 0 2	A 2
	GO				0 2 0 4	A 0
X-Reg. aufrufen		00EA			0 0 E A	F F
	PC				0 2 0 4	A 0
	GO				0 2 0 6	X X
Y-Reg. aufrufen		00EB			0 0 E B	F F
	PC				0 2 0 6	X X
PCL aufrufen		00EF			0 0 E F	0 6
PCH aufrufen	↑				0 0 F 0	0 2
	↓				0 0 E F	0 6
PCL ändern	DA		00		0 0 E F	0 0
PC auf geändertem Wert	PC				0 2 0 0	A 9

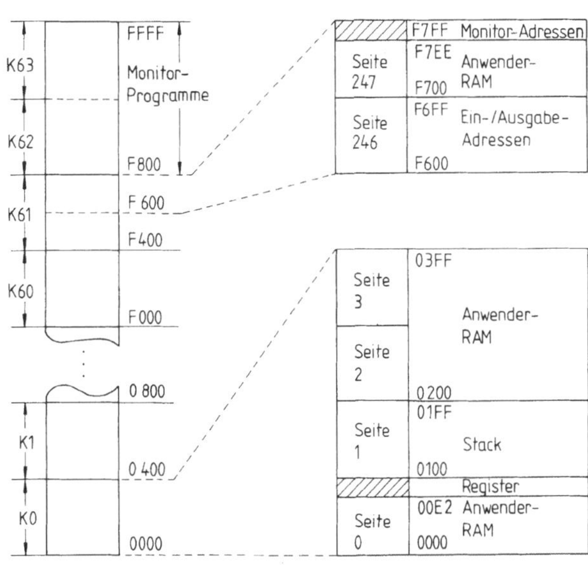

Bild 2.1.4

Speicherorganisation des ALPHA 1 im Adreßbereich $0000 bis $FFFF (64 Kbyte). K0 ... K63: 64 Bereiche mit je 1 Kbyte, d. h. 4 Seiten je 256byte

Der µP 6502 besitzt drei Befehle, mit denen die Inhalte der Register A, X oder Y in beliebige Speicherzellen geschafft werden können. Es sind dies die **Speicherbefehle STA, STX und STY**.

Es sind die Inhalte der Speicherzellen $000A und $000B auszutauschen, und zwar mit Hilfe von Lade- und Speicherbefehlen für die Register A (Akkumulator) und X. Die Befehlsfolge soll ab Adresse $0000 gespeichert werden und lautet:

LDA $0A; Lade den Inhalt der Zelle $0A in den Akku

LDX $0B; Lade den Inhalt der Zelle $0B in das X-Register

STA $0B; Speichere den Akku-Inhalt nach $0B ab

STX $0A; Speichere den X-Inhalt nach $0A ab.

Die Belegung der Speicherzellen $0A und $0B vor und nach Ausführung dieses kleinen „Programms'' soll sein:

Speicherzelle	Inhalt	
	vorher	nachher
$ 0A	$ 11	$ EE
$ 0B	$ EE	$ 11

Auf der rechten Seite ist das Programm mit Kontrollschritten zur Prüfung der Registerinhalte aufgelistet. Angenommen ist zuerst Einzelschrittverarbeitung (*Single Step*).

Bild 2.1.5 zeigt die Situation im Programmablauf nach Ausführung des Ladebefehls LDX $0B. Zur Ausführung des nächsten Befehls (Speicherbefehl STA $0B) wird hiernach die Befehlsadresse $0004 auf den Adreßbus gelegt, wodurch der Befehlscode $85 (STA) über den Datenbus in den Befehlsdecodierer gelangt und — nach Entschlüsselung — der Inhalt des X-Registers unter Adresse $0B abgelegt wird.

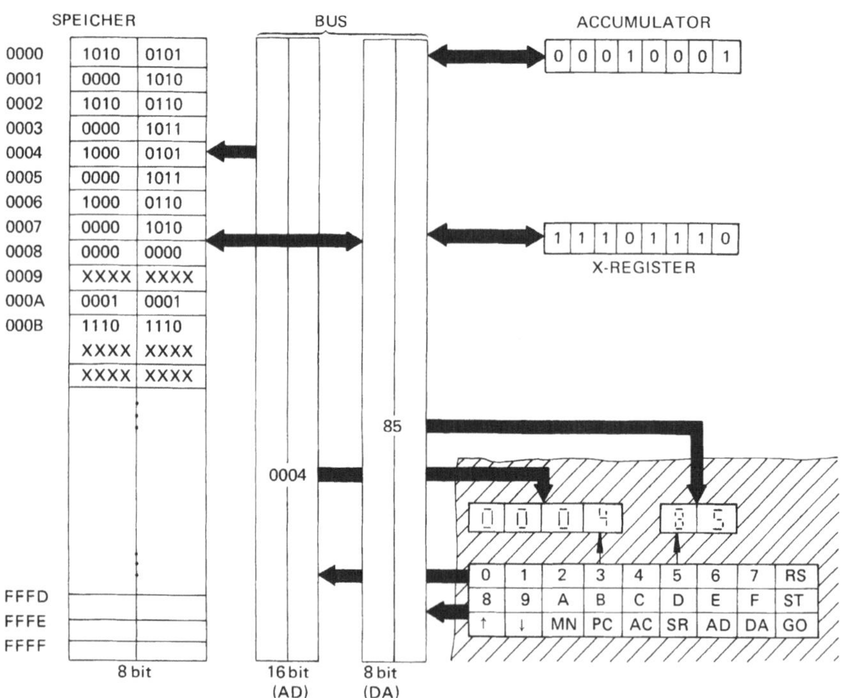

Bild 2.1.5 Speicher-, Register- und Busbelegungen beim ALPHA 1 nach Ablauf des Befehls LDX $0B

Speicherbefehle (STA, STX, STY)

Kommentar	Kommando-taste	Eingaben Adresse	Hexadez.-code	Mnemonische Schreibweise	Anzeigen Adressen	Daten
Werteeingabe	RS	000A			0 0 0 A	X X
	DA		11		→ 0 0 0 A	1 1
	↑		EE		→ 0 0 0 B	E E
Programm eingeben	AD	0000			0 0 0 0	X X
	DA		A5	LDA $0A	0 0 0 0	A 5
	↑		0A		0 0 0 1	0 A
	↑		A6	LDX $0B	0 0 0 2	A 6
	↑		0B		0 0 0 3	0 B
	↑		85	STA $0B	0 0 0 4	8 5
	↑		0B		0 0 0 5	0 B
	↑		86	STX $0A	0 0 0 6	8 6
	↑		0A		0 0 0 7	0 A
1. Schalter auf Single Step (SI)	AD	0000			0 0 0 0	A 5
	GO				0 0 0 2	A 6
Akku ansehen	AC				0 0 E 7	1 1
zurück	PC				0 0 0 2	A 6
	GO				0 0 0 4	8 5
X-Reg. ansehen		00EA			0 0 E A	E E
	PC				0 0 0 4	8 5
	GO				0 0 0 6	8 6
	GO				0 0 0 8	X X
Ergebnis-Kontrolle		000A			→ 0 0 0 A	E E
	↑				→ 0 0 0 B	1 1
2. Normallauf mit BRK (Unterbrechungspunkt)		0008			0 0 0 8	X X
	DA		00	BRK	0 0 0 8	0 0
	AD	0000			0 0 0 0	A 5
	GO				→ 0 0 0 A	1 1
	↑				→ 0 0 0 B	E E
3. Wiederholung		0000			0 0 0 0	A 5
	GO				→ 0 0 0 A	E E
	↑				→ 0 0 0 B	1 1

In Bild 2.1.5 ist unter Adresse $0008 der Code $00 abgelegt, d.h. es ist an das kleine „Umladeprogramm" der Stoppbefehl BRK (*Break*) angehängt. Damit wird es möglich, das Programm im „Normal-Modus" ablaufen zu lassen. Es stoppt dann selbsttätig bei Adresse $000A (Einzelheiten hierzu in 2.2).

Das Abspeichern von Daten oder das „Umladen" von einer Speicherzelle in eine andere ist grundsätzlich nur über dafür eingerichtete Register möglich. Beim µP 6502 ist dies primär der Akkumulator (A), aber auch die Register X und Y sind dafür geeignet. Das Umladen läßt den Inhalt des Ursprungsregisters unverändert.

Transferbefehle (TAX, TXA, TAY, TYA, TXS, TSX), Indexregister, Stackpointer

Im etwas engeren Sinne bezeichnet man als **Transferbefehle** solche, die Datenbewegungen direkt zwischen zwei Registern oder Speicherstellen erlauben. Konkret bedeutet dies beim μP 6502 folgendes:

Transfer zwischen Akku und X-Register bzw. umgekehrt   — TAX bzw. TXA
Transfer zwischen Akku und Y-Register bzw. umgekehrt   — TAY bzw. TYA
Transfer zwischen X-Register und Stackpointer bzw. umgekehrt   — TXS bzw. TSX

Anzumerken ist, daß diese Befehle nur je ein Byte lang sind und zur Ausführung nur je zwei Zyklen (2 μs) benötigen. Soll z.B. in die drei Register A, X und Y der Inhalt des Speicherplatzes $0200 geladen werden, gibt es folgende Möglichkeiten:

Befehlsfolge	Bytes	Zyklen	Befehlsfolge	Bytes	Zyklen
LDA $0200	3	4	LDA $0200	3	4
LDX $0200	3	4	TAX	1	2
LDY $0200	3	4	TAY	1	2
Summe	9	12	Summe	5	8

Vorteile durch Nutzung der Transferbefehle: 1. Weniger Schreibarbeit; 2. Weniger Speicherbedarf; 3. Schnellerer Programmablauf.

Die Register X und Y werden meist als **Indexregister** bezeichnet, weil sie benutzt werden, um von einem vorgegebenen Wert (Registerinhalt) rauf- oder runterzuzählen (Laufindex). Dazu werden die in 2.5 zu besprechenden Befehle benötigt, die eine Veränderung um eins bewirken.

Die Befehle TXS und TSX sind von ganz spezieller Bedeutung, weil sie den Zugriff zu dem Sonder-Speicherbereich beeinflussen, der in Bild 2.1.4 als *Stack* (Stapel) bezeichnet wurde. Eine Besonderheit an diesem Bereich ist, daß er von der CPU unter gewissen Voraussetzungen automatisch benutzt wird. Aber auch der programmierte Zugriff ist möglich — eben über die Befehle TXS und TSX. In jedem Fall bestimmt der Inhalt eines besonderen Registers, unter welcher Adresse der Zugriff zum Stack-Bereich möglich ist — dies ist der **Stackpointer** (Zeiger). In Bild 2.1.3 ist es mit der Bezeichnung S als 9-Bit-Register eingeführt.

1. Durch Auslösen eines Reset-Vorganges ($\boxed{\text{RS}}$) ist der Computer in den definierten Anfangszustand zu versetzen.
2. Überprüfung des Stackpointers (Adresse $00E8). Zusammen mit der in Bild 2.1.3 auf den unveränderbaren Wert 1 eingestellten neunten Bitstelle des Registers S erkennen wir den Zeigerwert (*Pointer Value*) $1FF. Dies ist genau die in Bild 2.1.4 angezeigte obere Grenze des Stack-Bereiches.
3. In Adresse $00E8 können beliebige Daten eingeschrieben werden. Mit $\boxed{\text{RS}}$ wird immer wieder der Inhalt $FF erzwungen.
4. Programmierte Veränderung des Stackpointers mit dem Transferbefehl TXS auf z.B. insgesamt $111.
5. Ausführung im Einzelschrittmodus.

Transferbefehle (TAX, TXA, TAY, TYA, TXS, TSX), Indexregister, Stackpointer

Kommentar	Kommando-taste	Eingaben Adresse	Hexadez.-code	Mnemonische Schreibweise	Anzeigen Adressen				Daten	
1. Reset	RS				X	X	X	X	X	X
2. Stackpointer		00E8			0	0	E	8	F	F
3. Verändern	DA		77		0	0	E	8	7	7
	RS				0	0	E	8	F	F
4. Laden des	AD	0000			0	0	0	0	X	X
Stackpointers	DA		A2	LDX #$11	0	0	0	0	A	2
	↑		11		0	0	0	1	1	1
	↑		9A	TXS	0	0	0	2	9	A
5. Ausführung im	AD	0000			0	0	0	0	A	2
Einzelschrittmodus	GO				0	0	0	2	9	A
	GO				0	0	0	3	X	X
		00E8			0	0	E	8	1	1

Der Stack-Bereich wird durch die CPU automatisch genutzt (bzw. kann per Software verwendet werden), um bei „außergewöhnlichen" Vorgängen wie Unterprogrammaufrufen oder *Interrupts* (vgl. 2.3) den aktuellen Programmzählerstand und alle Zustandsinformationen über die CPU retten zu können. Der Zugang zum Stack, d.h. die gerade nutzbare Stackadresse, wird durch den *Stackpointer* S festgelegt. Nach einem Reset steht S auf $01FF (d.h. in $00E8 steht $FF). Nach dem Einspeichern in diese Adresse wird der Stackpointer automatisch um eine Einheit auf $01FE heruntergesetzt usw.

Wird mit TXS der Stackpointer auf einen anderen Wert gesetzt, ist damit eine andere Zugangsöffnung zum Stack festgelegt (im Beispiel $0111). Der Stackpointer schaltet dann von hier herunter. Wegen der Festlegung des neunten Bit im Stackpointer auf 1 sind Stackadressen zwischen $0100 und $01FF möglich.

Beim Zurückholen vom Stack wird immer die zuletzt geladene Stackadresse gelesen. Dafür ist der Fachausdruck *Last-In-First-Out* (LIFO) geprägt.

Die Benutzung der durch den Stackpointer festgelegten Zugangsadresse mit gewöhnlichen Lade- und Speicherbefehlen ist nicht möglich. Dafür sind spezielle Ladebefehle vorgesehen (s. nächsten Abschnitt).

Der spezielle Speicherbereich **Stack** (vgl. Bild 2.1.4 und die vorangegangene Übung zum Stackpointer)
wird üblicherweise automatisch durch die CPU genutzt. Der Zugang zum Stack ist durch den Stackpointer festgelegt. Es gibt bei den meisten μP aber einen Spezialbefehl, der das Umladen des Akkumu-
latorinhalts direkt in die „geöffnete" Stack-Speicherzelle gestattet. Das ist beim μP 6502 der Einbytebefehl PHA: *Push Accumulator on Stack*, d.h. „Schiebe" den Akkumulatorinhalt auf den Stack. Der
Akku-Inhalt bleibt dabei unverändert (er wird in den Stack „kopiert"), der Stackpointer ist anschließend
um eine Einheit heruntergeschaltet, von $01FF auf $01FE. Das Rückholen von auf den Stack gescho-
benen (man sagt auch: geretteten) Informationen ist mit dem Befehl PLA möglich: *Pull Accumulator
from Stack*, d.h. „Hole" aus der durch den Stackpointer angezeigten Stack-Speicherstelle die Information zurück in den Akkumulator. Der Stackpointer ist anschließend um eine Einheit hochgeschaltet, der
„geholte" Wert im Stack gelöscht.

Zur Überprüfung der Wirkungsweise von PHA und PLA ist folgende Befehlsfolge einzugeben und
im Einzelschrittbetrieb abzuarbeiten:

Adresse	Hex-Code	Mnemonisch	Kommentar
$0000	A9 17	LDA #$17	; Lade in Akku Wert $17
$0002	48	PHA	; Schiebe $17 auf Stack
$0003	A9 00	LDA #$00	; Lade in Akku Wert $00
$0005	68	PLA	; Hole Wert vom Stack

Mit den Kontrollschritten auf der rechten Seite werden Stackpointer und Stackinhalte beobachtet.

Achtung: Mit [RS] (*Reset*) wird der Stackpointer immer auf $(01)FF zurückgesetzt. Vorher mit
PHA in den Stack geladene Werte sind dann gelöscht! Dies läßt sich leicht im Anschluß
an die Ausführung von PHA überprüfen.

Weitere Beobachtungen lassen sich dadurch anstellen, daß in obiger Befehlsfolge die Anweisung
PHA mehrfach wiederholt wird. Ebensooft wird dann im Stack der Wert $17 zu finden sein. Der
Stackpointer ist entsprechend der Anzahl der PHA-Befehle runtergeschaltet. Mit PLA lassen sich
die Werte der Reihe nach zurückholen.

Genauso wie PHA und PLA wirken die Befehle PHP und PLP, nur daß sie nicht den Akku-Inhalt auf den
Stack schieben (PHA) bzw. ihn zurückholen (PLA). Statt dessen wird hier das in Bild 2.1.3 mit P bezeichnete Register verwendet, das unter der Adresse $00E9 anwählbar ist (auf der ALPHA-Tastatur direkt
mit [SR]). Übliche Namen für dieses Register sind: Statusregister (SR), Statuswort, **Prozessorstatus-
register**. Damit ist anschaulich ausgedrückt, daß der μP diese Speicherstelle benutzt, um darin spezielle
„Zustände" bzw. Bedingungen zu vermerken. **Bild 2.1.6** zeigt den Aufbau des 6502-Statusregisters. Die
Bedeutung und Nutzung wird später erklärt. Hier nur ein Beispiel, an dem gezeigt ist, daß dieses Register
außergewöhnlich verwendet wird, nämlich bitweise! Die einzelnen Bits heißen *Flags*.

Anwählen des Statusregisters mit [SR] *nach* [RS]. Hiernach sind alle Statusbits (alle Flags) auf
null. Durch schrittweise Abarbeitung der obigen Befehle (LDA/PHA/LDA) wird folgendes deutlich:
Nach dem ersten [GO] steht in SR $20, d.h. (vgl. Bild 2.1.6) das nicht verwertete Bit 5 ist gesetzt.
Das bleibt so (der Prozessorstatus bleibt unverändert), bis durch LDA # $00 der Akku-Inhalt null
wird. Danach steht in SR $22, d.h. „die Z-Flag ist gesetzt", oder: das Bit 1 des Statusregisters zeigt
an, daß der Akkumulatorinhalt null (*zero*) ist.

Mit dem Befehl PHP kann der „Prozessorstatus" auf den Stack „gerettet" werden. Der Befehl PLP holt
den geretteten Status zurück. Die Bedeutung dieser Befehle werden wir erst später verstehen.

Kommentar	Kommando-taste	Eingaben Adresse	Hexadez.-code	Mnemonische Schreibweise	Anzeigen Adressen				Daten	
Stackpointer		00E8			→ 0	0	E	8	F	F
oberste Stackadresse		01FF			0	1	F	F	F	8
					0	1	F	E	A	8
	↓				0	1	F	D	F	A
	↓				0	1	F	C	F	1
	↓									
Einzelschrittbetrieb ab		0000		LDA #$17	0	0	0	0	A	9
	GO			PHA	0	0	0	2	4	8
	GO			LDA #$00	0	0	0	3	A	9
Stackpointer		00E8			→ 0	0	E	8	F	E
Stack		01FF			0	1	F	F	1	7
	↓				0	1	F	E	F	8
	↓				0	1	F	D	A	8
zurück in Programm	PC			LDA #$00	0	0	0	3	A	9
	GO			PLA	0	0	0	5	6	8
Akkuinhalt	AC				0	0	E	7	0	0
zurück	PC			PLA	0	0	0	5	6	8
	GO				0	0	0	6	X	X
Akkuinhalt	AC				0	0	E	7	1	7
Stackpointer	↑				→ 0	0	E	8	F	F
Reset	RS									
Statusregister	SR				0	0	E	9	0	0
Einzelschrittbetrieb		0000		LDA #$17	0	0	0	0	A	9
	GO			PHA	0	0	0	2	4	8
Statusregister	SR				0	0	E	9	2	0
zurück	PC			PHA	0	0	0	2	4	8
	GO			LDA #$00	0	0	0	3	A	9
	SR				0	0	E	9	2	0
	PC			LDA #$00	0	0	0	3	A	9
	GO			PLA	0	0	0	5	6	8
	SR				0	0	E	9	2	2

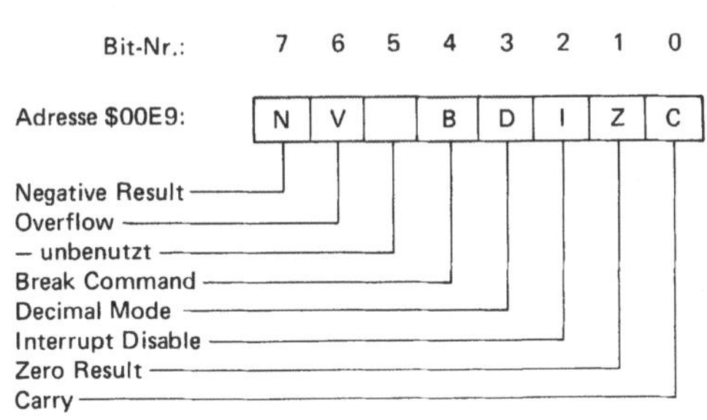

Bild 2.1.6

Statusregister des Prozessors 6502 (aufrufbar unter Adresse $00E9 bzw. Taste SR)

Die bislang besprochenen Transferbefehle (Lade- und Speicherbefehle) bewegen Daten innerhalb der CPU (zwischen zwei Registern) oder zwischen einem CPU-Register und einer Speicherstelle. Von eminenter Bedeutung aber sind Datenbewegungen zwischen dem Computer und der Außenwelt (der *Peripherie*). Gemäß Bild 2.1.1 sind dafür spezielle Ein-/Ausgabebausteine (I/O) vorzusehen. Die Ein-/Ausgaben selbst werden mit Hilfe von Lade- bzw. Speicherbefehlen ausgeführt. Unterschiede gibt es aber in folgendem:

— Zum Ein-/Ausgaberegister (engl. *I/O Port*) gehört eine Adresse, die dem verfügbaren Adreßraum entnommen ist, also bei 16 Adreßleitungen zwischen $0 und $FFFF liegen kann. Diese auch beim µP 6502 verwendete Methode nennt man *Memory-Mapped I/O*. Für die Ein-/Ausgaben werden die „normalen" Befehle LDA, LDX, LDY bzw. STA, STX, STY verwendet;
oder

— es existieren für die Ein-/Ausgaben spezielle Register, die mit eigens dafür reservierten Ein-/Ausgabebefehlen benutzt werden. Diese Methode werden wir beim 16-Bit-Prozessor TMS 9900 kennenlernen.

Die Beobachtung und Simulierung von Ein- und Ausgaben können beim ALPHA 1 mit einem E-/A-Adapter durchgeführt werden, wenn er an die Buchse „APPLICATION" angeschlossen ist. Dann sind folgende Schritte auszuführen:

— Alle Schalter des Ports A (PA) auf HIGH setzen, so daß alle Leuchtdioden (LED) aktiv sind.
— Taste ⏍RS⏍ drücken und Adresse $F600 anwählen (Adresse von Port A). Die Anzeigen ergeben dann: | F | 6 | 0 | 0 | | F | F |
— Umlegen der 4 linken PA-Schalter aus LOW, so daß nur noch die PA-LEDs 0 bis 3 aktiv sind (4 bis 7 aus). Die Anzeigen ergeben dann: | F | 6 | 0 | 0 | | 0 | F |

Damit ist veranschaulicht, daß mit Hilfe der 8 Schalter über die Adresse $F600 (Port A) 8-Bit-Datenmuster in den µC eingegeben werden können. Durch beliebige Schalterkombinationen ist dies leicht weiter beobachtbar. Das gilt genauso für Port B (PB), wofür die Adresse $F602 reserviert ist. In **Bild 2.1.7** ist diese Situation schematisch dargestellt. Gleichzeitig ist aber noch eingezeichnet, wie mit Hilfe von zusätzlichen Schaltregistern (Adresse $F601 für PA und $F603 für PB) die „Ports" in Richtung „Ausgabe" festgelegt werden können. D.h. dieselben Register mit den Adressen $F600 (PA) und $F602 (PB) können wahlweise als Eingangs- oder Ausgangsports genutzt werden.

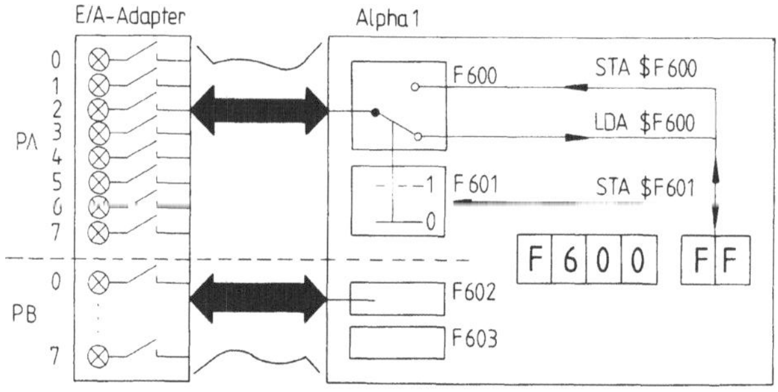

Bild 2.1.7
Anschluß des E/A-Adapters an den ALPHA 1 mit schematischer Darstellung der Datenregister $F600 und $F602 sowie der Datenrichtungsregister $F601 und $F603

Nach ⏍RS⏍ oder Netzeinschalten steht in den *Richtungsregistern* $F601 und $F603 jeweils $00; d.h. PA und PB sind komplett als Eingänge geschaltet. Durch Einschreiben von $FF in die Richtungsregister werden PA und PB vollständig als Ausgänge definiert. Durch Einschreiben geeigneter Bitmuster kann jede einzelne Portstelle wahlweise und beliebig vermischt als Ein- oder Ausgang definiert werden.

Kommentar	Kommando-taste	Eingaben Adresse	Hexadez.-code	Mnemonische Schreibweise	Anzeigen Adressen	Daten
1. PA-Schalter						
auf $01	RS	0000	AD	LDA $F600	0 0 0 0	A D
	↑		00		0 0 0 1	0 0
	↑		F6		0 0 0 2	F 6
		0000			0 0 0 0	A D
Single Step	GO				0 0 0 3	X X
	AC				0 0 E 7	0 1
2. PA-Schalter						
alle auf HIGH	PC		A9	LDA #$FF	0 0 0 3	A 9
	↑		FF		0 0 0 4	F F
	↑		8D	STA $F601	0 0 0 5	8 D
	↑		01		0 0 0 6	0 1
	↑		F6		0 0 0 7	F 6
	↑		A9	LDA #$AA	0 0 0 8	A 9
	↑		AA		0 0 0 9	A A
	↑		8D	STA $F600	0 0 0 A	8 D
	↑		00		0 0 0 B	0 0
	↑		F6		0 0 0 C	F 6
PA-LEDs:	PC			LDA #$FF	0 0 0 3	A 9
1 1 1 1 1 1 1 1	GO			STA $F601	0 0 0 5	8 D
0 0 0 0 0 0 0 0	GO			LDA #$AA	0 0 0 8	A 9
0 0 0 0 0 0 0 0	GO			STA $F600	0 0 0 A	8 D
1 0 1 0 1 0 1 0	GO				0 0 0 D	X X
1 1 1 1 1 1 1 1	RS					

1. Schalter für PA-Bit Nr. 0 auf HIGH, alle anderen auf LOW, d.h. Wert $01 vorgeben. Nach RS Eingabe des Ladebefehls LDA $F600 ab Adresse $0000. Im Einzelschrittbetrieb (*Single Step*) starten (GO). Im Akku (AC) steht danach $01.
2. Ab $0003 Eingabe von Befehlen, die PA als Ausgang schalten, und anschließend den Wert $AA ausgeben (Bitmuster %10101010). Die Einzelschrittabarbeitung zeigt, daß durch das Laden von $FF in Adresse $F601 am Port A alle LEDs ausgehen, d.h. PA ist Ausgang. Durch Laden des gewählten Ausgabewertes $AA in die A-Port-Adresse $F600 wird dieser Wert nun wirklich ausgegeben, was am PA-LED-Muster sichtbar wird.

Durch RS wird PA wieder in den „Grundzustand" versetzt, d.h. vollständig als Eingang definiert. Das gilt alles genauso für Port B.

Transferbefehle
Zusammenfassung – 6502

Transferbefehle werden benutzt, um Informationen byteweise zwischen Registern oder Speicherstellen zu bewegen (zu transferieren). In speziellen Fällen — wenn eine Speicherstelle als Ein-/Ausgabepuffer für *Memory-Mapped I/O* verwendet wird — dienen Transferbefehle auch zur Ein- bzw. Ausgabe von Datenbytes.

Bei jedem Transfer wird der alte Register- bzw. Speicherinhalt überschrieben, der Wert in der Ursprungsadresse bleibt erhalten.

- **LDA, LDX, LDY** – *Load* (lade) in den Akkumulator bzw. in die Indexregister X oder Y das Byte, das nachfolgend spezifiziert wird:

  LDA \$XXYY   – Lade den Wert aus der Hexadezimaladresse \$XXYY
  LDA \$YY   – Lade aus der „Zero-Page"-Adresse \$YY (vgl. 1.3.3)
  LDA #\$ZZ   – Lade den Hexadezimalwert \$ZZ

  Bezeichnen wir den hexadezimalen Befehlscode (*Opcode*) für LDA mit HH, dann erfolgt die Abspeicherung des Dreibytebefehls LDA \$XXYY in der Reihenfolge HH YY XX.

- **STA, STX, STY** – *Store* (speichere) aus A, X bzw. Y in die nachfolgend spezifizierte Speicherstelle. Die Abläufe entsprechen den der Ladebefehle — nur die Richtung ist entgegengesetzt.

- **TAX, TXA, TAY, TYA, TXS, TSX** – Transferbefehle, die in nur einem Byte Quellen- und Zieladresse (*Source* und *Destination*) festlegen, also z.B. TAX: Transferiere den Inhalt des Akkumulators in das Indexregister X.

- **Stackpointer** – Dieser „Zeiger" auf den „Eingang" zum Stackbereich wird normalerweise automatisch gesetzt, durch TXS ist er aber frei setzbar.

- **PHA, PHP, PLA, PLP** – *Push* (schiebe) den Akku-Inhalt (PHA) bzw. den Inhalt des Prozessorstatusregisters (PHP) auf den Stack; *Pull* (hole) vom Stack in A (PLA) bzw. in P (PLP). Mit diesen Befehlen sind Sicherungs- und Rettungsaktionen möglich.

- **Eingaben, Ausgaben (I/O)** – werden völlig gleich behandelt wie Transfers innerhalb des Systems. Es werden dafür vom Computer-Hersteller Speicheradressen reserviert (*Memory-Mapped I/O*). Per Software müssen die Ein-/Ausgaberegister (*I/O Ports*) als Eingang oder Ausgang definiert werden.

16-Bit-µP 9900

Transferbefehle	Seite
LI, LWPI	62
MOV, MOVB	66
LIMI, STWP, STST	70
LDCR, STCR	72
SBO, SBZ, TB	76

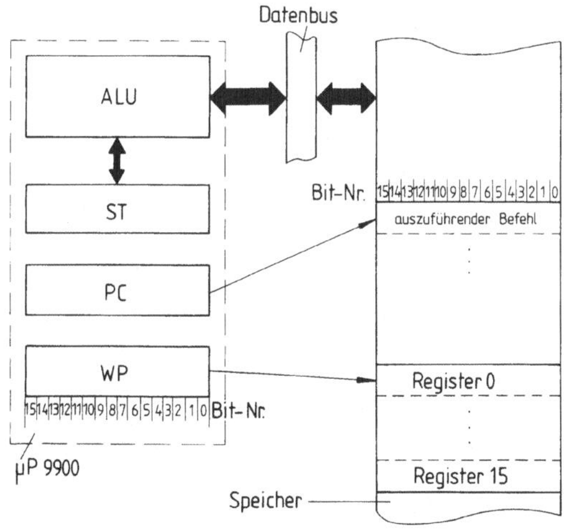

Bild 2.1.8
Registerstruktur und Speicherzuweisungen des Prozessors 9900. ST: Statusregister, PC: Program Counter, WP: Workspace Pointer

Die Mikroprozessorfamilie TMS 9900 war die erste mit 16 bit Wortbreite. Dieses Format hat Auswirkungen auf den Befehlsaufbau und die internen Abläufe, denn die „Organisationseinheit" ist zwei Bytes groß (s. **Bild 2.1.8**), die physikalische Speicherzelle aber ist auch hier das Byte. Wir werden also zu beachten haben, daß bei der Befehlseingabe und der Einzelschrittabarbeitung immer 2, 4 oder 6 Bytes weitergeschaltet werden. Eine echte Besonderheit jedoch wird aus Bild 2.1.8 im Vergleich mit Bild 2.1.3 sichtbar: Üblicherweise verfügt die CPU nicht nur über „Organisationsregister" (Programmzähler, Statusregister, Stackpointer in Bild 2.1.3), sondern enthält auch alle Arbeits- und Ergebnisregister (Akkumulator, Indexregister, allgemein verwendbare Register). Die Prozessoren TMS 9900 dagegen enthalten nur drei 16 bit breite Organisationsregister: *Programmzähler* PC, *Statusregister* ST und − anstelle eines Stackpointers − ein spezielles Zeigerregister, den *Workspace Pointer* WP. Die deutsche Übersetzung „Arbeitsbereichszeiger" macht deutlich, daß mit Hilfe dieses Registers zu jedem Programm ein Speicherbereich definiert werden muß, der 16 Arbeitsregister darstellt. Der Inhalt des Registers WP „zeigt" auf den ersten 16-Bit-Speicherplatz des Workspace, auf das Register R0 also.

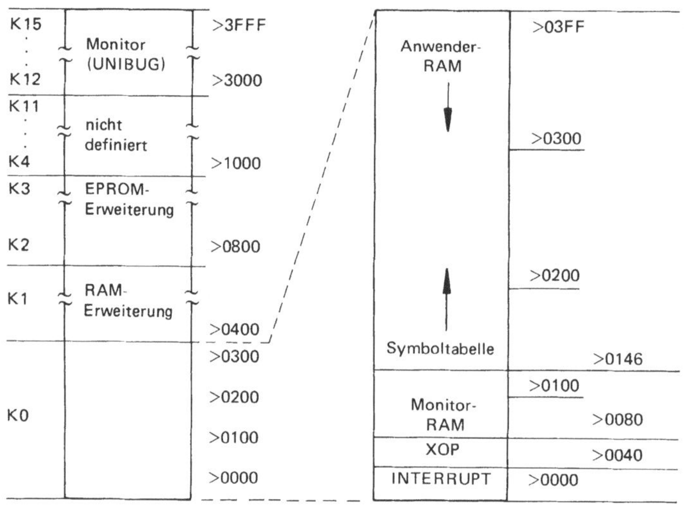

Bild 2.1.9 Speicherorganisation des µC TM 990/189. INTERRUPT: Adressen für Interruptverarbeitung; XOP: Adressen für erweiterte Operationen (Extended Operations)

Bild 2.1.9 gibt die Speicherorganisation des µC TM 990/189 an. Die verwendbaren Adressen liegen in den untersten 16 Kbyte (K0 ... K15), wobei allerdings 8 K (K4 ... K11) nicht benutzbar sind. Die Monitorprogramme (hier UNIBUG genannt) belegen 4 Kbyte; sie sind in einem 4K-ROM TMS 4732 untergebracht. Ein Steckplatz für ein 2K-EPROM 2516 ist vorhanden. Für Programme und Daten stehen etwa 700 Bytes zur Verfügung, d.h. ca. 350 16-Bit-Zellen. Für 1 Kbyte RAM sind Steckplätze vorhanden. Wird in Maschinensprache programmiert, können Programmbefehle ab Adresse >0146 eingegeben werden.

> *Achtung:*   Beim µP 9900 werden Hexadezimalzahlen mit dem Symbol > gekennzeichnet, also
> >0146 = 0146_{16} = 0146 Hex. Beim µP 6502 wird statt dessen $0146 verwendet. Das
> Dollarzeichen hat beim 9900 eine andere Bedeutung: es bezeichnet den PC-Stand!
> Dezimalzahlen werden in beiden Fällen ohne Kennzeichnung angegeben.

Wird mit dem Assembler des TM 990/189 gearbeitet, werden ab > 0146 die Zeilenmarken (*Labels*) abgespeichert. Wir wollen darum Programme immer erst ab > 0200 einschreiben. Außerdem muß der Arbeitsbereich (*Workspace*) eingerichtet werden. Das soll ab > 0300 geschehen. Die Bedeutung der Speicherzellen unter > 0146 werden wir noch besprechen.

Kommentar	Kommando-taste	Eingaben Adresse	Hexadez.-code	Mnemonische Schreibweise	Anzeigen Adressen						Daten
Reset (LOAD)	LOAD				C	P	U	R	E	A	D	Y	−
Monitor-Start	Ret				?	_					
PC aufrufen	P				?	P	=	X	X	X	X	−
und ändern		0200			X	X	X	X	0	2	0	0	−
	Ret				?	_					
PC geändert	P				?	P	=	0	2	0	0	−
	Ret				?	_					
WP aufrufen	W				?	W	=	X	X	X	X	−
und ändern		0300			X	X	X	X	0	3	0	0	−
	Ret				?	_					
WP geändert	W				?	W	=	0	3	0	0	−
	Ret				?	_					
Register 0 (R0)	R				?	R	_				
aufrufen	Ret				R	0	=	X	X	X	X	−
Register 1 (R1)	Sp				0	3	0	2	=	X	X	X	X	−
Register 2 (R2)	Sp				0	3	0	4	=	X	X	X	X	−
(R1)	−				0	3	0	2	=	X	X	X	X	−
	Ret				?	_					
	F				?	F	=	X	X	X	X	−

Nach dem Netzeinschalten oder Betätigen des Schalters LOAD wird ein *Reset* ausgelöst, wodurch sich die Anzeige auf „CPU READY" stellt (CPU fertig). Mit der Taste Ret folgt der Monitor-Aufruf, was mit einem „?" im Display angezeigt wird.

Taste P : Programmzählerstand (PC) wird angezeigt. Anschließend Setzen auf eine Startadresse (hier > 0200).

Taste W : Arbeitsbereichzeiger (*Workspace Pointer* WP) wird angezeigt. Setzen auf > 0300. Damit sind nun den Arbeitsregistern R0 ... R15 die sechzehn 16-Bit-Speicheradressen > 0300 ... > 031E zugewiesen.

Taste R : Inhalt von R0. Mit Sp werden die Adressen hochgezählt, mit − zurück.

Taste F : Anzeige des Statusregisters (ST). F steht für „Flag-Register". Hierzu später mehr.

In der vorhergehenden Übung haben wir den *Workspace Pointer* WP manuell (von Hand) auf > 0300 gesetzt. Damit wurden sechzehn Arbeitsregister mit folgenden Namen und Adressen definiert:

Register	R0	R1	R2	...	R15
Adresse	> 0300	> 0302	> 0304		> 031E

Der am meisten benutzte Ladebefehl der 9900-Prozessoren ist der zum unmittelbaren Eingeben von Konstanten in die Arbeitsregister. Er heißt:

Lade unmittelbar in das Register Rn (0 ≤ n ≤ 15) den angegebenen Wert (zwischen 0 und 65535 bzw. > 0000 und > FFFF).

Load Immediate (Lade unmittelbar)	in Register	den Wert
LI	Rn	> XXXX

Ehe jedoch überhaupt eine Befehlsausführung möglich ist, muß der Arbeitsbereichszeiger WP gesetzt werden. Der Ladebefehl dafür lautet:

Lade in den „Workspace Pointer" WP unmittelbar die angegebene hexadezimale Adresse.

Load WP Immediate (Lade WP unmittelbar)	mit der Adresse
LWPI	> XXXX

Wenn also beispielsweise in Register 5 (R5) programmgesteuert der Zahlenwert 7 geladen werden soll, muß selbstverständlich vorher R5 mit Hilfe des Arbeitsbereichszeigers definiert sein, nämlich als sechste 16-Bit-Speicherzelle bezogen auf die in WP geladene Basisadresse.

Ab Adresse > 0200 sollen folgende Instruktionen eingegeben werden: 1. Lade WP unmittelbar mit der Adresse > 0300; 2. Lade unmittelbar in R5 den Zahlenwert 7. Einzugeben ist also:

Adresse	Befehl	Hexcode
> 0200	LWPI > 0300	02E0
> 0202		0300
> 0204	LI R5,7	0205
> 0206		0007

Beide Instruktionen sind mithin Zweiwort- oder Vierbytebefehle. Im ersten Wort steht jeweils der Operationscode (kurz: *Opcode*), im zweiten Wort der *Operand*. Das ist bei LWPI die Adresse > 0300, bei LI die dezimale Konstante 7. Die Opcodes > 02E0 bzw. > 0205 sind aber etwas verschieden zustande gekommen: Während für LWPI der feste Code > 02E0 gilt, ist der Code für LI R5 zu ermitteln aus dem „Basiscode" > 0200 und der Registernummer, allgemein also:

	0	1	2	3	4	5	6	7	8	9	10	11	12	13	14	15	(Bit-Nr.)
LI Rn, ...	0	0	0	0	0	0	1	0	0	0	0	0	R	n			

mit 0 ≤ n ≤ 15, d.h. Opcode = > 0200 + n mit 0 ≤ n ≤ > F

Aus der Numerierung des 16-Bit-Wortes wird deutlich: die Zählweise ist entgegengesetzt der beim µP 6502, d.h. hier hat das MSB (*Most Significant Bit*) die Nummer 0 und das LSB (*Least Significant Bit*) die höchste Nummer.

Kommentar	Kommando-taste	Eingaben Adresse	Hexadez.-code	Mnemonische Schreibweise	Anzeigen (Adressen / Daten)
Reset, Monitor	Ret				? —
Speicherzelle >0200	M	0200			? M 0200 —
	Ret				0200 = XXXX —
Befehlseingabe			02E0	LWPI >0300	XXXX 02E0 —
	Sp				0202 = XXXX —
			0300		XXXX 0300 —
	Sp				0204 = XXXX —
			0205	LI R5,7	XXXX 0205 —
	Sp				0206 = XXXX —
			0007		XXXX 0007 —
	Sp				0208 = XXXX —
Überprüfung	—				0206 = 0007 —
	—				0204 = 0205 —
	—				0202 = 0300 —
	—				0200 = 02E0 —
	Ret				? —
Programmzähler	P				? P = XXXX —
auf Startadresse		0200			XXXX 0200 —
	Ret				? —
Überprüfung	P				? P = 0200 —
	Ret				? —
Single Step	S				? S 0204 --
	Ret				? —
WP prüfen	W				? W = 0300 —
	Ret				? —
nächster Schritt	S				? S 0208 —
	Ret				? —
R0 aufrufen	R				? R —
	Ret				R0 = XXXX —
R1	Sp				0302 = XXXX —
R2	Sp				0304 = XXXX —
R3	Sp				0306 = XXXX —
R4	Sp				0308 = XXXX —
R5	Sp				030A = 0007 —

Übung: Eingabe der Hexcodes für LWPI und LI ab Adresse >0200 mit Hilfe der Taste M: *Memory*. Dann (nach Ret) mit der „Leertaste" Sp (*Space*) weiterschalten und Codes eingeben. Die Überprüfung auf richtige Eingabe kann z.B. mit − erfolgen, also: Adressen „hochschalten" mit Sp, „runterschalten" mit −. Nach der Eingabe wird nach Aufruf des PC mit P die Start-adresse >0200 eingegeben. Im *Single Step Mode* (hier: Taste S) werden beide Befehle abge-arbeitet. Zur Kontrolle wird mit W der Workspace Pointer angesehen, zum Schluß werden die nun ab >0300 eingerichteten Arbeitsregister geprüft. Taste R ruft R0 mit der Adresse >0300 auf. Mit Sp kann dann der Registersatz durchgeschaltet werden. In R5 (Adresse >030A) wird nach Ablauf die dezimale Konstante 7 zu erkennen sein.

Der *Monitor* (genauer: das Monitorprogramm) erlaubt das Ansehen und Ändern einzelner Speicherzellen. Auf diese Weise haben wir bislang Befehle und Daten eingegeben, nämlich direkt in Form der vorgeschriebenen Hexadezimalcodes. Der µC TM 990/189 bietet uns aber eine komfortablere Form der Befehlseingabe durch einen einfachen „Assembler". Das bedeutet, ähnlich wie bei professionellen Computern können alle *Anweisungen in mnemonischer Schreibweise* eingegeben werden. Während aber „normalerweise" ein Assembler vollständige Programme in den Maschinencode übersetzt, wird hier jeder einzelne Befehl sofort übertragen.

Wie andere Assembler auch stellt uns der TI-Assembler die äußerst hilfreiche Möglichkeit zur Verfügung, den einzelnen Instruktionen (Befehlen) symbolische „Namen" zu geben (andere Bezeichnungen: symbolische Adresse oder *Label*). Den großen Vorteil dieses Angebots der symbolischen Adressierung werden wir erst bei den Sprungbefehlen in 2.3 erkennen können. Bei der Befehlseingabe in mnemonischer Form ist jedenfalls das in **Bild 2.1.10** dargestellte Format zu beachten, d.h. wenn kein Label vorangestellt wird, muß mit einem Leerschritt ($\boxed{\text{Sp}}$) begonnen werden.

Beispiel:

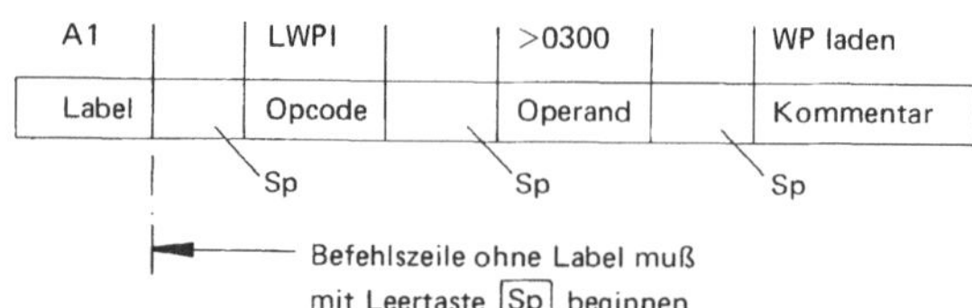

Bild 2.1.10
Befehlsformat des TM 990/189 bei Verwendung des symbolischen Assemblers (Sp: Space, Leertaste)

Für die Eingabe von Konstanten (Zahlenwerten) in ein Arbeitsregister sind mehrere Möglichkeiten erlaubt:

Operandenangabe		Vollständiger Befehl
Register 5	R5	LI R5, > XXXX
	5	LI 5, > XXXX
Konstante	Hexadezimal	LI 5, > FF
	Dezimal	LI 5,255

Der Buchstabe „R" für Register kann also weggelassen werden. Neben der direkten Eingabe von Hexadezimalzahlen (1- bis 4-stellig) ist auch die dezimale Schreibweise erlaubt (ohne extra Kennzeichnung).

Mit Hilfe des symbolischen Assemblers ist ab Adresse > 0200 einzugeben.

>0200 LWPI >0300
     LI R5,7

Nach dem Monitoraufruf ($\boxed{\text{Ret}}$) wird mit $\boxed{\text{A}}$ 0200 $\boxed{\text{Ret}}$ die Eingabe in mnemonischer Schreibweise ab Adresse > 0200 gestartet. Weil kein Label verwendet wird, muß mit $\boxed{\text{Sp}}$ begonnen werden. Ebenfalls ist zwischen *Opcode* LWPI und *Operand* > 0300 ein Leerschritt einzufügen (vgl. Bild 2.1.10). Mit dem folgenden „Return" wird sofort LWPI übersetzt und als > 02E0 in > 0200 gespeichert. Nach dem nächsten „Return" steht der Arbeitsbereichszeiger > 0300 in Adresse > 0202. Mit dem dritten „Return" steht Adresse > 0204 für die nächste Befehlseingabe bereit. Zur Beendigung der Assemblerbenutzung ist END einzugeben.

Hiernach könnte mit den Kommandos $\boxed{\text{M}}$ 0200 $\boxed{\text{Ret}}$ $\boxed{\text{Sp}}$ ... überprüft werden, daß der Assembler die gleichen Maschinencodes erzeugt hat, wie sie in der vorhergehenden Übung direkt (manuell) eingegeben wurden. Ebenso wird nun das „Programm" schrittweise abgearbeitet (Taste $\boxed{\text{S}}$). WP und R5 können zur Ablaufkontrolle direkt angesehen werden.

Eine Auflistung aller Monitor- und Assembler-Kommandos ist in **Anhang A8** zu finden.

Kommentar	Kommando-taste	Adresse	Hexadez.-code	Mnemonische Schreibweise	Adressen					Daten				
Monitor	Ret				?	—								
Assembler bei Adr. >200	A	0200			?	A		0	2	0	0	—		
starten	Ret				0	2	0	0						—
	Sp				0	0								—
Befehlseingabe				LWPI						L	W	P	I	—
	Sp			>300	L	W	P	I		>	3	0	0	—
Übersetzung	Ret				0	2	0	0		0	2	E	0	—
(Assemblierung)	Ret				0	2	0	2		0	3	0	0	—
	Ret				0	2	0	4						—
nächster Befehl	Sp				0	4								—
				LI								L	I	—
	Sp			R5,7			L	I		R	5	,	7	—
Übersetzung	Ret				0	2	0	4		0	2	0	5	—
	Ret				0	2	0	6		0	0	0	7	—
	Ret				0	2	0	8						—
Ende der Assemblereingabe	Sp			END							E	N	D	—
	Ret				N	D				0	0	0	0	—
	Ret				?	—								
Startadresse	P				?	P		=	X	X	X	X	—	
		0200			X	X	X	X		0	2	0	0	—
	Ret				?	—								
Single Step	S				?	S			0	2	0	4	—	
	Ret				?	—								
WP prüfen	W				?	W		=	0	3	0	0	—	
	Ret				?	—								
Single Step	S				?	S			0	2	0	8	—	
R5 prüfen	Ret			R5	?	R		5	—					
	Ret				R	5	=	0	0	0	7	—		

Für den Datenaustausch ist bei den 9900-Prozessoren ein einheitliches Kommando eingeführt:

| MOV S,D |

Hierin bedeuten: S: *Source*, also Quellenadresse, D: *Destination*, also Zieladresse.

1. Beispiel: MOV R5,R4

d.h. es ist der Inhalt von Register 5 in Register 4 zu transferieren (*to move*: bewegen). Wie das folgende Schema zeigt, hat MOV den *Basiscode* $>$ C000:

Bit-Nr.	0	1	2	3	4	5	6	7	8	9	10	11	12	13	14	15
	1	1	0	0	T_D		D				T_S		S			

T_D bzw. T_S sind Zusatzinformationen über die Adressierungsart für *Destination* und *Source* (hierzu mehr in 2.6). Für obiges Beispiel MOV R5,R4 ist in Feld S %0101, in Feld D %0100 einzutragen:

1	1	0	0	0	0	0	1	0	0	0	0	0	1	0	1

Mit $T_D = T_S$ = %00 (Registeradressierung) ergibt sich also der Hexcode $>$ C105 für MOV R5,R4; d.h. der direkte Transfer zwischen zwei Registern wird durch einen Einwortbefehl ausgelöst.

2. Beispiel: MOV @ $>$ 0250, R2

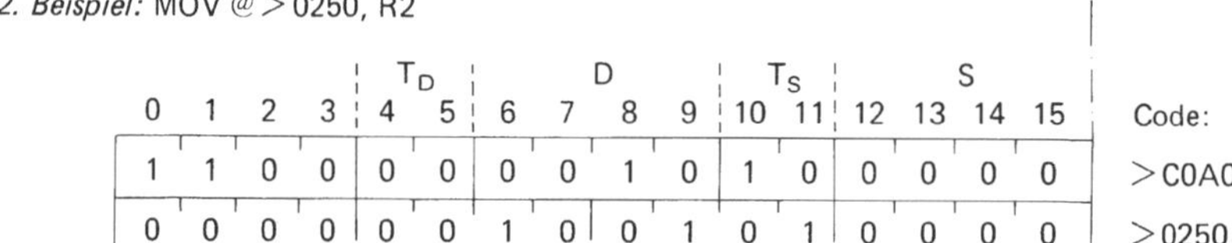

Der Speicher-Register-Transfer wird durch einen Zweiwortbefehl veranlaßt, wobei im zweiten Wort die Adresse $>$ 0250 angegeben ist. Daß dies so ist, erkennt der CPU-interne Decodierer aus T_S = %10 und S = %0000, was bedeutet: Es folgt die Quellenadresse (*Source*), deren Inhalt direkt in Register R2 zu transferieren ist. Die mnemonische Kennzeichnung für solch „direkte" Adressenbenutzung ist:

| Zeichen „@" – Inhalt der Adresse „direkt" (*Direct Addressing*) |

Es ist das folgende Programm ab Adresse $>$ 0200 mit Hilfe des Assemblers einzugeben:

Adresse	Hexcode	Mnemonische Schreibweise	Kommentare
$>$0200	02E0	LWPI $>$0300	WP ab $>$0300
$>$0202	0300		
$>$0204	0205	LI R5,7	Wert 7 in R5
$>$0206	0007		
$>$0208	C005	MOV R5,R0	(R5) in R0
$>$020A	C805	MOV R5, @ $>$0251	(R5) in $>$0251
$>$020C	0251		
$>$020E	D040	MOVB R0,R1	HiByte R0 in HiByte R1
$>$0210	D820	MOVB @ $>$0251, @ $>$0252	Bytetransfer zwischen Adressen $>$251 u. $>$252
$>$0212	0251		
$>$0214	0252		
$>$0216	D820	MOVB @ $>$0251, @ $>$0253	Bytetransfer zwischen Adressen $>$251 u. $>$253
$>$0218	0251		
$>$021A	0253		

Wir stellen fest, die *MOV-Befehle* können sein:

Einwortbefehle	bei	Register $\longleftrightarrow$ Register
Zweiwortbefehle	bei	Register $\longleftrightarrow$ Speicherstelle
Dreiwortbefehle	bei	Speicherstelle $\longleftrightarrow$ Speicherstelle

Kommentar	Kommandotaste	Eingaben: Adresse	Hexadez.-code	Mnemonische Schreibweise	Anzeigen: Adressen				Daten					
	Ret				?	—								
Assemblerstart	A	0200			?	A				0	2	0	0	—
	Ret				0	2	0	0						—
Befehlseingabe	Sp			LWPI >300	L	W	P	I		>	3	0	0	—
Zweiwortbefehl	Ret				0	2	0	0		0	2	E	0	—
	Ret				0	2	0	2		0	3	0	0	—
	Ret				0	2	0	4						—
	Sp			LI R5,7			L	I		R	5	,	7	—
Zweiwortbefehl	Ret				0	2	0	4		0	2	0	5	—
	Ret				0	2	0	6		0	0	0	7	—
	Ret				0	2	0	8						—
	Sp			MOV R5, R0	M	O	V		R	5	,	R	0	—
Einwortbefehl	Ret				0	2	0	8		C	0	0	5	—
	Ret				0	2	0	A						—
	Sp			MOV R5,@>251		R	5	,	@	>	2	5	1	—
Zweiwortbefehl	Ret				0	2	0	A		C	8	0	5	—
	Ret				0	2	0	C		0	2	5	1	—
	Ret				0	2	0	E						—
	Sp			MOVB R0, R1	O	V	B		R	0	,	R	1	—
Einwortbefehl	Ret				0	2	0	E		D	0	4	0	—
	Ret				0	2	1	0						—
	Sp			MOVB @>251,@>252	2	5	1	,	@	>	2	5	2	—
Dreiwortbefehl	Ret				0	2	1	0		D	8	2	0	—
	Ret				0	2	1	2		0	2	5	1	—
	Ret				0	2	1	4		0	2	5	2	—
	Ret				0	2	1	6						—
	Sp			MOVB @>251,@>253	2	5	1	,	@	>	2	5	3	—
Dreiwortbefehl	Ret				0	2	1	6		D	8	2	0	—
	Ret				0	2	1	8		0	2	5	1	—
	Ret				0	2	1	A		0	2	5	3	—
	Ret				0	2	1	C						
Ass.-Ende	Sp			END						E	N	D		—
	Ret				N	D			0	0	0	0	—	
	Ret				?	—								
Programmzähler auf Startadresse und schrittweise abarbeiten	P	0200			X	X	X	X		0	2	0	0	—
	Ret				?	—								
	S				?	S			0	2	0	4	—	
	Ret				?	—								

:

Eine Sonderform des Move-Befehls stellt der „Byte-Transfer" dar;

> MOVB S,D mit dem *Basiscode* > D000   (*Move Byte* von S nach D)

Welches Byte übertragen wird, ist folgendermaßen festgelegt:

> MOVB   zwischen zwei Registern oder aus R in Speicher — höherwertiges Byte
> MOVB   aus Speicherstelle mit gerader Adresse   — höherwertiges Byte
> MOVB   aus Speicherstelle mit ungerader Adresse   — niederwertiges Byte

Der Arbeitsbereich hat für das Funktionieren der 9900-Prozessoren eine zentrale Bedeutung. Die durch den Wert des Arbeitsbereichszeigers (*Workspace Pointer* WP, Bild 2.1.8) festgelegten 16 Register werden beliebig als Ergebnisregister, Akkumulatoren, Indexregister genutzt. Aber auch bei Ein-/Ausgaben (vgl. CRU-Übungseinheit), bei Interrupts, Unterprogrammaufrufen sind Register aus dem Arbeitsbereich zuständig. **Bild 2.1.11** zeigt die Zählweise und die Bedeutung der einmal definierten 16 Register. Ganz gleich wieviele *Workspaces* per Programm eingerichtet werden, es gilt für jeden definierten Registersatz das gleiche Schema.

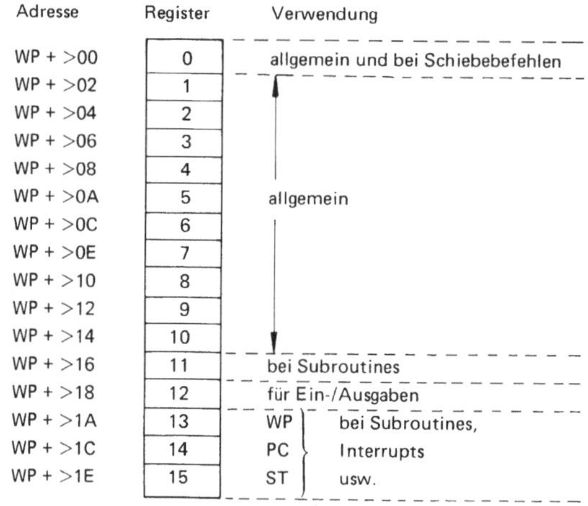

Bild 2.1.11

Zählweise beim Arbeitsbereich und Verwendung der definierten Register (WP: Workspace Pointer)

Allgemein verwendbar als Akkumulatoren, Arbeits- und Indexregister sind die 10 Plätze R1 ... R10. Mit Einschränkungen ist auch R0 allgemein verwendbar (nicht jedoch als Indexregister). Die Register R11, R13, R14, R15 werden als „Rettungs- und Rückkehrregister" bei Interrupts und Unterprogrammaufrufen benutzt, andernfalls sind auch diese als allgemeine Register verfügbar. Bei Ein- und Ausgaben über Peripherieanschlüsse dient R12 zur Aufnahme einer bestimmten Basisadresse. Im folgenden wird dies alles im einzelnen besprochen. Hier wird zunächst nur gezeigt, wie entsprechend dem Bedarf mehrere Workspaces gebildet werden können und das Umschalten dazwischen abläuft.

Es sollen zwei *verschiedene Arbeitsbereiche (Workspaces)* mit den Anfangsadressen > 0300 bzw. > 0350 gebildet werden. Mit „unmittelbaren" Ladebefehlen (LI) und einem MOV-Befehl werden zur Kontrolle und Überprüfung Konstanten > AAAA bzw. > 1010 gespeichert bzw. transferiert. Dafür ist ab Adresse > 0200 folgende Befehlsfolge einzugeben:

Startadresse	Kommandos	Kommentare
>0200	LWPI >0300	Workspace 1 ab >0300
	LI 0,>AAAA	>AAAA in R0
	LWPI >0350	Workspace 2 ab >0350
	LI 0,>1010	>1010 in R0
	LWPI >0300	Workspace ab >0300
	MOV @>0350, R1	Inhalt von R0 aus W2 in R0 von W1

In der mnemonischen Darstellung für den symbolischen Assembler kann statt R0 bzw. R1 einfach 0 bzw. 1 verwendet werden, wodurch aber lediglich wenige Eintastschritte gespart werden. Eine bessere Lesbarkeit von Programmlisten wird erzielt, wenn man R0, R1 etc. schreibt.

Kommentar	Kommandotaste	Eingaben		Mnemonische Schreibweise	Anzeigen	
		Adresse	Hexadez.-code		Adressen	Daten
	Ret				? –	
Assembler	A	200			? A 2 0 0 –	
	Ret				0 2 0 0	–
Befehlseingabe	Sp			LWPI >300	L W P I	> 3 0 0 –
	Ret				0 2 0 0	0 2 E 0 –
	Ret				0 2 0 2	0 3 0 0 –
	Ret				0 2 0 4	–
	Sp			LI 0,>AAAA	I 0 ,	> A A A A –
	Ret				0 2 0 4	0 2 0 0 –
	Ret				0 2 0 6	A A A A –
	Ret				0 2 0 8	–
	Sp			LWPI >350	L W P I	> 3 5 0 –
	Ret				0 2 0 8	0 2 E 0 –
	Ret				0 2 0 A	0 3 5 0 –
	Ret				0 2 0 C	–
	Sp			LI 0,>1010	I 0 ,	> 1 0 1 0 –
	Ret				0 2 0 C	0 2 0 0 –
	Ret				0 2 0 E	1 0 1 0 –
	Ret				0 2 1 0	–
	Sp			LWPI >300	L W P I	> 3 0 0 –
	Ret				0 2 1 0	0 2 E 0 –
	Ret				0 2 1 2	0 3 0 0 –
	Ret				0 2 1 4	–
	Sp			MOV @>350,1	V @	> 3 5 0 , 1 –
	Ret				0 2 1 4	C 0 6 0 –
	Ret				0 2 1 6	0 3 5 0 –
	Ret				0 2 1 8	–
Ende der Assemblereingabe	Sp			END		E N D –
	Ret				N D	0 0 0 0 –
Monitor	Ret				? –	
Programmzähler	P	200			X X X X	2 0 0 –
	Ret				? –	
Einzelschritte	S				? S	0 2 0 4 –
	S				0 4 S	0 2 0 8 –
	S				0 8 S	0 2 0 C –
	S				0 C S	0 2 1 0 –
	S				1 0 S	0 2 1 4 –
	S				1 4 S	0 2 1 8 –
	Ret				? –	
Überprüfung von R0 und R1 sowie der Speicherstelle >0350	R				? R	–
	Ret				R 0 = A A A A	–
	Sp				0 3 0 2 =	1 0 1 0 –
	Ret				? –	
	M	350			? M	3 5 0 –
	Ret				0 3 5 0 =	1 0 1 0 –

Neben dem Programmschrittzähler PC und dem Arbeitsbereichszeiger WP (vgl. Bild 2.1.8) ist das Statusregister ST das wichtigste aller Register jedes Prozessors. Beim 8-Bit-Prozessor 6502 werden darin bitweise Operationsergebnisse und spezielle Zustände vermerkt (*Flags* in Bild 2.1.6). Die Prozessoren 9900
haben für vergleichbare Zwecke ein 16-Bit-Register zur Verfügung. **Bild 2.1.12** zeigt die Struktur dieses
Registers. Der jeweilige Inhalt läßt Aussagen über den *Prozessorstatus* zu.

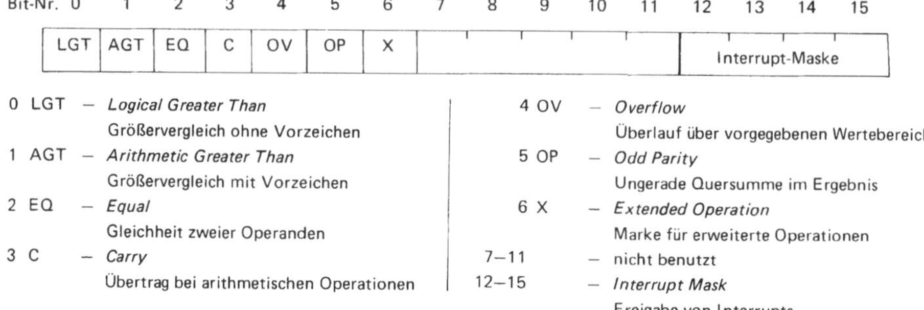

0 LGT	— *Logical Greater Than*		4 OV	— *Overflow*
	Größervergleich ohne Vorzeichen			Überlauf über vorgegebenen Wertebereich
1 AGT	— *Arithmetic Greater Than*		5 OP	— *Odd Parity*
	Größervergleich mit Vorzeichen			Ungerade Quersumme im Ergebnis
2 EQ	— *Equal*		6 X	— *Extended Operation*
	Gleichheit zweier Operanden			Marke für erweiterte Operationen
3 C	— *Carry*		7—11	— nicht benutzt
	Übertrag bei arithmetischen Operationen		12—15	— *Interrupt Mask*
				Freigabe von Interrupts

Bild 2.1.12 Statusregister der Prozessoren TMS 9900

Die *Flags* 0 bis 5 werden bei arithmetischen und logischen Operationen gesetzt und z.B. für bedingte
Sprungbefehle genutzt (vgl. 2.3). Flag 6 (X) zeigt Operationen an, die wir auch erst später kennenlernen.
Eine Besonderheit stellen die 4 Bits 12—15 dar, die als *Interrupt Mask* bezeichnet sind. Im Vorgriff sei
hier dazu folgendes erläutert: Die 9900-Prozessoren verfügen über bis zu 15 verschiedene Interrupt-
ebenen, d.h. es können bis zu 15 externe Quellen Programmunterbrechungen anfordern, wobei diesen
die Nummern (*Levels*) 1 bis 15 zugeordnet sind. Ob alle Interrupts akzeptiert werden sollen oder nur
weniger, wird mit Hilfe der *Interrupt Mask* festgelegt. Ist diese „Maske" (der Vierbitwert also) auf z.B.
5 gesetzt, werden danach alle Interrupts mit den Nummern 0 bis 5 akzeptiert (der Interrupt 0 hat eine
Sonderstellung). Die Erzeugung dieser Maske geschieht mit Hilfe des Ladebefehls *Load Interrupt Mask*

Immediate: | LIMI n |

wobei n zwischen 0 und 15 sein kann. Es handelt sich um einen Zweiwortbefehl mit folgendem Code:

          LIMI n: >0300
                    >0005

wenn n = 5 angenommen wird.

Mit zwei weiteren Befehlen können der *Statusregisterinhalt* oder der *Workspace Pointer* in ein Register
gespeichert werden, es sind dies:

          STST Rn   (*Store Status in Register*)   Das sind Einwortbefehle mit den Maschinencodes
          STWP Rn   (*Store WP in Register*)
                                                          STST Rn: >02C0 + Rn mit 0 ≤ Rn ≤ >F
                                                          STWP Rn: >02A0 + Rn mit 0 ≤ Rn ≤ >F

Es ist folgendes Programm ab Adresse > 0200 einzugeben:

          LWPI >300   WP ab >300
          STWP 0   WP in Register 0 ablegen
          LI 1,0   in Register 1 null laden
          LIMI 5   Interrupt-Maske mit 5 laden
          STST 2   Status in Register 2 ablegen

In R0 wird nach Ausführung natürlich > 0300 stehen. R1 = > 0000 ist das Ergebnis des dritten
Befehls. Durch das Nullsetzen eines Registers erwarten wir, daß Bit 2 im Statusregister gesetzt
wird (vgl. Bild 2.1.12). Außerdem muß nach dem Befehl LIMI 5 die Maske (Bits 12—15) gesetzt
sein. Sichtbar machen wir dies mit STST 2.

Prozessorstatus und spezielle Ladebefehle (LIMI, STWP, STST)

Kommentar	Kommando-taste	Adresse	Hexadez.-code	Mnemonische Schreibweise	Adressen					Daten				±
Assemblierung	Ret				?	–								
ab >0200	A	200			?	A		2	0	0	–			
	Ret				0	2	0	0						–
Befehlseingabe	Sp			LWPI >300	L	W	P	I		>	3	0	0	–
	Ret				0	2	0	0		0	2	E	0	–
	Ret				0	2	0	2		0	3	0	0	–
	Ret				0	2	0	4						–
	Sp			STWP 0				S	T	W	P		0	–
	Ret				0	2	0	4		0	2	A	0	–
	Ret				0	2	0	6						–
	Sp			LI 1,0				L	I		1	,	0	–
	Ret				0	2	0	6		0	2	0	1	–
	Ret				0	2	0	8		0	0	0	0	–
	Ret				0	2	0	A						–
	Sp			LIMI 5				L	I	M	I		5	–
	Ret				0	2	0	A		0	3	0	0	–
	Ret				0	2	0	C		0	0	0	5	–
	Ret				0	2	0	E						–
	Sp			STST 2				S	T	S	T		2	–
	Ret				0	2	0	E		0	2	C	2	–
	Ret				0	2	1	0						–
Ende	Sp			END						E	N	D		–
	Ret				N	D				0	0	0	0	–
	Ret				?	–								
Neustart	LOAD				C	P	U		R	E	A	D	Y	–
	Ret				?	–								
Programmzähler	P	200			=	X	X	X	X		2	0	0	–
	Ret				?	–								
Einzelschrittabarbeitung	S				?	S			0	2	0	4	–	
	S				0	4	S			0	2	0	6	–
	S				0	6	S			0	2	0	A	–
	S				0	A	S			0	2	0	E	–
	S				0	E	S			0	2	1	0	–
	Ret				?	–								
	R				?	R	–							
R0	Ret				R	0	=	0	3	0	0	–		
R1	Sp				0	3	0	2	=	0	0	0	0	–
R2	Sp				0	3	0	4	=	2	6	0	5	–

Unser Testlauf ergibt in R2:

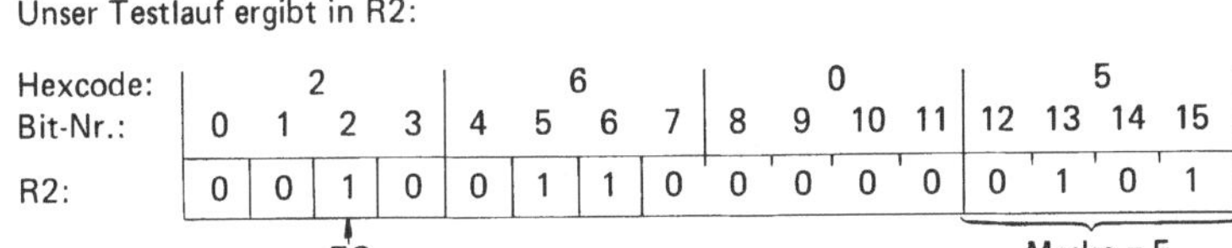

Hexcode:	2				6				0				5			
Bit-Nr.:	0	1	2	3	4	5	6	7	8	9	10	11	12	13	14	15
R2:	0	0	1	0	0	1	1	0	0	0	0	0	0	1	0	1

↑ EQ (Bit 2) — Maske = 5 (Bits 12–15)

Es ist also die „EQ-Flag" gesetzt, und die Maske steht auf 5. Die Bits 7—11 stehen immer auf null. Wie die anderen Flags stehen, hängt von zufälligen Anfangsbedingungen ab. Nach jedem Neustart kann das höhere Byte anders aussehen. Es wird aber immer Bit 2 auf 1 gesetzt sein.

Die Prozessoren der 9900-Familie bieten drei Möglichkeiten der Eingaben und Ausgaben zwischen Peripherie und Computer:

1. *Memory Mapped I/O* — Dabei werden Ein-/Ausgabeports wie Speicherstellen adressiert. Dies entspricht dem beim µP 6502 benutzten Verfahren.
2. *Direct Memory Access* (DMA) — Dies ist ein spezielles Verfahren für sehr schnellen Datenverkehr.
3. Programmierte Ein-/Ausgaben über ein Kommunikationsregister (*Communication Register Unit*, CRU).

Bild 2.1.13 zeigt, daß beim µC TM 990/189 über eine spezielle Adressierung bis zu 2048 Einzelbit-Ein-/Ausgaben möglich sind. Die Adressierung erfolgt dabei über das Register R12 und ein beliebiges zusätzliches Register oder irgendeine Speicherstelle: Der Inhalt von R12 legt eine *Basisadresse* fest (in Bild 2.1.13 die für die Verdrahtung des TM 990/189 gültige Adresse > 0010), wobei in R12 genau die zweifache Adresse (hier > 0020) zu laden ist! Mit Hilfe des Befehls LDCR (*Load CRU*) wird dann eine definierte Anzahl von Bits aus einem anderen Register über die CRU-Leitungen ausgegeben. Das Befehlsformat ist

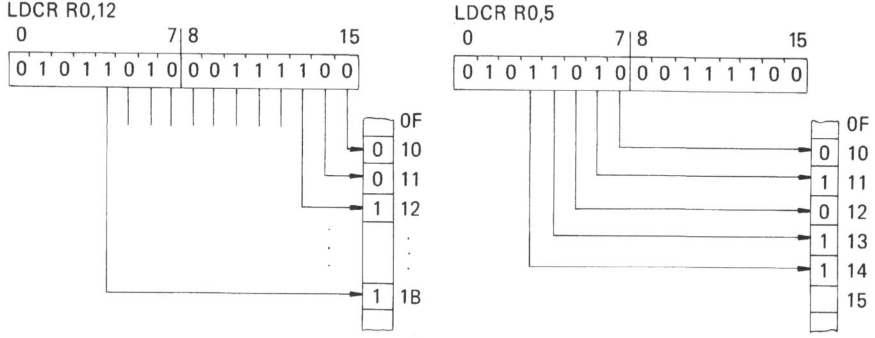

Hierin ist „S" die Quellenadresse (*Source*) und „T_S" gibt an, ob ein Register oder eine Speicherstelle gemeint ist. Für ein Register ist T_S = %00 (vgl. „Transferbefehle") und 0 ≤ S ≤ 15. „C" schließlich legt fest, wieviele Bits aus „S" in die CRU-Ausgabe zu übertragen sind. Beginnend bei der durch R12 festgelegten Basisadresse (Inhalt von R12 durch 2 dividiert) werden die mit *Count* (C) festgelegten Bits ausgegeben. C kann 0 ... 15 betragen, wobei 0 für 16 Bits steht! Ist C ≥ 9, wird beim LSB (Bit-Nr. 15) begonnen, für C ≤ 8 wird bei Bit-Nr. 7 begonnen (höherwertiges Byte):

Durch Laden von >0020 in R12 wird also die für den TM 990/189 gültige CRU-Basisadresse >0010 festgelegt.

Folgendes Programm ist ab Adresse >0200 einzugeben:

```
>0200  LWPI >300      Workspace ab >0300
       LI 0,>FFFF     In R0 >FFFF laden
       LI 12,>20      In R12 Basisadresse laden
       LDCR 0,4       Vier Bits aus R0 in CRU
```

Nach Ausführung in Einzelschritten sollten auf der Computerplatine die vier Leuchtdioden CR1 ... ... CR4 aufleuchten. Durch Verändern von C in LDCR auf 3, dann 2, dann 1 leuchten nur 3 bzw. 2 oder 1 Diode. Ebenso kann durch Ändern der in R0 geladenen „Maske" >FFFF der Ausgang beeinflußt werden. Zur Nachprüfung ist mit dem Monitor-Kommando [M] in Speicherstelle >0206 der Wert >0A00 einzuschreiben.

Kommentar	Kommando-taste	Eingaben: Adresse	Hexadez.-code	Mnemonische Schreibweise	Anzeigen: Adressen					Daten				
	Ret				?	–								
Assembler	A	200			?	A		2	0	0	–			
	Ret				0	2	0	0						–
Befehlseingabe	Sp			LWPI >300	L	W	P	I		>	3	0	0	–
	Ret				0	2	0	0		0	2	E	0	–
	Ret				0	2	0	2		0	3	0	0	–
	Ret				0	2	0	4						–
	Sp			LI 0,>FFFF	I		0	,	>	F	F	F	F	–
	Ret				0	2	0	4		0	2	0	0	–
	Ret				0	2	0	6		F	F	F	F	–
	Ret				0	2	0	8						–
	Sp			LI 12,>20	L	I		1	2	,	>	2	0	–
	Ret				0	2	0	8		0	2	0	C	–
	Ret				0	2	0	A		0	0	2	0	–
	Ret				0	2	0	C						
	Sp			LDCR 0,4		L	D	C	R		0	,	4	–
	Ret				0	2	0	C		3	1	0	0	–
	Ret				0	2	0	E						–
Ende	Sp			END							E	N	D	–
	Ret													

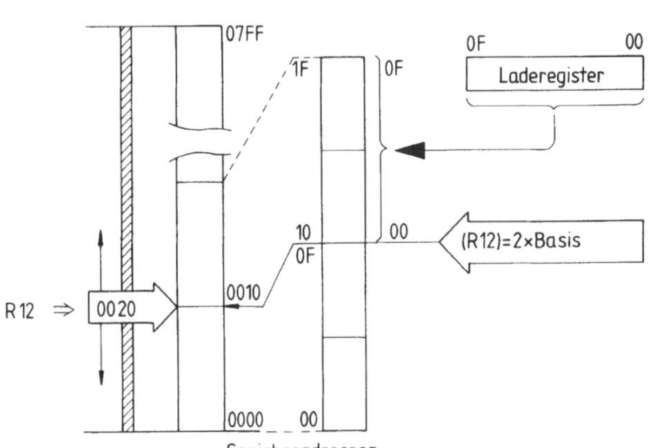

Bild 2.1.13
Schema der CRU-Adressierung

In der vorhergehenden Übung wurde in R12 die Zahl >0020 geladen. Dies ist aber das Doppelte der Adresse, unter der LED 0 (CR4) auf der Platine erreichbar ist. Das muß so sein wegen folgender Zuweisung:

R12 laden mit z.B. >0020

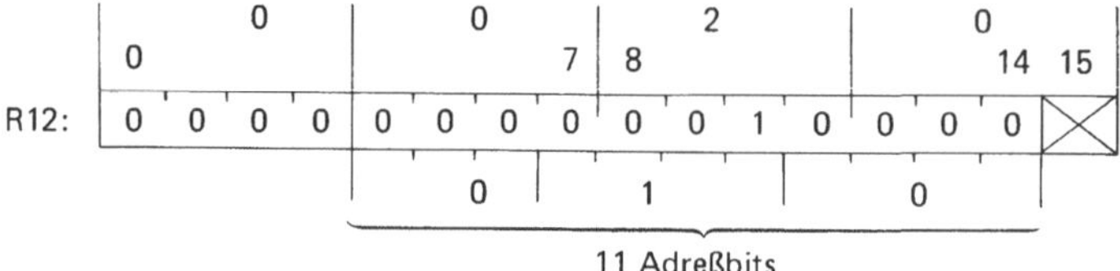

Das LSB (Nr. 15) wird nicht verwendet. Darum muß, um z.B. >0010 als Basisadresse für die LED festzulegen, in R12 >0020 geladen werden. Durch Verändern der Basisadresse kann jedes beliebige CRU-Bit erreicht werden. Die Eingaben der so definierten Bits (d.h. das Abspeichern der von der CRU gelesenen Bitkombination) erfolgt mit dem Befehl STCR (*Store CRU*), der den gleichen Aufbau wie LDCR hat (nur Bit 5 zusätzlich auf 1):

```
STCR D,C
```

0	1	2	3	4	5	6	7	8	9	10	11	12	13	14	15
0	0	1	1	0	1		C			T_D			D		

„D" steht hier für die Speicherstelle (*Destination*), in die der gelesene CRU-Wert abzuspeichern ist. Die anderen Festlegungen entsprechen denen bei LDCR.

Das Programm der vorhergehenden Übung ist ab >020E zu ergänzen durch

```
>020E    LI 1,0      R1 löschen
         STCR 1,4    4 CRU-Bits in R1
```

Wurden mit LDCR 0,4 alle vier LEDs eingeschaltet, wird nach Abarbeitung des Gesamtprogramms in R1 der Wert >0F00 stehen (wenn in R0 >FFFF geladen wurde), d.h. die vorher auf „High" gesetzten CRU-Bits sind in das höherwertige Byte (*High-Byte*) von R1 geladen. Im nächsten Schritt ändern wir den Inhalt der Adresse >020C von >3100 auf >30C0. Nach Ablauf des Programms leuchten nur drei Dioden, und in R1 steht >0700.

Durch die vorgenommene Änderung wurde der Befehlscode von LDCR verändert, nämlich:

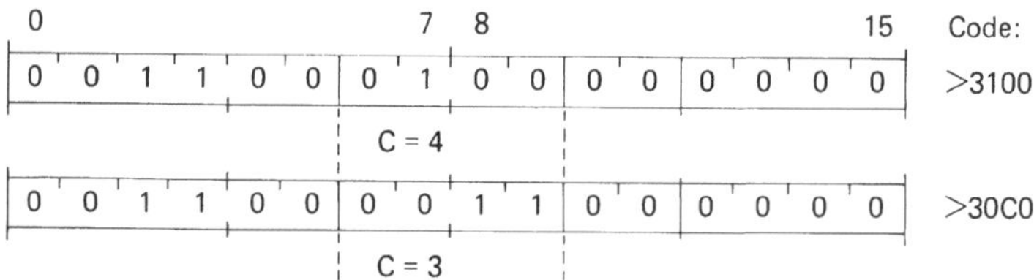

Es ist also C von 4 auf 3 reduziert, weshalb auch nur drei LEDs aufleuchten. Durch weitere Verringerung ergeben sich entsprechend andere Befehlscodes für LDCR (>3080 für 2 LEDs und >3040 für 1 LED).

Aufgaben: 1. Statt R0 ist R2 zu benutzen; die Codes für LDCR sind danach zu ermitteln. 2. Durch Veränderung des in R0 zu ladenden Wertes >FFFF können andere „Aufleuchtkombinationen" erzeugt werden. 3. Durch Verändern der Basisadresse in R12 auf >21 ... können die LEDs einzeln eingeschaltet und gelesen werden.

Eingaben, Ausgaben (STCR, LDCR)

Kommentar	Kommando-taste	Eingaben Adresse	Hexadez.-code	Mnemonische Schreibweise	Anzeigen Adressen					Daten				
Ab >020E	LOAD				C	P	U		R	E	A	D	Y	-
	Ret				?	-								
weiter	A	20E			?		2	0	E	-				
programmieren	Ret				0	2	0	E						-
	Sp			LI 1,0				L	I		1	,	0	-
	Ret				0	2	0	E		0	2	0	1	-
	Ret				0	2	1	0		0	0	0	0	-
	Ret				0	2	1	2						-
	Sp			STCR 1,4		S	T	C	R		1	,	4	-
	Ret				0	2	1	2		3	5	0	1	-
	Ret				0	2	1	4						-
	Sp			END							E	N	D	-
	Ret				N	D				0	0	0	0	-
	Ret				?	-								
Startadresse	P	200			=	X	X	X	X		2	0	0	-
	Ret				?	-								
Einzelschritte	S				?	S			0	2	0	4	-	
	S				0	4	S			0	2	0	8	-
	S				0	8	S			0	2	0	C	-
	Ret				?	-								
R12 ansehen	R	C			?	R		C	-					
	Ret				R	C	=	0	0	2	0	-		
	Ret				?	-								
LED 0 an	S				?	S			0	2	0	E	-	
	S				0	E	S			0	2	1	2	-
	Ret				?	-								
R0 ansehen	R				?	R	-							
	Ret				R	0	=	F	F	F	F	-		
R1 ansehen	Sp				0	3	0	2	=	0	0	0	0	-
	Ret				?	-								
	S				?	S			0	2	1	4	-	
	Ret				?	-								
R1 ansehen	R	1			?	R		1	-					
	Ret				R	1	=	0	F	0	0	-		
	LOAD				C	P	U		R	E	A	D	Y	-
	Ret				?	-								
Inhalt der Speicherstelle >020C ändern	M	20C			?	M		2	0	C	-			
	Ret				0	2	0	C	=	3	1	0	0	-
			30C0		3	1	0	0		3	0	C	0	-
	Ret				?	-								

Mit dem Befehl LDCR S,C ist es möglich, bis zu 16 Bits gleichzeitig (parallel) an die „Außenwelt" zu übergeben. Eine ganz bequeme Möglichkeit zum Schalten einzelner Ausgabeleitungen (Setzen einzelner Bits) ist mit den beiden folgenden Befehlen gegeben:

Befehl	Befehlsformat	Code
SBO >XX	`0 0 0 1 1 1 0 1` >1D Distanz >XX	>1DXX
SBZ >XX	`0 0 0 1 1 1 1 0` >1E >XX	>1EXX

Es bedeuten: SBO   – *Set Bit One* (Setze Bit auf 1)
               SBZ   – *Set Bit Zero* (Setze Bit auf 0)
               >XX   – Distanz von >80 bis >7F (bzw. −128 bis +127).

Konkret: Ist durch Laden eines Wertes in R12 eine CRU-Basisadresse festgelegt, wird genau das CRU-Bit auf 1 oder 0 gesetzt, das sich aus „Basisadresse ± XX" berechnet.

SBO und SBZ erlauben die Ausgabe einzelner Bits. Eingaben sind mit Hilfe eines weiteren Befehls möglich:

Befehl	Befehlsformat	Code
TB >XX	`0 0 0 1 1 1 1 1` >1F Distanz >XX	>1FXX

>XX gibt wieder die Distanz von der Basisadresse an, TB heißt: „*Test Bit*". Die Wirkungsweise ist folgende:

> Es wird das CRU-Bit gelesen, das sich aus „Basisadresse ± >XX" errechnet. Anschließend wird das Statusregisterbit EQ (ST2) auf den Wert des gelesenen CRU-Bits gesetzt.

Hiernach ist das „angewählte" CRU-Bit sozusagen dem Prozessor bekannt. Es können daraus z.B. Verzweigungen abgeleitet werden (vgl. 2.3).

Achtung: **Bild 2.1.14** zeigt, daß bei Verwendung der Basisadresse >10 das in R0 geladene Statusbit ST2 keine der vier Leuchtdioden erreichen kann. Um ST2 z.B. auf LED 0 schalten zu können, ist als Basisadresse >0B zu wählen (wie in Bild 2.1.14 angedeutet: Verschiebung um 5 Stellen nach rechts). Daraus erklären sich dann auch die bei den Einzelbitbefehlen verwendeten Distanzen.

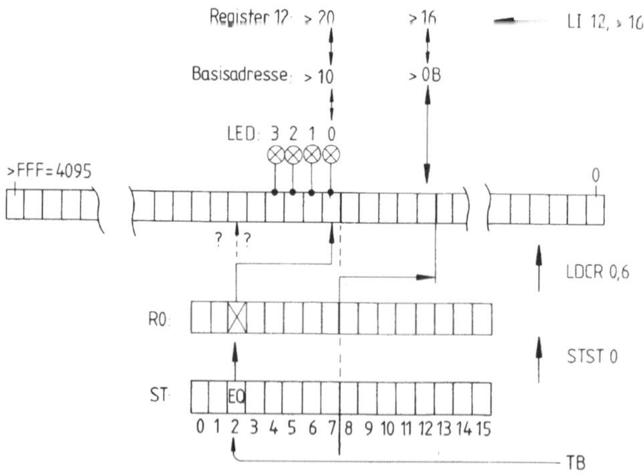

Bild 2.1.14

Anpassung der CRU-Adressen an das Statusregisterbit EQ (ST2)

Kommentar	Kommandotaste	Eingaben: Adresse	Hexadez.-code	Mnemonische Schreibweise	Anzeigen: Adressen	Anzeigen: Daten
Assembler	Ret				? —	
	A	200			? A 200	—
	Ret				0 2 0 0	—
Befehlseingabe	Sp			LWPI >300	L W P I	>300 —
	Ret				0 2 0 0	02E0 —
	Ret				0 2 0 2	0300 —
	Ret				0 2 0 4	—
	Sp			LI 12, >16	L I 12	,>16 —
	Ret				0 2 0 4	020C —
	Ret				0 2 0 6	0016 —
	Ret				0 2 0 8	—
Setze Bit 5 auf eins (one)	Sp			SBO 5		SBO 5 —
	Ret				0 2 0 8	1D05 —
	Ret				0 2 0 A	—
Setze Bit 5 auf null (zero)	Sp			SBZ 5		SBZ 5 —
	Ret				0 2 0 A	1E05 —
	Ret				0 2 0 C	—
	Sp			SBO 6		SBO 6 —
	Ret				0 2 0 C	1D06 —
	Ret				0 2 0 E	—
	Sp			SBZ 6		SBZ 6 —
	Ret				0 2 0 E	1E06 —
	Ret				0 2 1 0	—
	Sp			SBO 7		SBO 7 —
	Ret				0 2 1 0	1D07 —
	Ret				0 2 1 2	—
	Sp			SBZ 7		SBZ 7 —
	Ret				0 2 1 2	1E07 —
	Ret				0 2 1 4	—
Setze Bit 8 auf eins	Sp			SBO 8		SBO 8 —
	Ret				0 2 1 4	1D08 —
	Ret				0 2 1 6	—
Teste Bit 7	Sp			TB 7		TB 7 —
	Ret				0 2 1 6	1F07 —
	Ret				0 2 1 8	—
Speichere Status nach R0	Sp			STST 0		STST 0 —
	Ret				0 2 1 8	02C0 —
	Ret				0 2 1 A	—
Lade 6 Bits aus R0 zur CRU	Sp			LDCR 0,6		LDCR 0,6 —
	Ret				0 2 1 A	3180 —
	Ret				0 2 1 C	—
Teste Bit 8	Sp			TB 8		TB 8 —
	Ret				0 2 1 C	1F08 —
	Ret				0 2 1 E	—
	Sp			STST 0		STST 0 —
	Ret				0 2 1 E	02C0 —
	Ret				0 2 2 0	—
	Sp			LDCR 0,6		LDCR 0,6 —
	Ret				0 2 2 0	3180 —
	Ret				0 2 2 2	—
	Sp			END		END —

Wie in den vorausgegangenen Übungen mit LDCR und STCR sind über CRU-Adressen die Leuchtdioden 0 ... 3 einzuschalten bzw. deren Schaltzustände zu lesen, nun aber einzeln in der Form, daß sie nacheinander an- und ausgehen. LED 3 soll eingeschaltet bleiben; dann ist mit TB nacheinander LED 2 und LED 3 zu lesen, der Inhalt des Statusregisters soll unmittelbar nach dem Lesen mit LDCR auf die Leuchtdioden geschaltet werden.

Transferbefehle
Zusammenfassung – 6502/9900

Beide Prozessoren verfügen über Lade-, Speicher- und Transferbefehle. Ein paar Hauptunterschiede sind aber:

- 6502 – Datenwege 8 bit breit; Transfers nur byteweise möglich; es existieren nur drei „in Hardware" festgelegte Arbeitsregister; A, X, und Y; Ein-/Ausgaben werden mit den Speicher- und Ladebefehlen (*Memory-Mapped*) abgewickelt.
- 9900 – Datenwege 16 bit breit; Transfers sind wortweise (16 bit), byteweise oder bitweise möglich (Aus- und Eingaben zwischen 1 und 16 bit); es können mit Hilfe des *Workspace Pointer* nahezu beliebig viele Arbeitsregister definiert werden; Ein-/Ausgaben werden mit speziellen Befehlen über eine Kommunikationseinheit (CRU) ausgeführt.

	6502	9900
Ladebefehle	LDA, LDX, LDY	LI, LWPI, LIMI
Speicherbefehle	STA, STX, STY	
Transferbefehle	TAX, TXA, TAY, TYA, TXS, TSX	MOV, MOVB
Spezielle Befehle	PHA, PHP, PLA, PLP	STWP, STST
Ein-/Ausgabebefehle	wie Laden und Speichern	LDCR, STCR, SBO, SBZ, TB

Neben den Unterschieden, die aus den abweichenden Arbeitsregisterkonzepten folgen, gibt es also vor allem bei den Ein- und Ausgaben prinzipielle Verschiedenheiten.

Der 8-Bit-Prozessor 6502 behandelt die *I/O Ports* wie Speicherstellen, die mit den „gewöhnlichen" Befehlen LDA und STA erreicht werden.

Der 16-Bit-Prozessor kann auf spezielle Ein-/Ausgabe-Einrichtungen zugreifen. Dafür stehen fünf Befehle zur Verfügung, die CRU-Befehle.

2.2 Status-, Initialisierungs- und Kontroll-Befehle

In 2.1 haben wir unter dem Stichwort „Prozessorstatus" herausgearbeitet, daß das *Statusregister* eine hervorragende Rolle spielt: es gibt nach jeder Befehlsausführung Auskunft über eine Reihe wichtiger Zustände bzw. über spezielle Ergebnisse (null, größer, kleiner etc.). In einzelnen Bitzellen dieses Registers wird das Auftreten der Zustände registriert. Alle *Flags* (Zustandsbits) zusammengenommen bilden den hexadezimal anzeigbaren Inhalt des Statusregisters und stellen den sogenannten *Prozessorstatus* dar (vgl. Bilder 2.1.6 und 2.1.12). Art und Bedeutung der Status-Flags hängen direkt mit dem speziellen Befehlssatz zusammen und sind darum bei jedem Prozessor etwas verschieden. Der folgende Vergleich, in den auch der µP Z80 einbezogen ist, verdeutlicht dies.

6502		Z80		9900		Bedeutung
N	Negative Result	S	Sign Flag	AGT	Arithmetic Greater Than	Vorzeichenbit
				LGT	Logical Greater Than	Vergleiche ohne Vorzeichenbit
V	Overflow	P/V	Parity/ Overflow	OV	Overflow	Überlauf über Wort-Zahlenbereich mit Vorzeichen
		N	Add/Subtract Flag			Additions- und Subtraktionsunterscheidung bei Dezimalumwandlung
B	Break					Unterbrechungsanzeige
D	Decimal Mode					BCD-Arithmetik
I	Interrupt Disable				Interrupt Mask (4 Bits)	Interrupt-Ermöglichung bzw. -Sperrung
Z	Zero Result	Z	Zero Flag	EQ	Equal	Ergebnis null
C	Carry	C	Carry Flag	C	Carry	Übertrag über Byte bzw. Wort bei Arithmetik
		H	Half Carry Flag			Übertrag bei BCD-Arithmetik über Halbbyte hinaus

Alle drei Prozessoren verfügen über ein „Vorzeichenbit" (*Sign* oder *Negative Flag*). Konkret ausgedrückt bedeutet dies: Entsteht durch eine Operation ein negatives Ergebnis, wird in die Bitzelle N, bzw. S, bzw. AGT des Statusregisters eine 1 geschrieben. Die 9900-Prozessoren registrieren zusätzlich in der Bitzelle LGT, ob ein Operand größer als eine Vergleichsgröße ist, ohne ein Vorzeichen zu berücksichtigen.

Ebenfalls einheitlich geregelt ist die „Überlaufanzeige" (*Overflow Flag*), die bei vorzeichenbehafteter Arithmetik benutzt wird, wenn das Ergebnis größer oder kleiner als der maximal darstellbare Wert mit Vorzeichen wird. Hierzu werden wir in diesem Abschnitt noch weitere Einzelheiten besprechen. Eine Besonderheit des µP Z80 ist, daß die „Overflow-Flag" bei logischen Operationen und Rotationsbefehlen benutzt wird, um die Quersumme der Einsbits im Ergebnis (die „Parität") zu prüfen. Die beim µP Z80 mit N bezeichnete Bitzelle hat bei den anderen Prozessoren auch keine Entsprechung. Unter bestimmten Bedingungen wird damit zwischen Additions- und Subtraktionsbefehlen unterschieden.

Eine zusätzliche Statusanzeige ergibt sich beim μP Z80 daraus, daß BCD-Arithmetik in „gepackter"
Form möglich ist, d.h. es sind pro Byte zwei BCD-Ziffern darstellbar, und die „H-Flag" (*Half Carry*)
wird 1, wenn das Ergebnis in einer Tetrade (Halbbyte) größer als 9 geworden ist (Übertrag in nächste
Tetrade). Übereinstimmend sind wieder die „normalen" Übertragsanzeigen (*Carry Flags*), die sich auf
ein ganzes Byte beziehen. Auch hat die „Zero-Flag" (Nullanzeige) die gleiche Bedeutung. Sie wird immer
gesetzt, wenn eine Operation zum Ergebnis null geführt hat.

Beim μP 6502 gibt es eine Anzeige für den Fall, daß der Stoppbefehl (*Break*) ausgeführt wurde (hierzu
mehr unter „CPU-Befehle"). In einer weiteren Statusbitzelle (*Decimal Flag*) wird signalisiert, daß BCD-
Arithmetik gestartet wurde. Über die „Interrupt-Flags" der Prozessoren 6502 und 9900 werden wir in
2.3 mehr lernen.

Unterschiede zwischen den drei eben gegenübergestellten Prozessoren gibt es vor allem darin, ob die
einzelnen Flags per Software gesetzt oder gelöscht werden können. Die folgende Aufstellung zeigt dies.

	6502	Z80	9900
Flag-Löschbefehle	CLC, CLD, CLI, CLV	CCF (Complement Carry Flag)	keine
Flag-Setzbefehle	SEC, SED, SEI	SCF (Set Carry Flag)	keine

Diese und andere spezielle CPU-Befehle werden im folgenden vorgestellt und geübt.

Status-, Initialisierungs-, und Kontroll-Befehle für	Seite
μP 6502	81
Zusammenfassung	90
μP 9900	91
Gegenüberstellung	98

8-Bit-μP 6502

Status-, Initialisierungs- und Kontroll-Befehle	Seite
CLC, CLD, CLI, CLV, SEC, SED, SEI	86
NOP, BRK	88

Tabelle mit allen Flagbeeinflussungen

Befehlsgruppe	Befehle	beeinflußte Flags
Transferbefehle	LDA, LDX, LDY	N, Z
	STA, STX, STY	keine
	TAX, TXA, TAY, TYA, TSX	N, Z
	TXS, PHA, PHP	keine
	PLA	N, Z
	PLP	Kopie vom Stack
CPU-Befehle	NOP	keine
	BRK	B = 1
Sprungbefehle	JMP, JSR, RTS	keine
	Branchbefehle	keine
	RTI	Kopie vom Stack
Logik- und Schiebe-Befehle	AND, ORA, EOR	N, Z
	BIT	N = M7, Z, V = M6
	ASL	N, Z, C
	LSR	N = 0, Z, C
	ROL, ROR	N, Z, C
Arithmetik-Befehle	ADC, SBC	N, Z, C, V
	INC, INX, INY	N, Z
	DEC, DEX, DEY	N, Z
	CMP, CPX, CPY	N, Z, C

Der Prozessor 6502 besitzt eine Reihe von speziellen Lösch- und Setzbefehlen für Statusflags. Im übernächsten Abschnitt werden wir diese Befehle üben. Hier wollen wir untersuchen, wie Flags durch den Prozessor automatisch gesetzt bzw. gelöscht werden. Die **Tabelle** auf der vorhergehenden Seite gibt eine Zuordnung zwischen den 6502-Befehlen und den nach der jeweiligen Ausführung beeinflußten Flags.

Keine Statusbeeinflussung geht von den Speicher- und Sprungbefehlen sowie von den Push-Befehlen, von TXS und NOP (*No Operation*) aus. Die Besonderheiten der Beeinflussung durch BRK, BIT und RTI werden wir erst später erklären können. Feststellbar ist hier, daß RTI (*Return from Interrupt*) eine dem Befehl PLP (*Pull Processor Status from Stack*) vergleichbare Wirkung beinhaltet, nämlich vom Stack den vorher irgendwann einmal durch PHP oder einen Interrupt auf den Stack gebrachten Prozessorstatus (Gesamtheit aller Statusflags) zurückzukopieren.

1. Nach Netzeinschalten oder Drücken von ⎡RS⎤ (*Reset*) ist der Inhalt des Statusregisters null, d.h. alle Flags sind auf 0 gesetzt. Das Statusregister ist über Adresse $00E9 (vgl. Bild 2.1.3) oder mit der Taste ⎡SR⎤ erreichbar.

2. Eingabe folgender Befehlsfolge ab Adresse $0000:

$0000	A9 00	LDA #$00	In Akku null laden
$0002	A2 00	LDX #$00	In X-Register null laden
$0004	A0 FF	LDY #$FF	In Y-Register $FF laden
$0006	85 10	STA $10	Akkuinhalt nach $0010

3. Vor der schrittweisen Ausführung jedes einzelnen Befehls setzen wir mit ⎡RS⎤ immer das Statusregister auf null, um die Flagerzeugung der Befehle beobachten zu können.

	7	6	5	4	3	2	1	0
Durch Laden von $00 entsteht in SR:	0	0	1	0	0	0	1	0
Durch Laden von $FF entsteht in SR:	1	0	1	0	0	0	0	0
	↑		↑				↑	

Es wird also immer die nicht relevante Stelle Nr. 5 auf 1 gesetzt (vgl. Bild 2.1.6). Laden von $00 setzt die Z-Flag, $FF setzt die N-Flag. Durch Abspeichern wird nur Nr. 5 gesetzt.

4. Erweiterung des Programms um:

$0008	08	PHP	Status auf Stack
$0009	28	PLP	Status vom Stack

Wir erwarten, daß nach PHP der Statusregisterinhalt $A0 im Stack (Adresse $01FF) steht, wir finden aber $B0, d.h. es ist zusätzlich die B-Flag gesetzt worden. Mit PLP kommt aber nur $A0 zurück! Hierzu mehr bei den CPU-Steuerbefehlen.

Kommentar	Kommando-taste	Eingaben Adresse	Hexadez.-code	Mnemonische Schreibweise	Anzeigen Adressen	Daten
1. Netz ein und Status-register aufrufen	SR				0 0 E 9	0 0
	DA		FF		0 0 E 9	F F
Reset	RS				0 0 E 9	0 0
		0000			0 0 0 D	X X
2. Befehlscodes eingeben	DA		A9	LDA #$00	0 0 0 D	A 9
	↑		00		0 0 0 1	0 0
	↑		A2	LDX #$00	0 0 0 2	A 2
	↑		00		0 0 0 3	0 0
	↑		A0	LDY #$FF	0 0 0 4	A 0
	↑		FF		0 0 0 5	F F
	↑		85	STA $10	0 0 0 6	8 5
	↑		10		0 0 0 7	1 0
3. Rücksetzen	RS	0000			0 0 0 0	A 9
Einzelschritte	GO				0 0 0 2	A 2
Akkumulator	AC				0 0 E 7	0 0
Statusregister	SR				0 0 E 9	2 2
Rücksetzen	RS				0 0 E 9	0 0
nächster	PC				0 0 0 2	A 2
Schritt	GO				0 0 0 4	A 0
X-Register		00EA			0 0 E A	0 0
Statusregister	SR				0 0 E 9	2 2
Rücksetzen	RS				0 0 E 9	0 0
nächster	PC				0 0 0 4	A 0
Schritt	GO				0 0 0 6	8 5
Y-Register		00EB			0 0 E B	F F
Statusregister	SR				0 0 E 9	A 0
	RS				0 0 E 9	0 0
nächster	PC				0 0 0 6	8 5
Schritt	GO				0 0 0 8	X X
Akkumulator	AC				0 0 E 7	0 0
Adresse $10		0010			0 0 1 0	0 0
Statusregister	SR				0 0 E 9	2 0
4. Einzelschritt ab $0004	RS	0004		LDY #$FF	0 0 0 4	A 0
	GO				0 0 0 6	8 5
	SR				0 0 E 9	A 0
	PC				0 0 0 6	8 5
	↑				0 0 0 7	1 0
Weiter bis $000B	↑			PHP	0 0 0 B	0 8
	GO				0 0 0 9	2 8
	SR				0 0 E 9	A 0
SR löschen	DA		00		0 0 E 9	0 0
Stack ansehen	AD	01FF			0 1 F F	A 0
	PC			PLP	0 0 0 9	2 8
	GO				0 0 0 A	X X
	SR				0 0 E 9	A 0

Wenn wir beispielsweise zum Wert 9 mindestens 1 hinzuzählen, entsteht ein zweistelliges Ergebnis, es ergibt sich ein **Übertrag** in die „Zehnerstelle". In der Computertechnik ist als Basiseinheit für alle Verarbeitungen ein „Wort" bestimmter Länge festgelegt, beim µP 6502 ein Byte. Damit kann als größte Zahl 255 direkt dargestellt werden. Alle Operationen, die einen Wert größer 255 ergeben, erzeugen einen Übertrag (engl. *Carry*) in die nächst höhere Bitstelle mit der Wertigkeit $2^8 = 256$. Diese Stelle ist aber nicht direkt vorhanden. Darum wird das Auftreten solch eines Übertrags durch Setzen der Bitstelle C (Nr. 0) im Statusregister angezeigt. Es bedeutet also C = 1: Ergebnis größer 255.

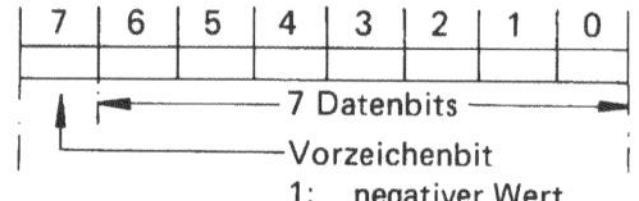

Bild 2.2.1

Datenwort mit Vorzeichenbit. Darstellbare Werte zwischen + 127 und − 128

Werden nur positive Zahlen bzw. nur Beträge verarbeitet, ist diese Regelung mit dem Übertrag eindeutig und erlaubt durch Anreihung die Darstellung fast beliebig großer Zahlen (dazu mehr in 2.5). Es müssen aber auch negative Zahlen verarbeitet werden können. Dies geschieht mit Hilfe eines Vorzeichenbits und der in 1.2.2 (Dualzahlen-Arithmetik) mit Bild 1.2.1 bereits vorgestellten *Zweierkomplementdarstellung*. **Bild 2.2.1** zeigt das Schema der für den µP 6502 vereinbarten Zahlendarstellung mit Vorzeichen. Danach verbleiben nur noch 7 Bits als Zahlenstellen, d.h. es sind nur noch Werte zwischen + 127 und − 128 in einem Byte darstellbar. Dabei gilt:

Bit Nr. 7 = 1 bedeutet, Zahl negativ, Darstellung als Zweierkomplement,

also größter Wert:	0	1	1	1	1	1	1	1	$\hat{=}$ +127 (bzw. $7F)
minus eins:	1	1	1	1	1	1	1	1	$\hat{=}$ − 1
kleinster Wert:	1	0	0	0	0	0	0	0	$\hat{=}$ −128 (bzw. $80)

Zum Verstehen der negativen Zahlen ist das Zweierkomplement der 7-Bit-Werte zu bilden. Bei den arithmetischen Befehlen ADC und SBC wird die Überschreitung dieses eingeschränkten Wertebereiches (der **Overflow** also) in der V-Flag angezeigt (siehe dort). Ist dies geschehen (V = 1), kann bei Bedarf dieses Statusbit mit dem Befehl CLV (*Clear Overflow Flag*) wieder gelöscht werden:

Zur Wiederholung und zur Beobachtung der Wirkung von CLV ist folgendes einzugeben:

1.
```
   $0000   A9 FF    LDA #$FF    ; $FF in Akku
   $0002   48       PHA         ; $FF aus Akku auf Stack
   $0003   28       PLP         ; $FF vom Stack in Statusregister
   $0004   B8       CLV         ; V-Flag löschen
```
   Zur Abtrennung der Kommentare wird nun — wie häufig üblich — das Semikolon benutzt.

2. Nach *Restart* ist das Statusregister gelöscht. Mit [↓] erreichen wir den *Stackpointer*, der auf die Stack-Anfangsadresse weist ($01FF, vgl. 2.1).

3. Es kann hilfreich sein, mit [MN] (mnemonische Darstellung) den Maschinencode übersetzen zu lassen. Nach dem ersten Einzelschritt steht im

   SR: `1 0 1 0 0 0 0 0`. Es ist also N = 1, weil wegen LDA #$FF Bit 7 im Akku gesetzt ist. Zusätzlich wird immer das nicht genutzte Bit Nr. 5 im SR gesetzt.

4. Nach PHA steht der Stackpointer auf $01FE, in $01FF ist nun $FF abgelegt. Mit PLP wird $FF vom Stack in SR geladen, und der Stackpointer zeigt wieder auf $01FF. Im SR steht nun aber nicht $FF, sondern

   SR: `1 1 1 0 1 1 1 1`. Die B-Flag kann so also nicht auf 1 gesetzt werden!

5. Nach Ausführung von CLV finden wir im

   SR: `1 0 1 0 1 1 1 1`; also ist V = 0.

Mit markanten Ladewerten (z.B. $7F oder $00) kann das SR weiter studiert werden.

Kommentar	Kommando-taste	Eingaben Adresse	Hexadez.-code	Mnemonische Schreibweise	Anzeigen Adressen	Daten
Befehlseingabe ①	RS	0000	A9	LDA #$FF	0 0 0 0	A 9
	↑		FF		0 0 0 1	F F
	↑		48	PHA	0 0 0 2	4 8
	↑		28	PLP	0 0 0 3	2 8
	↑		B8	CLV	0 0 0 4	B 8
Statusregister ②	SR				0 0 E 9	0 0
Stackpointer	↓				0 0 E 8	F F
Akkumulator	↓				0 0 E 7	X X
		0000		LDA #$FF	0 0 0 0	A 9
Mnemonisch	MN				0 0 0 0	L D A
Einzelschritt	GO				0 0 0 2	4 8
	AC				0 0 E 7	F F
Statusregister ③	SR				0 0 E 9	A 0
	PC			PHA	0 0 0 2	4 8
	MN				0 0 0 2	P H A
	GO				0 0 0 3	2 8
	SR				0 0 E 9	A 0
Stackpointer ④	↓				0 0 E 8	F E
oberste Stackzelle		01FF			0 1 F F	F F
	PC			PLP	0 0 0 3	2 8
	MN				0 0 0 3	P L P
	GO				0 0 0 4	B 8
Akkumulator	AC				0 0 E 7	F F
Stackpointer	↑				0 0 E 8	F F
Statusregister	↑				0 0 E 9	E F
oberste Stackzelle ⑤		01FF			0 1 F F	F 8
	PC			CLV	0 0 0 4	B 8
	MN				0 0 0 4	C L V
	GO				0 0 0 5	X X
Statusregister	SR				0 0 E 9	A F

Unter den Statusanzeigen (*Flags*, siehe Bild 2.1.6) nehmen folgende eine Sonderstellung ein:

B kann durch den Programmierer nicht beeinflußt werden, wird durch Ausführung von BRK automatisch gesetzt (vgl. nächsten Abschnitt);

D wird durch keine µP-Operation beeinflußt (außer durch *Reset*); kann nur durch Programmbefehle SED bzw. CLD gesetzt oder gelöscht werden;

I ist ähnlich wie D durch SEI bzw. CLI manipulierbar.

Die Flags N, Z, C und V sind die eigentlichen arithmetischen Statusanzeigen. N und Z werden wie B nur durch den Prozessor verändert, C und V können außerdem mit CLC, SEC bzw. CLV benutzt werden. Den letzten Befehl (*Clear V-Flag*) haben wir bereits in der vorhergehenden Übung besprochen. Die anderen sechs Status-Lösch- und Setzbefehle haben folgende Aufgaben:

CLC (*Clear Carry Flag*) — muß vor jeder ersten Addition verwendet werden, um einen eventuellen (zufälligen) Übertrag zu tilgen;

SEC (*Set Carry Flag*) — muß vor jeder ersten Subtraktion verwendet werden (vgl. 2.5);

CLD (*Clear Decimal Flag*) — schaltet von BCD- auf Binärarithmetik;

SED (*Set Decimal Flag*) — schaltet von Binär- auf BCD-Arithmetik;

CLI (*Clear Interrupt Flag*) — Ermöglichen eines Interrupts (s. 2.3);

SEI (*Set Interrupt Flag*) — Sperrung von Interrupts.

08	0	0	0	0	1	0	0	0	PHP	*Push P*
18	0	0	0	1	1	0	0	0	CLC	*Clear C*
28	0	0	1	0	1	0	0	0	PLP	*Pull P*
38	0	0	1	1	1	0	0	0	SEC	*Set C*
48	0	1	0	0	1	0	0	0	PHP	*Push A*
58	0	1	0	1	1	0	0	0	CLI	*Clear I*
68	0	1	1	0	1	0	0	0	PLA	*Pull A*
78	0	1	1	1	1	0	0	0	SEI	*Set I*
88	1	0	0	0	1	0	0	0	DEY	*Decrement Y*
98	1	0	0	1	1	0	0	0	TYA	*Transfer Y → A*
A8	1	0	1	0	1	0	0	0	TAY	*Transfer A → Y*
B8	1	0	1	1	1	0	0	0	CLV	*Clear V*
C8	1	1	0	0	1	0	0	0	INY	*Increment Y*
D8	1	1	0	1	1	0	0	0	CLD	*Clear D*
E8	1	1	1	0	1	0	0	0	INX	*Increment X*
F8	1	1	1	1	1	0	0	0	SED	*Set D*

Bild 2.2.2

Systematik des Befehlscodeaufbaus am Beispiel der Befehle mit LSD = 8

Sieht man sich die Maschinencodes dieser Lösch- und Setzbefehle an, erkennt man eine Gemeinsamkeit: das niedrigstwertige Halbbyte (auch: LSD, *Least Significant Digit*) ist immer $8, also z.B. CLC ≙ $18, oder SED ≙ $F8. Als Beispiel für die Systematik des Befehlscodeaufbaus sind in **Bild 2.2.2** einmal alle Befehle in binärer Form und hexadezimal aufgelistet, bei denen LSD = $8 gilt. Die in diese Reihe eingeordneten Dekrementier- und Inkrementierbefehle werden in 2.5 besprochen.

Anmerkung: Ein weiterer Name für Halbbyte ist *Nibble*.

---

1. Zur Beobachtung der Wirkung der Flag-Setz- und -Löschbefehle ist die Kommandoreihe SEC, CLC, SEI, CLI, SED, SEI einzugeben.
2. Vor jedem Einzelschritt kann mit ⎣MN⎤ die mnemonische Darstellung zu jedem Maschinen-Code angesehen werden.
3. Das nach ⎣RS⎤ auf null gesetzte Statusregister enthält nach dem ersten Befehl (SEC) $21, d.h. es ist — neben der nicht relevanten Stelle Nr. 5 — Bit Nr. 0 gesetzt, die Carry-Flag also. Die weiteren Befehle löschen und setzen das jeweils „angewählte" Statusbit.

6502 Status-Lösch- und -Setzbefehle (CLC, CLD, CLI, CLV, SEC, SED, SEI)

Kommentar	Kommando-taste	Adresse	Hexadez.-code	Mnemonische Schreibweise	Anzeigen Adressen	Daten
Befehlseingabe ①	RS	0000	38	SEC	0 0 0 0	3 8
	↑		18	CLC	0 0 0 1	1 8
	↑		78	SEI	0 0 0 2	7 8
	↑		58	CLI	0 0 0 3	5 8
	↑		F8	SED	0 0 0 4	F 8
	↑		D8	CLD	0 0 0 5	D 8
Einzelschritte ②		0000			0 0 0 0	3 8
Mnemonisch	MN				0 0 0 0	S E C
	GO				0 0 0 1	1 8
Statusregister ③	SR				0 0 E 9	2 1
	PC				0 0 0 1	1 8
	MN				0 0 0 1	C L C
	GO				0 0 0 2	7 8
	SR				0 0 E 9	2 0
	PC				0 0 0 2	7 8
	MN				0 0 0 2	S E I
	GO				0 0 0 3	5 8
	SR				0 0 E 9	2 4
	PC				0 0 0 3	5 8
	MN				0 0 0 3	C L I
	GO				0 0 0 4	F 8
	SR				0 0 E 9	2 0
	PC				0 0 0 4	F 8
	MN				0 0 0 4	S E D
	GO				0 0 0 5	D 8
	SR				0 0 E 9	2 8
	PC				0 0 0 5	D 8
	MN				0 0 0 5	C L D
	GO				0 0 0 6	X X
	SR				0 0 E 9	2 0

Als CPU-Steuerbefehle bezeichnet man solche, die den Funktionsablauf der CPU direkt beeinflussen. Weil der CPU-Ablauf auch durch die Statusbits beeinflußbar ist, werden oft die Statusbefehle zu den CPU-Steuerbefehlen gerechnet. Wir haben sie wegen ihrer besonderen Bedeutung abgetrennt. Somit verbleiben beim µP 6502 als Steuerbefehle nur noch

> NOP: *No Operation* und BRK: *Break.*

No Operation sieht als Programmbefehl zunächst vielleicht sinnlos aus. NOP mit dem Hexcode $EA bewirkt nämlich nichts anderes, als daß 2 µs Prozessorzeit „verbraucht" werden, d.h. der Prozessor verändert nichts während dieser Zeit. Das ist aber gerade der entscheidende Vorteil: Der Einbytebefehl NOP kann als „Platzhalter" beliebig eingefügt werden, um nämlich bei Programmentwicklungen „Luft" für Veränderungen zu haben.

Break unterbricht das laufende Programm. Dieser Einbytebefehl mit dem leicht merkbaren Maschinencode $00 bewirkt für den Benutzer sichtbar folgendes:

> 1. Der Prozessor stoppt alle Aktivitäten, der Programmzähler PC wird um 2 Adressen erhöht.
> 2. Im Statusregister wird B = 1 gesetzt.

Eine Besonderheit ist, daß der Programmzähler nach dem Einbytebefehl BRK nicht auf die nachfolgende Adresse zeigt, sondern auf die übernächste. Das liegt daran, daß BRK einen *Interrupt* auslöst (s. 2.3), für dessen Abwicklung eine vollständige Adresse benötigt wird, die in zwei Bytes abgelegt ist. Hieraus wird aber auch erkennbar, daß der Prozessor tatsächlich nicht stoppt, sondern in klar vorgegebener Weise weiterläuft, um z.B. den um zwei Einheiten erhöhten PC anzuzeigen. Weil BRK ähnlich wie IRQ wirkt (vgl. 2.3), wird zur Unterscheidung der Ursache B = 1 gesetzt. Verwendet wird BRK beim Austesten von Programmen, um nämlich an beliebigen Stellen Haltepunkte setzen zu können. Das geschieht, indem in überschaubaren und logisch zusammengehörenden Abständen im fertigen Programm ein Maschinencode von Hand durch $00 ersetzt wird. Nach erfolgreichem Test wird wieder der Originalcode eingetragen. Auch Bytes mit NOP ($EA) können dafür benutzt werden.

> *Aufgabe*: Es ist die D-Flag zu setzen und anschließend der Statusregisterinhalt über Port A auszugeben. Dazu muß PA als „Ausgang" geschaltet werden, also
>
> ```
> $0000    A9 FF      LDA #$FF       ; Port A als Ausgang schalten
> $0002    8D 01F6    STA $F601
> $0005    F8         SED            ; D-Flag setzen
> $0006    08         PHP            ; Status über Stack in ...
> $0007    68         PLA            ; Akku transferieren,
> $0008    8D 00F6    STA $F600      ; dann über PA ausgeben
> $000B    00         BRK            ; Stopp
> $000C    EA         NOP
> $000D    A9 00      LDA #$00       ; Wert null laden
> $000F    08         PHP            ; und über Stack in ...
> $0010    68         PLA            ; Akku transferieren,
> $0011    8D 00F6    STA $F600      ; dann über PA ausgeben
> $0014    00         BRK            ; Stopp
> ```
>
> Zur Programmausführung ist auf Normalbetrieb (N) umzuschalten.

Kommentar	Kommando-taste	Eingaben Adresse	Hexadez.-code	Mnemonische Schreibweise	Anzeigen Adressen				Daten	
Nach RS sind alls Port-LEDs an	RS				X	X	X	X	X	X
		0000		LDA	0	0	0	0	A	9
Nach GO zeigt PA 10111000	GO			LDA	0	0	0	D	A	9
	AC				0	0	E	7	B	8
	SR				0	0	E	9	B	8
	PC			LDA	0	0	0	D	A	9
Nach GO zeigt PA 00111010	GO				0	0	1	6	X	X
	AC				0	0	E	7	3	A
	SR				0	0	E	9	3	8

BRK in Adresse $000B bewirkt einen Stopp im Programmablauf mit Anzeige des Programm-zählerstands $000D. Über PA des E/A-Adapters wird als Statusregisterinhalt $B8 sichtbar, d. h. es sind die Flags N, B und D gesetzt. D wird per Befehl SED gesetzt, B ist die Folge von BRK. N muß ebenfalls gesetzt sein, weil mit LDA #$FF im Akku Bit 7 auf 1 gesetzt wurde (vgl. Übung mit Vorzeichen). Läßt man nun aber die ersten Programmschritte einzeln ablaufen und beobachtet dazwischen AC, SR (*Statusregister* P) und SP (*Stack Pointer* S), dann kann festgestellt werden, daß vor dem ersten BRK-Befehl im Statusregister $A8 steht (B-Flag also nicht gesetzt), im Stack aber $88 abgelegt wird. Als Ursache dafür müssen die für Einzelschrittverarbeitung nötigen Operationen angesehen werden.

Die weitere Ausführung ab $000D ergibt im „Normal-Modus" in der E/A-Adapteranzeige von PA $3A, im Statusregister finden wir aber $38. Durch BRK ist hier also SR verändert, d.h. die Z-Flag ist gelöscht. Die in $0005 gesetzte D-Flag bleibt aber erhalten, was durch Einzelschrittabarbeitung überprüft werden kann.

Status-, Initialisierungs- und Kontrollbefehle
Zusammenfassung – 6502

Eine Besonderheit des Prozessors 6502 ist, daß es mehrere Befehle gibt, mit denen einzelne Statusbits (*Flags*) gelöscht oder gesetzt werden können. Es sind dies die Befehle

CLC, CLD, CLI, CLV	(Löschen der Flags C, D, I, V)
SEC, SED, SEI	(Setzen der Flags C, D, I)

Darüberhinaus besteht noch die Möglichkeit, das Statusregister als Ganzes zu verändern. Das gelingt mit Hilfe der *Push*- und *Pull*-Befehle (vgl. 2.1)

PHA	(Bringe Akku-Inhalt auf Stack)
PLP	(Hole Wert vom Stack und lade ihn in das Prozessorstatusregister)

Mit folgender Befehlsfolge kann dies nachgeprüft werden:

```
$0000  LDA #$FF    ;  Port A als Ausgang definieren.
$0002  STA $F601   ;
$0005  LDA #$55    ;  In Akku $55 laden und ...
$0007  PHA         ;  von dort auf Stack schieben, dann ...
$0008  PLP         ;  in Statusregister laden.
$0009  LDA #$01    ;  Nun Akku verändern,
$000B  PHP         ;  Status auf Stack und dann ...
$000C  PLA         ;  in Akku laden.
$000D  STA $F600   ;  Akkuinhalt über Port A ausgeben.
$0010  BRK         ;  Stopp.
```

Der Akkuinhalt wird zwischendurch verändert, um deutlich zu machen, daß mit PHP/PLA der Wert $55 erneut in den Akku kommt.

Nach dem Programmablauf im „Normalmodus" wird über Port A $75 angezeigt – nicht $55! Die Ursache dafür ist in 2.1 unter „Prozessorstatus" und mit Bild 2.1.6 erklärt: Das nicht benutzte Bit 5 des Statusregisters wird immer gesetzt.

Obige Befehlsfolge ist mit BRK (*Break*, Unterbrechung) beendet. Danach stoppt das Programm bei Adresse $0012; der Einbytebefehl BRK benötigt zur Ausführung also ein zweites Byte.

BRK ist ein sogenannter CPU-Befehl (der Prozessor wird dadurch gestoppt); der zweite CPU-Befehl heißt

NOP – *No Operation* (keine Aktion).

Dieser Befehl verändert überhaupt nichts, es werden lediglich 2 μs Prozessorzeit verbraucht.

16-Bit-μP 9900

Status-, Initialisierungs- und Kontroll-Befehle	Seite
CLR, SETO	94
NOP, CKON, CKOF	96
IDLE, LREX, RSET	96

Tabelle mit allen Flagbeeinflussungen

Befehlsgruppe	Befehle	beeinflußte Flags
Transferbefehle	LI, MOV	$L>$, $A>$, EQ
	MOVB, LDCR, STCR	$L>$, $A>$, EQ, OP
	LWPI, STST, STWP, SBO, SBZ	keine
	TB	EQ
	LIMI	Interrupt-Maske
Initialisierungs- und Kontrollbefehle	CLR, SETO	keine
	IDLE, CKON, CKOF	keine
	RSET, LREX	Interrupt-Maske
Sprungbefehle	B, BL, BLWP, JMP, X	keine
	JH, ...	keine
	XOP	X
	RTWP	alle
Logik- und Schiebebefehle	ANDI, ORI, XOR, SOC, SZC	$L>$, $A>$, EQ
	SOCB, SZCB	$L>$, $A>$, EQ, OP
	SWPB	keine
	SRA, SRL, SRC	$L>$, $A>$, EQ, C
	SLA	$L>$, $A>$, EQ, C, OV
Arithmetikbefehle	A, AI, S, ABS, NEG	$L>$, $A>$, EQ, C, OV
	AB, SB	$L>$, $A>$, EQ, C, OV, OP
	INC, INT, DEC, DECT	$L>$, $A>$, EQ, C, OV
	MPY	keine
	DIV	OV
	C, CI, INV	$L>$, $A>$, EQ
	CB	$L>$, $A>$, EQ, OP
	COC, CZC	EQ

Die Prozessoren der 9900-Familie besitzen keine Befehle, mit denen Flags direkt beeinflußt werden können. Die mit dem Befehl LIMI (vgl. 2.1) setzbare Interrupt-Maske (Bild 2.1.12) soll nämlich nicht unter den Begriff *Statusflags* eingeordnet werden, und der ebenfalls in 2.1 vorgestellte Befehl STST erlaubt lediglich das Übertragen des Statusregisterinhalts in ein Arbeitsregister.

Die automatische Verwendung der Flags entspricht der des Prozessors 6502. Die Tabelle auf der vorhergehenden Seite gibt einen Überblick. Die Bedeutung der Flags kann Bild 2.1.12 entnommen werden.

Die in 2.1 besprochenen Lade- und Transferbefehle sowie die CRU-Befehle können — je nach Wert des Datenwortes — die Flags „logisch größer null", „arithmetisch größer null" und „gleich null" setzen. Beim Bytetransfer und bei den CRU-Befehlen wird zusätzlich noch OP (*Odd Parity*) gesetzt, wenn die Quersumme des Datenwortes ungerade ist. Ein mit TB getestetes CRU-Bit wird in der EQ-Flag reproduziert. Die Auswirkungen der weiteren Befehle werden wir im folgenden jeweils mit angeben.

Zur Überprüfung der verschiedenartigen Flag-Beeinflussungen kann z.B. die Befehlsfolge benutzt werden, die auf der rechten Seite als „Speicherauszug" dargestellt ist. Dabei wird nach verschiedenen Operationen mit STST Rn der jeweilige Statusregisterinhalt in den WP-Registern R0 bis R7 abgelegt.

Achtung: Vor der Ausführung im Einzelschrittbetrieb ist mit $\boxed{\text{F}}$ 0 0 0 0 das Statusregister auf null zu setzen!

Die Registerinhalte sind auf der rechten Seite unten binär nur für das Byte höherer Wertigkeit (MSB: *Most Significant Byte*) dargestellt. Im Byte niedrigster Wertigkeit finden wir nach $\boxed{\text{F}}$ 0 0 0 0 auch >00, nach Ausführung von LIMI >F aber >0F, d.h. die Interruptmaske ist auf %1111 gesetzt.

Aufgabe: Der jeweilige aktuelle Prozessorstatus (abgelegt in R0 bis R7) ist zu analysieren. Dazu kann Bild 2.1.12 aus 2.1 verwendet werden. Durch Verändern der Befehlsfolge und Einführung anderer aus 2.1 bekannter Befehle läßt sich die Flagbeeinflussung weiter studieren.

Kommentar	Kommandotaste	Eingaben Adresse	Hexadez.-code	Mnemonische Schreibweise	Anzeigen (Adressen / Daten)
Befehlsfolge im Speicher prüfen	Ret				? –
	M	200			? M 2 0 0 –
	Ret			LWPI >300	0 2 0 0 = 0 2 E 0 –
	Sp				0 2 0 2 = 0 3 0 0 –
	Sp			STST 0	0 2 0 4 = 0 2 C 0 –
	Sp			LIMI >F	0 2 0 6 = 0 3 0 0 –
	Sp				0 2 0 8 = 0 0 0 F –
	Sp			STST 1	0 2 0 A = 0 2 C 1 –
	Sp			LI 12,>20	0 2 0 C = 0 2 0 C –
	Sp				0 2 0 E = 0 0 2 0 –
	Sp			LI 10,>100	0 2 1 0 = 0 2 0 A –
	Sp				0 2 1 2 = 0 1 0 0 –
	Sp			STST 2	0 2 1 4 = 0 2 C 2 –
	Sp			LDCR 10,4	0 2 1 6 = 3 1 0 A –
	Sp			STST 3	0 2 1 8 = 0 2 C 3 –
	Sp			TB 0	0 2 1 A = 1 F 0 0 –
	Sp			STST 4	0 2 1 C = 0 2 C 4 –
	Sp			SBO 2	0 2 1 E = 1 D 0 2 –
	Sp			STST 5	0 2 2 0 = 0 2 C 5 –
	Sp			TB 1	0 2 2 2 = 1 F 0 1 –
	Sp			STST 6	0 2 2 4 = 0 2 C 6 –
	Sp			STCR 8,4	0 2 2 6 = 3 5 0 8 –
	Sp			STST 7	0 2 2 8 = 0 2 C 7 –
Programmzähler setzen	Ret				? –
	P	200			= X X X X 2 0 0 –
	Ret				? –
Statusregister auf null setzen	F				? F = X X X X –
			0000		X X X X 0 0 0 0 –
	Ret				? –
Einzelschrittabarbeitung	S				? S 0 2 0 4 –
	S				0 4 S 0 2 0 6 –
	S				0 6 S 0 2 0 A –
	S				0 A S 0 2 0 C –
Register prüfen	Ret				? –
MSB:	R				? R –
0000 0000	Ret			R0	R 0 = 0 0 0 0 –
0000 0000	Sp			R1	0 3 0 2 = 0 0 0 F –
1100 0000	Sp			R2	0 3 0 4 = C 0 0 F –
1100 0100	Sp			R3 } ST	0 3 0 6 = C 4 0 F –
1110 0100	Sp			R4	0 3 0 8 = E 4 0 F –
1110 0100	Sp			R5	0 3 0 A = E 4 0 F –
1100 0100	Sp			R6	0 3 0 C = C 4 0 F –
1100 0000	Sp			R7	0 3 0 E = C 0 0 F –
	Sp			R8	0 3 1 0 = X X X X –
	Sp			R9	0 3 1 2 = X X X X –
	Sp			R10 = >100	0 3 1 4 = 0 1 0 0 –
	Sp			R11	0 3 1 6 = X X X X –
	Sp			R12 = >20	0 3 1 8 = 0 0 2 0 –

Initialisierung ist ein häufig verwendeter Begriff für mitunter verschiedene Vorgänge. Man versteht darunter beispielsweise

— Einrichtung definierter Anfangszustände beim Starten eines Computers (z.B. Statusregister löschen, Ein-/Ausgabeports einheitlich anschalten);
— Schnittstellen spezifizieren und Richtungen für die Ein-/Ausgabesignale festlegen;
— Vorbereitung der Interruptverarbeitung.

In vielen Fällen sind für solche Vorbereitungen Datenleitungen auf einen einheitlichen Signalzustand zu setzen, entweder alle auf null (*low*) oder auf eins (*high*). Dies ist möglich mit zwei Befehlen, die keinen Einfluß auf das Statusregister haben (d.h. Statusflags werden durch die Befehlsausführung nicht gesetzt oder gelöscht). Es sind dies die Befehle

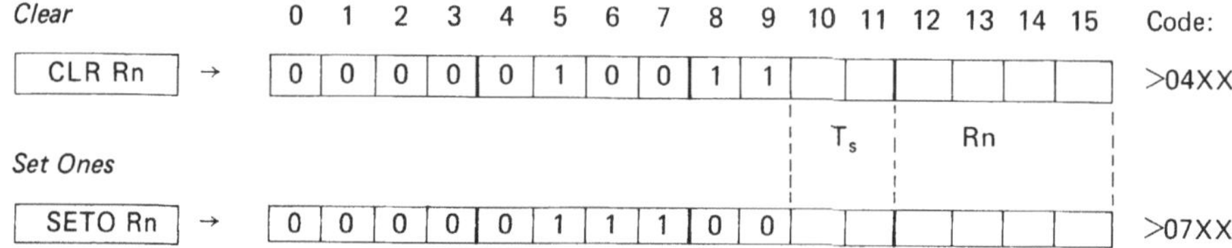

CLR setzt alle 16 Bits auf null, SETO setzt alle auf eins. T_s gibt die Art der Adressierung an (s. 2.6). Soll direkt das genannte Register Rn initialisiert werden, gilt T_s = %00.

Beispiel: CLR R0 → Code >04C0
        d.h. T_s = %00 und Rn = %0000

Es besteht aber auch die *Möglichkeit der Register-indirekten Adressierung*, z.B. „Setze in *der* Speicherstelle alle Bits auf eins, die im angegebenen Register festgelegt ist". Nehmen wir an, in R0 wurde >0250 geladen. Dann bedeutet der folgende Befehl

```
SETO *R0
```

„Setze in Adresse >0250 alle Bits auf eins". Nach Ausführung finden wir in >0250 also >FFFF. Der Code für diesen Befehl ist >0710, d.h. es ist T_s = %01 und Rn = %0000.

Zusammenfassung der bislang benutzten Adressierungsmöglichkeiten (s. auch 2.6):	
Beispiel	Erklärung
LWPI >300	Lade WP mit Adresse >300
LI 10,>20	Lade in R10 die Basisadresse
CLR *1	Lösche den Inhalt in der Speicherstelle, die in R1 angegeben ist
MOV 3,4	Transferiere den Inhalt von R3 nach R4
MOV 3,*4	Transferiere den Inhalt von R3 zu der Speicherstelle, die in R4 angegeben ist
MOV @>250,2	Transferiere den Inhalt von >250 nach R2
MOV @>10,@>12	Transferiere den Inhalt von Adresse >10 nach Adresse >12

Kommentar	Kommando-taste	Eingaben Adresse	Hexadez.-code	Mnemonische Schreibweise	Anzeigen Adressen	Anzeigen Daten
Befehlsfolge im Speicher prüfen	M	200			? M 2 0 0	–
	Ret			LWPI >300	0 2 0 0 =	0 2 E 0 –
	Sp				0 2 0 2 =	0 3 0 0 –
	Sp			LI 12,>20	0 2 0 4 =	0 2 0 C –
	Sp				0 2 0 6 =	0 0 2 0 –
	Sp			STST 1	0 2 0 8 =	0 2 C 1 –
	Sp			CLR 0	0 2 0 A =	0 4 C 0 –
	Sp			SETO *0	0 2 0 C =	0 7 1 0 –
	Sp			STST 2	0 2 0 E =	0 2 C 2 –
	Sp			LDCR @0,4	0 2 1 0 =	3 1 2 0 –
	Sp				0 2 1 2 =	0 0 0 0 –
	Sp			LDCR 0,4	0 2 1 4 =	3 1 0 0 –

Es ist (siehe oben) die folgende Befehlsfolge ab Adresse >0200 einzugeben und nach Ausführung zu diskutieren:

>0200 LWPI >300	Workspace ab >300
LI 12,>20	Basisadresse >10
STST 1	Prozessorstatus in R1
CLR 0	R0 auf null
SETO *0	Register-indirekt!
STST 2	Status in R2
LDCR @0,4	CRU aus Adr. >0000 laden
LDCR 0,4	CRU aus R0 laden

Vor der Ausführung im Einzelschrittmodus soll mit [F] das Statusregister auf null gesetzt werden.

Wesentliche Ergebnisse der Befehlsausführungen sind:

— durch Laden von >20 in R12 (zweifache CRU-Basisadresse) werden die Flags L> und A> auf eins gesetzt, mit STST 1 wird darum >C000 in R1 geladen;

— CLR 0 setzt in R0 alle Bits auf null; der nachfolgende Befehl SETO *0 erkennt dadurch Adresse >0000 als zu beeinflussende Speicherstelle an, d.h.

— SETO *0 setzt in Adresse >0000 alle Bits auf eins (Prüfung durch [M] 0000 [Ret]);

— durch CLR und SETO sind Statusflags nicht beeinflußt worden, in R2 steht darum immer noch >C000;

— LDCR @0,4 bedeutet, daß aus Adresse >0000 die vier Bits 4, 5, 6 und 7 an das Kommunikations-register (CRU) übertragen werden, wodurch die vier LEDs auf der Platine aufleuchten;

— LDCR 0,4 bedeutet, daß aus R0 die vier Bits 4, 5, 6 und 7 an die CRU übertragen und dadurch die LEDs gelöscht werden (weil durch CLR 0 in R0 nur Nullbits stehen).

Der Befehl NOP (*No Operation*) wird als Pseudo-Instruktion bezeichnet, weil er als eigenständiger Code gar nicht existiert. Bei der Eingabe von NOP wird nämlich folgender Code erzeugt:

NOP → >1000

Dies ist aber der Basiscode für einen „Sprungbefehl auf sich selbst" — sozusagen ein „Treten auf der Stelle". In 2.3 (Sprungbefehle) werden wir das weiter untersuchen.

Zusätzlich zu den fünf CRU-Befehlen (s. 2.1) besitzen die 9900-Prozessoren fünf Kontrollbefehle, die frei definierbar sind und Ein-/Ausgaben, Steuerungen usw. ausführen können. Realisiert ist diese sehr spezielle und hilfreiche Möglichkeit durch Benutzung der Adreßleitungen A0, A1 und A13 (auch CRUOUT bezeichnet). In **Bild 2.2.3** ist gezeigt, wie diese drei Leitungen mit dem Baustein 74LS145 decodiert werden.

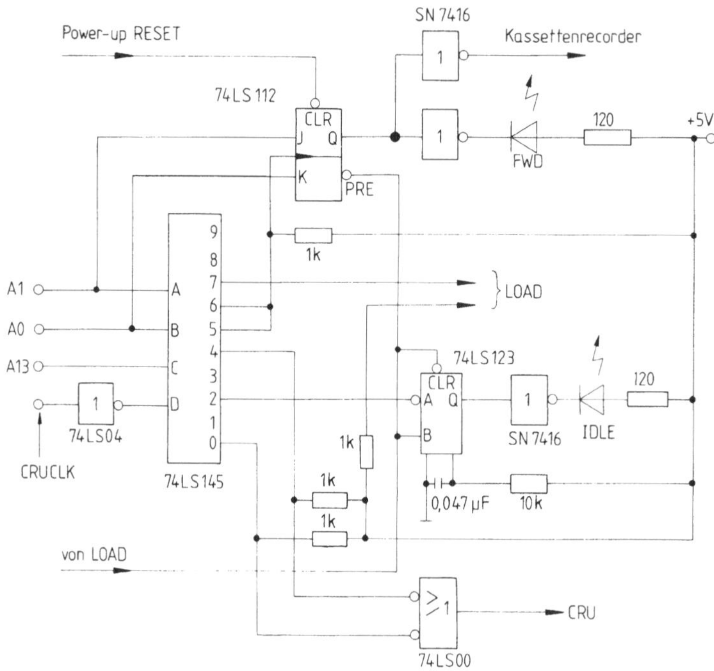

Bild 2.2.3 Schaltung zur Decodierung und Nutzung der Kontrollbefehle

Vor der Besprechung weiterer Einzelheiten werden die Adreßaufschaltung und der Maschinencode angegeben:

Befehl	A0	A1	A13	Code	Bezeichnung
CKON	H	L	H	>03A0	Clock on
CKOF	H	H	L	>03C0	Clock off
IDLE	L	H	L	>0340	Idle (untätig)
LREX	H	H	H	>03E0	External control
RSET	L	H	H	>0360	
CRU	L	L	L		CRU-Einschaltzustand

Kommentar	Kommando-taste	Eingaben Adresse	Hexadez.-code	Mnemonische Schreibweise	Anzeigen Adressen						Daten		
Speicher ansehen	M	200			?	M		2	0	0	–		
	Ret			LWPI >300	0	2	0	0	=	0	2	E	0	–
	Sp				0	2	0	2	=	0	3	0	0	–
	Sp			CKON	0	2	0	4	=	0	3	A	0	–
	Sp			NOP	0	2	0	6	=	1	0	0	0	–
	Sp			CKOF	0	2	0	8	=	0	3	C	0	–
	Sp			LREX	0	2	0	A	=	0	3	E	0	–

Die Computerplatine TM 990/189 ist entsprechend Bild 2.2.3 verdrahtet, d.h.

CKON   schaltet die Kassettenrecorder-Steuerung ein (optisch durch LED FWD angezeigt);

CKOF   schaltet die Recorder-Steuerung — und damit FWD — ab;

IDLE   versetzt den Prozessor in einen Leerlaufzustand (angezeigt durch LED „IDLE"), aus dem er durch Betätigen des LOAD-Schalters oder durch einen Interrupt reaktiviert werden kann;

LREX   ist hier festgelegt zur Auslösung eines LOAD-Vorgangs (Ersatz der manuellen LOAD-Betätigung durch Software);

RSET   ist bei diesem Computer frei für beliebige Benutzerverwendung. Ohne Anleitung und Schaltungsunterlagen ist die Nutzung aber nicht möglich.

Die Beobachtung der Wirkungsweisen ist mit der oben als Speicherauszug wiedergegebenen Befehlsfolge möglich.

Beobachtungsschritte:

1. Abarbeitung im Normalmode, d.h. Start mit E Ret; Ergebnis: Die Befehlsfolge läuft bis Adresse >020A und führt dort ein LOAD aus (CKON und CKOF ist wegen der hohen Ablaufgeschwindigkeit nicht erkennbar).

2. Abarbeitung im Einzelschrittmodus; Ergebnis: Bei der Ausführung von CKON leuchtet LED „FWD" nur kurz auf; bei LREX gibt es keine sichtbare Wirkung. Erklärung: Durch die die Einzelschrittverarbeitung ermöglichenden Interrupts werden die Kontrollbefehle sozusagen rückgängig gemacht.

3. Ersetzen der Anweisung NOP durch IDLE (in Adresse >0206 den Code >0340 anstelle von >1000 einschreiben). Im Einzelschrittmodus sieht man nun die LEDs „FWD" und „IDLE" nacheinander aufblinken.

4. Die Änderung von Schritt 3 führt im Normalmodus zum Aufleuchten von beiden LEDs, d.h. es sind CKON und IDLE ausgeführt, der Prozessor „läuft nun leer".

5. Betätigen des Schalters LOAD „erlöst" den µP aus dem untätigen Zustand, LED „IDLE" erlischt und CPU READY wird angezeigt. Um nun voranzukommen, muß Ret gedrückt werden; dadurch erlischt auch LED „FWD".

6. Der PC steht auf >0208, also bei CKOF. Erneuter Start mit E Ret führt zur Ausführung von CKOF und LREX.

Es besteht bislang keine Chance, den Zyklus CKON und CKOF mit der LED „FWD" sichtbar zu machen. Erst wenn zwischen beiden Befehlen hinreichend viel Zeit vergeht (z.B. durch Schreiben auf Magnetband), kann das Ein- und Ausschalten beobachtet werden.

Status-, Initialisierungs- und Kontrollbefehle
Gegenüberstellung – 6502/9900

- 6502 – Mit 7 Befehlen können Flags gesetzt oder gelöscht werden. Dazu kommt die Möglichkeit, mit Push- und Pull-Befehlen das Statusregister als Ganzes zu verändern.
- 9900 – Es existieren keine direkten Setz- und Löschbefehle für Flags. Nur das Abspeichern (Sichern) des kompletten Statusregisters ist mit STST Rn möglich.

	6502	9900
Statusbefehle	CLC, CLD, CLI, CLV, SEC, SED, SEI, PLP	LIMI, STST
Initialisierungsbefehle	–	CLR, SETO
Kontrollbefehle	NOP, BRK	NOP, CKON, CKOF, IDLE, LREX, RSET

Möglichkeiten der indirekten Flagbeeinflussung beim μP 9900 werden wir im nächsten Kapitel 2.3 untersuchen.

Spezielle Initialisierungsbefehle sind beim μP 6502 nicht vorhanden. Nullsetzen einer Speicherstelle wird ausgeführt über LDA #$00 und STA $XXXX.

Echte CPU-Kontrollbefehle sind beim Prozessor 6502 *No Operation* (NOP) und *Break* (BRK). NOP beeinflußt keine Flags. BRK setzt die B-Flag, um die dadurch verursachte Unterbrechung von anderen Auslösungen unterscheiden zu können (vgl. Interrupts in 2.3). Bei den 9900-Prozessoren ist IDLE von vergleichbarer Qualität. NOP ist eigentlich ein Sprungbefehl ohne Sprungdistanz (Sprung auf sich selbst). Die vier Befehle CKON, CKOF, LREX und RSET stehen für Anwenderdefinierungen zur Verfügung. Beim TM 990/189 sind außer RSET diese Befehle festgelegt.

2.3 Sprungbefehle

Alle bisherigen Ausarbeitungen und Übungen sind dem fundamentalen Prinzip der digitalen DV gefolgt: die sequentielle Abarbeitung einer Folge von Programmbefehlen bzw. Maschineninstruktionen.

Um solch einen Vorgang definiert auszulösen, haben wir jeweils die erste Adresse der Befehlsfolge „angewählt", d.h. es wurde der *Programmzähler* mit der Startadresse geladen (vgl. hierzu Befehls- und Adreßdecodierung in 1.3.3 mit den Bildern 1.3.15 und 1.3.16). Im Normal- oder Einzelschrittmodus wurde dann das Programm abgearbeitet — Befehl für Befehl nacheinander.

Es gibt eine Reihe von Gründen dafür, die sequentielle Abarbeitung unterbrechen zu können, z.B.

- Sprung vom Programmende zurück an den Anfang (unbedingter Sprung; vgl. auch Sprung-Operationen in 1.3.2);
- Herbeiführen einer Entscheidung, die zu Verzweigungen im Programmablauf führen kann (bedingte Sprünge);
- Sprung zu selbständigen Programmteilen, die mehrfach benutzt werden sollen (Sprung in Unterprogramm bzw. *Jump to Subroutine*);
- im Falle eines Interrupts Sprung zu einem vorher definierten Programmteil (*Interrupt Service Routine*).

Die verschiedenen Klassen von Sprungoperationen lassen sich wie folgt zusammenfassen:

Sprungoperationen ohne gekoppelter Rückkehr	ohne Bedingung (*unconditional*)	Auslösung durch Programmbefehle
	abhängig von Bedingung (*conditional*)	
Sprungoperationen mit difinierter Rückkehr	Unterprogrammsprung (*subroutines*)	
	Interrupt-Sprung	Auslösung durch externes Ereignis

Eine Sonderstellung nimmt der Interrupt-Sprung ein, weil er durch ein externes Ereignis ausgelöst wird. Wir werden darauf zurückkommen. Die weitere Besonderheit liegt darin, daß Unterprogramm- und Interrupt-Sprünge mit definierter Rückkehr zu der Programminstruktion verbunden sind, die auf die Unterbrechungsstelle folgt. Unbedingte und bedingte Sprünge haben dagegen keinen direkten Bezug zum verlassenen Programmteil.

Bei den Prozessoren der Familien 6500 und 9900 finden wir folgende Sprungbefehle (und Rückkehrinstruktionen):

	6502	9900
unbedingte Sprungbefehle	JMP	B, JMP, X
bedingte Sprungbefehle	BPL, BMI, BVC, BVS, BCC, BCS, BNE, BEQ	JH, JL, JHE, JLE, JGT, JLT, JEO, JNE, JOC, JNC, JNO, JOP
Unterprogrammaufrufe	JSR	BL, BLWP, XOP
Rückkehrinstruktionen	RTS, RTI	RTWP

Dem einen „unbedingten" Sprungbefehl JMP (*Jump*) des μP 6502 stehen drei des μP 9900 gegenüber: B (*Branch*), JMP und X (*Execute*). Auf die Besonderheiten des X-Befehls werden wir noch eingehen.

Gemeinsam ist allen von einer Bedingung abhängigen Sprungbefehlen, daß Statusflags abgefragt werden und die Verzweigung von deren Zustand bestimmt wird.

Unterprogrammaufrufe sind beim μP 9900 wieder auf drei verschiedene Arten möglich. Der XOP-Befehl wird uns in Zukunft häufig begegnen. Die Rückkehrinstruktionen sind beim μP 6502 verschieden für Unterprogramm- oder Interruptsequenzen. Der Prozessor 9900 hat dagegen nur den einen Befehl RTWP.

Sprungbefehle für	Seite
μP 6502	101
Zusammenfassung	116
μP 9900	117
Gegenüberstellung	128

8-Bit-µP 6502

Sprungbefehle	Seite
JMP	102
BPL, BMI, BVC, BVS, BCC, BCS, BNE, BEQ	104
JSR, RTS	110
RTI	114

Darstellung der Wirkung des JMP-Befehls

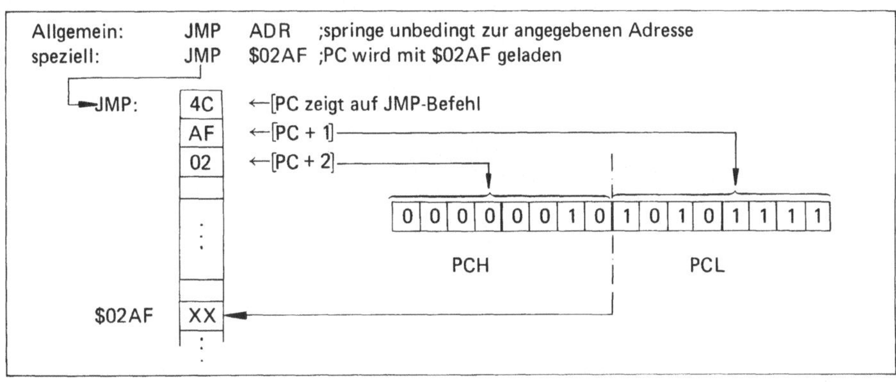

In 2.1 (Transferbefehle) haben wir in der Übung „Programmzähler, Speicherorganisation" beschrieben:
— wie durch Laden des Programmzählers (PC) ein Programm an den „Startpunkt" gebracht wird;
— wie PC durch „Mitzählen" die sequentielle Abarbeitung des Programms steuert;
— wie PC aufgerufen und verändert werden kann.

Mit der Taste $\boxed{\text{PC}}$ läßt sich beim µC ALPHA 1 sofort der Programmzählerstand sichtbar machen und danach wie eine Speicherstelle verändern. Auch durch direktes Einschreiben in die Adressen $00EF (Registerkopie für PCL, vgl. Bild 2.1.3) und $00F0 (PCH) ist der Programmzähler manipulierbar. Diese manuellen Möglichkeiten können uns aber nur bei Übungs- und Testabläufen von Nutzen sein. Für den realen Betrieb benötigen wir „programmierbare" Möglichkeiten — die *Sprungbefehle*.

In dieser Übung betrachten wir den Befehl *Jump* (JMP), der bedingungslos ausgeführt wird. Es handelt sich um einen Dreibytebefehl, in dem mit zwei Bytes das „Sprungziel" angegeben ist. Exakt ausgedrückt bedeutet dies, beim Auftreten des JMP-Befehls wird der Programmzähler mit der im Befehl angegebenen Adresse geladen. Dies ist auf der vorhergehenden Seite für den konkreten Fall JMP $02AF dargestellt.

Durch JMP ADR werden keine Flags beeinflußt. Es wird anschließend bedingungslos der Befehl ausgeführt, der unter der Zieladresse zu finden ist.

Wichtig: Das Sprungziel wird als vollständige 16-Bit-Adresse angegeben, d.h. es ist jedes Ziel im gesamten Adreßraum erreichbar.

Wird die Befehlsfolge auf der rechten Seite im Normalmodus gestartet (Startadresse $0000), gibt es einen Stopp bei Adresse $000A, und an Port A leuchten die LEDs 7, 5, 3 und 1 auf, weil unter Adresse $0200 der Wert $AA in Adresse $F600 geladen wird (vgl. in 2.1 die Übung: „Eingaben, Ausgaben").

Wurde vor dem Start $\boxed{\text{RS}}$ gedrückt und in den Akku $00 geschrieben, finden wir nach dem Stopp im Akku $AA und im Statusregister:

$$(SR) = \$B0 = \boxed{1\,|\,0\,|\,1\,|\,1\,|\,0\,|\,0\,|\,0\,|\,0}$$

        ↰ N-Flag ↰ B-Flag

Zur Diskussion des Ablaufs und der Resultate sollte zurückgegriffen werden auf Bild 2.1.6 sowie auf die Übungen „Vorzeichen" und „CPU-Steuerbefehle" in 2.2. Die Wirkung der einzelnen Befehle läßt sich wieder bequem im Einzelschrittmodus beobachten.

Zur Übung: Der Sprungbefehl ab Adresse $0205 ist auf das Sprungziel $F852 umzuschreiben.

Aus Bild 2.1.4 erkennen wir, daß dies eine Adresse innerhalb des Bereichs für die Monitor-Programme ist. Vom Hersteller ist ab $F852 eine Routine fest eingespeichert, mit deren Hilfe normal ablaufende Programme gestoppt werden können, ohne den BRK-Befehl verwenden zu müssen!

Kommentar	Eingaben		Hexadez.-code	Mnemonische Schreibweise	Anzeigen	
	Kommando-taste	Adresse			Adressen	Daten
Mit RS auf Adresseneingabe schalten und Programm eingeben	RS	0000			0 0 0 0	X X
	DA		A9	LDA #$FF	0 0 0 0	A 9
	↑		FF		0 0 0 1	F F
	↑		8D	STA $F601	0 0 0 2	8 D
	↑		01		0 0 0 3	0 1
	↑		F6		0 0 0 4	F 6
	↑		4C	JMP $0200	0 0 0 5	4 C
	↑		00		0 0 0 6	0 0
	↑		02		0 0 0 7	0 2
	↑		00	BRK	0 0 0 8	0 0
	AD	0200			0 2 0 0	X X
	DA		A9	LDA #$AA	0 2 0 0	A 9
	↑		AA		0 2 0 1	A A
	↑		8D	STA $F600	0 2 0 2	8 D
	↑		00		0 2 0 3	0 0
	↑		F6		0 2 0 4	F 6
	↑		4C	JMP $0008	0 2 0 5	4 C
	↑		08		0 2 0 6	0 8
	↑		00		0 2 0 7	0 0
Statusregister löschen; Akku auf $00 setzen	RS				0 2 0 7	0 0
	SR				0 0 E 9	0 0
	AC				0 0 E 7	X X
	DA	00			0 0 E 7	0 0
Startadresse, Start (normal)	AD	0000			0 0 0 0	A 9
	GO				0 0 0 A	X X
Prüfungen	AC				0 0 E 7	A A
	SR				0 0 E 9	B 0

Bedingte Sprungbefehle (BPL, BMI, BVC, BVS, BCC, BCS, BNE, BEQ) 6502

Bei Auftreten des Sprungbefehls JMP wird bedingungslos der Programmzähler mit der angegebenen Adresse geladen. Bei den Branch-Befehlen wird zuerst eine Bedingung geprüft und — entsprechend dem Prüfungsergebnis — verzweigt oder sequentiell weitergearbeitet. Als prüfbare Bedingungen werden die *Flags* N (*Negative*), V (*Overflow*), C (*Carry*) und Z (*Zero*) benutzt. Die nachfolgende Tabelle zeigt die Befehle mit den Sprungbedingungen und den Maschinencodes.

	Branch on	Springe wenn	Hexcode	Binärcode 7 6 5 4 3 2 1 0 Bit-Nr.
BPL	*Plus*	N = 0	10	0 0 0 1 0 0 0 0
BMI	*Minus*	N = 1	30	0 0 1 1 0 0 0 0
BVC	*V Flag Clear*	V = 0	50	0 1 0 1 0 0 0 0
BVS	*V Flag Set*	V = 1	70	0 1 1 1 0 0 0 0
BCC	*C Flag Clear*	C = 0	90	1 0 0 1 0 0 0 0
BCS	*C Flag Set*	C = 1	B0	1 0 1 1 0 0 0 0
BNE	*Not Equal*	Z = 0	D0	1 1 0 1 0 0 0 0
BEQ	*Equal*	Z = 1	F0	1 1 1 1 0 0 0 0

Kennzeichen für „Branch"

Bedingung falsch (0) oder wahr (1)

Flagkennung:
%00 ≙ N; %01 ≙ V; %10 ≙ C; %11 ≙ Z

Am angegebenen und aufgeschlüsselten Binärcode wird gut sichtbar, wie der Mikroprozessor Maschinenbefehle decodiert.

Welcher Branch-Befehl auszuwählen ist, hängt von der vorhergehenden Operation und der gewünschten „Logik" ab, ob nämlich gesprungen werden soll, wenn die Bedingung erfüllt (Flag = 1) oder nicht erfüllt (Flag = 0) ist.

Unterschied zwischen *Sprungziel* und *Sprungweite*:

JMP $0200	4C	**Operationscode**
	00	*Sprungziel*
	02	
	⋮	
BPL $08	10	**Operationscode**
	08	*Sprungweite*
	⋮	

Im Jump-Befehl wird in zwei Bytes das *Sprungziel* angegeben (vollständige Adresse).

Im Branch-Befehl wird in einem Byte die *Sprungweite* angegeben (auch Distanz genannt). Das bedeutet, es ist direkt die Anzahl von Bytes einzutragen, um die — bezogen auf den aktuellen Programmzählerstand — vor- oder rückwärts zu springen ist.

Konsequenz: Es können nur maximal 127 Bytes vorwärts oder 128 Bytes rückwärts gesprungen werden ($7F = +127 und $80 = −128; vgl. Vorzeichenübung in 2.2).

6502 Bedingte Sprungbefehle (BPL, BMI, BVC, BVS, BCC, BCS, BNE, BEQ)

Kommentar	Kommando-taste	Eingaben Adresse	Hexadez.-code	Mnemonische Schreibweise	Anzeigen Adressen				Daten	
Rücksetzen und	RS	0200			0	2	0	0	X	X
Codes eingeben.	DA		A9	LDA #$FF	0	2	0	0	A	9
	↑		FF		0	2	0	1	F	F
PA ist Ausgang.	↑		8D	STA $F601	0	2	0	2	8	D
	↑		01		0	2	0	3	0	1
	↑		F6		0	2	0	4	F	6
Daten von PB	↑		AD	LDA $F602	0	2	0	5	A	D
holen	↑		02		0	2	0	6	0	2
und	↑		F6		0	2	0	7	F	6
auf N-Flag	↑		10	BPL $08	0	2	0	8	1	0
prüfen.	↑		08		0	2	0	9	0	8
PA0 = HIGH,	↑		A9	LDA #$01	0	2	0	A	A	9
wenn PB7 = HIGH	↑		01		0	2	0	B	0	1
	↑		8D	STA $F600	0	2	0	C	8	D
	↑		00		0	2	0	D	0	0
	↑		F6		0	2	0	E	F	6
	↑		4C	JMP $0217	0	2	0	F	4	C
	↑		17		0	2	1	0	1	7
	↑		02		0	2	1	1	0	2
PA1 = HIGH,	↑		A9	LDA #$02	0	2	1	2	A	9
wenn	↑		02		0	2	1	3	0	2
PB7 = LOW	↑		8D	STA $F600	0	2	1	4	8	D
	↑		00		0	2	1	5	0	0
	↑		F6		0	2	1	6	F	6
	↑		00	BRK	0	2	1	7	0	0

Die obige Befehlsfolge schaltet die Leuchtdioden PA0 und PA1 in Abhängigkeit vom Zustand an PB7 ein. Die Bedingung für die Verzweigung wird durch den Ladebefehl ab Adresse $0205 geschaffen, d.h. wenn PB7 = HIGH gilt, dann wird N = 1 gesetzt.

Aufgaben:
1. Das Programm ist im Normal- und Einzelschrittmodus abzuarbeiten (Register prüfen!).
2. Durch Verwendung von BMI statt BPL ist die „Logik" umzukehren.
3. Mit BNE und BEQ sind vergleichbare Abläufe zu schreiben und zu untersuchen.

Die Flags V und C werden uns erst bei arithmetischen Operationen (2.5) zur Verfügung stehen.

Die Ermittlung der Sprungweite für Branch-Befehle macht aus zwei Gründen Schwierigkeiten:
1. Rückwärtssprünge sind im Zweierkomplement anzugeben;
2. Beim Schreiben des Programms weiß man oft erst später, wieviele Bytes zu überspringen sind.

Die zweite Schwierigkeit wird durch die Einführung symbolischer Namen bewältigt:

> *Symbolische Namen* (*Labels*) dienen zur Bezeichnung von Sprungzielen. Computer mit ausschließ-
> lich Maschinencode-Programmierung „verstehen" diese Labels nicht; sie dienen dann nur unserer
> Orientierung. Computer mit einem Assembler ordnen den Labels beim Übersetzen selbsttätig die
> richtigen Adressen zu. Die erlaubte Labellänge hängt vom Gerät ab, z.B. maximal 2 Zeichen beim
> TM990/189 oder 6 Zeichen beim MCS-Assembler für den ALPHA 1 (bzw. BETA 8).
> Wir werden in Zukunft solche Namen verwenden.

In jedem Fall liegt der Bezugspunkt für die Adreßrechnungen (bzw. Distanzermittlungen) bei der
Adresse, auf die der Programmzähler zeigt. Und allgemein gilt: PC zeigt auf den nächsten auszuführen-
den Befehl. Wenn also ein Branch-Befehl erkannt ist, zeigt PC auf die übernächste Adresse (auf den
Operationscode (OP) des nächsten Befehls). Das folgende Schema veranschaulicht dies.

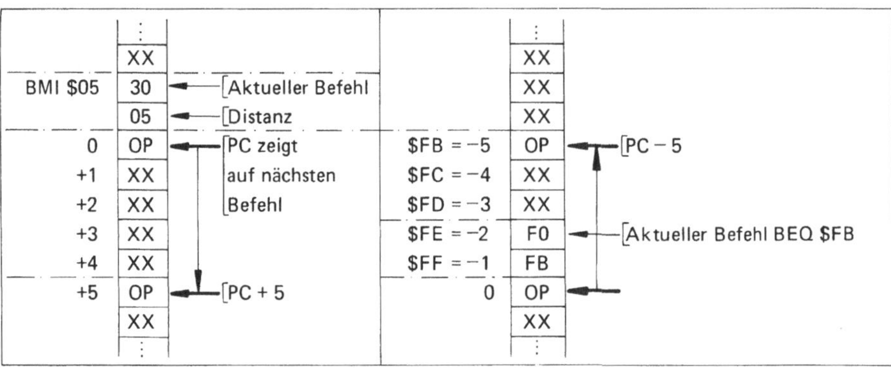

Beispielsweise bedeutet BMI $00, daß kein Sprung ausgeführt wird, weil PC sowieso schon auf den OP
des nächsten Befehls zeigt. Beim Nachzählen ist diese Adresse des nächsten Befehls als Nullpunkt zu verwenden. Wenn man im Beispiel BEQ $FB von $FB über $FF bis 00 zählt, erreicht man gerade den
nächsten OP-Code.

Es kann auch rückwärts gezählt und dann das Zweierkomplement gebildet werden. So gilt im verwendeten Beispiel:

$$\begin{array}{rl} \%00000101 &\hat{=}\ 5 \\ \%11111010 &\hat{=}\ \text{Einerkomplement} \\ +1 & \\ \hline \%11111011 &\hat{=}\ \text{Zweierkomplement} = \$FB \end{array}$$

> *Aufgabe*:
> Anstelle von BEQ in Adresse $020A (rechts) soll BNE verwendet werden. Die Verzweigung ist in
> folgender Weise zu programmieren:
> — wenn Z = 0 ist, soll Port A auf $AA gesetzt werden;
> — wenn Z = 1 ist, soll PA auf $55 gesetzt werden.

Kommentar	Kommando-taste	Eingaben Adresse	Hexadez.-code	Mnemonische Schreibweise	Anzeigen Adressen				Daten	
	RS	0200			0	2	0	0	X	X
	DA		A9	LDA #$FF	0	2	0	0	A	9
	↑		FF		0	2	0	1	F	F
	↑		8D	STA $F601	0	2	0	2	8	D
	↑		01		0	2	0	3	0	1
	↑		F6		0	2	0	4	F	6
	↑		AD	LDA $F602	0	2	0	5	A	D
	↑		02		0	2	0	6	0	2
	↑		F6		0	2	0	7	F	6
	↑		EA	NOP	0	2	0	8	E	A
	↑		EA	NOP	0	2	0	9	E	A
	↑		F0	BEQ $F9	0	2	0	A	F	0
	↑		F9		0	2	0	B	F	9
	↑		A9	LDA #$AA	0	2	0	C	A	9
	↑		AA		0	2	0	D	A	A
	↑		8D	STA $F600	0	2	0	E	8	D
	↑		00		0	2	0	F	0	0
	↑		F6		0	2	1	0	F	6
	↑		00	BRK	0	2	1	1	0	0
	RS	0200			0	2	0	0	A	9
PB komplett auf Null! Anzeigen und PA-LEDs erlöschen.	GO									
PB0 = HIGH PA zeigt $AA					→ 0	2	1	3	X	X

Es ist folgende Befehlsfolge einzugeben und zu diskutieren (vgl. oben):

Adresse	Code	Label	Mnemonisch	Kommentar
$0200	A9 FF	START	LDA #$FF	;PA Ausgang
$0202	8D 01F6		STA $F601	;
$0205	AD 02F6	PRUEF	LDA $F602	;PB prüfen
$0208	EA		NOP	;
$0209	EA		NOP	;
$020A	F0 ??		BEQ PRUEF	;Rücksprung wenn PB = $00;
$020C	A9 AA		LDA #$AA	;andernfalls
$020E	8D 00F6		STA $F600	;nach PB $AA schreiben
$0211	00	STOP	BRK	;

Die Fragezeichen im Byte mit der Adresse $020B sind durch Abzählen oder Ausrechnen im Zweierkomplement zu ermitteln.

Vor dem Programmstart müssen alle Bits von Port B auf null gesetzt werden. Erst wenn danach PB ungleich null geschaltet wird, läuft das Programm zum Ende.

Zum Befehlssatz des Prozessors 6502 gehören die „logischen" Instruktionen AND, OR, EOR (siehe 2.4). Hier wollen wir etwas ganz anderes üben. Es soll nämlich ein Programm geschrieben werden, das die AND-Funktion nachbildet und im Ergebnis sichtbar macht. Als Eingangs- und Ausgangsgrößen sollen PA0, PB0 und PA7 entsprechend folgender Zuordnung verwendet werden:

PA0   **&**   PA7   –   UND-Funktion (AND)
PB0

Das bedeutet, nur wenn beide Eingänge PA0 und PB0 HIGH sind, geht PA7 auch auf HIGH. Das *Flußdiagramm* (**Bild 2.3.1**) gibt den Programmablauf an.

Das Programm für die UND-Funktion kann folgendermaßen geschrieben werden:

```
0010   0200                ;PROGRAMM FUER DIE UND-FUNKTION
0020   0200                ;
0030   0200          PA       =$F600
0040   0200          PADIR    =$F601
0050   0200          PB       =$F602
0060   0200          PBDIR    =$F603
0070   0200          ;
0080   0200          ;BEGINN DES PROGRAMMS
0090   0200          ;
0100   0200                   *=$0200
0110   0200          ;
0120   0200   A9 FE   START   LDA #$FE      ;DEFINIERUNG DER
0130   0202   8D 01 F6        STA PADIR     ;EIN- UND AUSGAENGE
0140   0205   8D 03 F6        STA PBDIR
0150   0208   AD 00 F6 PRUEF  LDA PA        ;PRUEFUNG VON PA0
0160   020B   F0 0B          BEQ WEITER     ;WENN NULL, DANN NEUBEGINN,
0170   020D   AD 02 F6       LDA PB         ;ANDERNFALLS PRUEFUNG VON PB0
0180   0210   F0 06          BEQ WEITER
0190   0212   A9 80          LDA #$80       ;ERGEBNISANZEIGE, WENN
0200   0214   8D 00 F6       STA PA         ;UND-FUNKTION ERFUELLT
0210   0217   00             BRK
0220   0218   4C 08 02  WEITER JMP PRUEF
0230   021B             .END
```

Bei diesem *Original-Programmlisting* sind vorab Namen für die Port- und Datenrichtungsregister vereinbart worden. Das vereinfacht die Schreibarbeit, in unseren Lerncomputer ALPHA 1 sind aber nach wie vor die Hex-Codes einzugeben.

Vor dem Programmstart im Normalmodus sind PA0 und PB0 auf null zu schalten (LEDs aus). Während das Programm läuft, kann durch Zuschalten von PA0 und PB0 die UND-Funktion „wahr" gemacht werden, wodurch PA7 eingeschaltet und das Programm gestoppt wird.

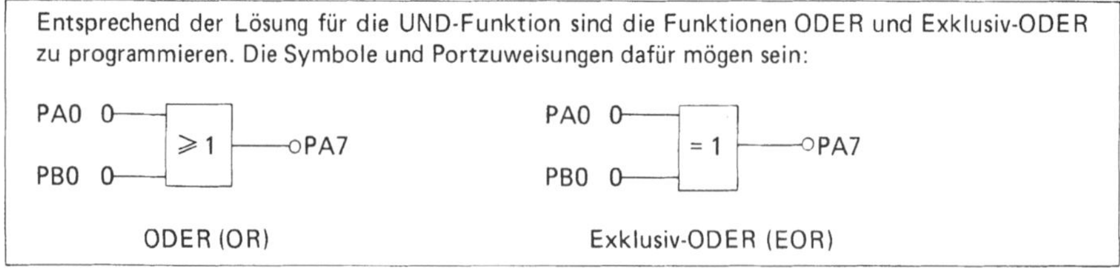

Aufgaben:
1. Das Programm auf der rechten Seite zur Simulation der ODER-Funktion ist zu untersuchen (im Normal- und Einzelschrittmodus).
2. Von diesem Programm ist ein Flußdiagramm anzufertigen.
3. Nach gleichem Muster ist die Funktion Exklusiv-ODER zu behandeln.

Kommentar	Eingaben		Hexadez.-code	Mnemonische Schreibweise	Anzeigen	
	Kommando-taste	Adresse			Adressen	Daten
	RS	0200			0 2 0 0	X X
Ein-/Ausgänge	DA		A9	LDA #$FE	0 2 0 0	A 9
definieren	↑		FE		0 2 0 1	F E
	↑		8D	STA $F601	0 2 0 2	8 D
	↑		01		0 2 0 3	0 1
	↑		F6		0 2 0 4	F 6
	↑		8D	STA $F603	0 2 0 5	8 D
	↑		03		0 2 0 6	0 3
	↑		F6		0 2 0 7	F 6
Prüfung von PA0	↑		AD	LDA $F600	0 2 0 8	A D
	↑		00		0 2 0 9	0 0
	↑		F6		0 2 0 A	F 6
Wenn 1, dann	↑		D0	BNE $08	0 2 0 B	D 0
erfüllt;	↑		08		0 2 0 C	0 8
andernfalls	↑		AD	LDA $F602	0 2 0 D	A D
Prüfung von PB0	↑		02		0 2 0 E	0 2
	↑		F6		0 2 0 F	F 6
	↑		D0	BNE $03	0 2 1 0	D 0
	↑		03		0 2 1 1	0 3
Wenn beide Eingänge 0,	↑		4C	JMP $0208	0 2 1 2	4 C
dann erneut prüfen	↑		08		0 2 1 3	0 8
	↑		02		0 2 1 4	0 2
	↑		A9	LDA #$80	0 2 1 5	A 9
	↑		80		0 2 1 6	8 0
	↑		8D	STA $F600	0 2 1 7	8 D
	↑		00		0 2 1 8	0 0
	↑		F6		0 2 1 9	F 6
	↑		00	BRK	0 2 1 A	0 0

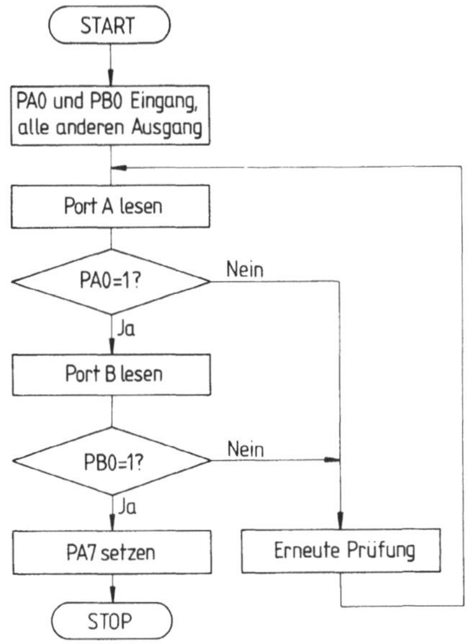

Bild 2.3.1

Flußdiagramm für die Programmierung der UND-Funktion

Eine besondere Klasse der Programmverzweigung ist in **Bild 2.3.2** graphisch dargestellt.

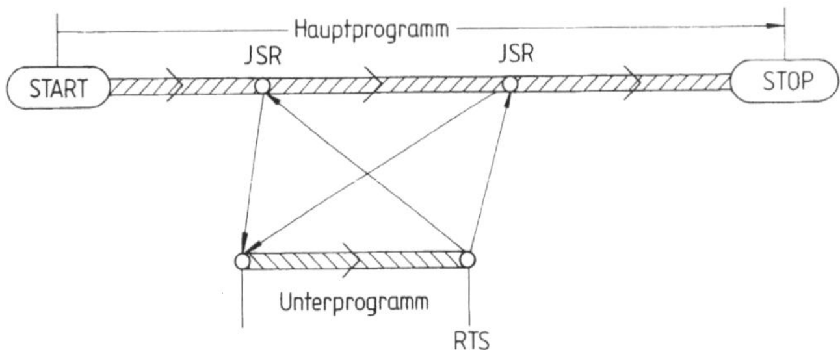

Bild 2.3.2 Schematische Darstellung eines im wesentlichen sequentiell ablaufenden Hauptprogramms mit zwei Verzweigungen in dasselbe Unterprogramm

Wenn im Hauptprogramm der Befehl JSR (*Jump to Subroutine*) erkannt wird, gibt es einen Sprung zum Anfang des spezifizierten Unterprogramms (*Subroutine*). Der Befehl RTS (*Return from Subroutine*) am Ende des Unterprogramms veranlaßt die Rückkehr in das Hauptprogramm — genau an die Stelle, an der unterbrochen wurde. Der „Aufruf" JSR holt sozusagen einen definierten Programmblock in das Hauptprogramm. Es kann sich um jeweils dieselbe Routine oder auch um verschiedene handeln.

Wie der Prozessor sich die Stelle merkt, an die er nach Erkennen von RTS zurückzukehren hat, ist in **Bild 2.3.3** veranschaulicht. Dabei ist verwendet, daß JSR die gleiche Struktur wie JMP hat, nämlich in zwei Bytes das Sprungziel nach *Low* und *High* getrennt anzugeben. Wenn also im ablaufenden Hauptprogramm beim Programmzählerstand PC der Befehl JSR mit dem Hexcode $20 erkannt wird, muß zur Startadresse ADR des Unterprogramms verzweigt werden. Anschließend ist das Hauptprogramm bei der Adresse PC+3 fortzusetzen.

Wenn der Prozessor beim Zählerstand PC den Code $20 erkennt, läuft automatisch folgendes ab:

① Der Zählerstand PC+2 wird auf den Stack geladen; falls der Stack bislang unbenutzt war, der Stackpointer mithin auf $01FF zeigte (vgl. Übung *Stackpointer* in 2.1 und Bild 2.1.4), steht hiernach unter $01FF (PC+2) *High*, unter $01FE (PC+2) *Low*; der Stackpointer zeigt dann auf $01FD.

② Nun wird PC mit der im Befehl JSR angegebenen Startadresse ADR des Unterprogramms geladen.

③ Die Opcodes ab Adresse ADR werden ausgeführt, bis RTS mit dem Hexcode $60 erkannt ist.

Bild 2.3.4 veranschaulicht die durch RTS ausgelöste Rückkehr in das Hauptprogramm zur Adresse PC+3, wo der nächste Befehl beginnt. Das geschieht dadurch, daß vom Stack PC+2 geholt und durch automatische Addition mit 1 der Programmzähler auf PC+3 gesetzt wird.

Man erinnere sich: Es wird immer *der* Befehl als nächster ausgeführt, dessen Adresse im Programmzähler steht.

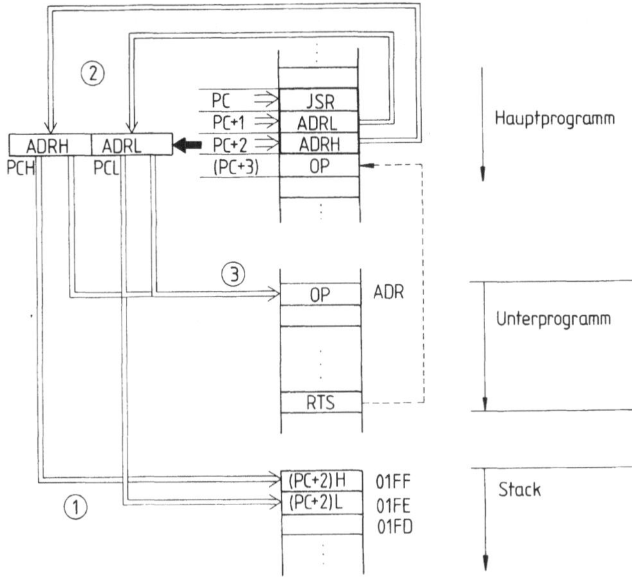

Bild 2.3.3 Darstellung der Abläufe beim Unterprogrammsprung (JSR). PC:
Program Counter; OP: Operationscode; L: Low; H: High

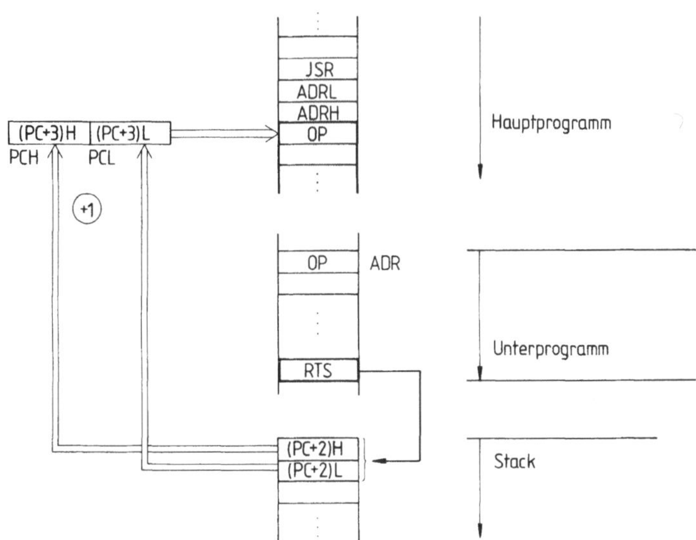

Bild 2.3.4 Darstellung der Abläufe bei der Rückkehr aus einem Unterprogramm
(RTS)

Unterprogrammaufrufe werden dann sinnvoll genutzt, wenn bestimmte Programmteile (*Moduln*), die abgeschlossene Aufgaben (*Funktionen*) auszuführen haben, mehrfach in ein „Hauptprogramm" zu rufen sind. In dieser Übung läßt sich diese wichtige Programmiermethode noch nicht so deutlich herausstellen; wir können lediglich die Vorgänge beim Unterprogrammsprung herausarbeiten.

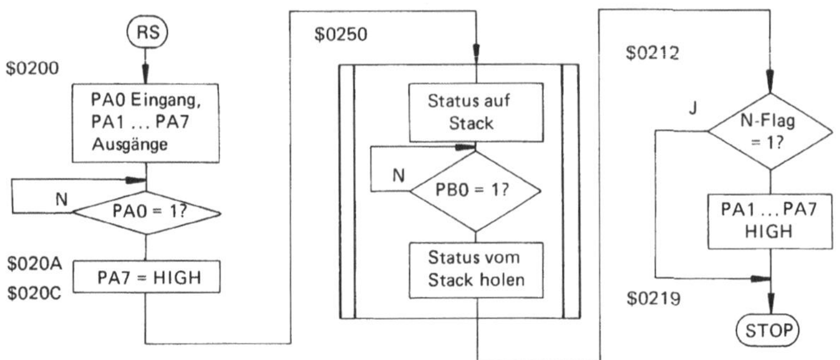

Bild 2.3.5 Flußdiagramm für das Programm mit Subroutine

Das Programm auf der rechten Seite ist in verschiedenen Stufen zu untersuchen. Als „Hilfestellung" ist mit **Bild 2.3.5** das Flußdiagramm des Programms angegeben. Die Abläufe können wie folgt beschrieben werden:

1. Port A0 soll Eingang bleiben, die anderen 7 Leitungen sollen Ausgänge werden.
2. Nur wenn PA0 eingeschaltet wird (HIGH) soll PA7 ebenfalls HIGH werden (LED leuchtet auf).
3. Hiernach wird der Unterprogrammsprung nach Adresse $0250 ausgeführt. Solange Port B auf null liegt (alle Schalter auf LOW), wird die „LOAD-Schleife" durchlaufen.
4. Wird *ein* PB-Schalter auf HIGH gesetzt, kehrt das Programm aus der Subroutine zurück und fragt bei Adresse $0212 die N-Flag ab. Je nach Zustand wird entweder sofort gestoppt, oder es werden erst die Leuchtdioden PA1 ... PA7 eingeschaltet.

Aufgaben:

Vor jedem Programmstart sind Schalter PA0 und PB0 ... PB7 auf LOW zu setzen; dann RS drücken und Startadresse $0200 anwählen.

1. Programm im Normalmodus starten und der Reihe nach die beiden ersten Bedingungen (s. Flußdiagramm) an PA0 und PB0 erfüllen.
2. Programm im Einzelschrittmodus abarbeiten und an folgenden Adressen das Statusregister prüfen und diskutieren:

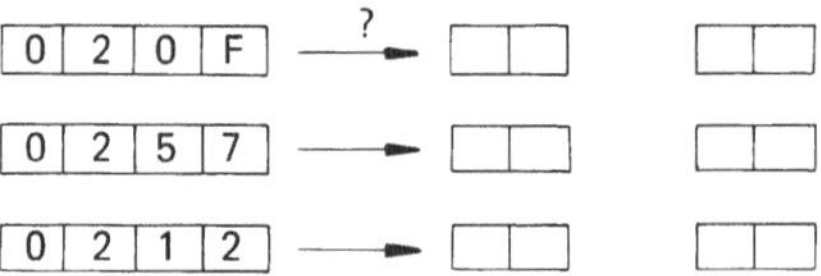

3. In Adresse $0250 den Code $08 auf $EA (NOP) und in $0256 den Code $28 auf $EA setzen; dann erneut im Einzelschrittmodus abarbeiten und wie unter Aufgabe 2 das Statusregister überprüfen und diskutieren.

Hinweis: Die N-Flag wird durch den Befehl LDA #$80 auf 1 gesetzt!

Kommentar	Kommando-taste	Eingaben Adresse	Hexadez.-code	Mnemonische Schreibweise	Anzeigen Adressen				Daten	
	RS	0200			0	2	0	0	X	X
PA0 Eingang, die	DA		A9	LDA #$FE	0	2	0	0	A	9
anderen werden Ausgänge	↑		FE		0	2	0	1	F	E
	↑		8D	STA PADIR	0	2	0	2	8	D
	↑		01		0	2	0	3	0	1
	↑		F6		0	2	0	4	F	6
PA prüfen	↑	PRUEF	AD	LDA PA	0	2	0	5	A	D
	↑		00		0	2	0	6	0	0
	↑		F6		0	2	0	7	F	6
	↑		F0	BEQ PRUEF	0	2	0	8	F	0
	↑		FB		0	2	0	9	F	B
PA7 einschalten	↑		A9	LDA #$80	0	2	0	A	A	9
	↑		80		0	2	0	B	8	0
	↑		8D	STA PA	0	2	0	C	8	D
	↑		00		0	2	0	D	0	0
	↑		F6		0	2	0	E	F	6
Unterprogrammsprung	↑		20	JSR LAUS	0	2	0	F	2	0
nach $0250	↑		50		0	2	1	0	5	0
	↑		02		0	2	1	1	0	2
	↑		30	BMI BREAK	0	2	1	2	3	0
	↑		05		0	2	1	3	0	5
Wenn Inhalt von	↑		A9	LDA #$FE	0	2	1	4	A	9
Akku positiv, dann	↑		FE		0	2	1	5	F	E
PA1 ... PA7 einschalten	↑		8D	STA PA	0	2	1	6	8	D
	↑		00		0	2	1	7	0	0
	↑		F6		0	2	1	8	F	6
	↑	BREAK	00	BRK	0	2	1	9	0	0
	RS	0250			0	2	5	0	X	X
Status retten	DA	LAUS	08	PHP	0	2	5	0	0	8
Port B abfragen	↑	LOAD	AD	LDA PB	0	2	5	1	A	D
	↑		02		0	2	5	2	0	2
	↑		F6		0	2	5	3	F	6
	↑		F0	BEQ LOAD	0	2	5	4	F	0
	↑		FB		0	2	5	5	F	B
Status zurück	↑		28	PLP	0	2	5	6	2	8
	↑		60	RTS	0	2	5	7	6	0

Unter Interruptverarbeitung (auch: *Alarmverarbeitung*) versteht man folgende Abläufe:
— Dem Prozessor wird durch ein definiertes äußeres Signal ein Unterbrechungswunsch angezeigt;
— der gerade ablaufende Befehl wird noch vollständig abgearbeitet;
— ähnlich wie beim Unterprogrammsprung (JSR) wird die Adresse des nächsten Befehls auf dem Stack gespeichert;
— zusätzlich wird auch der Inhalt des Prozessor-Statusregisters auf den Stack gebracht;
— hiernach wird zu einer vorab festgelegten Adresse verzweigt, die dort beginnende *Interrupt Service Routine* abgearbeitet und bei Erkennen von $40 (RTI) an die Stelle der Unterbrechung zurückgekehrt.

Ausgelöst wird dieser Vorgang am ALPHA 1 durch Betätigen des Schalters an Port A7, nachdem einige Voraussetzungen erfüllt sind:
— Die Startadresse der Service Routine ist festzulegen entsprechend

HIGH-Byte (IRQH) nach Adresse $F7FF
LOW-Byte (IRQL) nach Adresse $F7FE
— mit einem Speicherbefehl STA ist in spezielle Register zu schreiben, und zwar nach

$F606 — wenn die negative Schaltflanke wirksam sein soll; nach
$F607 — wenn die positive Schaltflanke wirksam sein soll.

Dabei kommt es nicht darauf an, *was* in diese Register geschrieben wird.

Das Programm auf der rechten Seite schaltet nach der *Initialisierung* (Startadresse der Service-Routine festlegen und Flanke aktivieren) die LEDs PB0 ... PB6 aus und läuft dann in einer Endlosschleife (JMP LOOP). Betätigen des Schalter PA7 löst den Interrupt aus, wodurch die Schleife unterbrochen und die Service-Routine gestartet wird. Als Resultat beobachten wir das Einschalten der Bitmuster $55 an PA0 ... 6 und PB0 ... 6 (diese Situation ist in **Bild 2.3.6** schematisch angedeutet); eine Abfrageschleife wird durchlaufen, bis durch Ausschalten von PB7 das Ende der Service-Routine erreicht werden kann.

Hinweise:

● Am Beginn der Service-Routine wird durch SEI (vgl. 2.2, Statussetzbefehle) verhindert, daß weitere Interrupts stören können.

● Vor dem Rückkehrbefehl RTI wird durch *Lesen* des Registers $F605 der sogenannte *Interrupt-Status* gelöscht.

Es können Schwierigkeiten dadurch auftreten, daß die Schalter des E/A-Adapters nicht prellfrei sind. Dadurch wird nicht immer klar erkennbar, welche Schaltflanke wirksam war. Für praktische Verwendungen müßte ein prellfreier Schalter an PA7 gesetzt werden (s. z.B. **Anhang A3**).

Aufgaben:

Die Bitkombinationen sind so zu verändern, daß Port A und Port B im Hauptprogramm und in der Interrupt-Service-Routine jeweils verschiedene Leuchtmuster anzeigen.

Achtung:

Bei der Einzelschrittabarbeitung und durch Verwendung von BRK werden rechnerintern Interrupts ausgelöst. Dies kann zu Schwierigkeiten führen, wenn PA7-Interrupts aktiviert sind.

```
0010  0300                 IRQL    =$F7FE
0020  0300                 IRQH    =$F7FF
0030  0300                 PA      =$F600
0040  0300                 PADIR   =$F601
0050  0300                 PB      =$F602
0060  0300                 PBDIR   =$F603
0070  0300                 IRQST   =$F605
0080  0300                 INEGFL  =$F606
0090  0300                 IPOSFL  =$F607
0100  0300                 ;
0110  0300                         *=$0000
0120  0000                 ;
0130  0000  A9 00          START   LDA #$00        ;INITIALISIERUNG DER
0140  0002  8D FE F7               STA IRQL        ;...STARTADRESSE DER
0150  0005  A9 03                  LDA #$03        ;...INTERRUPT-SERVICE-ROUTINE
0160  0007  8D FF F7               STA IRQH
0170  000A  8D 07 F6               STA IPOSFL      ;POSITIVE FLANKE AKTIV
0180  000D  A9 7F                  LDA #$7F
0190  000F  8D 03 F6               STA PBDIR       ;NUR PB7 UND PA7
0200  0012  8D 01 F6               STA PADIR       ;...BLEIBEN EINGAENGE
0210  0015  A9 00          LOOP    LDA #$00
0220  0017  8D 02 F6               STA PB          ;PORT B LOESCHEN
0230  001A  A9 7F                  LDA #$7F
0240  001C  8D 00 F6               STA PA          ;PORT A EINSCHALTEN
0250  001F  EA                     NOP
0260  0020  EA                     NOP
0270  0021  4C 15 00               JMP LOOP
0280  0024                 ;
0290  0024                 ;INTERRUPT-SERVICE-ROUTINE
0300  0024                 ;
0310  0024                         *=$0300
0320  0300                 ;
0330  0300  78             INT     SEI             ;WEITERE IRQ UNTERBINDEN
0340  0301  A9 55                  LDA #$55
0350  0303  8D 02 F6               STA PB          ;LED-MUSTER EINSCHALTEN
0360  0306  8D 00 F6               STA PA
0370  0309  AD 02 F6       LOAD    LDA PB          ;PB7 ABFRAGEN
0380  030C  30 FB                  BMI LOAD
0390  030E  AD 05 F6               LDA IRQST
0400  0311  40                     RTI
```

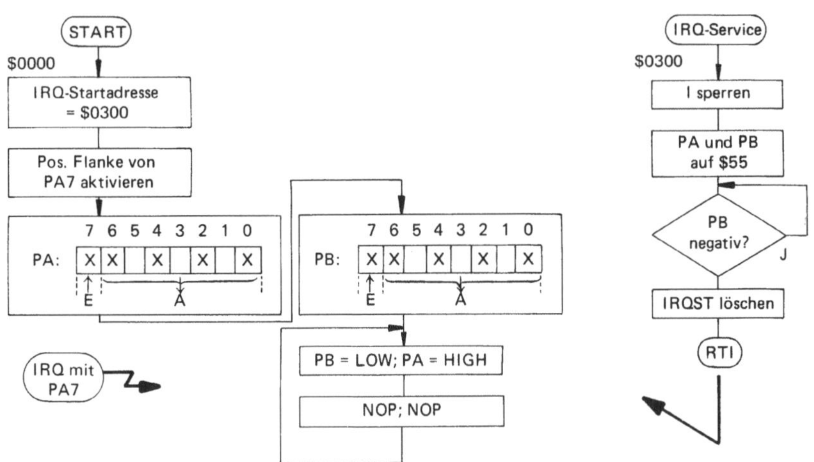

Bild 2.3.6 Flußdiagramm für das Programm mit PA7-Interrupt

Sprungbefehle
Zusammenfassung – 6502

Die Prozessoren der Familie 6500 besitzen einen Sprungbefehl JMP (*Jump*), der ohne jede Bedingung ausgeführt wird, d.h. nach Erkennen (*Decodieren*) des Befehls JMP (Hexcode $4C) wird der Programmzähler mit der nach dem Code $4C angegebenen Adresse geladen.

Bei den sechs Branch-Befehlen wird vor der Verzweigung eine Bedingung geprüft. Als prüfbare Bedingungen werden die Statusbits (*Flags*) N (*Negative*), V (*Overflow*), C (*Carry*) und Z (*Zero*) benutzt.

Es gilt:

JMP $0200 | 4C | Opcode   BPL $08 | 10 | Opcode

                  | 00 | Sprungziel | 08 | Sprungweite

                  | 02 |

Der Jump-Befehl enthält also das *Sprungziel* als 16-Bit-Adresse; die Branchbefehle geben in einem Byte die *Sprungweite* an (maximal 127 Bytes vorwärts oder 128 Bytes rückwärts).

Der Unterprogrammsprung JSR (*Jump to Subroutine*) bindet ein vorher spezifiziertes Programmstück (die Subroutine) in ein ablaufendes Hauptprogramm ein. Die Startadresse des Unterprogramms wird wie beim Befehl JMP vollständig angegeben. Während aber für JMP keine Rückkehrverbindung besteht, wird bei Auftreten von JSR die Rückkehr immer dadurch erzwungen, daß automatisch die auf JSR folgende Adresse auf dem Stack abgelegt wird. Der Befehl RTS am Ende der Subroutine löst die Rückkehr aus.

Mit JSR wird per Programmbefehl zu vollständigen Unterprogrammen verzweigt; das Aufrufen der Subroutine ist mithin durch Software veranlaßt. Eine völlig Programm-unabhängige (ereignisbezogene) Aufrufmöglichkeit von Unterprogrammen bietet die Interruptverarbeitung. Jeder Alarm (*Interrupt*) läßt das Programm zur *Interrupt Service Routine* verzweigen; die Rückkehr wird durch RTI erzwungen.

Sprungbefehl	Hexcode	Rückkehrmaßnahmen	Rückkehrbefehl	Hexcode
JMP	4C	keine	–	–
JSR	20	Ablegen der Rückkehradresse auf dem Stack	RTS	60
IRQ	–	Ablegen der Rückkehradresse und des Statusregisters auf dem Stack	RTI	40

16-Bit-µP 9900

Sprungbefehle	Seite
JMP, B, X	118
JH, JL, JHE, JLE, JGT, JLT,	120
JEQ, JNE, JOC, JNC, JNO, JOP	120
BL, BLWP, XOP	122
RTWP	126

Möglichkeiten des definierten Programmstopps:

Bislang mußten wir Programme in der Regel schrittweise (S) abarbeiten, weil kein Stoppbefehl verfügbar war. Nun können z.B. drei Möglichkeiten angegeben werden:

(1) JMP $ + 0   — Sprung auf sich selbst; der Prozessor tritt sozusagen auf der Stelle und die Anzeige bleibt dunkel, bis durch LOAD eine „Auflösung" eingeleitet wird.

(2) B @>3FFC   — Sprung in das Monitor-Programm mit Freigabe des Terminals zur erneuten Eingabe (Anzeige von ?- im Display).

(3) LREX   — Auslösung des LOAD-Vorgangs per Programmbefehl (vgl. hierzu Kontrollbefehle in 2.2).

Unbedingte Sprungbefehle (JMP, B, X) 9900

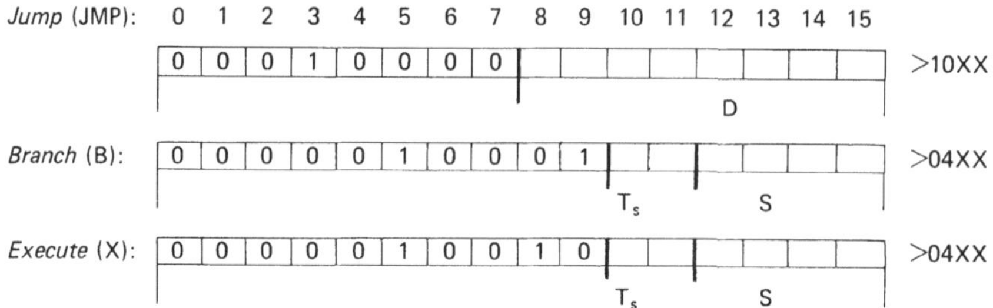

Hierbei bedeuten:

S — *Source*, d.h. „Quelle", die das *Sprungziel* angibt; dabei kann es sich handeln um: Register, Adresse in einem Register, Adresse direkt; spezifiziert wird dies durch

T_s — Angabe der *Adressierungsart* (vgl. nachfolgende Tabelle und Abschnitt 2.6);

D — *Distanz*, d.h. Anzahl der zu überspringenden Bytes bzw. Worte.

Befehl	Sprungbereich (16-Bit-Worte)	Möglichkeiten (Adressierungsarten)	T_s	Anzahl der Worte
JMP	−128 bis +127	direkte Angabe der Sprungweite (Distanz)	−	1
B	32767	Sprungziel in der in Rn angegebenen Adresse	%01	1
		Sprungziel wird im folgenden Wort gegeben	%10	2
X	32767	wie beim Befehl B		

Mit dem **Branch-Befehl** (B) kann der gesamte Adreßraum übersprungen werden.

Beispiele: B *3 → Springe zu der Adresse, die im Register 3 enthalten ist;

B @>ABC → Springe zur direkt angegebenen Adresse >ABC.

Der **Execute-Befehl** (X) ist formal mit dem Branch-Befehl identisch. Es gibt aber einen wesentlichen Unterschied bei der Ausführung:

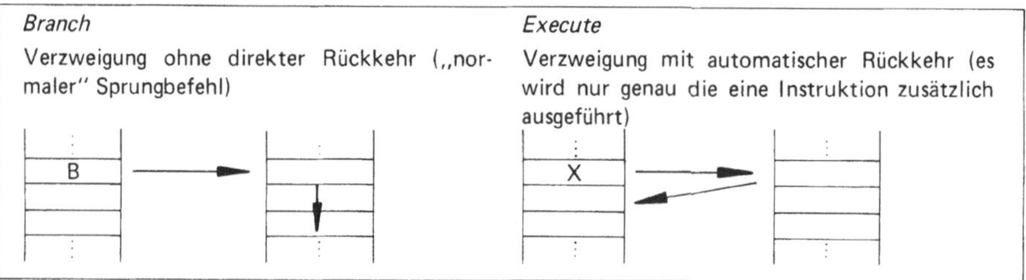

Das Programm auf der rechten Seite ist im Einzelschrittmodus zu untersuchen. Durch die Befehlsfolge SETO R0/LDCR R0,2 werden die beiden LEDs 0 und 1 auf der Computerplatine eingeschaltet. Mit B *R1 wird dann nach >021E verzweigt, wo mit X *R2 die Ausführung von SBZ 0 verlangt wird. Besondere Aufmerksamkeit ist nun der Folge CLR R1/STCR R1,4 zu widmen: hierdurch wird der Inhalt von R1 verändert, d.h. der Befehl B *R1 in Adresse >0218 verzweigt danach zu einer anderen Stelle! — Wohin?

Bei der Befehlseingabe kann in Adresse >021A geschrieben werden: L1 X *R3. Dadurch erübrigt sich beim JMP-Befehl die Sprungweitenberechnung!

Kommentar	Kommando-taste	Eingaben Adresse	Hexadez.-code	Mnemonische Schreibweise	Anzeigen Adressen					Daten				
	M	0200			?	M		0	2	0	0	–		
Programm ab	Ret			LWPI >300	0	2	0	0	=	0	2	E	0	–
Adresse >0200	Sp				0	2	0	2	=	0	3	0	0	–
eingegeben.	Sp			LI 12,>20	0	2	0	4	=	0	2	0	C	–
	Sp				0	2	0	6	=	0	0	2	0	–
	Sp			LI 1,>21E	0	2	0	8	=	0	2	0	1	–
	Sp				0	2	0	A	=	0	2	1	E	–
	Sp			LI 2,>3F0	0	2	0	C	=	0	2	0	2	–
	Sp				0	2	0	E	=	0	3	F	0	–
	Sp			LI 3,>3F2	0	2	1	0	=	0	2	0	3	–
	Sp				0	2	1	2	=	0	3	F	2	–
	Sp			SETO R0	0	2	1	4	=	0	7	0	0	–
LEDs 0 und 1 einschalten.	Sp			LDCR 0,2	0	2	1	6	=	3	0	8	0	–
	Sp			B * R1	0	2	1	8	=	0	4	5	1	–
Label L1 festgelegt.	Sp	L1		X * R3	0	2	1	A	=	0	4	9	3	–
	Sp			B * R1	0	2	1	C	=	0	4	5	1	–
	Sp			X * R2	0	2	1	E	=	0	4	9	2	–
	Sp			CLR R1	0	2	2	0	=	0	4	C	1	–
	Sp			STCR 1,4	0	2	2	2	=	3	5	0	1	–
Springe nach L1	Sp			JMP L1	0	2	2	4	=	1	0	F	A	–
	Ret				?	–								
	M	03F0			?	M		0	3	F	0	–		
	Ret			SBZ 0	0	3	F	0	=	1	E	0	0	–
	Sp			SBZ 1	0	3	F	2	=	1	E	0	1	–

Die Angabe der Sprungweite beim **Jump-Befehl** (JMP) kann auf drei Arten geschehen:

1.   JMP $+$n

$ steht symbolisch für die Speicherstelle, die den JMP-Befehl enthält (also nicht – wie beim µP 6502 – der Programmzählerstand, der zwei Bytes weiter ist!). Für die Sprungweite n in Bytes gilt $-254 \leqslant n \leqslant 256$. Der Assembler berechnet daraus die Veränderung des Programmzählerstands für den nächsten auszuführenden Befehl mit Hilfe von

$$D = (n - 2)/2$$

Beispiele:

JMP $+0 $D = -1$, d.h. „Sprung auf sich selbst" (Treten auf der Stelle); Code >10FF

JMP $+2 $D = 0$, d.h., keine Veränderung des Programmzählerstands, nur Übergang zum nächsten Befehl. Dies ist mithin quasi ein NOP-Befehl (*No Operation*); Code >1000

JMP $-254 $D = (-254-2)/2 = -128 = $ >80

JMP $+256 $D = (156-2)/2 = 127 = $ >7F

2.   JMP > ABC

Es ist auch die direkte Angabe der Adresse möglich, zu der unbedingt zu verzweigen ist (auch dezimale Angabe möglich). Allerdings darf die maximale Distanz nicht überschritten werden (dann Branch-Befehl verwenden).

3.   JMP L1

Springe zur Adresse, die mit der Marke (*Label*) L1 gekennzeichnet ist. Der Assembler übernimmt die Berechnung der Sprungweite.

Bedingte Sprungbefehle
(JH, JL, JHE, JLE, JGT, JLT, JEQ, JNE, JOC, JNC, JNO, JOP)

Die bedingten Sprungbefehle sind formal wie der JMP-Befehl aufgebaut:

```
        0  1  2  3  4  5  6  7  8  9  10 11 12 13 14 15
JMP:  [ 0  0  0  1| 0  0  0  0|                        ]   >10XX
                     Code (C)      Distanz (D)
JXX:  [ 0  0  0  1|                                    ]   >1XXX
```

Der unbedingte JMP-Befehl und die bedingten Befehle JXX geben in einem Wort den Grundcode und die Sprungweite D an. Der Gesamtcode ergibt sich aus

Hexcode = >1000 + Codefeld + Distanz

(C = 0 bei JMP). Die vorzeichenbehaftete Distanzangabe erlaubt Sprünge zwischen -128 und $+127$.

Alle Bedingungen werden durch Abfrage der Statusbits (*Flags*) geprüft (vgl. hierzu Bild 2.1.12). Die folgende Tabelle zeigt die Zuordnung.

		L>	A>	EQ	C	OV	OP	Springe falls	Code
JH	Jump if High	X	–	X	–	–	–	L> UND $\overline{EQ}$ = 1	B
JL	Jump if Low	X	–	X	–	–	–	L> ODER EQ = 0	A
JHE	Jump if High or Equal	X	–	X	–	–	–	L> ODER EQ = 1	4
JLE	Jump if Low or Equal	X	–	X	–	–	–	$\overline{L>}$ ODER EQ = 1	2
JGT	Jump if Greater Than	–	X	–	–	–	–	A> = 1	5
JLT	Jump if Less Than	–	X	X	–	–	–	A> UND EQ = 0	1
JEQ	Jump if Equal	–	–	X	–	–	–	EQ = 1	3
JNE	Jump if Not Equal	–	–	X	–	–	–	EQ = 0	6
JOC	Jump On Carry	–	–	–	X	–	–	C = 1	8
JNC	Jump on No Carry	–	–	–	X	–	–	C = 0	7
JNO	Jump on No Overflow	–	–	–	–	X	–	OV = 0	9
JOP	Jump on Odd Parity	–	–	–	–	–	X	OP = 1	C

Die Computerplatine TM 990/189 bietet von Haus aus keine Eingabemöglichkeiten für einzelne Bits. Das folgende Programm kann darum nur formal die Wirkungsweise bei der Abfrage von Bedingungen und Verzweigungen deutlich machen. Verwendet werden die Leuchtdioden 0 ... 3 (CR4 ... CR1), die mit SBO n gesetzt und mit TB n geprüft werden. Aus der Übung „CRU-Einzelbitbefehle" in 2.1 wissen wir, daß durch TB n das Statusbit EQ auf den Wert der geprüften CRU-Leitung gesetzt wird. Im Einzelschrittmodus ist der Ablauf zu überprüfen (zwischendurch mit dem F-Kommando Statusregister ansehen!). Das Flußdiagramm und die Programmliste sind in **Bild 2.3.7** angegeben.

Wegen der fehlenden Eingabemöglichkeiten für einzelne Bits kann das Programm in der angegebenen Version nur „gerade durchlaufen". Nur durch Modifikationen im Programm selbst sind Verzweigungen erzwingbar. Zwei Beispiele sind rechts oben aufgeführt.

Aufgabe:

Es ist eine Befehlsfolge zu schreiben, die folgende Operationen ausführt:

1. Mit SBO der Reihe nach gerade und ungerade Anzahl von leuchtenden Dioden erzeugen.
2. mit STCR jeweils abspeichern;
3. mit JOP entsprechend der Parität (Quersumme) verzweigen (vgl. hierzu „Beeinflussung von Statusflags" in 2.2).

Kommentar	Kommando-taste	Eingaben Adresse	Hexadez.-code	Mnemonische Schreibweise	Anzeigen Adressen				Daten			
Programm	M	0200			?	M	0 2 0 0	–				
überprüfen	Ret			LWPI >300	0 2 0 0	=	0 2 E 0	–				
	Sp				0 2 0 2	=	0 3 0 0	–				
	Sp			LI 12, >20	0 2 0 4	=	0 2 0 C	–				
	Sp				0 2 0 6	=	0 0 2 0	–				
	Sp			SBO 1	0 2 0 8	=	1 D 0 1	–				
	Sp			TB 0	0 2 0 A	=	1 F 0 0	–				
	Sp			JEQ $–4	0 2 0 C	=	1 3 F D	–				
	Sp			SBO 0	0 2 0 E	=	1 D 0 0	–				
	Sp			TB 0	0 2 1 0	=	1 F 0 0	–				
	Sp			JNE $+4	0 2 1 2	=	1 6 0 1	–				
	Sp			SBO 3	0 2 1 4	=	1 D 0 3	–				
	Sp			JMP $+0	0 2 1 6	=	1 0 F F	–				
Weitere Tests mit:	M	020A			?	M	0 2 0 A	–				
	Ret				0 2 0 A	=	1 F 0 0	–				
			1F01	TB 1	1 F 0 0		1 F 0 1	–				
	Ret				?	–						
	M	0212			?	M	0 2 1 2	–				
	Ret				0 2 1 2	=	1 6 0 1	–				
			1301	JEQ $+4	1 6 0 1		1 3 0 1	–				
	Ret				?	–						

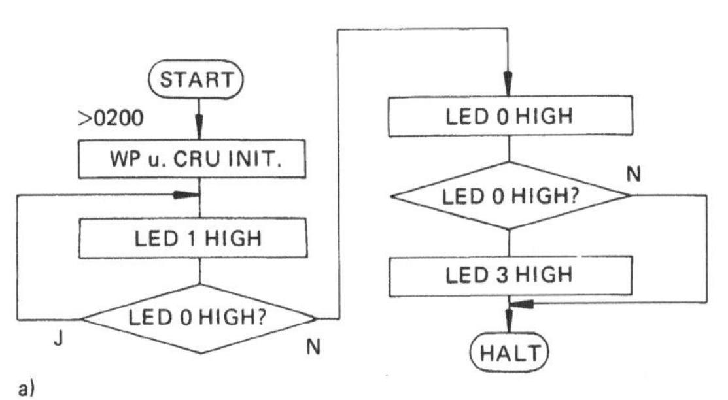

Bild 2.3.7

a) Flußdiagramm mit Verzweigungen
b) zugehörige Programmliste

```
0030  0200  02E0     LWPI >300      ARBEITSBEREICH
      0202  0300
0040  0204  020C     LI R12,>20     CRU FESTLEGEN
      0206  0020
0050  0208  1D01     SBO 1          LED 1 AN
0060  020A  1F00     TB 0           LED 0 TESTEN
0070  020C  13FD     JEQ $-4        RUECKSPRUNG WENN EQ=1
0080  020E  1D00     SBO 0          LED 0 AN
0090  0210  1F00     TB 0
0100  0212  1601     JNE $+4        SPRUNG WENN EQ=0
0110  0214  1D03     SBO 3          LED 3 AN
0120  0216  10FF     JMP $+0        HALT
```

b)

Branch and Link

		0	1	2	3	4	5	6	7	8	9	10	T_s 11	12	S 13	14	15	
BL:		0	0	0	0	0	1	1	0	1	0							>06XX

Branch and Load Workspace Pointer

												T_s		S				
BLWP:		0	0	0	0	0	1	0	0	0	0							>04XX

Extended Operation

					D				T_s		S				
XOP:		0	0	1	0	1	1									>2XXX

Alle drei Anweisungen können — je nach Adressierungsart — ein oder zwei Worte lang sein. T_s gibt wieder an, ob das Sprungziel in einem Register steht — dessen Nummer dann im Feld S genannt ist — oder im nächsten Wort angegeben wird (dann ist S = 0). Über die Bedeutung von D werden wir in der nächsten Übung sprechen.

Befehl	Rückkehradresse	Beispiele	T_s	Code	Worte
BL	in R11 desselben Arbeitsbereichs (Rückkehr durch B ∗R11)	BL ∗R1 BL @ >3F00	01 10	>0691 >06A0 >3F00	1 2
BLWP	in R14 des neuen Arbeitsbereichs, der vor Ausführung von BLWP definiert sein muß (Rückkehr durch RTWP)	BLWP ∗R3 BLWP @ >0350	01 10	>0413 >0420 >0350	1 2
XOP	wie bei BLWP	XOP ∗1,2 XOP @ >3F00,4	01 10	>2C91 >2D20 >3F00	1 2

Return with Workspace Pointer

		0	0	0	0	0	0	1	1	1	0	0	0	0	0	0	0	
RTWP:																		>0380

Der **Unterprogrammsprung BL** bewirkt folgendes:

- Der aktuelle PC-Stand (Adresse des auf BL folgenden Befehls) wird in R11 geladen;
- die im spezifizierten Register oder im nachfolgenden Wort genannte Startadresse des Unterprogramms wird in PC geladen;
- das Unterprogramm läuft unter Benutzung desselben, vorher definierten Arbeitsbereichs ab (*shared workspace subroutine jump*);
- die Rückkehr wird durch die Instruktion B ∗R11 veranlaßt.

Der **Unterprogrammsprung BLWP** wirkt erheblich komplizierter; es wird nämlich dadurch ein neuer Arbeitsbereich eingerichtet, der nur für das Unterprogramm zur Verfügung steht. In diesem Zusammenhang spricht man darum auch von „Programmumschaltung" oder *Context Switch*. Erst dadurch werden Unterprogrammschachtelungen (*Nestings*) möglich. Die Verwendung der Register bei solchen Unterprogrammsprüngen ist bereits in Bild 2.1.11 angedeutet.

Die Abläufe und Zuweisungen des rechts aufgelisteten Programms sind in **Bild 2.3.8** verdeutlicht. Die „Umschaltung" auf einen neuen Arbeitsbereich ist deutlich zu erkennen.

- Vor Ausführung des Programms sind in die Speicherstellen >0300 und >0302 der „neue" Arbeitsbereichszeiger (WP) und Programmzähler (PC) einzuschreiben (die sogenannten Übergabevektoren).
- Das mit BLWP aufgerufene Unterprogramm hat keinen Zugriff auf R12 des ersten Arbeitsbereichs. Für die CRU-Benutzung sind deshalb Neufestlegungen nötig.

Durch Abarbeitung im Einzelschrittmodus und Kontrollen der Registerinhalte sind die Abläufe zu studieren.

Kommentar	Kommando-taste	Eingaben Adresse	Hexadez.-code	Mnemonische Schreibweise	Anzeigen Adressen	Daten
	M	0200			? M 0 2 0 0 –	
	Ret			LWPI >250	0 2 0 0 = 0 2 E 0 –	
	Sp				0 2 0 2 = 0 2 5 0 –	
	Sp			LI 12, >20	0 2 0 4 = 0 2 0 C –	
	Sp				0 2 0 6 = 0 0 2 0 –	
Adresse des ersten	Sp			LI 1, >2A0	0 2 0 8 = 0 2 0 1 –	
Unterprogramms	Sp				0 2 0 A = 0 2 A 0 –	
	Sp			BL ∗ R1	0 2 0 C = 0 6 9 1 –	
	Sp			BLWP @>300	0 2 0 E = 0 4 2 0 –	
	Sp				0 2 1 0 = 0 3 0 0 –	
	Sp			SBZ 3	0 2 1 2 = 1 E 0 3 –	
	Ret				? _	
	M	02A0			? M 0 2 A 0 –	
Unterprogramm	Ret			SBO 0	0 2 A 0 = 1 D 0 0 –	
Return	Sp			B ∗ R11	0 2 A 2 = 0 4 5 B –	
	Ret				? _	
Neuer WP	M	0300			? M 0 3 0 0 –	
Neuer PC	Ret				0 3 0 0 = 0 3 1 0 –	
	Sp				0 3 0 2 = 0 3 5 0 –	
	Ret				? _	
	M	0350			? M 0 3 5 0 –	
Unterprogramm	Sp			LI 12, >20	0 3 5 0 = 0 2 0 C –	
	Sp				0 3 5 2 = 0 0 2 0 –	
	Sp			SBO 3	0 3 5 4 = 1 D 0 3 –	
Return	Sp			RTWP	0 3 5 6 = 0 3 8 0 –	

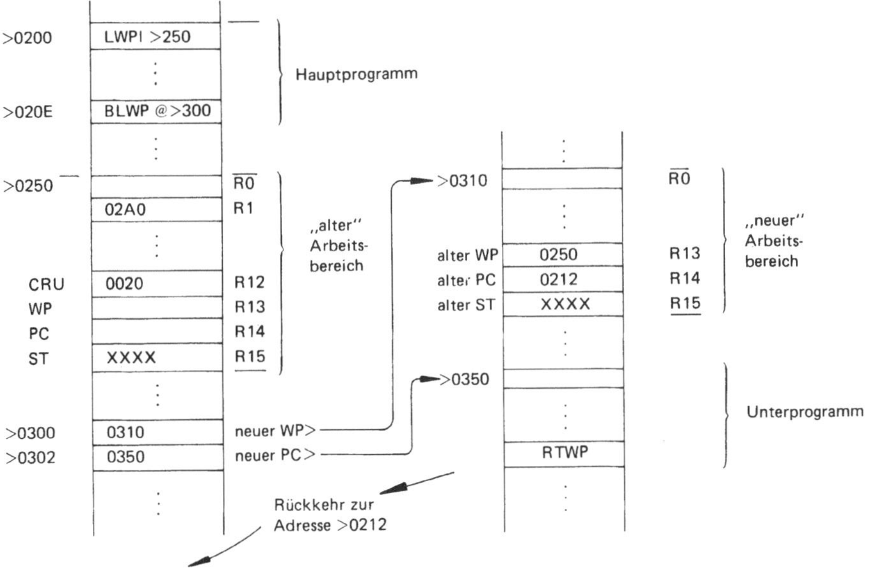

Bild 2.3.8 Registerbelegungen und Zuordnungen für den Unterprogrammsprung BLWP

Erweiterte Operationen (XOP)

Ganz besondere Möglichkeiten ergeben sich durch den Unterprogrammsprung XOP (*Extended Operation*). Mit Hilfe des in der vorigen Übung angegebenen D-Feldes im Codewort (4 Bits) lassen sich theoretisch 16 verschiedene Aufrufe definieren. **Bild 2.3.9** zeigt die Festlegung der Steuerungs- und Übergabevektoren am *Beispiel*

XOP @>03F0,4

						D				T_s			S		
0	0	1	0	1	1	0	1	0	0	1	0	0	0	0	0	>2D20
0	0	0	0	0	0	1	1	1	1	1	1	0	0	0	0	>03F0

Code: (erste Zeile) >2D20, (zweite Zeile) >03F0

Es wird also XOP mit der Nummer 4 aufgerufen. Der „übermittelte Parameter" >03F0 wird automatisch in R11 des neuen Arbeitsbereichs geschrieben (vgl. Bild 2.1.11) und definiert dadurch z.B. den Beginn einer Wertetabelle.

Vor der Ausführung eines XOP-Befehls müssen die zugehörigen Steuerungsvektoren angegeben werden. Dafür ist der Speicherbereich ab Adresse >0040 reserviert. Wie aus Bild 2.3.9 erkennbar, sind beim Computer TM 990/189 die Aufrufe mit den Nummern 8 bis 14 bereits fest zugewiesen. Die *Workspace Pointer* „zeigen" in den Monitor-RAM-Bereich (vgl. Bild 2.1.9), die Programmzähler (PC) weisen auf Unterprogramm-Startadressen im Monitor-Programm. Das bedeutet, es sind dadurch „Dienstprogramme" verfügbar, die folgende Wirkungen haben:

XOP-Nr.	Wirkung	XOP-Nr.	Wirkung
8	ein Hexadezimalzeichen zur Anzeige bringen	9	Hexadezimalwort von der Tastatur lesen
10	vier Hex-Zeichen zur Anzeige bringen	11	Zeichen wiederholen
12	ein Zeichen zur Anzeige bringen	13	Anzeige einschalten
14	Informationen zur Anzeige schreiben		

Das auf der rechten Seite notierte Programm demonstriert die Wirkung der Dienstprogramme. Für Ausgaben zusammen mit den Aufrufen XOP 8, 10 und 12 muß zum Einschalten der Anzeige XOP Rn, 13 angeschlossen werden.

XOP Rn,8	— Ausgabe der vier niedrigsten Bits (rechte Tetrade) des in Rn stehenden Wortes als Hexadezimalzeichen (hier also >C).
XOP Rn,10	— Anzeige des gesamten in Rn stehenden Wortes (hier >4ABC).
XOP Rn,12	— Ausgabe des linken (höherwertigen) Bytes des in Rn stehenden Wortes als ASCII-Zeichen (hier also Anzeige von J $\hat{=}$ >4A).
XOP @ADR,14	— Ausgabe ganzer Textzeilen, deren ASCII-Codes ab Adresse ADR (hier >0300) abgespeichert sind. Als Abschlußzeichen dient >00XX (XX beliebig).
XOP Rn,11	— Verwendung des Terminals als „Schreibmaschine". Durch JMP $-2 erfolgt ein ständiger Rücksprung, so daß fortlaufendes Schreiben möglich wird.

Nach dem Start des Programms im Normalmodus (Taste E) wird C angezeigt; weiterer Ablauf durch Ret (*Return*).

Hinweis: XOP Nr. 13 liest genaugenommen ein Zeichen vom Eingabeterminal, d.h. es wird auf solch eine Eingabe gewartet. Darum kann XOP Rn,13 benutzt werden, um vorher mit z.B. XOP Rn,10 zur Anzeige gebrachte Daten sichtbar zu machen.

Wird ein externes Terminal verwendet, kann XOP Rn,13 entfallen, weil die vorher erzeugten Anzeigen auf dem Bildschirm erhalten bleiben.

Kommentar	Kommando-taste	Eingaben Adresse	Hexadez.-code	Mnemonische Schreibweise	Anzeigen Adressen	Daten
	M	0200			? M 0200 –	
	Ret			LWPI >350	0200 = 02E0 –	
	Sp				0202 = 0350 –	
Auszugebende Zeichen	Sp			LI 0,>4ABC	0204 = 0200 –	
in R0.	Sp				0206 = 4ABC –	
Anzeige von >C.	Sp			XOP R0,8	0208 = 2E00 –	
	Sp			XOP R1,13	020A = 2F41 –	
Anzeige von	Sp			XOP R0,10	020C = 2E80 –	
>4ABC	Sp			XOP R1,13	020E = 2F41 –	
Linkes Byte als	Sp			XOP R0,12	0210 = 2F00 –	
ASCII-Zeichen	Sp			XOP R1,13	0212 = 2F41 –	
Ausgabe des	Sp			XOP @>300,14	0214 = 2FA0 –	
Textes „TEST"	Sp				0216 = 0300 –	
Verwendung als	Sp			XOP R10,11	0218 = 2ECA –	
„Schreibmaschine"	Sp			JMP $-2	021A = 10FE –	
	Ret				? –	
	M	0300			? M 0300 –	
Zwei Leerzeichen	Ret			DATA >2020	0300 = 2020 –	
Zeichen TE	Sp			DATA >5445	0302 = 5445 –	
Zeichen ST	Sp			DATA >5354	0304 = 5354 –	
Zwei Leerzeichen	Sp			DATA >2020	0306 = 2020 –	
Abschlußbyte >00	Sp			DATA >00XX	0308 = 00AA –	

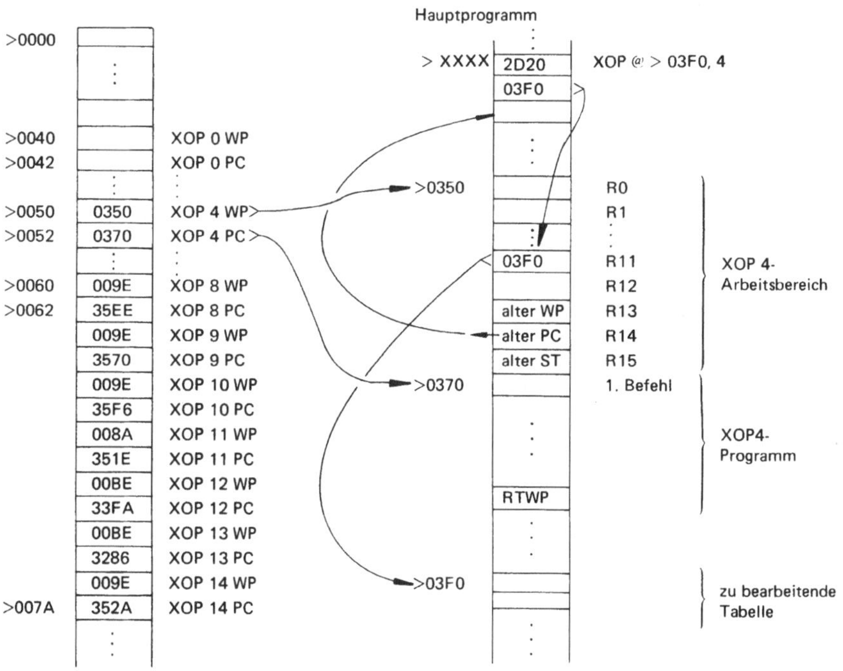

Bild 2.3.9 Steuerungs- und Übergabevektoren für XOP-Befehle; Beispiel XOP @ > 03F0,4

Mit den Befehlen BL, BLWP und XOP können zu vorher festgelegten Zeitpunkten Unterprogramme aufgerufen werden. In der Prozeßdatenverarbeitung muß aber zu unvorhersehbaren Zeiten auf äußere Ereignisse reagiert werden können. *Alarme* (externe Anforderungen) verursachen dann Unterprogrammaufrufe, die den durch BLWP oder XOP ausgelösten gleichen. Die Rückkehr in das unterbrochene Hauptprogramm wird ebenfalls durch RTWP bewirkt.

Eine Besonderheit der 9900-Prozessoren ist, daß sich bis zu 15 verschiedene Interruptquellen definiert bearbeiten lassen. Sie können einzeln oder in Gruppen gesperrt (*maskiert*) werden, bei gleichzeitigen Anforderungen sind Kollisionen durch Prioritätszuweisung ausgeschlossen. Beim Computer TM 990/189 mit dem Prozessor 9980A sind allerdings nur vier Anwender-Interrupts realisiert.

Folgende Maßnahmen sind per Software zu treffen, wenn Interruptverarbeitung eingeleitet werden soll:

1. Interruptvektoren laden, d.h. Startadresse der *Interrupt Service Routine* und Arbeitsbereich festlegen. Durch die Wahl der Vektoradresse wird die *Interruptpriorität* definiert. **Bild 2.3.10** zeigt die Zuordnungen.

2. Festlegen der CRU-Basisadresse für Interruptverarbeitung (vgl. hierzu „CRU-Ausgaben" in 2.1). Es gilt folgende Verabredung:

CRU-Bit-Nr.	32 ... 16	15 ... 2	1	0
CRU-Basisadresse	1F ... 10	0F ... 02	01	00
in R12	3E ... 20	1F ... 04	02	00
	Port 15 ... Port 0	...		
		Interrupt 2		
		Interrupt 1		
	16 Benutzerports	Kontrollbit		

Der Inhalt der CRU-Adresse >00 wird als Kontrollbit ausgewertet. Es gilt:

CRU-Bit-Nr. 0 = 0:   Interruptbetrieb möglich
CRU-Bit-Nr. 0 = 1:   Baustein 9901 wird als Zeitgeber verwendet

Über Port 0 bis Port 3 werden die vier Leuchtdioden auf der Computerplatine bedient (CRU-Basisadresse >10 bzw. >20 in R12).

3. Aktivierung und Freigabe (bzw. Sperrung) der Interrupts. Soll beispielsweise auf Niveau 3 des Prozessors 9980A (vgl. Bild 2.3.10) ein Interrupt zugelassen werden, ist zu programmieren:

CRU-Bit Nr. 0 auf 0 setzen — SBZ 0
CRU-Bit Nr. 5 auf 1 setzen — SBO 5
Interruptmaske setzen (z.B.) — LIMI 3

Bild 2.3.11 zeigt das Schema der Interrupt-Decodierung für diesen Fall

4. Interruptauslösung durch ein externes Signal (vgl. Bild 2.3.11 und Anschlußstiftbelegung im **Anhang A7**)

Beispielprogramm:

```
0030           0000 R0  EQU   0
0040           000C R12 EQU   12
0050 0200 02E0     ST  LWPI  >250
     0202 0250
0060 0204 0200         LI    R0,>320
     0206 0320
0070 0208 C800         MOV   R0,@>C    NEUEN WP DEFINIEREN
     020A 000C
0080 020C 0200         LI    R0,>300
     020E 0300
0090 0210 C800         MOV   R0,@>E    NEUEN PC DEFINIEREN
     0212 000E
0100 0214 020C         LI    R12,0     INTERRUPT-BASISADRESSE
     0216 0000
0110 0218 04C0         CLR   R0
0120 021A 3000         LDCR  R0,0      INTERRUPT EINSCHALTEN
0130 021C 1D05         SBO   5         LEVEL 5 FREIGEBEN
0140 021E 0300         LIMI  3         CPU-LEVEL 3 FREI
     0220 0003
0150 0222 020C         LI    R12,>20   CRU-BASISADRESSE
     0224 0020
0160 0226 1D03         SBO   3         LED #3 EINSCHALTEN
0170 0228 0340         IDLE            WARTEN AUF INTERRUPT
0180 0300              AORG  >300
0190 0300 020C         LI    R12,>20   INTERRUPT-SERVICE
     0302 0020
0200 0304 1D00         SBO   0         LED #0 EINSCHALTEN
0210 0306 0380         RTWP            RUECKSPRUNG
```

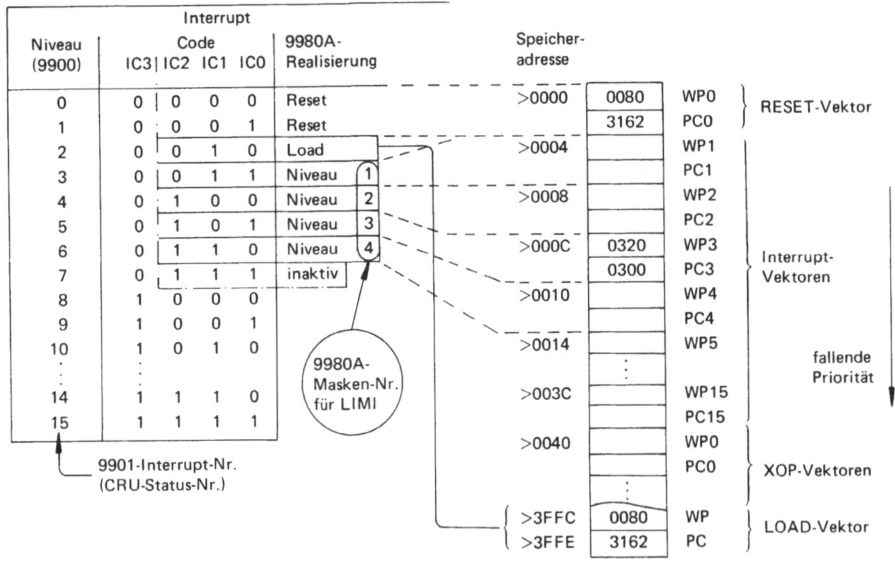

Bild 2.3.10 Interruptvektoren und Zuordnung zu den Prioritäten. Die höchste Priorität (Niveau 0) ist für Reset bzw. Load reserviert. Die Vektoren dafür ($>$0080 bzw. $>$3162) werden bei Betätigen des LOAD-Schalters automatisch aus den Adressen $>$3FFC (WP) bzw. $>$3FFE (PC) geladen.

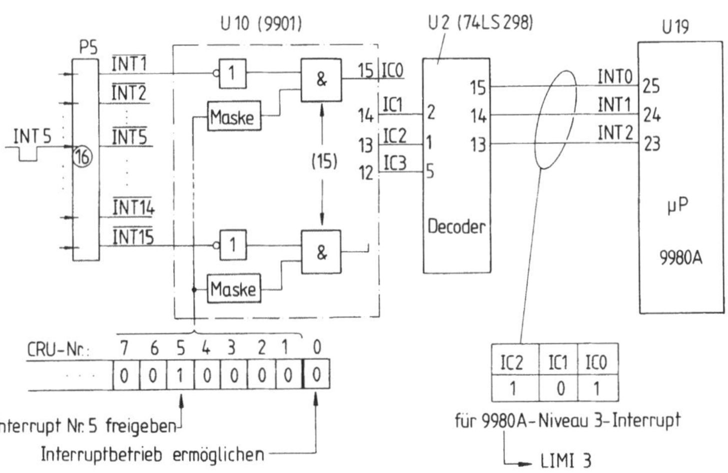

Bild 2.3.11 Schematische Darstellung der Interrupt-Decodierung mit dem Baustein 9901

Sprungbefehle
Gegenüberstellung – 6502/9900

Unbedingte und bedingte Sprungbefehle besitzt jeder Prozessor mit grundsätzlich vergleichbarer Wirkungsweise. Es gibt in unserem Fall jedoch folgende Unterschiede:

	6502	9900
unbedingt	JMP: Sprungziel mit 16 Bits angegeben	JMP: Distanz mit 8 Bits angegeben B: Sprungziel mit 16 Bits angegeben X: Einbindung eines einzigen Befehls (mit 16 Bits adressierbar)
bedingt	*Branch*: Distanz mit 8 Bits angegeben (8 Befehle)	*Jump*: Distanz mit 8 Bits angegeben (12 Befehle)

Die bedingten Sprungbefehle beziehen die Entscheidung „Sprung oder nicht" aus zugeordneten *Flags* (Statusregisterbits).

Auch *Unterprogrammsprünge* haben vergleichbare Auswirkungen. Der Prozessor 6502 „rettet" bei solchen Sprunganweisungen nur die Rückkehradresse. Bei den μP 9900 gibt es wegen der speziellen Arbeitsbereichsorganisation einige Unterschiede.

6502	9900
JSR: Ablegen der Rückkehradresse auf dem Stack; Rückkehr mit RTS	BL: Rückkehradresse in R11 desselben Arbeitsbereichs BLWP: Rückkehradresse in R14 des neuen Arbeitsbereichs; in R13 wird WP abgelegt, in R15 der Status; Rückkehr mit RTWP XOP: wie bei BLWP

Für *Interruptverarbeitung* muß bei beiden Prozessoren vorab eine Eingangsinitialisierung und die Vektordefinition vorgenommen werden. Bei Interrupts rettet auch der μP 6502 den Status auf den Stack. Für die Rückkehr dienen folgende Instruktionen:

	6502	9900
Rückkehr von der *Interrupt Service Routine*	RTI (*Return from Interrupt*)	RTWP (*Return with Workspace Pointer*)

Die Interrupt-Service-Routinen werden beim 9900 also gleich behandelt wie die durch Unterprogrammsprünge aufgerufenen Software-Moduln.

2.4 Logik- und Schiebe-Befehle

Es gibt natürlich keine „unlogischen" Befehle, aber eine Gruppe von Instruktionen ermöglicht die Ausführung von Operationen der mathematischen Logik — wie z.B. UND (Durchschnitt), ODER (Vereinigung), Exklusiv-ODER (Antivalenz). Als Kürzel dafür hat sich die Bezeichnung *Logik-Befehle* durchgesetzt. Zur Verfügung stehen uns hier folgende Befehle:

6502		9900	
AND	UND-Verknüpfung	ANDI	UND, unmittelbar
ORA	ODER-Verknüpfung	ORI	ODER, unmittelbar
EOR	Exklusiv-ODER	XOR	Exklusiv-ODER
BIT	Quasi-UND (Bit-Test)		
		INV	Invertieren (Einerkomplement)
		SOC, SOCB	Setzen von „korrespondierenden" Einsbits (ODER-Verknüpfung)
		SZC, SZCB	Setzen von „korrespondierenden" Nullbits (UND-Verknüpfung)

Von besonderem Interesse für viele Anwendungen ist, daß die Logik-Befehle bitweise ausgeführt werden. Dadurch sind z.B. einfache *Maskierungen* möglich.

Die 9900-Prozessoren erlauben mit dem Befehl INV das Invertieren der Null- und Einsbits. Damit können beispielsweise ganze Sätze von Schaltzuständen gleichzeitig geändert werden. Weitere Beeinflussungen sind darüberhinaus mit den Befehlen SOC (*Set Ones Corresponding*) und SZC (*Set Zeroes Corresponding*) möglich, und zwar wort- oder byteweise ODER- bzw. UND-Verknüpfungen.

Eine zweite Gruppe von Befehlen für Entscheidungen, Maskierungen usw. besteht aus den Schiebe- und Rotationsinstruktionen, wobei letztere „umlaufende" Schiebebefehle sind. Während beim 6502-Prozessor jeder Schiebebefehl genau um ein Bit nach rechts oder links verschiebt, kann bei den 9900-Prozessoren mit Hilfe des Registers 0 die Anzahl der Schiebeschritte vorgegeben werden. Eine Besonderheit (von Minicomputern übernommen) ist noch der „Swap-Befehl" SWPB, der beim 16-Bit-Prozessor wie ein Rotationsbefehl mit 8 Schritten wirkt:

6502		9900	
ASL	nach links schieben	SLA	nach links schieben
LSR	nach rechts schieben	SRA SRL	nach rechts schieben
ROL	links rotieren		
ROR	rechts rotieren	SRC	rechts rotieren
		SWPB	Bytes vertauschen

Anwendungen der in diesem Kapitel nur formal diskutierten Befehle werden wir in 2.5 (z.B. Multiplikation) finden.

Logik- und Schiebe-Befehle für	Seite
μP 6502	131
Zusammenfassung	140
μP 9900	141
Gegenüberstellung	156

Logiksymbole nach DIN 40700 Teil 14

Benennung	Logik-Schaltzeichen	Beschreibung der Verknüpfung
UND (AND)	&	$e_1 \quad e_2 \mid a$ $0 \quad 0 \mid 0$ $0 \quad 1 \mid 0$ $1 \quad 0 \mid 0$ $1 \quad 1 \mid 1$
ODER (OR)	$\geqq 1$	$e_1 \quad e_2 \mid a$ $0 \quad 0 \mid 0$ $0 \quad 1 \mid 1$ $1 \quad 0 \mid 1$ $1 \quad 1 \mid 1$
Durchschaltung (Buffer)	1	a nimmt nur dann den Wert 1 an, wenn e ebenfalls 1 ist.
NICHT (NOT oder Inverter)	1	wenn a oder e negiert ist (Negator)
Exklusiv-ODER (Exclusive OR oder Antivalenz)	$= 1$	$e_1 \quad e_2 \mid a$ $0 \quad 0 \mid 0$ $0 \quad 1 \mid 1$ $1 \quad 0 \mid 1$ $1 \quad 1 \mid 0$
Äquivalenz (Identity oder Exclusive NOR)	$=$	$e_1 \quad e_2 \mid a$ $0 \quad 0 \mid 1$ $0 \quad 1 \mid 0$ $1 \quad 0 \mid 0$ $1 \quad 1 \mid 1$
Schwellwert (Threshold)	$\geqq m$	a nur dann 1, wenn mindestens m Eingänge 1 aufweisen
Majorität (Majority)	$> n/2$	a nur dann 1, wenn mehr als die Hälfte der Eingänge 1 aufweisen
m aus n (m and only m)	$= m$	a nur dann 1, wenn m von den n Eingängen 1 aufweisen ($m < n$)
Ungerade (Odd)	$2k + 1$	a nur dann 1, wenn eine ungerade Anzahl der Eingänge 1 aufweist
Gerade (Even)	$2k$	a nur dann 1, wenn eine gerade Anzahl der Eingänge (0, 2, 4 ...) 1 aufweist
Verstärker	$\triangleright$	zusammen mit den anderen Symbolen verwendbar (Leistungsglieder)

8-Bit-μP 6502

Logik- und Schiebebefehle	Seite
AND, ORA, EOR, BIT	131
ASL, LSR, ROL, ROR	136

6502　　　　　　　　　　　　　　　**Logik-Befehle (AND, ORA, EOR, BIT)**

Der BIT-Befehl weist einige Besonderheiten auf; es wird darum zunächst die Gruppe AND, ORA, EOR betrachtet. Diese drei Befehle führen die logischen Funktionen UND, ODER bzw. Exklusiv-ODER bitweise aus. Einer der beiden Operanden (A) ist vorab in den Akkumulator zu laden (LDA ...), der zweite (B) kann unmittelbar angegeben werden oder in einer Speicherstelle stehen. Die *Wahrheitstabellen* für die bitweisen Verknüpfungen lauten:

UND (AND)			ODER (OR)			Exklusiv-ODER (EOR)		
A	B	F	A	B	F	A	B	F
0	0	0	0	0	0	0	0	0
0	1	0	0	1	1	0	1	1
1	0	0	1	0	1	1	0	1
1	1	1	1	1	1	1	1	0

Für die folgende Diskussion setzen wir voraus, daß in den Akku irgendein Wert $XX geladen wurde. Durch unmittelbare Werteangabe für den zweiten Operanden wollen wir die Wirkungsweise beobachten.

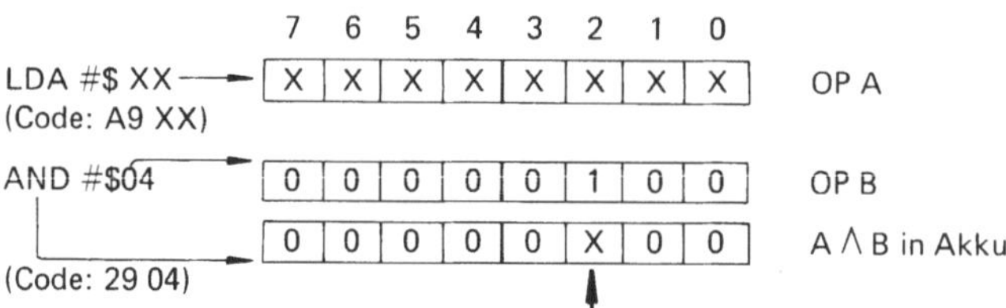

Bit Nr. 2 wird reproduziert. Dabei ist X null oder eins, je nachdem, ob im Akku an dieser Stelle 0 oder 1 stand. Nach Ausführung der Instruktionen finden wir im Akku das Resultat A ∧ B.

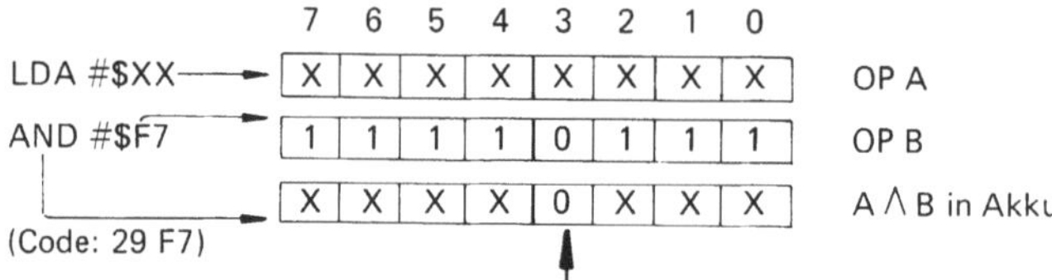

Bit Nr. 3 wird auf null gesetzt. Der Wert der anderen Ergebnisstellen hängt von der „Vorgabe" im Akku ab. Das Resultat A ∧ B steht wieder im Akku.

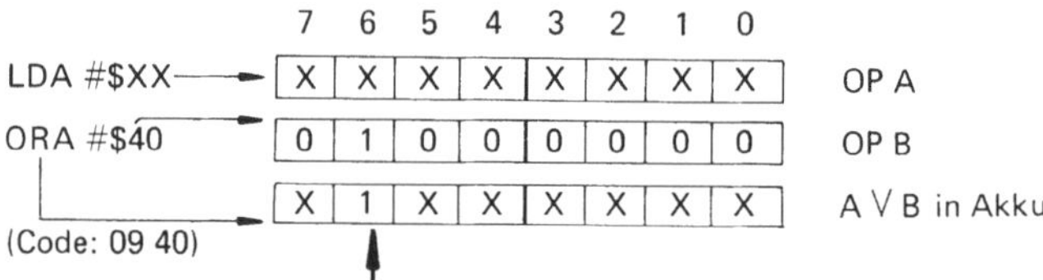

Bit Nr. 6 wird auf 1 gesetzt, selbst dann, wenn in den Akku vorher $00 geladen wurde. In diesem Spezialfall steht anschließend im Akku $40.

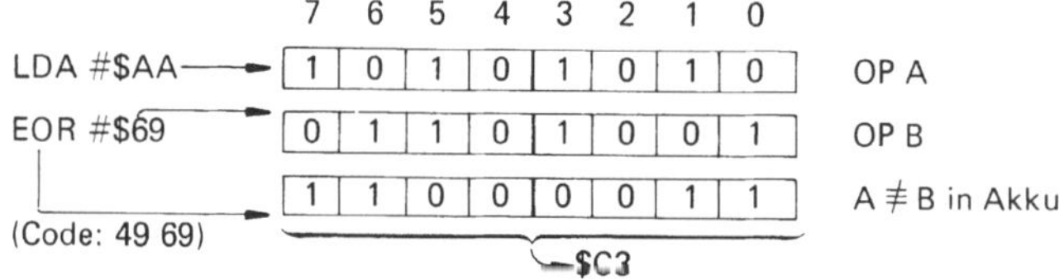

Der Befehl BIT (*Bit Test*) führt ebenfalls eine UND-Verknüpfung zwischen dem Inhalt einer Speicherstelle und dem Akkumulatorinhalt aus. Es bestehen aber wesentliche Unterschiede zum AND-Befehl:

— das Ergebnis der Verknüpfung wird nicht im Akkumulator abgelegt; es ist mithin überhaupt nicht verfügbar. Das UND-Ergebnis ist aber auch gar nicht von Interesse, vielmehr wird genutzt:
— Bit Nr. 7 der abgefragten (getesteten) Speicherstelle wird in der N-Flag reproduziert;
— Bit Nr. 6 der abgefragten Speicherstelle wird in der V-Flag reproduziert;
— die Z-Flag wird entsprechend dem Ergebnis der „imaginären" UND-Verknüpfung gesetzt.

Der BIT-Befehl erlaubt mithin auf elegante Weise die Abfrage einzelner Bits und läßt hieraus Verzweigungen zu (durch anschließende Verwendung von BPL, BMI, BVC, BVS, BNE oder BEQ; vgl. 2.3, Bedingte Sprungbefehle).

Kommentar	Kommando-taste	Eingaben Adresse	Hexadez.-code	Mnemonische Schreibweise	Anzeigen Adressen				Daten	
Startadresse $0000	RS	0000			0	0	0	0	X	X
	DA		A9	LDA #$AA	0	0	0	0	A	9
	↑		AA		0	0	0	1	A	A
	↑		85	STA $0A	0	0	0	2	8	5
	↑		0A		0	0	0	3	0	A
	↑		A9	LDA #$01	0	0	0	4	A	9
	↑		01		0	0	0	5	0	1
	↑		24	BIT $0A	0	0	0	6	2	4
	↑		0A		0	0	0	7	0	A
	↑		00	BRK	0	0	0	8	0	0
Start im Normalmodus	RS	0000		LDA	0	0	0	0	A	9
	GO				0	0	0	A	A	A
Akku prüfen	AC				0	0	E	7	0	1
Status prüfen	SR				0	0	E	9	B	2

Die obigen Instruktionen veranlassen folgendes:

LDA #$AA;   ;Lade Wert $AA in Akku
STA $0A   ;Speichere $AA aus Akku in Adresse $0A
LDA #$01   ;Lade Wert $01 in Akku
BIT $0A   ;Führe „Bit-Test" aus zwischen Akku-Inhalt und Inhalt der Speicherstelle $0A

Die durch Ausführung dieser Sequenz entstandenen Akkumulator- und Statusregisterinhalte sind oben dokumentiert.

Achtung: Der Speicherbefehl unter Adresse $0002 ist in sogenannter Nullseiten-Adressierung (*Zero Page Addressing*) geschrieben. In Kapitel 2.6 sind die Erklärungen dafür angegeben.

Fragen:

- Warum finden wir als Akku-Inhalt $01?
- Wie kommt der Prozessorstatus $B2 = %10110010 zustande, und was bedeutet dieser Status?

> Das Prozentzeichen „%" wird hier benutzt, um die *Binärdarstellung* zu kennzeichnen.

- Welcher bedingte Sprungbefehl würde im Anschluß an BIT eine Verzweigung bewirken?
- Führt die Anweisung BEQ zur Verzweigung?
- Was müßte in Adresse $0A gespeichert werden, um Verzweigungen entsprechend Bit Nr. 6 (V-Flag) veranlassen zu können?

Eine Hauptanwendung der logischen Befehle ist es, einzelne Bits prüfbar zu machen. Dies geschieht durch geeignete Wahl des ersten Operanden, der vorab in den Akkumulator zu laden ist. Dieser Operand wird auch *Maske* genannt. Die Anwendung der logischen Befehle heißt darum oft *Maskierung*. Je nach Wahl der Maske können einzelne Bits ausgeblendet werden, oder es lassen sich definiert Bits auf null oder eins setzen.

Das Prinzip der Maskierung soll an einem Programmbeispiel geübt werden, das auf der rechten Seite als *Assembler-Darstellung* wiedergegeben ist. Die Wirkung des Programms könnte man so interpretieren, daß abhängig von der Stellung eines bestimmten Schalters (hier an PB2) ein „Gerät" (hier LED an PA3) ein- oder ausgeschaltet wird.

Durch Starten des Programms im Normalmodus (ab Adresse $0200) wird Port A auf das Bitmuster 01000001 geschaltet. Wenn nun Schalter PB2 auf null gesetzt wird (LED PB2 erlischt), leuchtet LED PA3 auf, d.h. an diesem Computerausgang wird der Zustand geändert, wenn der Schalter an PB2 betätigt wird. **Bild 2.4.1** zeigt die Schalter- und Leuchtdiodenstellungen am E/A-Adapter, nachdem Schalter PB2 auf „LOW" gesetzt wurde.

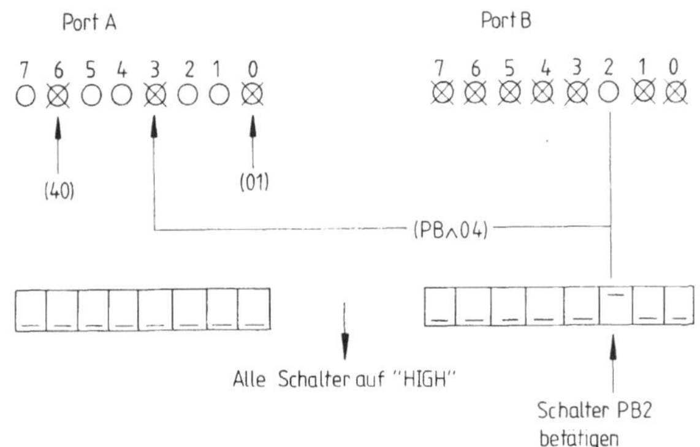

Bild 2.4.1

Schalter- und Leuchtdiodenstellungen am E/A-Adapter nach Ausführung des Speicherbefehls in Adresse $0226 des Programms auf der rechten Seite

1. Das Programm ist — wie rechts gezeigt — im Einzelschrittmodus durchzuschalten. Zwischendurch sollen die Akkumulatorinhalte beobachtet und die resultierenden Verzweigungen und Aktionen diskutiert werden.
2. Das Programm schaltet die Leuchtdiode an PA3 ein, wenn Schalter PB2 auf null gelegt wird. Was ist zu ändern, wenn durch Schalter PB2 = „HIGH" PA3 eingeschaltet werden soll? (Invertierung der „Logik").
3. Die Abfrage und Entscheidung in der „Warte Schleife" soll bei Adresse $021D mit der ODER Verknüpfung (OR) arbeiten. Was ist zu ändern?
4. Durch Verändern der Vergleichswerte für die ODER-Verknüpfungen sind andere Einschaltkombinationen zu erzeugen.

Kommentar	Kommando-taste	Eingaben Adresse	Hexadez.-code	Mnemonische Schreibweise	Anzeigen Adressen				Daten	
Einzelschrittmodus.	RS	0200		LDA #$FF	0	2	0	0	A	9
Port A:	GO			STA $F601	0	2	0	2	8	D
00000000	GO	LOOP		LDA #$00	0	2	0	5	A	9
	GO			STA $F600	0	2	0	7	8	D
	GO			LDA $F600	0	2	0	A	A	D
	GO			ORA #$40	0	2	0	D	0	9
	GO			STA $F600	0	2	0	F	8	D
0100 0000	GO			LDA $F600	0	2	1	2	A	D
	GO			ORA #$01	0	2	1	5	0	9
	GO			STA $F600	0	2	1	7	8	D
0100 0001	GO	WARTEN		LDA $F602	0	2	1	A	A	D
	GO			AND #$04	0	2	1	D	2	9
	GO			BNE WARTEN	0	2	1	F	D	0
	GO				0	2	1	A	A	D
PB2 = 0 →	GO			LDA $F600	0	2	2	1	A	D
	GO			ORA #$08	0	2	2	4	0	9
Port A:	GO			STA $F600	0	2	2	6	8	D
0100 1001	GO			LDA $F600	0	2	2	9	A	D
↑	GO			AND #$F7	0	2	2	C	2	9
	GO			STA $F600	0	2	2	E	8	D
0100 0001	GO			JMP LOOP	0	2	3	1	4	C
↑	GO				0	2	0	5	A	9

```
0010   0200                    ;***MASKIERUNGEN***
0020   0200                    ;
0030   0200             PA      =$F600
0040   0200             PADIR   =$F601
0050   0200             PB      =$F602
0060   0200             PBDIR   =$F603
0070   0200                    ;
0080   0200                    *=$0200
0090   0200   A9 FF     ANFANG  LDA #$FF       ;DATENPORT A ALS
0100   0202   8D 01 F6          STA PADIR      ;...AUSGANG SCHALTEN
0110   0205   A9 00     LOOP    LDA #$00       ;ALLE 8 BITS VON PA AUF NULL
0120   0207   8D 00 F6          STA PA         ;...(LEDS VON PA AUS)
0130   020A   AD 00 F6          LDA PA
0140   020D   09 40            ORA #$40        ;LED PA6 AN
0150   020F   8D 00 F6          STA PA
0160   0212   AD 00 F6          LDA PA
0170   0215   09 01            ORA #$01        ;LED PA1 AN
0180   0217   8D 00 F6          STA PA
0190   021A   AD 02 F6  WARTEN  LDA PB         ;ABFRAGEN VON SCHALTER PB2
0200   021D   29 04            AND #$04
0210   021F   D0 F9            BNE WARTEN      ;WENN HIGH: ERNEUT FRAGEN
0220   0221   AD 00 F6          LDA PA         ;SONST:
0230   0224   09 08            ORA #$08        ;LED PA3 AN
0240   0226   8D 00 F6          STA PA
0250   0229   AD 00 F6          LDA PA
0260   022C   29 F7            AND #$F7        ;LED PA3 AUS
0270   022E   8D 00 F6          STA PA
0280   0231   4C 05 02          JMP LOOP
0290   0234                    .END
```

Mit je zwei Befehlen lassen sich im Akkumulator oder in einer spezifizierten Speicherstelle Verschiebungen um ein Bit nach links bzw. nach rechts ausführen. Die in folgender Tabelle angegebenen Codes gelten für Verschiebungen im Akkumulator.

Befehl	Bedeutung		Code für Akku
ASL	*Arithmetic Shift Left*	(arithmetische Linksverschiebung)	$0A
ROL	*Rotate Left*	(linksherum rotieren)	$2A
LSR	*Logical Shift Right*	(logische Rechtsverschiebung)	$4A
ROR	*Rotate Right*	(rechtsherum rotieren)	$6A

Die Schiebebefehle (*shift commands*) bewirken das „Retten" des herausgeschobenen Bits in die C-Flag-Speicherstelle (vgl. Bild 2.1.6); in die durch Verschieben freigewordene Stelle wird ein Nullbit geschrieben. Für „Linksschieben" (ASL) gilt mithin das nachfolgende Schema.

Arithmetic Shift Left (ASL)

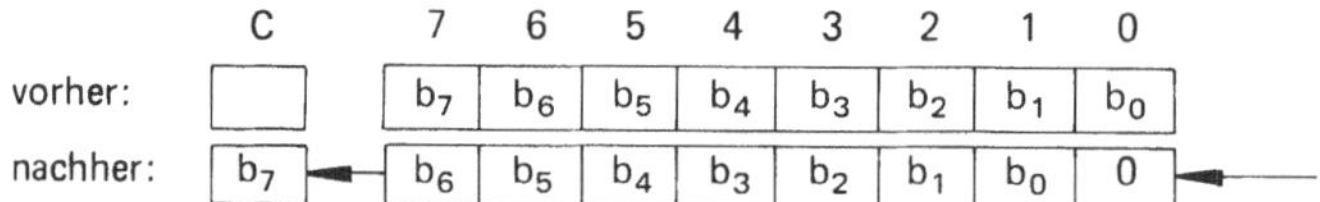

Durch ASL wird also die Multiplikation mit 2 veranlaßt! Die V-Flag wird *nicht* beeinflußt. Die N-Flag aber wird entsprechend Bit 7 (Bit 6 vor dem Schieben) gesetzt. Beim Resultat null nach dem Schieben geht die Z-Flag auf 1. Somit stehen in Verbindung mit dem Befehl ASL die Flags (Statusbits) C, N, V und Z für Verzweigungsentscheidungen zur Verfügung.

Logical Shift Right (LSR)

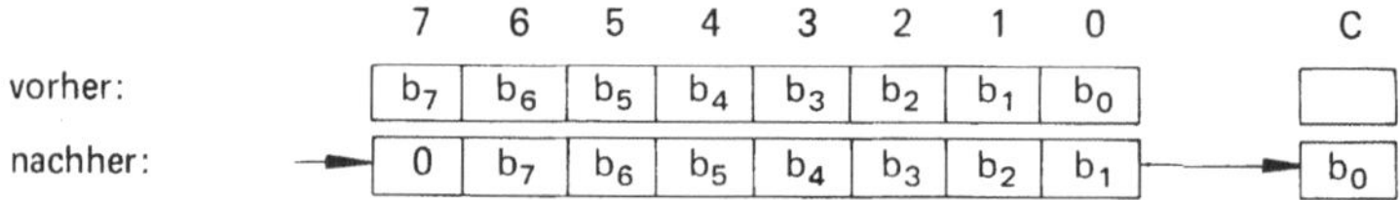

Die N-Flag wird durch LSR stets zurückgesetzt, C, V und Z werden wie bei ASL beeinflußt. Nach achtmaliger Anwendung von ASL oder LSR ist die spezifizierte Speicherstelle (oder der Akkumulator) vollständig auf null gesetzt.

Rotate Left (ROL)

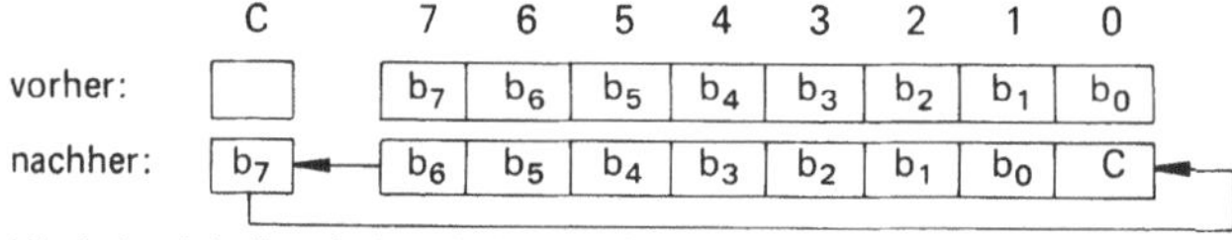

Hierbei wird die „freigeschobene" Stelle nun nicht null, sondern der Inhalt der C-Flag wird eingefügt, wodurch ein vollständig geschlossener „Kreislauf" entsteht. Nach achtmaliger Anwendung von ROL (und auch von ROR) ist der Ausgangswert in der spezifizierten Speicherstelle (oder im Akku) reproduziert. Die Flagbeeinflussung entspricht der bei den Schiebebefehlen.

Rotate Right (ROR)

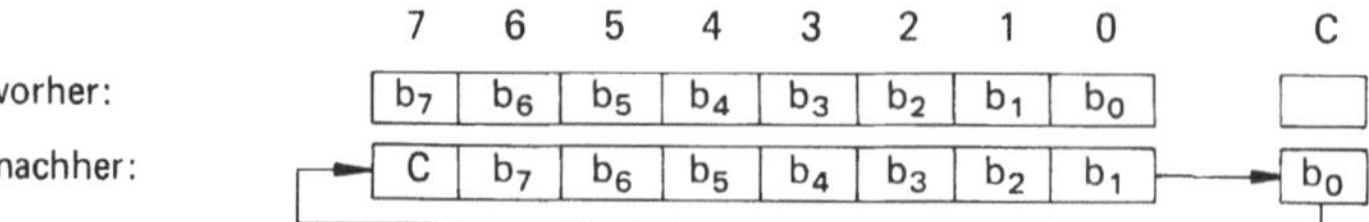

Mit einer kleinen Routine soll die Wirkung der Rotationsbefehle untersucht werden. Das „Programm" UEBUNG MIT ROTATION schiebt sozusagen ein Bit an Port A von rechts nach links, was im Normalmodus allerdings nicht beobachtet werden kann (die gesamte 8-Bit-Anzeige wird lediglich etwas dunkler). Die graphische Darstellung der Rotations-Routine ist in **Bild 2.4.2** auf zwei verschiedene Arten vorgenommen, als *Flußdiagramm* (a) und als *Struktogramm* (b).

Kommentar	Kommando-taste	Eingaben Adresse	Hexadez.-code	Mnemonische Schreibweise	Anzeigen Adressen				Daten	
Einzelschrittmodus:	RS	0200		LDA #$FF	0	2	0	0	A	9
Port A:	GO			STA PADIR	0	2	0	2	8	D
0000 0000	GO			LDA #$01	0	2	0	5	A	9
	GO	STORE		STA PA	0	2	0	7	8	D
0000 0001	GO			ROL A	0	2	0	A	2	A
Status: 20	SR				0	0	E	9	2	0
	PC				0	2	0	A	2	A
	GO			JMP STORE	0	2	0	B	4	C
	GO				0	2	0	7	8	D
0000 0010	GO			ROL A	0	2	0	A	2	A
		.								
		.								
0100 0000		.		ROL A	0	2	0	A	2	A
	GO				0	2	0	B	4	C
Status: A0	SR				0	0	E	9	A	0
	PC			JMP STORE	0	2	0	B	4	C
	GO				0	2	0	7	8	D
1000 0000	GO			ROL A	0	2	0	A	2	A
	GO				0	2	0	B	4	C
	GO				0	2	0	7	8	D
0000 0000	GO			ROL A	0	2	0	A	2	A
Status: 23	SR				0	0	E	9	2	3
	PC	usw.								

1. Die Routine ist im Einzelschrittmodus durchzuschalten, die jeweiligen Statusregisterinhalte sind zu prüfen und zu diskutieren.
2. ROL A ist gegen ROR A auszutauschen; dann (1) wiederholen.

```
0200                  ;***UEBUNG MIT ROTATION***
0200                  ;
0200                  PA      =$F600
0200                  PADIR   =$F601
0200                  ;
0200                          *=$0200
0200                  ;
0200   A9 FF          START   LDA #$FF        ;PORT A AUSGANG
0202   8D 01 F6               STA PADIR
0205   A9 01                  LDA #$01
0207   8D 00 F6       STORE   STA PA
020A   2A                     ROL A           ;LINKS ROTIEREN IN ACCU
020B   4C 07 02               JMP STORE
```

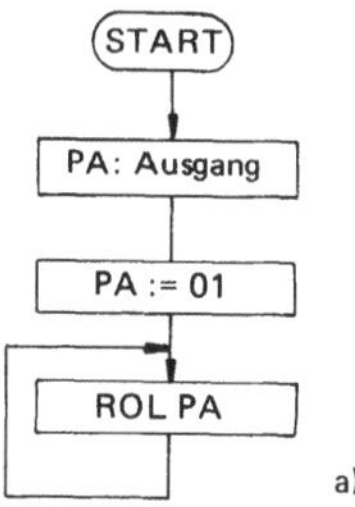

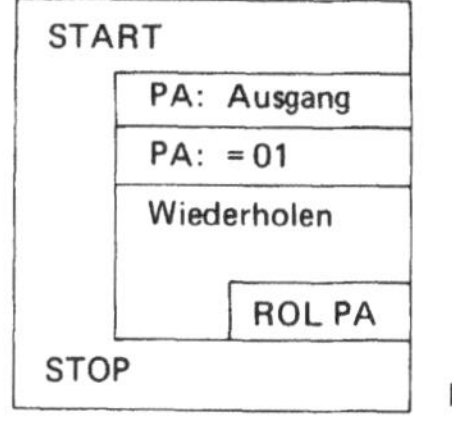

Bild 2.4.2

Graphische Darstellung der Rotations-Routine; a) als Flußdiagramm, b) als Struktogramm

Beispiele mit Schiebebefehlen

Mit zwei einfachen Beispielen sollen die Befehle zum Verschieben einzelner Bits im Akkumulator oder in einer Speicherstelle weiter untersucht werden.

Das Programm UEBUNG MIT SCHIEBEBEFEHLEN arbeitet mit Verschiebungen im Akkumulator (s. Programmabdruck mit ASL A und LSR A). Die auf der rechten Seite mit allen Eingabeschritten gezeigte Version nutzt die Verschiebemöglichkeit direkt im Ausgaberegister $F600 von Port A (ASL PA und LSR PA). **Bild 2.4.3** zeigt dieses Programm graphisch.

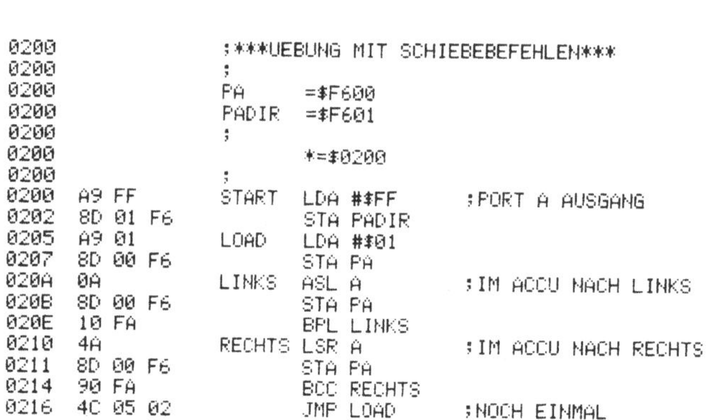

```
0200            ;***UEBUNG MIT SCHIEBEBEFEHLEN***
0200            ;
0200            PA      =$F600
0200            PADIR   =$F601
0200            ;
0200                    *=$0200
0200            ;
0200  A9 FF     START   LDA #$FF        ;PORT A AUSGANG
0202  8D 01 F6          STA PADIR
0205  A9 01     LOAD    LDA #$01
0207  8D 00 F6          STA PA
020A  0A        LINKS   ASL A           ;IM ACCU NACH LINKS
020B  8D 00 F6          STA PA
020E  10 FA             BPL LINKS
0210  4A        RECHTS  LSR A           ;IM ACCU NACH RECHTS
0211  8D 00 F6          STA PA
0214  90 FA             BCC RECHTS
0216  4C 05 02          JMP LOAD        ;NOCH EINMAL
```

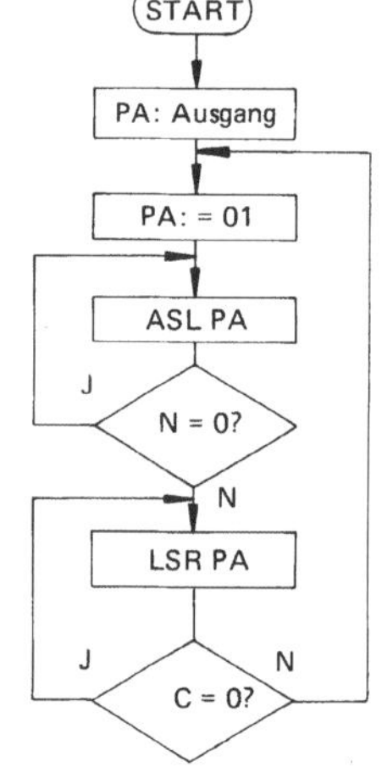

Bild 2.4.3 Graphische Darstellung der Routine mit Verschiebungen direkt an Port A (Version PA)

Die nachfolgende Aufstellung läßt die Hauptunterschiede zwischen den Versionen A (Schieben im Akku) und PA (Schieben im Port A) erkennen: Version A benötigt zwei Bytes Speicherplatz mehr, die Laufzeit beträgt in beiden Fällen 31 μs. Schieben im Akku dauert 2 μs, Schieben in der Speicherstelle dagegen 6 μs.

Instruktionen (Version A))	Bytes	Zyklen (μs)	Instruktionen (Version PA)	Bytes	Zyklen (μs)
LDA #$FF	2	2	LDA #$FF	2	2
STA PADIR	3	4	STA PADIR	3	4
LDA #$01	2	2	LDA #$01	2	2
STA PA	3	4	STA PA	3	4
ASL A	1	2	ASL PA	3	6
STA PA	3	4			
BPL	2	2	BPL	2	2
LSR A	1	2	LSR PA	3	6
STA PA	3	4			
BCC	2	2	BCC	2	2
JMP	3	3	JMP	3	3
Summen	25	31	Summen	23	31

Bild 2.4.4 ist das Flußdiagramm für eine erweiterte Routine mit Verschiebungen in beiden Ausgabeports. Die Programmauslistung zeigt die Lösung mit Verschiebungen in den Ausgabeports sowie mit UND-Vergleichen im Akkumulator.

Variationsmöglichkeiten: 1. Verwendung von Rotationsbefehlen; 2. Abfrage der C-Flag anstelle der AND-Operationen; 3. Schieben bzw. Rotieren im Akkumulator.

Kommentar	Kommando-taste	Eingaben Adresse	Hexadez.-code	Mnemonische Schreibweise	Anzeigen Adressen				Daten	
	RS	0200	A9	LDA #$FF	0	2	0	0	A	9
	↑		FF		0	2	0	1	F	F
Port A Ausgang	↑		8D	STA PADIR	0	2	0	2	8	D
	↑		01		0	2	0	3	0	1
	↑		F6		0	2	0	4	F	6
Anfangswert 01	↑	LOAD	A9	LDA #$01	0	2	0	5	A	9
	↑		01		0	2	0	6	0	1
	↑		8D	STA PA	0	2	0	7	8	D
	↑		00		0	2	0	8	0	0
	↑		F6		0	2	0	9	F	6
Direkt in PA	↑	LINKS	0E	ASL PA	0	2	0	A	0	E
($F600) schieben	↑		00		0	2	0	B	0	0
	↑		F6		0	2	0	C	F	6
	↑		10	BPL LINKS	0	2	0	D	1	0
	↑		FB		0	2	0	E	F	B
	↑	RECHTS	4E	LSR PA	0	2	0	F	4	E
	↑		00		0	2	1	0	0	0
	↑		F6		0	2	1	1	F	6
	↑		90	BCC RECHTS	0	2	1	2	9	0
	↑		FB		0	2	1	3	F	B
	↑		4C	JMP LOAD	0	2	1	4	4	C
	↑		05		0	2	1	5	0	5
	↑		02		0	2	1	6	0	2

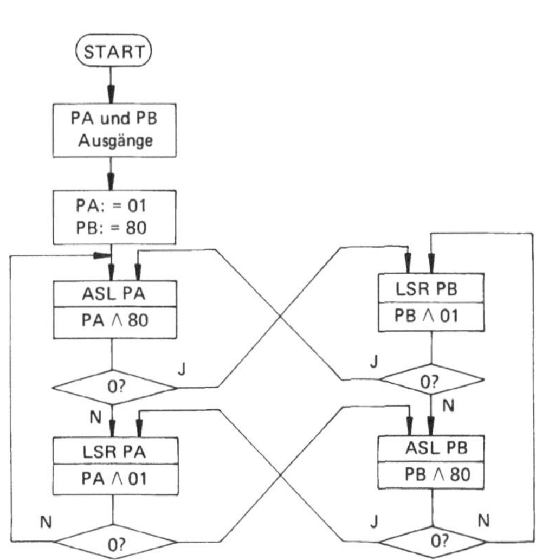

Bild 2.4.4 Graphische Darstellung des Programms mit Verschiebungen an beiden Ports und Anweisungsliste

```
0200                    PA      =$F600
0200                    PADIR   =$F601
0200                    PB      =$F602
0200                    PBDIR   =$F603
0200                    ;
0200                    *=$0200
0200                    ;
0200    A9 FF    START  LDA #$FF
0202    8D 01 F6        STA PADIR
0205    8D 03 F6        STA PBDIR
0208    A9 01          LDA #$01
020A    8D 00 F6        STA PA
020D    A9 80          LDA #$80
020F    8D 02 F6        STA PB
0212    0E 00 F6  ALI   ASL PA
0215    AD 00 F6        LDA PA
0218    29 80          AND #$80
021A    F0 0D          BEQ BRE
021C    4E 00 F6  ARE   LSR PA
021F    AD 00 F6        LDA PA
0222    29 01          AND #$01
0224    F0 0D          BEQ BLI
0226    4C 12 02        JMP ALI
0229    4E 02 F6  BRE   LSR PB
022C    AD 02 F6        LDA PB
022F    29 01          AND #$01
0231    F0 DF          BEQ ALI
0233    0E 02 F6  BLI   ASL PB
0236    AD 02 F6        LDA PB
0239    29 80          AND #$80
023B    F0 DF          BEQ ARE
023D    4C 29 02        JMP BRE
```

Logik- und Schiebe-Befehle
Zusammenfassung – 6502

Die sogenannten „logischen Befehle" erlauben bitweise Vergleiche sowie Ausblendungen einzelner Bitstellen (*Maskierungen*). Dies geschieht durch UND-, ODER- bzw. Exklusiv-ODER-Verknüpfungen zwischen korrespondierenden Bitstellen. Das Resultat der logischen Operationen steht im Akkumulator, der vorher in den Akku geladene Wert ist mithin überschrieben.

Ein besonderes Verhalten zeigt der Befehl BIT (*Bittest*), der ebenfalls eine UND-Verknüpfung ausführt, aber: das Ergebnis wird nicht im Akku abgelegt, sondern es wird Bit 7 der getesteten Speicherstelle in der N-Flag und Bit 6 in der V-Flag reproduziert. Diese Konstruktion ermöglicht darum Programmverzweigungen abhängig von den Zuständen einzelner Bits.

Neben den für Maskierungen und Einzelbittests verfügbaren logischen Befehlen sind die Schiebe- und Rotationsbefehle für viele Anwendungen von außerordentlicher Bedeutung. Damit lassen sich vielfältige Bitmanipulationen vornehmen, Bedingungen schaffen und Bewegungsabläufe konstruieren.

Wesentlicher Unterschied:

Die Schiebebefehle bewirken das Einschreiben eines Nullbits in die durch Verschieben freigewordene Stelle; die Rotationsbefehle dagegen schreiben in die freigewordene Stelle den Inhalt der C-Flag. In beiden Fällen wird das jeweils „herausgeschobene" Bit in die C-Flag geschrieben.

Nach acht Schiebeschritten mit ASL bzw. LSR ist die adressierte Operandenstelle (Akku oder Speicherbyte) also vollständig auf null, nach acht ROL- bzw. ROR-Schritten ist dagegen der Ausgangswert reproduziert.

Die Hexcodes lauten:

Befehl	in Akku	in Speicherstelle	direkter Wert
AND	–	2D	29
ORA	–	0D	09
EOR	–	4D	49
BIT	–	2C	–
ASL	0A	0E	–
LSR	4A	4E	–
ROL	2A	2E	–
ROR	6A	6E	–

16-Bit-µP 9900

Logik- und Schiebebefehle	Seite
ANDI, ORI, XOR, INV	141
SOC, SOCB, SZC, SZCB	144
SRA, SLA, SRL, SRC	152
SWPB	154

Logik-Befehle (ANDI, ORI, XOR, INV)   9900

In 2.2 haben wir die Befehle CLR (*Clear*, d.h. löschen) und SETO (*Set Ones*, d.h. setze Einsbits) kennengelernt und als *Initialisierungsbefehle* bezeichnet, weil damit Register oder Speicherstellen vollständig auf >0000 bzw. >FFFF gesetzt werden können. Zusätzliche Möglichkeiten zur Bitmanipulation bieten die sogenannten logischen Befehle, die bitweise logische Verknüpfungen ausführen:

ANDI:	*AND Immediate*, d.h. UND zwischen den Bits des spezifizierten Registers und den korrespondierenden Bits eines unmittelbar (*immediate*) angegebenen 16-Bit-Wortes
ORI:	*OR Immediate*, d.h. ODER entsprechend der oben bei ANDI beschriebenen Vorgehensweise
XOR:	*Exklusiv-ODER* zwischen korrespondierenden Bits in zwei Registern oder in einem Register und einer Speicherstelle
INV:	*Invertiere* alle Bits in Register oder Speicherstelle, d.h. bilde das Einerkomplement des angegebenen 16-Bit-Wortes.

Die Befehlsdarstellung ist wie folgt:

Format	Erklärung	Basiscode	Wortlänge
ANDI Rn, Zahlenwert	Ergebnis wird in Rn abgelegt	>0240 + Rn	2
ORI Rn, Zahlenwert	Ergebnis wird in Rn abgelegt	>0260 + Rn	2
XOR S,D	D (*Destination*) ist immer ein Register Rm; S (*Source*) ist ein Register Rn oder eine Speicherstelle Ergebnis in Rm (D).	>2XXX	1 2
INV G	G kann sein: ein Register oder eine Speicherstelle. Ergebnis in G.	>05XX	1 2

In allen Fällen wird das Ergebnis in Rn bzw. Rm oder G mit null verglichen, und entsprechend dem Vergleichsresultat werden die Flags LGT, AGT oder EQ gesetzt (vgl. 2.2 „Beeinflussung von Statusflags" und Bild 2.1.12 in 2.1 „Prozessorstatus").

Beispiele: Zur Untersuchung der logischen Befehle nehmen wir an, daß Beispieloperanden mit Hilfe von Ladebefehlen (LI) bzw. Transferbefehlen (MOV, vgl. 2.1) in Register und Speicherstellen wie folgt gebracht worden sind:

Register R0	R1	R2	R3	R4	Adresse >02FE
>D2AB	>D2AB	>D2AB	>D2AB	>6D03	>FFFF

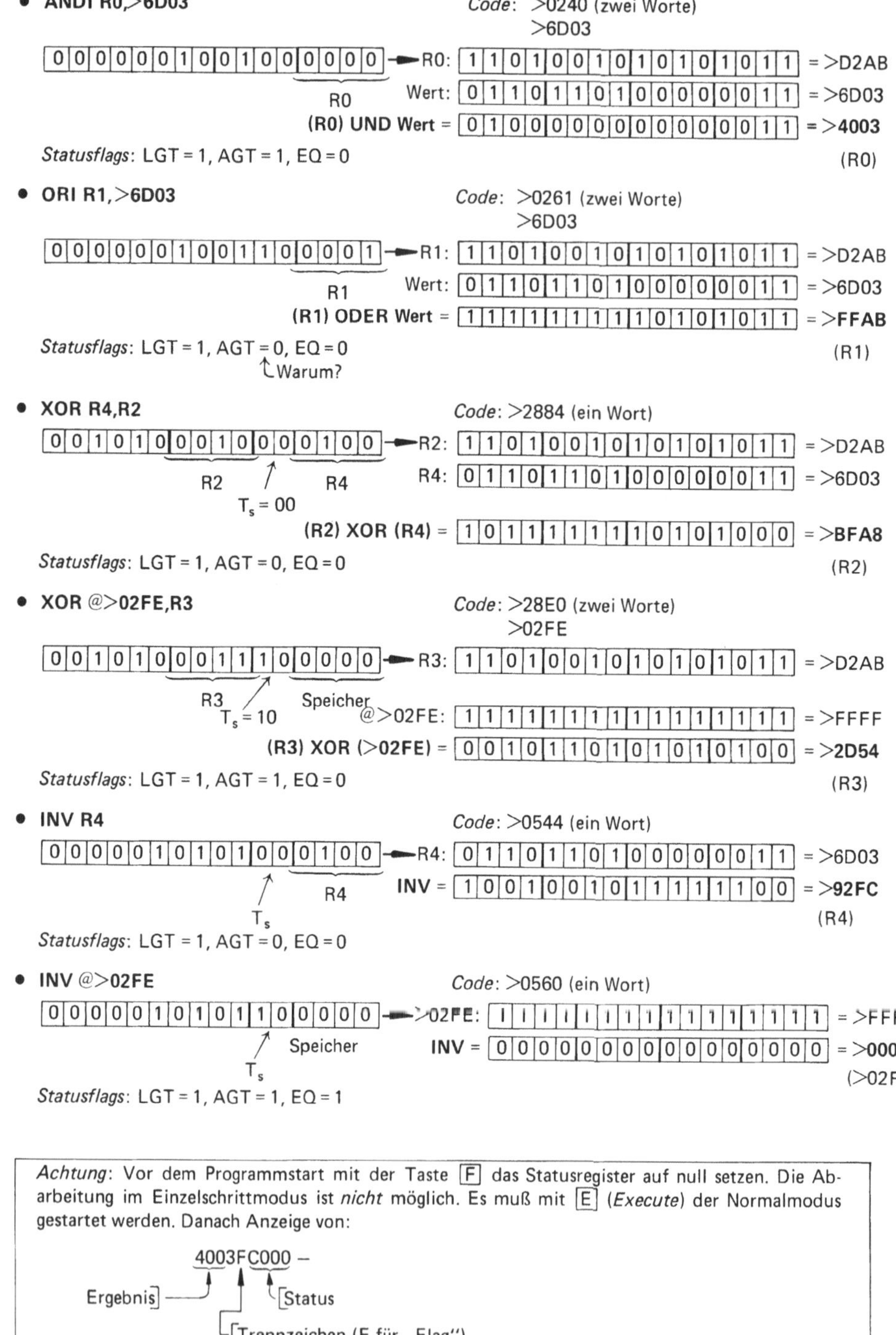

Achtung: Vor dem Programmstart mit der Taste [F] das Statusregister auf null setzen. Die Abarbeitung im Einzelschrittmodus ist *nicht* möglich. Es muß mit [E] (*Execute*) der Normalmodus gestartet werden. Danach Anzeige von:

        4003FC000 —

Ergebnis] ┘   │   └[Status
          └[Trennzeichen (F für „Flag").

Weiterarbeiten mit [Return] .

Kommentar	Kommando-taste	Eingaben Adresse	Hexadez.-code	Mnemonische Schreibweise	Anzeigen (Adressen / Daten)
Execute (E) Return	Ret	0200		LWPI >300	0 2 0 0 = 0 2 E 0 –
					0 2 0 2 = 0 3 0 0 –
				LI R0,>D2AB	0 2 0 4 = 0 2 0 0 –
					0 2 0 6 = D 2 A B –
				MOV R0, R1	0 2 0 8 = C 0 4 0 –
				MOV R1, R2	0 2 0 A = C 0 8 1 –
				MOV R2, R3	0 2 0 C = C 0 C 2 –
				LI R4,>6D03	0 2 0 E = 0 2 0 4 –
					0 2 1 0 = 6 D 0 3 –
				LI R6,>FFFF	0 2 1 2 = 0 2 0 6 –
					0 2 1 4 = F F F F –
				MOV R6,@>02FE	0 2 1 6 = C 8 0 6 –
					0 2 1 8 = 0 2 F E –
			→	ANDI R0,>6D03	0 2 1 A = 0 2 4 0 –
					0 2 1 C = 6 D 0 3 –
Anzeige R0 und Status:				STST R7	0 2 1 E = 0 2 C 7 –
				XOP R0, 10	0 2 2 0 = 2 E 8 0 –
				XOP R6, 8	0 2 2 2 = 2 E 0 6 –
4003FC000 –				XOP R7, 10	0 2 2 4 = 2 E 8 7 –
				XOP R9, 13	0 2 2 6 = 2 F 4 9 –
	Ret		→	ORI R1,>6D03	0 2 2 8 = 0 2 6 1 –
					0 2 2 A = 6 D 0 3 –
				STST R7	0 2 2 C = 0 2 C 7 –
Anzeige R1 und Status:				XOP R1, 10	0 2 2 E = 2 E 8 1 –
				XOP R6,8	0 2 3 0 = 2 E 0 6 –
				XOP R7, 10	0 2 3 2 = 2 E 8 7 –
FFABF8000 –				XOP R9, 13	0 2 3 4 = 2 F 4 9 –
	Ret		→	XOR R4, R2	0 2 3 6 = 2 8 8 4 –
				STST R7	0 2 3 8 = 0 2 C 7 –
Anzeige R2 und Status:				XOP R2,10	0 2 3 A = 2 E 8 2 –
				XOP R6,8	0 2 3 C = 2 E 0 6 –
				XOP R7,10	0 2 3 E = 2 E 8 7 –
BFA8F8000 –				XOP R9,13	0 2 4 0 = 2 F 4 9 –
	Ret		→	XOR @>02FE,R3	0 2 4 2 = 2 8 E 0 –
					0 2 4 4 = 0 2 F E –
				STST R7	0 2 4 6 = 0 2 C 7 –
Anzeige R3 und Status:				XOP R3,10	0 2 4 8 = 2 E 8 3 –
				XOP R6,8	0 2 4 A = 2 E 0 6 –
				XOP R7,10	0 2 4 C = 2 E 8 7 –
2D54FC000 –				XOP R9,13	0 2 4 E = 2 F 4 9 –
	Ret		→	INV R4	0 2 5 0 = 0 5 4 4 –
				STST R7	0 2 5 2 = 0 2 C 7 –
Anzeige R4 und Status:	·			XOP R4,10	0 2 5 4 = 2 E 8 4 –
				XOP R6,8	0 2 5 6 = 2 E 0 6 –
				XOP R7,10	0 2 5 8 = 2 E 8 7 –
92FCF8000				XOP R9,13	0 2 5 A = 2 F 4 9 –
	Ret		→	INV @>02FE	0 2 5 C = 0 5 6 0 –
					0 2 5 E = 0 2 F E –
				MOV @>02FE,R5	0 2 6 0 = C 1 6 0 –
					0 2 6 2 = 0 2 F E –
R5 und Status:				STST R7	0 2 6 4 = 0 2 C 7 –
0000F2000 –				XOP R5,10 usw.	0 2 6 6 = 2 E 8 5 –

Diese Befehle gestatten eine Reihe spezieller Maskierungen mit Hilfe der ODER- bzw. UND-Verknüpfungen. Sie sind als Ergänzung zu den Befehlen ORI (*OR Immediate*) bzw. ANDI (*AND Immediate*) anzusehen, die die logischen Verknüpfungen zwischen einem Registerinhalt und einem unmittelbar anzugebenden Wert ausführen.

Das Format der vier Befehle entspricht dem folgenden Beispiel:

| SOC S,D |

mit S: *Source*   (Register oder Speicherstelle als Quelle)
und D: *Destination* (Register oder Speicherstelle als Senke bzw. Ziel).

Die Binärdarstellung der Operationsteile ist

0	7 8	15
Basis-code	T_D D T_S	S

Die Bedeutung von T_S und T_D wird in 2.6 klar. Die Verknüpfungsergebnisse zwischen S und D werden in D abgelegt und mit null verglichen. Daraus folgen Beeinflussungen der Statusbits LGT, AGT und EQ.

Es bedeuten:

SOC — *Set Ones Corresponding*, d.h. setze entsprechende Einsbits. Dies ist nichts anderes als eine ODER-Verknüpfung zwischen S und D.

SZC — *Set to Zeroes Corresponding*, d.h. setze entsprechende Bits auf null. Hierdurch werden gerade die Bits auf null gesetzt, deren Vergleichsbit eins ist. Anders: es wird eine UND-Verknüpfung zwischen dem Einerkomplement des Quellenoperanden (S) und dem Zieloperanden (D) ausgeführt.

Eine Sonderstellung nehmen die Befehle SOCB und SZCB ein: sie bewirken *Verknüpfungen zwischen Bytes*, nicht zwischen Worten.

Wie bereits angegeben, können sowohl *Quelle* (S) als auch *Senke* (Zieladresse D) ein Register oder eine Speicherstelle sein. Damit haben wir folgende Möglichkeiten:

SOC S,D	SZC S,D	Worte
SOC Rn,Rm	SZC Rn,Rm	1
SOC Rn,@ZIEL	SZC Rn,@ZIEL	2
SOC @MASK,Rm	SZC @MASK,Rm	2
SOC @MASK,@ZIEL	SZC @MASK,@ZIEL	3

Hierbei steht @MASK symbolisch für eine Quellenadresse im Speicher, @ZIEL für eine Zieladresse. Die Verknüpfungsergebnisse werden in Rm bzw. @ZIEL abgelegt. Bei SZC wird Rn bzw. @MASK vor der Ausführung intern invertiert.

Beispiele:

(@MASK) = (>0350) = >FF00
(@ZIEL) = (>0352) = >AAAA

Die Klammern bedeuten: Inhalt von ... vor der Ausführung. Im 2. Beispiel SZC wird der durch SOC veränderte Inhalt von @ ZIEL verwendet.

(1) **SOC @MASK, @ZIEL**   *Code*: >E820 (drei Worte)
                                                        >0350
                                                        >0352

d.h. >FF00 ODER >AAAA

@MASK: `1 1 1 1 1 1 1 1 0 0 0 0 0 0 0 0` = >FF00

@ZIEL: `1 0 1 0 1 0 1 0 1 0 1 0 1 0 1 0` = >AAAA

→ @ZIEL: `1 1 1 1 1 1 1 1 1 0 1 0 1 0 1 0` = **>FFAA**

Statusflags: LGT = 1, AGT = 0, EQ = 0

(2) **SZC @MASK, @ZIEL**   *Code*: >4820 (drei Worte)
                                                        >0350
d.h. >00FF UND >FFAA   >0352

@MASK: `1 1 1 1 1 1 1 1 0 0 0 0 0 0 0 0` = >FF00

@$\overline{\text{MASK}}$: `0 0 0 0 0 0 0 0 1 1 1 1 1 1 1 1` = >00FF

@ZIEL: `1 1 1 1 1 1 1 1 1 0 1 0 1 0 1 0` = >FFAA

→ @ZIEL: `0 0 0 0 0 0 0 0 1 0 1 0 1 0 1 0` = **>00AA**

Statusflags: LGT = 1, AGT = 1, EQ = 0

Das abgedruckte Programm benutzt zur Anzeige der Ergebnisse und der Statusregister-Inhalte XOP-Instruktionen (vgl. 2.3 „Erweiterte Operationen"), die als Subroutine (vgl. 2.3 „Unterprogrammsprünge") aufgerufen werden (s. auch nächste Übung).

Vor dem Programmstart mit ⎣E⎦ (*Execute*) muß mit ⎣F⎦ das Statusregister auf null gesetzt werden.

Bild 2.4.5 zeigt den verwendeten Speicherplan (engl. *memory map*). In der nächsten Übung werden ab Adresse >0214 weitere Daten eingegeben. Ab >0270 werden dann auch weitere Operationen eingeführt. Dort wird ebenfalls (**Bild 2.4.6**) die gewählte Registerbelegung beschrieben.

Um den Sprungbefehl JMP AB mit der „symbolischen Adresse" AB = >0250 schreiben zu können, muß vorab eine Zuweisung folgendermaßen vorgenommen werden:

⎣Ret⎦ ⎣A⎦ ⎣2⎦ ⎣0⎦ ⎣0⎦ ⎣Ret⎦ ⎣A⎦ ⎣B⎦ ⎣Sp⎦ ⎣E⎦ ⎣Q⎦ ⎣U⎦ ⎣Sp⎦ ⎣>⎦ ⎣2⎦ ⎣5⎦ ⎣0⎦ ⎣Ret⎦

Hiernach steht die Anzeige auf 0200, und es kann direkt die Befehlseingabe erfolgen.

Man beachte auch die Adressenzuweisungen mit AORG >XXX und die Eingabe des anzuzeigenden Textes (ZIEL und STAT) mit Hilfe der DATA-Anweisung (s. hierzu die Auflistung der Assembler-Direktiven im **Anhang A8**).

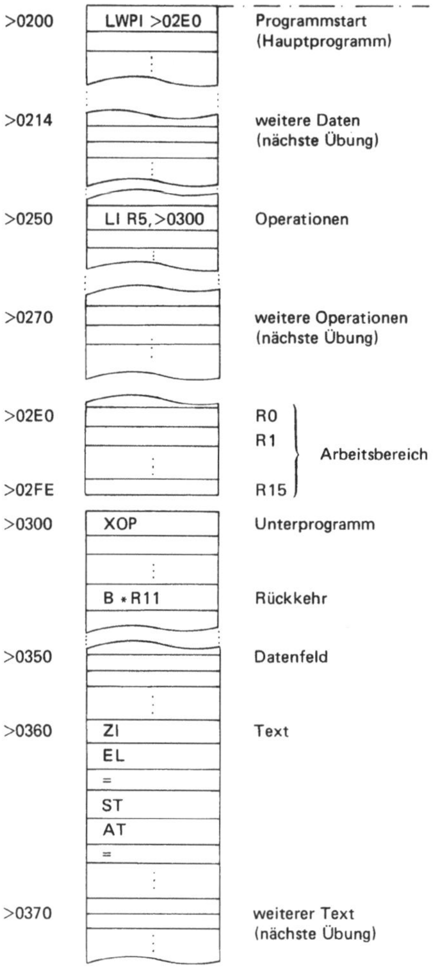

>0200
LWPI >02E0
Programmstart
(Hauptprogramm)
>0214
weitere Daten
(nächste Übung)
>0250
LI R5,>0300
Operationen
>0270
weitere Operationen
(nächste Übung)
>02E0
>02FE
R0
R1
R15
Arbeitsbereich
>0300
XOP
Unterprogramm
B *R11
Rückkehr
>0350
Datenfeld
>0360
ZI
EL
=
ST
AT
=
Text
>0370
weiterer Text
(nächste Übung)

Bild 2.4.5

Speicherbelegung für die Beispielprogramme mit SOC, SZC, SOCB, SZCB

R15
R14
R13
R12
R11 >XXXX Rückkehradresse aus Unterprogramm
R10
R9 „Dummy" zum Einschalten der Anzeige
R8
R7 >XXXX Statuskopie
R6 > XXXX Ergebnisregister
R5 >0300 Startadresse des Unterprogramms
R4 >XXXX Transferregister
R3 >0000
R2 >7A00
R1 >AAAA
R0 >FF00
Daten

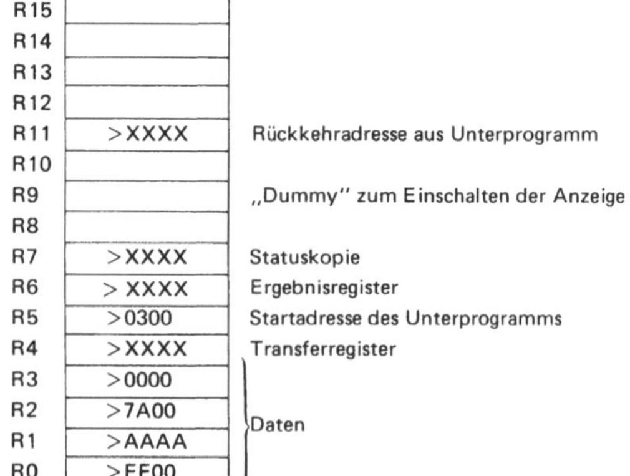

Bild 2.4.6

Registerbelegung bei den Beispielprogrammen mit SOC, SZC, SOCB, SZCB

Kommentar	Kommando-taste	Eingaben Adresse	Hexadez.-code	Mnemonische Schreibweise	Anzeigen Adressen					Daten				
Statusregister	Ret				?	–								
auf Null	F		0		F		=	X	X	X	X		0	–
	Ret				?	–								
Startadresse	P	200		LWPI >02E0	=	X	X	X	X		2	0	0	–
	Ret				?	–								
Execute	E				?	E		–						
	Ret			SOC @MASK,@ZIEL	Z	I	E	L	=	F	F	A	A	–
Statusanzeige	Ret				S	T	A	T	=	8	0	0	0	–
	Ret			SZC @MASK,@ZIEL	Z	I	E	L	=	0	0	A	A	–
Statusanzeige	Ret				S	T	A	T	=	C	0	0	0	–

```
0200  02E0          LWPI >02E0           ARBEITSBEREICH
0202  02E0
0204  0200          LI R0,>FF00          DATEN LADEN
0206  FF00
0208  C800          MOV R0,@>0350
020A  0350
020C  0201          LI R1,>AAAA
020E  AAAA
0210  C801          MOV R1,@>0352
0212  0352
0214  101D          JMP AB               HIER KOENNEN WEITERE
0216  1000          NOP                  DATEN EINGEGEBEN WERDEN
0250                AORG >0250
0250  0205  AB      LI R5,>0300          STARTADR SUBROUTINE
0252  0300
0254  E820  01      SOC @>0350,@>0352 ODER-VERKN.
0256  0350
0258  0352
025A  02C7          STST R7              STATUS IN R7
025C  C1A0          MOV @>0352,R6        ERGEBNIS IN R6
025E  0352
0260  0695          BL ◆R5               SPRUNG ZU SUBROUTINE
0262  4820  U1      SZC @>0350,@>0352 UND-VERKN.
0264  0350
0266  0352
0268  02C7          STST R7              STATUS IN R7
026A  C1A0          MOV @>0352,R6        ERGEBNIS IN R6
026C  0352
026E  0695          BL ◆R5               SPRUNG ZU SR
0270  1000          NOP                  HIER KANN WEITER-
0272  1000          NOP                  PROGRAMMIERT WERDEN
0300                AORG >0300
0300  2FA0  SF      XOP @>0360,14        UNTERPROGRAMM
0302  0360
0304  2E86          XOP R6,10
0306  2F49          XOP R9,13
0308  2FA0          XOP @>0366,14
030A  0366
030C  2E87          XOP R7,10
030E  2F49          XOP R9,13
0310  045B          B ◆R11               RUECKKEHR
0360                AORG >0360
0360  5A49          DATA >5A49,>454C,>3D00,>5354,>4154,>3D00
0362  454C
0364  3D00
0366  5354
0368  4154
036A  3D00
```

Mit zusätzlichen Beispielen werden nun die logischen Befehle weiter untersucht. Für den Ablauf auf dem Computer werden diese Beispiele in das Programm der vorhergehenden Übung eingebunden (vgl. auch Speicherplan in Bild 2.4.5).

Bei den Byteoperationen gilt folgende Zuordnung:

S oder D	ausgewählt
Register	höheres Byte (MSB)
gerade Adresse	höheres Byte (MSB)
ungerade Adresse	niederes Byte (LSB)

Es ist also beispielsweise für

    SOCB @>355,@>356 (d.h. (@>355) ODER (@>356)):

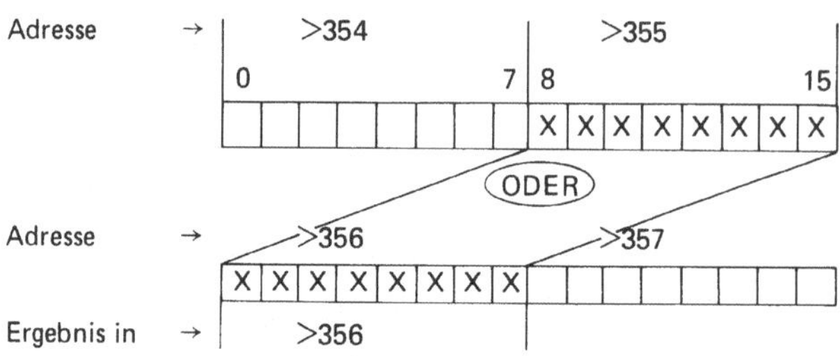

Die Inhalte der anderen Bytes in den Prozessorworten bleiben dabei absolut unbeeinflußt. Das Ergebnisbyte wird mit null verglichen, woraus die Flagzustände LGT, AGT und EQ folgen. Zusätzlich wird Flag OP (*Odd Parity*) auf eins gesetzt, wenn im Ergebnis die Anzahl der Einsbits ungerade (*odd*) ist.

Das auf der rechten Seite abgedruckte Programm wird mit der Ausgabe der Textzeile „ENDE" abgeschlossen. Der Datensatz dafür ist ab Adresse >0370 mit der DATA-Anweisung gespeichert. Die Registerzuweisung für dieses Programm ist in **Bild 2.4.6** gezeigt (s. vorhergehende Seiten). Die verwendeten Beispiele sind im folgenden ausgeführt.

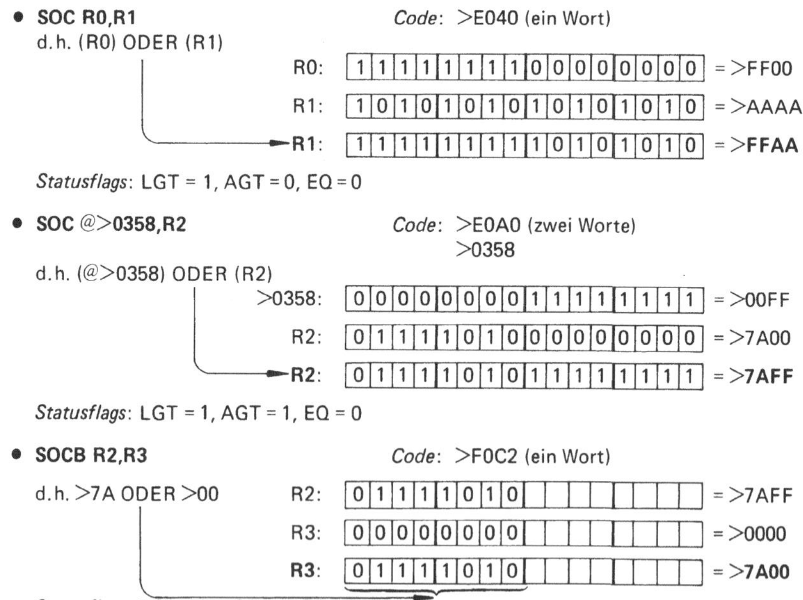

- **SOC R0,R1**   *Code*: >E040 (ein Wort)
  d.h. (R0) ODER (R1)
  - R0: `1111111100000000` = >FF00
  - R1: `1010101010101010` = >AAAA
  - R1: `1111111110101010` = >**FFAA**

Statusflags: LGT = 1, AGT = 0, EQ = 0

- **SOC @>0358,R2**   *Code*: >E0A0 (zwei Worte)
                                         >0358
  d.h. (@>0358) ODER (R2)
  - >0358: `0000000011111111` = >00FF
  - R2: `0111101000000000` = >7A00
  - R2: `0111101011111111` = >**7AFF**

Statusflags: LGT = 1, AGT = 1, EQ = 0

- **SOCB R2,R3**   *Code*: >F0C2 (ein Wort)
  d.h. >7A ODER >00
  - R2: `01111010` = >7AFF
  - R3: `00000000` = >0000
  - R3: `01111010` = >**7A00**

Statusflags: LGT = 1, AGT = 1, EQ = 0, OP = 1

Beispiele zu SOC, SOCB und SZCB

Kommentar	Kommandotaste	Eingaben Adresse	Hexadez.-code	Mnemonische Schreibweise	Anzeigen (Adressen / Daten)
Statusregister	Ret				? –
auf Null	F		0		F = X X X X 0 –
	Ret				? –
Startadresse	P	200		LWPI >02E0	= X X X X 2 0 0 –
	Ret				? –
Execute	E				? E –
	Ret			SOC @>350,@>352	Z I E L = F F A A –
LGT=1	Ret				S T A T = 8 0 0 0 –
	Ret			SZC @>350,@>352	Z I E L = 0 0 A A –
LGT=1, AGT=1	Ret				S T A T = C 0 0 0 –
	Ret			SOC R0,R1	Z I E L = F F A A –
LGT=1	Ret				S T A T = 8 0 0 0 –
	Ret			SOC @>358,R2	Z I E L = 7 A F F –
LGT=1, AGT=1	Ret				S T A T = C 0 0 0 –
	Ret			SOCB R2,R3	Z I E L = 7 A 0 0 –
LGT=1, AGT=1, OP=1	Ret				S T A T = C 4 0 0 –
	Ret			SOCB @>355,@>356	Z I E L = F A 0 0 –
LGT=1	Ret				S T A T = 8 0 0 0 –
	Ret			SZCB R3,@>355	Z I E L = 0 0 8 0 –
LGT=1, OP=1	Ret				S T A T = 8 4 0 0 –
	Ret				0 E N D E –

● **SOCB @>0355,@>0356**   *Code*: >F820 (drei Worte)
      >0355
      >0356

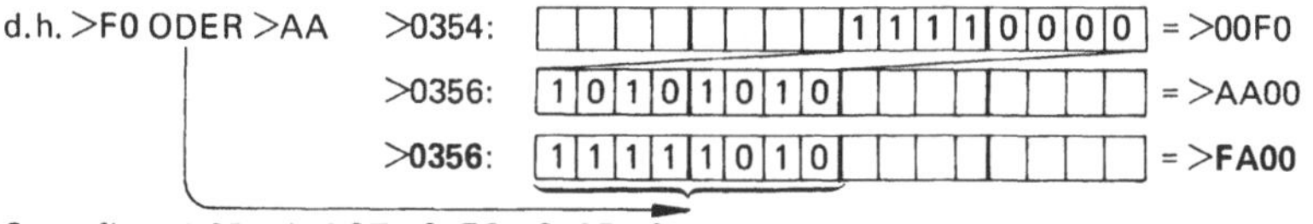

d.h. >F0 ODER >AA

	Bitmuster	
>0354:	1 1 1 1 0 0 0 0	= >00F0
>0356:	1 0 1 0 1 0 1 0	= >AA00
>0356:	1 1 1 1 1 0 1 0	= >**FA00**

Statusflags: LGT = 1, AGT = 0, EQ = 0, OP = 0

● **SZCB R3,@>0355**   *Code*: >5803 (zwei Worte)
      >0355

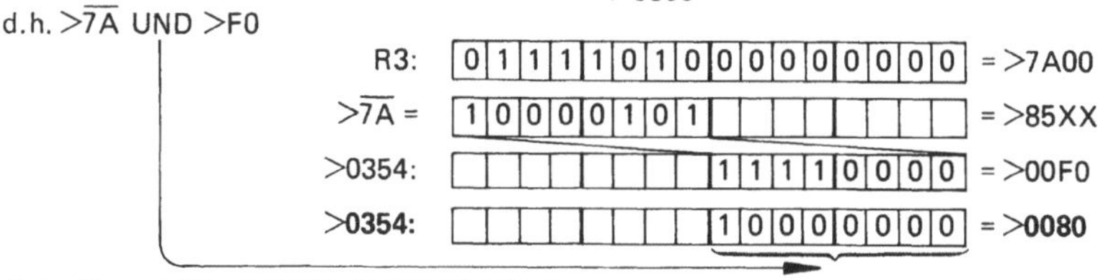

d.h. >$\overline{7A}$ UND >F0

	Bitmuster	
R3:	0 1 1 1 1 0 1 0 0 0 0 0 0 0 0 0	= >7A00
>$\overline{7A}$ =	1 0 0 0 0 1 0 1	= >85XX
>0354:	1 1 1 1 0 0 0 0	= >00F0
>0354:	1 0 0 0 0 0 0 0	= >**0080**

Statusflags: LGT = 1, AGT = 0, EQ = 0, OP = 1

Die vollständige Programmliste ist auf den nächsten Seiten abgedruckt.

```
0200  02E0        LWPI >02E0          ARBEITSBEREICH
0202  02E0
0204  0200        LI R0,>FF00         DATEN LADEN
0206  FF00
0208  C800        MOV R0,@>0350
020A  0350
020C  0201        LI R1,>AAAA
020E  AAAA
0210  C801        MOV R1,@>0352
0212  0352
0214  0202        LI R2,>7A00
0216  7A00
0218  04C3        CLR R3
021A  0204        LI R4,>00F0
021C  00F0
021E  C804        MOV R4,@>0354
0220  0354
0222  0204        LI R4,>AA00
0224  AA00
0226  C804        MOV R4,@>0356
0228  0356
022A  0204        LI R4,>00FF
022C  00FF
022E  C804        MOV R4,@>0358
0230  0358
0232  100E        JMP AB
0250              AORG >0250
0250  0205  AB    LI R5,>0300         STARTADR SUBROUTINE
0252  0300
0254  E820        SOC @>0350,@>0352 ODER-VERKNUEPFUNG
0256  0350
0258  0352
025A  02C7        STST R7             STATUS IN R7
025C  C1A0        MOV @>0352,R6       ERGEBNIS IN R6
025E  0352
0260  0695        BL  *R5             SPRUNG ZU SUBROUTINE
0262  4820        SZC @>0350,@>0352 UND-VERKNUEPFUNG
0264  0350
0266  0352
0268  02C7        STST R7
026A  C1A0        MOV @>0352,R6
026C  0352
026E  0695        BL  *R5             SPRUNG ZU SR
0270  E040        SOC R0,R1           "ODER" REG./REG.
0272  02C7        STST R7
0274  C181        MOV R1,R6
0276  0695        BL  *R5
0278  E0A0        SOC @>0358,R2       "ODER" SPEICHER/REG.
027A  0358
027C  02C7        STST R7
027E  C182        MOV R2,R6
0280  0695        BL  *R5
0282  F0C2        SOCB R2,R3          "ODER" MOST SIGNIFI-
0284  02C7        STST R7             CANT BYTES (REGISTER)
0286  C183        MOV R3,R6
0288  0695        BL  *R5
028A  F820        SOCB @>0355,@>0356 "ODER" LSB MIT MSB
028C  0355
028E  0356
0290  02C7        STST R7
0292  C1A0        MOV @>0356,R6
0294  0356
0296  0695        BL  *R5
0298  5803        SZCB R3,@>0355      "UND" MSB IN R3 MIT
029A  0355
029C  02C7        STST R7             ...LSB IN SPEICHER
029E  C1A0        MOV @>0355,R6
02A0  0355
02A2  0695        BL  *R5
```

```
02A4  2FA0         XOP @>0370,14      TEXT 'ENDE' AUSGEBEN
02A6  0370
02A8  2F49         XOP R9,13
0300               AORG >0300
0300  2FA0  SR     XOP @>0360,14      UNTERPROGRAMM
0302  0360
0304  2E86         XOP R6,10
0306  2F49         XOP R9,13
0308  2FA0         XOP @>0366,14
030A  0366
030C  2E87         XOP R7,10
030E  2F49         XOP R9,13
0310  045B         B  *R11            RUECKKEHR
0360               AORG >0360
0360  5A49         DATA >5A49,>454C,>3D00,>5354,>4154,>3D00
0362  454C
0364  3D00
0366  5354
0368  4154
036A  3D00
0370               AORG >0370
0370  2020         DATA >2020,>2020,>454E,>4445,>0
0372  2020
0374  454E
0376  4445
0378  0000
```

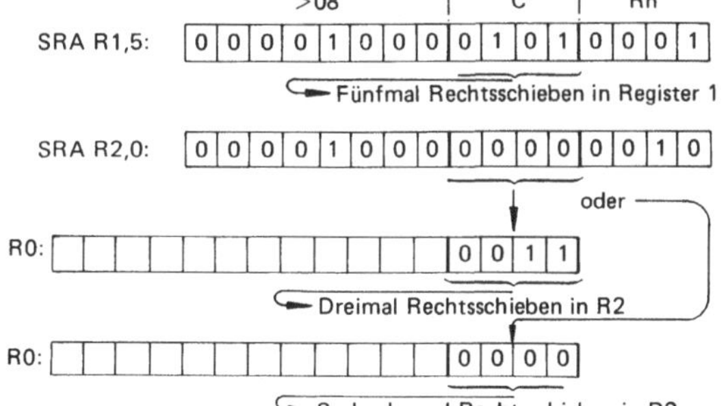

Bild 2.4.7

Beispiele für die Wirkung der Angabe C
(Count) in den Schiebe- und Rotationsbefehlen

Schieben und Rotieren (SRA, SLA, SRL, SRC)

Mit den Schiebe- und Rotationsbefehlen des Prozessors 6502 wird in der spezifizierten Speicherstelle jeweils um genau ein Bit nach links oder rechts geschoben. Die 9900-Prozessoren erlauben Verschiebungen zwischen 1 und 16 Bits, aber nur in einem Register des Arbeitsbereichs. Die allgemeine Darstellung des Befehlsformats ist:

> SXX Rn,C

wobei C die Anzahl der Schiebeschritte (*Counts*) im Register n (Rn) festlegt. Die vier Instruktionen dieser Gruppe sind Einwortbefehle mit folgender Codierung:

Befehl	0 1 2 3 4 5 6 7 Basiscode	8 9 10 11 C	12 13 14 15 Rn	Beeinflußte Flags
SRA:	>0 >8	C	Rn	LGT, AGT, EQ, C
SLA:	>0 >A	C	Rn	LGT, AGT, EQ, C, OV
SRL:	>0 >9	C	Rn	LGT, AGT, EQ, C
SRC:	>0 >B	C	Rn	LGT, AGT, EQ, C

Bedeutung und Wirkung der Instruktionen:

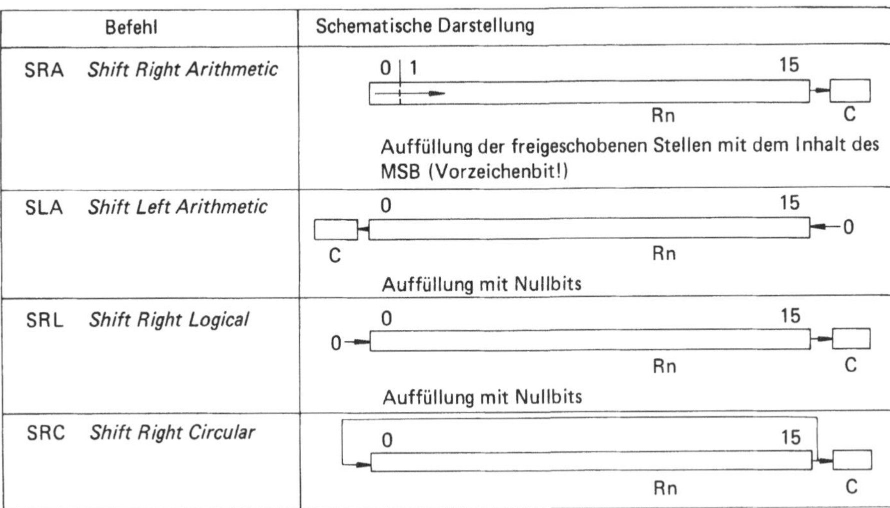

Die Schiebebefehle SLA und SRL stimmen also mit ASL und LSR des Prozessors 6502 überein. Der Rotationsbefehl SRC unterscheidet sich von den 6502-Typen dadurch, daß *nicht* der Inhalt der C-Flag, sondern Bit 15 nach Bit 0 zurück geschrieben wird. Völlig verschieden wirkt auch SRA, weil jede durch Rechtsschieben freigewordene Stelle mit dem Wert von Bit 0 (Vorzeichenbit) aufgefüllt wird.

> Für C (*Count*) gilt bei allen vier Befehlen folgendes:
> - C = 1 bis C = 15 = >F gibt direkt die Anzahl der Schiebeschritte an;
> - C = 0 bedeutet, es wird die Anzahl der Schiebeschritte den vier niedrigsten Bits des Registers R0 entnommen;
> - C = 0 und R0 = >XXX0 bewirkt Verschiebung um 16 Schritte.

Bild 2.4.7 auf der vorhergehenden Seite zeigt am Beispiel des Befehls SRA die Verwendung der Vierbitgruppe C.

Kommentar	Kommando-taste	Eingaben Adresse	Hexadez.-code	Mnemonische Schreibweise	Anzeigen Adressen						Daten				
Statusregister	Ret				?	–									
löschen	F		0		F		=	X	X	X	X		0		–
	Ret				?	–									
Startadresse	P	200			=	X	X	X	X		2	0	0		–
	Ret				?	–									
Execute	E				?	E		–							
	Ret			SRA R1,5	E	R	G	B	=	0	3	A	F		–
LGT=1, AGT=1, C=1	Ret				S	T	A	T	=	D	0	0	0		–
	Ret			SRA R2,0	E	R	G	B	=	F	0	1	5		–
LGT=1	Ret				S	T	A	T	=	8	0	0	0		–
	Ret			SLA R3,4	E	R	G	B	=	0	F	F	0		–
LGT=1, AGT=1	Ret				S	T	A	T	=	C	0	0	0		–
	Ret			SRL R3,0	E	R	G	B	=	0	1	F	E		–
unverändert	Ret				S	T	A	T	=	C	0	0	0		–
	Ret			SRC R3,5	E	R	G	B	=	F	0	0	F		–
LGT=1, C=1	Ret				S	T	A	T	=	9	0	0	0		–
	Ret				0				E	N	D	E			–

In völliger Analogie zur vorigen Übung mit SOC, SOCB und SZCB sollen folgende Operationen programmiert werden:

- SRA R1,5 mit (R1) = >75F3
- SRA R2,0 mit (R2) = >80AB
                 und (R0) = >0003
- SLA R3,4 mit (R3) = >00FF
- SRL R3,0
- SRC R3,5

Mit den gleichen Adressen und Daten, wie sie in der vorigen Übung benutzt wurden, werden nach *Execute* [E] nacheinander die Verschiebungsergebnisse und die Statusflags angezeigt. (Mit [F] [0] [Ret] Status vorab löschen!)

Die 9900-Prozessoren arbeiten grundsätzlich „wortorientiert" — die Basiseinheit ist das 16-Bit-Wort. Innerhalb solch eines CPU-Wortes lassen sich beliebige Umgruppierungen mit Hilfe der Schiebe- und Rotationsbefehle vornehmen. Zusammen mit den „logischen" Befehlen (UND, ODER) sind tatsächlich unbeschränkte Manipulierungen in Registern und Speicherstellen möglich.

Es existieren aber auch Bytebefehle — solche Instruktionen also, die nur auf genau ein halbes CPU-Wort wirken, auf das linke (MSB, *Most Significant Byte*) oder das rechte (LSB, *Least Significant Byte*). Es sind dies

MOVB — *Move Byte* (in Kap. 2.1)
SOCB — *Set Ones Corresponding, Byte* ⎫
SZCB — *Set Zeroes Corresponding, Byte* ⎬ (in diesem Kapitel)
AB   — *Add Byte* ⎫
CB   — *Compare Byte* ⎬ (in Kapitel 2.5)
SB   — *Subtract Byte* ⎭

Alle diese Befehle wirken auf das linke Byte (MSB), wenn Registeradressierung oder eine geradzahlige Speicheradresse gewählt wurde; sie wirken auf das rechte Byte (LSB) bei ungerader Adresse (vgl. hierzu auch die Beispiele zu SOCB und SZCB in der vorletzten Übung).

Das Arbeiten mit den Bytebefehlen kann erleichtert werden durch Verwendung der Anweisung SWPB: *Swap Bytes* (tausche Bytes aus). Die Wirkung ist ganz simpel:

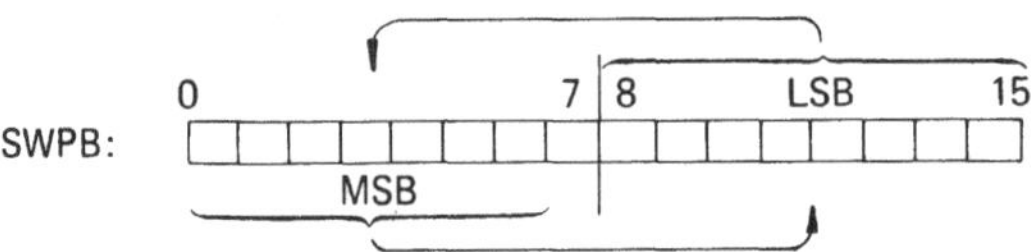

Es handelt sich um einen Einoperandenbefehl, d.h. es wird direkt das Register oder die Speicherstelle angegeben, wo der Austausch stattfinden soll.

Beispiele

- **SWPB R3**; d.h. Byteaustausch in R3

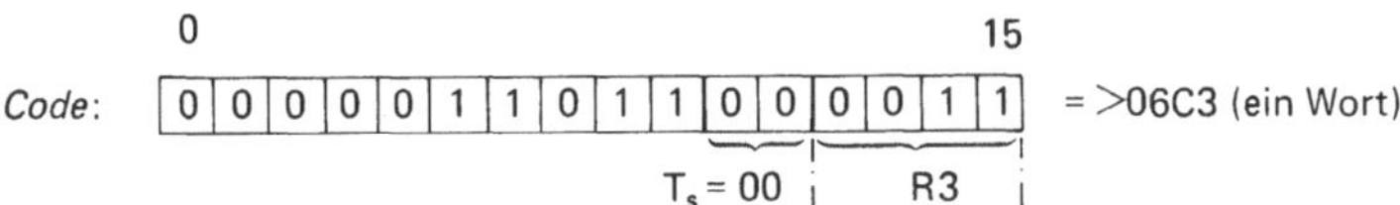

- **SWPB @>03A0**; d.h. Byteaustausch in Speicherstelle >03A0

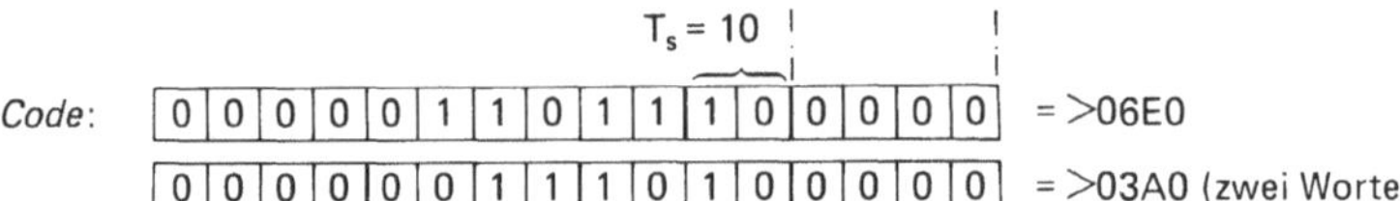

Der Maschinencode wird also folgendermaßen gebildet:

Registeradressierung | >06C0 + Rn
mit $>0 \leqslant Rn \leqslant >F$

Speicheradressierung | >06E0 | Adresse

Wenn ein Register oder eine Speicherstelle vor Ausführung >F302 enthält, entsteht durch SWPB als neuer Inhalt >02F3.

Es werden keine Statusflags beeinflußt!

Um in allen Fällen Befehlsausführungszeiten exakt berechnen zu können, müssen aus dem **Anhang A6** die entsprechenden Daten herausgesucht werden. Außerdem ist es nötig, die verschiedenen Adressierungsarten zu beherrschen, die in 2.6 zusammengestellt sind. Hier sei das Prinzip vorgestellt, um z. B. abschätzen zu können, warum solch ein spezieller Befehl wie SWPB sinnvoll ist.

Die Berechnung der totalen Ausführungszeit T für einen Befehl erfolgt nach

$$T = t_z (Z + WM) = t_z \cdot [Z_1 + Z_2 + Z_3 + W(M_1 + M_2 + M_3)].$$

Hierin sind

t_z: Zykluszeit des Prozessors 9980A auf der Platine TM 990/189 ist $t_z = 0{,}5\,\mu s$ (2 MHz);

W: zusätzliche Speicher-Wartezyklen; es gilt $W = 0$ für Speicher auf der Platine (Zugriffszeit < 512 ns);

Z_1: Basis-Taktzyklen zwischen 10 und 136

Z_2: zusätzliche Zyklen für den Quellenoperanden

Z_3: zusätzliche Zyklen für den Zieloperanden (beide zwischen 0 und 12);

M_i: Speicher-Zugriffszyklen; hier ohne Wirkung, weil $W = 0$.

Im Anhang sind alle Zyklen aufgelistet. Theoretisch folgen minimale und maximale Ausführungszeiten (mit $t_z = 0{,}5\,\mu s$):

$$T_{min} = 0{,}5 \cdot 10 = 5\,\mu s \quad \text{(für Jump ohne Ausführung)}$$
$$T_{max} = 0{,}5\,(136 + 12) = 74\,\mu s \quad \text{(für Division)}$$

Werden langsamere Speicher verwendet, können bis zu 16 μs dazukommen.

Als konkrete Aufgabe stellen wir uns den Austausch von Bytes — einerseits mit dem Austauschbefehl SWPB, zum andern mit dem Rotationsbefehl SRC. Es gilt $W = 0$ und $t_z = 0{,}5\,\mu s$.

1. Byteaustausch in Arbeitsregister Rn

$$\text{SWPB Rn} \longrightarrow T = 0{,}5 \cdot (16 + 0) = 8\,\mu s.$$

Bei Verwendung des Rotationsbefehls sind 8 Schiebeschritte (*Counts* C) zu veranlassen:

$$\text{SRC Rn,8} \longrightarrow T = 0{,}5 \cdot (18 + 2C) = 17\,\mu s.$$

Der „Spezialbefehl" ist also mehr als doppelt so schnell.

2. Byteaustausch in Speicherstelle MEM

$$\text{SWPB @MEM} \longrightarrow T = 0{,}5 \cdot (16 + 10) = 13\,\mu s.$$

Weil der Rotationsbefehl nur auf Registerinhalte wirkt, muß MOV vorangehen:

$$\text{MOV @MEM,Rn} \longrightarrow T = 0{,}5 \cdot (22 + 10) = 16\,\mu s$$
$$\text{SRC Rn,8} \longrightarrow \quad \underline{T = 0{,}5 \cdot (18 + 2C) = 17\,\mu s}$$
$$\text{total} \qquad = 33\,\mu s$$

Hierbei ist der Spezialbefehl SWPB 2,5 mal so schnell.

Logik- und Schiebe-Befehle
Gegenüberstellung – 6502/9900

In beiden Befehlssätzen sind die **logischen Funktionen** UND (AND), ODER (OR) und Exklusiv-ODER (EOR bzw. XOR) verfügbar. Im folgenden steht der allgemeine *Operator* ∘ für ∧ (UND), für ∨ (ODER) bzw. für ≢ (EOR).

Prozessor 6502	Prozessor 9900
Die drei Befehle AND, ORA und EOR bewirken	Hier existieren 5 Wort- und zusätzlich zwei Bytebefehle. ANDI und ORI bewirken

$$A \circ M \rightarrow A$$

$$R \circ Z \rightarrow R$$

Prozessor 6502	Prozessor 9900
Ein Operand muß im Akkumulator A stehen, der zweite kann in einer Speicherstelle M stehen oder unmittelbar angegeben werden. Das Ergebnis wird in A geschrieben (der erste Operand wird also überschrieben).	Ein Operand muß in einem Register R stehen, der zweite ist unmittelbar (*immediate*) anzugeben (Z). Ergebnis in R. Für XOR gilt

$$S \circ D \rightarrow D$$

wobei S ein Register oder eine Speicherstelle sein kann; D ist immer ein Register.

Für SOC, SOCB, SZC, SZCB gilt auch

$$S \circ D \rightarrow D$$

hier können aber S und D Register oder Speicher sein.

Individuelle Besonderheiten sind weiterhin:
- der Befehl BIT (Bittest) beim µP 6502, der ebenfalls eine UND-Verknüpfung ausführt, das Ergebnis aber nicht im Akku ablegt, sondern Bit 6 und 7 im Flagregister reproduziert;
- der Befehl INV (Invertiere alle Bits) beim µP 9900, der im angegebenen 16-Bit-Wort (Register oder Speicherstelle) das Einerkomplement bildet (Zweierkomplement s. 2.5).

Beide Befehlssätze enthalten **Möglichkeiten der Verschiebung** im 8- bzw. 16-Bit-Wort.

Prozessor 6502	Prozessor 9900
Verschieben nach links (ASL) oder rechts (LSR) um genau ein Bit in Akku oder Speicherstelle.	Verschieben nach links (SLA) oder rechts (SRL) um 1 bis 16 Bits nur in Register.
Das jeweils hinausgeschobene Bit gelangt in die C-Flag, mit Nullbits wird aufgefüllt.	
	Mit SRA werden ebenfalls Bits nach rechts geschoben, aufgefüllt wird aber mit dem Vorzeichenbit!
Linksrotieren (ROL) oder rechtsrotieren (ROR) um genau ein Bit in Akku oder Speicherstelle, aber sozusagen unter Einbeziehung der C-Flag.	Nur rechts rotieren, 1 bis 16 Bits nur in Register. Die C-Flag ist nicht einbezogen, nur Aufnahme des herausgeschobenen Bits.

Weil die 16-Bit-Prozessoren 9900 auch Byteoperationen erlauben, ist mit dem Befehl SWPB (*Swap Bytes*) das Vertauschen der beiden Bytes eines Wortes in Register oder Speicherstelle möglich.

2.5 Arithmetik-Befehle

Mit einem Byte läßt sich als größte Zahl 255 darstellen, mit einem 16-Bit-Wort immerhin 65535. Viele arithmetische Aufgaben verlangen aber die Verarbeitung weitaus größerer, aber auch sehr kleiner Zahlen. Auch kann der negative Zahlenbereich nicht ausgelassen werden. Wir werden in diesem Kapitel die durch die Befelssätze der Prozessoren gegebenen Möglichkeiten durcharbeiten und auch Verfahren zur Ausweitung vorstellen.

Es sind die folgenden *Grundoperationen* möglich:

	6502	9900
Addition	8-Bit-Wort zum Akku-Inhalt addieren, Ergebnis in Akku, Übertrag in C-Flag. Zusätzlich Beeinflussung der Flags Z, V, N.	16-Bit-Wort zu anderem 16-Bit-Wort in Register oder Speicherstelle, Ergebnis in R oder Speicher, Übertrag in C-Flag. Zusätzliche Beeinflussung der Flags EQ, OV, AGT, LGT.
	Addition von BCD-Stellen (durch Setzen der D-Flag).	−
Subtraktion	8-Bit-Wort vom Akku-Inhalt abziehen, Beeinflussung der vier arithmetischen Flags.	16-Bit-Worte voneinander abziehen. Beeinflussung der fünf oben genannten Flags.
	Subtraktion von BCD-Stellen	−
Multiplikation	−	16-Bit-Multiplikation mit 32-Bit-Ergebnis
Division	−	32-Bit-Wort durch 16-Bit-Wort dividieren

Der Prozessor 6502 besitzt keine Befehle für Multiplikation und Division. Bei Bedarf müssen dafür Routinen geschrieben werden; wir werden ein Beispiel üben.

Beide Prozessoren bieten zusätzlich Befehle, die Veränderungen um genau eine Einheit bewirken. Es sind dies:

Inkrementierung − Addition von 1 (INC),
Dekrementierung − Subtraktion um 1 (DEC).

Eine weitere Befehlsgruppe erlaubt Vergleiche (*comparisons*) zweier Operanden. Weil solche Vergleiche durch Subtraktion ausgeführt werden, haben wir die CMP-Befehle in die Klasse der arithmetischen Instruktionen eingeordnet. Nach ihrer Hauptverwendung könnte man sie aber ebensogut der Befehlsgruppe für logische Entscheidungen (2.4) zuordnen.

Die 9900-Prozessoren besitzen zwei weitere Befehle:

ABS − *Absolute Value*; dadurch wird ein spezifiziertes Datenwort mit null verglichen; der *Absolutwert* wird abgespeichert;

NEG − *Negate*; dadurch wird ein spezifiziertes Datenwort durch sein *Zweierkomplement* ersetzt.

Wie hilfreich der NEG-Befehl sein kann, wird erst deutlich, wenn Dualsubtraktionen zu bewältigen sind, bei denen negative Ergebnisse in Zweierkomplementform dargestellt werden. Grundlagen dazu wurden in 1.2.2 entwickelt; dort sind ebenfalls Konzepte der Vorzeichenangabe diskutiert (vgl. Bild 1.2.1). Auswirkungen arithmetischer, inkrementierender und vergleichender Operationen auf den Prozessorstatus wurden detailliert bei den Statusbefehlen in 2.2 behandelt.

Bild 2.5.1 zeigt die grundsätzlich verschiedene Ausführung bei der Verknüpfung zweier Operanden OP A und OP B. Beim Prozessor 6502 dient das *Akkumulatorregister* (A) als zentrale Verwaltungseinheit. Ein Operand muß vor Ausführung arithmetischer Operationen in A geladen werden (LDA). Das durch die ALU (*Arithmetic Logic Unit*) gebildete Ergebnis wird nach A zurückgespeichert. Bei den 9900-Prozessoren kann jeder Operand in einem Register des aktuellen Arbeitsbereichs oder in einer Speicherstelle (M) stehen. Das Ergebnis wird aber auch in eines der Operandenregister oder eine Speicherstelle zurückgeladen. In beiden Fällen werden Bereichsüberträge durch die *Carry-Flag* (C) angezeigt.

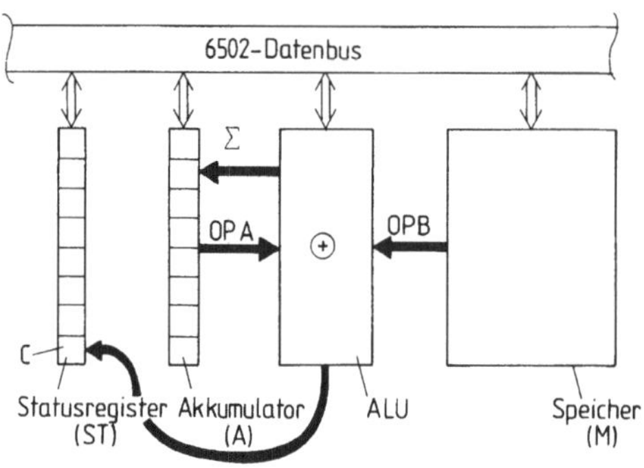

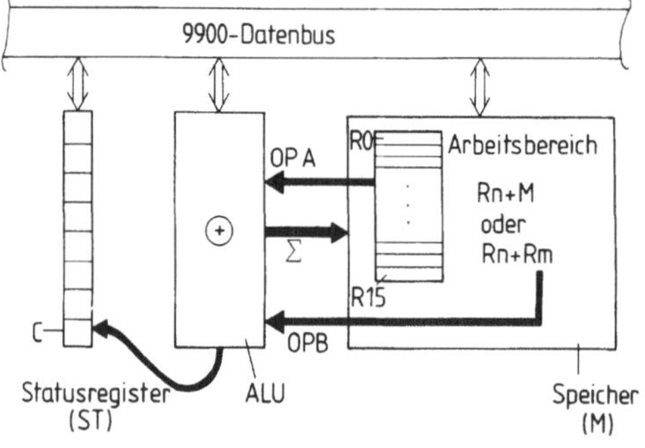

Bild 2.5.1

Grundsätzliche Unterschiede bei der Ausführung arithmetischer Verknüpfungen (Erklärungen im Text)

Arithmetik-Befehle	Seite
µP 6502	159
Zusammenfassung	172
µP 9900	173
Gegenüberstellung	194

8-Bit-µP 6502

Arithmetik-Befehle	Seite
ADC	160
SBC	162
INC, INX, INY, DEC, DEX, DEY	164
CMP, CPX, CPY	168

Einfaches Additionsprogramm (vgl. Bild 2.5.2)

```
0010  0200                    ;***ADDITIONSPROGRAMM***
0020  0200                    ;
0030  0200                    L1      =$0250
0040  0200                    H1      =$0251
0050  0200                    L2      =$0252
0060  0200                    H2      =$0253
0070  0200                    SL      =$0216
0080  0200                    SH      =$0217
0090  0200                    ;
0100  0200                            *=$0200
0110  0200                    ;
0120  0200  18         START  CLC          ;C-FLAG LOESCHEN
0130  0201  EA                NOP
0140  0202  AD 50 02          LDA L1
0150  0205  6D 52 02          ADC L2       ;RECHTES BYTE ADDIEREN
0160  0208  8D 16 02          STA SL
0170  020B  AD 51 02          LDA H1
0180  020E  6D 53 02          ADC H2       ;LINKES BYTE ADDIEREN
0190  0211  8D 17 02          STA SH
0200  0214  00                BRK
```

Der einzige Additionsbefehl des µP 6502 heißt

ADC — *Add with Carry*, d.h. formal (A) + (M) + C,

also Inhalt der angegebenen Speicherstelle zum Akku-Inhalt und zusätzlich C-Flag addieren. C kann 0 oder 1 sein.

> Die automatische Berücksichtigung der C-Flag bringt dann Vorteile, wenn „Mehrbyteworte" zu addieren sind. Es darf allerdings nicht vergessen werden, vor der ersten Addition mit CLC das C-Bit zu löschen!

Das Prinzip der Addition von Zahlen größer 255 sei anhand der schematischen Darstellungen in **Bild 2.5.2** erläutert. Für die Organisierung und Programmierung ist folgendes zu beachten:

— Die „großen" Zahlen sind dual (bzw. hexadezimal) byteweise zu zerlegen und geordnet im Datenfeld abzulegen (für Ergebnisbytes ebenfalls Speicherplätze reservieren).
— Vorab C-Flag löschen und dann byteweise und „stellenrichtig" aufaddieren.
— Das Gesamtergebnis liegt als 17-Bit-Wort vor, in dem die C-Flag das *Most Significant Bit* (MSB) darstellt. SL ist das *Least Significant Byte* (LSB).

Das Programm ist einfach (siehe Liste auf der vorhergehenden Seite); die Erweiterung auf mehr „Stellen" (mehr als zwei Bytes) oder mehr als zwei Operanden bereitet nach diesem Schema keine Schwierigkeiten. Bei der Aufaddierung mehrerer Bytes ist aber darauf zu achten, die eventuell mehreren Überträge (C-Flags) in zusätzlich reservierten Speicherstellen zu sammeln und in die Addition der nächsthöheren Stelle einzubeziehen.

> *Aufgaben:*
>
> 1. Das Datenfeld ist für die Aufgabe $FFFF + $0001 zu laden, dann das Programm im Normalmodus starten. Es stoppt bei Adresse $0216 (warum?) und zeigt sofort SL an. SH und C-Flag sind dann zu prüfen, um das Gesamtergebnis zu erkennen.
>
> 2. Nun ohne *Reset* (RS) auf Einzelschrittmodus schalten und nach jedem ⌈GO⌉ das Statusregister ansehen und diskutieren. Warum ist nach Ausführung von LDA L1 in Adresse $0202 die N-Flag gesetzt? (vgl. hierzu den Abschnitt „Vorzeichenbit" in 1.2.2 sowie die Statusbefehle in 2.2. Das Statusregister ist in Bild 2.1.6 erklärt).
>
> 3. Vor weiteren Durchläufen mit anderen Zahlenwerten ist der Befehl NOP in Adresse $0201 zu ersetzen durch SED (Code $F8). Dadurch wird die Dualarithmetik auf „BCD-Arithmetik" umgeschaltet (vgl. hierzu 1.2.3).
>
>   *Achtung*: Es sind nun nur die Dezimalziffern 0 bis 9 erlaubt!
>
> 4. Als Alternative zu der eben verwendeten Methode mit getrenntem Datenfeld ist die Möglichkeit der direkten Datenangabe in den Lade- und Additionsbefehlen anzusehen. Anstelle von z.B. LDA L1 und ADC L2 ist dann zu programmieren:
>
> ```
> $0202    A9 FF    LDA #$FF
> $0204    69 01    ADC #$01
> ```
>
>   Das Programm ist entsprechend umzuschreiben und zu diskutieren.

Kommentar	Kommando-taste	Eingaben Adresse	Hexadez.-code	Mnemonische Schreibweise	Anzeigen Adressen				Daten	
Eingabe der Daten	RS	0250			0 2 5 0				X	X
für die Aufgabe	DA		FF	L1	0 2 5 0				F	F
$FFFF + $0001	↑		FF	H1	0 2 5 1				F	F
	↑		01	L2	0 2 5 2				0	1
	↑		00	H2	0 2 5 3				0	0
Programmstart im	RS	0200		CLC	0 2 0 0				1	8
Normalmodus	GO			SL	0 2 1 6				0	0
	↑			SH	0 2 1 7				0	0
Ergebnis:	SR			SR	0 0 E 9				3	3
$10000										
Nun Einzelschritte		0200		CLC	0 2 0 0				1	8
	GO			NOP oder SED	0 2 0 1				X	X
	GO			LDA L1	0 2 0 2				A	D
	GO			ADC L2	0 2 0 5				6	D
Ab hier zwischendurch	SR				0 0 E 9				A	0
SR prüfen;	PC				0 2 0 5				6	D
usw.										

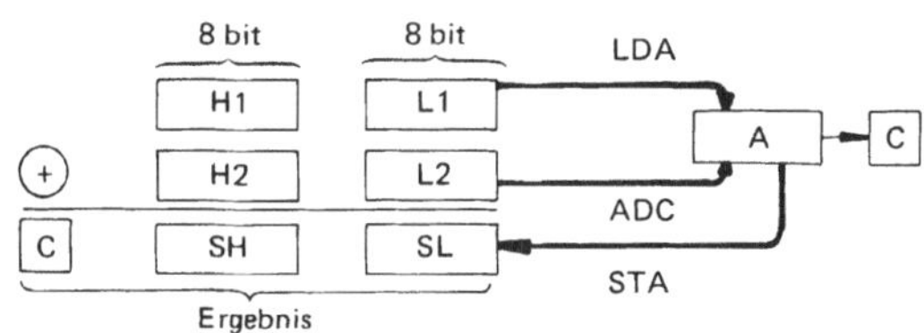

Datenfeld:

Programm:

	⋮	
0215	SL	
0216	SH	
	⋮	
0250	L1	
0251	H1	
0252	L2	
0253	H2	
	⋮	

0200	18	CLC
⋮		LDA L1
	·	ADC L2
	·	STA SL
		LDA H1
		ADC H2
		STA SH
⋮		

Bild 2.5.2

Prinzip der Addition zweier Zweibyte-
zahlen L: Low byte; H: High byte;
S: Summe; C: Carry-Flag

Der einzige Subtraktionsbefehl des μP 6502 heißt

SBC — *Subtract with Carry*, d.h. formal (A) − (M) − $\overline{C}$,

also Inhalt der angegebenen Speicherstelle vom Akku-Inhalt abziehen, zusätzlich „C nicht" (das Einerkomplement von C) subtrahieren.

$\overline{C}$ wird „Borgebit" genannt (*borrowbit*). Die C-Flag bleibt gesetzt, wenn es keinen Vorzeichenwechsel gibt; sie wird gelöscht, wenn das Vorzeichen wechselt.

Merkregel: • Vor erster Addition C-Flag löschen (CLC)
               • vor erster Subtraktion C-Flag setzen (SEC)

Für die Organisierung und Programmierung von Subtraktionsaufgaben gilt das gleiche wie bei Additionen. Deshalb sollte das Umschreiben des Additionsprogramms keine Schwierigkeiten bereiten (ADC durch SBC ersetzen; aber an SEC denken!).

Etwas schwieriger wird die Behandlung der Arithmetik, wenn negative Zahlen zu verarbeiten sind (vorzeichenbehaftete Arithmetik). Mit der folgenden Sequenz sind verschiedene Fälle zu untersuchen (Einzelschrittmodus oder Stopp durch BRK):

Adresse	Code	Mnemonisch
$0000	EA	NOP
$0001	38	SEC
$0002	A9 XX	LDA #OP1
$0004	E9 YY	SBC #OP2

Wird in Adresse $00 anstelle von NOP die Instruktion SED mit dem Code $F8 eingeschrieben, erfolgt die Subtraktion im BCD-Code (nur Ziffern 0 ... 9 erlaubt, vgl. 1.2.3).

Es sei an folgendes erinnert:

— negative Zahlen werden durch ihr Zweierkomplement dargestellt;
— die Subtraktion wird als Addition des Zweierkomplements ausgeführt. (vgl. 1.2.2, Vorzeichen und Zweierkomplement)

Auf der rechten Seite sind ein paar *Beispiele* mit Ergebnissen und Erläuterungen vorgestellt.

Addition (ADC)	Subtraktion (SBC)
vorab CLC einsetzen	vorab SEC einsetzen
C bleibt 0, wenn Summe $\leqslant$ $FF	C bleibt 1, wenn Vorzeichen nicht wechselt
C wird 1, wenn Summe $>$$FF (*Carry*, d.h. Übertrag)	C wird 0, wenn Vorzeichen wechselt (*Underflow*)
V wird 1, wenn Summe $>$$7F	
N wird 1, wenn in Summe b_7 = 1	
Z wird 1, wenn Summe null ist	

Kommentar	Kommando-taste	Eingaben Adresse	Hexadez.-code	Mnemonische Schreibweise	Anzeigen Adressen				Daten	
	RS	0000			0	0	0	0	X	X
	DA		EA	NOP	0	0	0	0	E	A
C-Flag setzen	↑		38	SEC	0	0	0	1	3	8
	↑		A9	LDA #$05	0	0	0	2	A	9
	↑		05		0	0	0	3	0	5
Subtrahieren:	↑		E9	SBC #$03	0	0	0	4	E	9
05-03	↑		03		0	0	0	5	0	3
Nach Ablauf:	AC			Ergebnis:	0	0	E	7	0	2
	SR			Status:	0	0	E	9	2	1
Ergebnisse für 05 − 06	AC				0	0	E	7	F	F
	SR				0	0	E	9	A	0
Ergebnisse für −02 − 03	AC				0	0	E	7	F	B
	SR				0	0	E	9	A	1

Aufgabe	Zweierkomplement	duale Ausführung	hexadezimale Operanden und AC	Statusregister nach Ausführung
5 − 3 → = 2	1111 1101	0000 0101 + 1111 1101 = 0000 0010	$05 $03 AC = $02	| 0 | 0 | 1 | 0 | 0 | 0 | 0 | 1 | ↑ N = 0 C = 1 ↑ d.h. Ergebnis positiv; kein Vorzeichenwechsel
5 − 6 → = − 1	1111 1010 0000 0001 ←	0000 0101 + 1111 1010 = 1111 1111	$05 $06 AC = $FF	| 1 | 0 | 1 | 0 | 0 | 0 | 0 | 0 | ↑ N = 1 C = 0 ↑ d.h. Ergebnis negativ; Vorzeichenwechsel
− 2 → − 3 → = − 5	1111 1110 1111 1101 0000 0101 ←	1111 1110 + 1111 1101 = 1111 1011	$FE $03 AC = $FB	| 1 | 0 | 1 | 0 | 0 | 0 | 0 | 1 | ↑ N = 1 C = 1 ↑ d.h. Ergebnis negativ; kein Vorzeichenwechsel

Ist also der erste Operand negativ, muß im Programm das Zweierkomplement verwendet werden (z.B. $FE für −2). Negative Ergebnisse sind im Akkumulator als Zweierkomplement gespeichert. Die Übersicht oben zeigt die Beeinflussung der arithmetischen Flags.

Die Befehle zum Inkrementieren und Dekrementieren bewirken die Veränderung um eine Einheit. Und zwar gilt formal:

INC	M + 1 → M	Verändern um 1 in angegebener Speicherstelle
DEC	M − 1 → M	
INX	X + 1 → X	Verändern um 1 im Indexregister X
DEX	X − 1 → X	
INY	Y + 1 → Y	Verändern um 1 im Indexregister Y
DEY	Y − 1 → Y	

Der Akkumulatorinhalt kann mit diesen Befehlen *nicht* verändert werden.

Es werden zwei *Statusbits* beeinflußt:

- Die Z-Flag wird auf 1 gesetzt, wenn durch INC, DEC usw. null erzeugt wurde;
- die N-Flag wird auf den Wert des Bit 7 im Ergebnisbyte gesetzt.

Es sei daran erinnert, daß das Ergebnis null (= $00) auch durch Inkrementieren (durch „Hochzählen'' also) erreicht werden kann; denn es gilt ja

```
      1111 1111
 +    0000 0001
 = 1 |0000 0000|  → $00 im Ergebnisbyte
```

Verwendung finden die Inkrementier- und Dekrementierbefehle vor allem zur Einrichtung sogenannter Softwarezähler. Dabei wird z.B. eine Schleife solange wiederholt, bis solch ein Zähler durch INC, DEC usw. null erreicht hat. Folgende Befehlsfolge zeigt einen typischen Fall, nämlich das Löschen einer Reihe von Speicherplätzen, hier die ersten 10, beginnend bei Adresse $00:

Adresse	Code	Label	Mnemonisch
$0200	A9 00		LDA #$00
$0202	A2 0A		LDX #$0A
$0204	95 00	NULL	STA $FF,X
$0206	CA		DEX
$0207	D0 FB		BNE NULL
$0209	00		BRK

Neu ist die Instruktionsangabe STA $FF,X. Damit wird dem Prozessor folgende Anweisung gegeben:

- Speichere den Akkumulatorinhalt (hier $00) in der Speicherstelle ab, deren Adresse sich aus der Addition von $FF mit dem Inhalt des Indexregisters X ergibt. Beim ersten Durchgang enthält X den Wert $0A, die erste mit STA erreichte Adresse ist demzufolge $FF + $0A = $09.

Man überzeuge sich von der Richtigkeit der Anweisung STA $FF,X, indem anstelle von $FF der Wert $00 eingesetzt wird.

> *Aufgabe*: Es sollen folgende Speicherbereiche gelöscht (auf null gesetzt) werden: $00C0 bis $00FF; $0250 bis $02A0.
>
> Dies gelingt am einfachsten durch Aneinanderreihen von zwei wie oben verwendeten Sequenzen.

6502 Inkrementieren und Dekrementieren (INC, INX, INY, DEC, DEX, DEY)

Kommentar	Kommando-taste	Eingaben Adresse	Hexadez.-code	Mnemonische Schreibweise	Anzeigen Adressen				Daten	
	RS	0200			0	2	0	0	X	X
	DA		18	CLC	0	2	0	0	1	8
Stellenzähler laden	↑		A2	LDX STZ	0	2	0	1	A	2
(Bsp. 2 Bytes)	↑		02		0	2	0	2	0	2
10 + X laden	↑	ST1	B5	LDA OP1,X	0	2	0	3	B	5
	↑		10		0	2	0	4	1	0
20 + X addieren	↑		75	ADC OP2,X	0	2	0	5	7	5
	↑		20		0	2	0	6	2	0
in 30 + X abspeichern	↑		95	STA ERG,X	0	2	0	7	9	5
	↑		30		0	2	0	8	3	0
	↑		CA	DEX	0	2	0	9	C	A
	↑		D0	BNE ST1	0	2	0	A	D	0
	↑		F7		0	2	0	B	F	7
Stoppkommando	↑		00	BRK	0	2	0	C	0	0

Vor dem Durchlauf im Normalmodus Werte (Operanden) eingeben:

	Kommandotaste	Adresse	Hexadez.-code		Adressen				Daten	
	AD	0011			0	0	1	1	X	X
	DA		FF		0	0	1	1	F	F
	↑		FF		0	0	1	2	F	F
	AD	0021			0	0	2	1	X	X
	DA		00		0	0	2	1	0	0
	↑		01		0	0	2	2	0	1

Ausgehend von der Additionsübung zu Anfang dieses Kapitels ist das obige Programm für *erweiterte Mehrfachaddition* entstanden. Mit Hilfe eines Bytezählers (Stellenzähler STZ) im Indexregister X können in diesem Beispiel Datenfelder (Tabellen) der Länge 15 aufaddiert werden. Dabei sind reserviert:

für den ersten Operanden   die Adressen $11 ... $1F (d.h. OP1 = $10),
für den zweiten Operanden die Adressen $21 ... $2F (d.h. OP2 = $20),
für das Ergebnis   die Adressen $31 ... $3F (d.h. ERG = $30).

Als einfache Kontrollrechnung ist die Aufgabe $FFFF + $0001 verwendet, d.h. der Bytezähler (STZ) wurde auf 2 gesetzt (für vier Hexadezimal- oder BCD-Stellen), die Operanden sind vorab in die Adresse $11, $12, $21, $22 gespeichert; das Ergebnis finden wir dann in $31, $32 und gegebenenfalls in der C-Flag.

Nach dem angegebenen Muster lassen sich sehr viele auch vielstellige Operanden aufaddieren; es muß nur für die Operanden (Tabellen) genügend Speicherplatz reserviert werden können. Außerdem ist ein Speicherplatz freizuhalten, in dem die Endüberträge aus den einzelnen vielstelligen Additionen aufaddiert werden können (vor Beginn löschen!). Nennen wir diese Speicherstelle CARRY. Dann kann nach jedem Durchgang (DEX → 0) anstelle von BRK angefügt werden:

```
      BCC X2        ;Springe nach X2, wenn C = 0, sonst ...
      INC CARRY     ;erhöhe Übertragsbyte um 1
  X2 LDX STZ        ;Stellenzähler neu laden und nächsten Additionszyklus beginnen
      .
      .
      usw. bis alle Operanden addiert sind.
```

Laden wir beispielsweise das X-Register mit dem größtmöglichen Wert $FF, dann ergibt sich folgende Situation (mit 1 μs Zykluszeit bei einem Takt von 1 MHz):

```
LADEN   LDX #$FF   ;2 Zyklen = 2 µs
DECR    DEX        ;2 Zyklen = 2 µs
        BNE DECR   ;3 Zyklen = 3 µs
```

Dekrementieren und Rückspringen wird genau 255 Mal ausgeführt, so daß die drei Instruktionen insgesamt $2 + (5 \times 255) = 1277$ μs $\approx 1{,}28$ ms verbrauchen. Das ist für menschliches Reaktionsvermögen immer noch viel zu schnell. Die Aneinanderreihung solcher Warteschleifen (*additive Schleifenbildung*) bringt auch keinen wesentlichen Fortschritt (z.B. 10 Schleifen ergeben ca. 13 ms). Das Rezept heißt Verschachtelung (*multiplikative Schleifenbildung*). In grober Abschätzung folgt dann

    1 Schleife   → 1,3 ms
    2 Schleifen → 1,3 ms · 255 ≈ 330 ms
    3 Schleifen → 0,33 s · 255 ≈ 84 s
    4 Schleifen →   84 s · 255 ≈ 5,95 h usw.

Durch exaktes Abzählen der für die Maschineninstruktionen benötigten Maschinenzyklen (hier gleich Mikrosekunden) lassen sich mithin definierte Verzögerungen zwischen Mikrosekunden und Stunden oder Tagen einstellen. Mit der folgenden Darstellung sei dies weiter verdeutlicht. Darin bedeuten:

    F1, F2, F3   − Faktoren zwischen 1 und 255
    HR   − Hilfsregister (freie Speicherstelle).

Label	Befehl	Zyklen = Mikrosekunden
	LDX F1	2
WARTE 1	LDY F2	2
WARTE 2	LDA F3	2
	STA HR	4
WARTE 3	DEC HR	6
	BNE WARTE 3	3
	DEY	2
	BNE WARTE 2	3
	DEX	2
	BNE WARTE 1	3

(Klammerung: DEC HR, BNE WARTE 3 → × F3; diese zusammen mit DEY, BNE WARTE 2 → × F2; diese zusammen mit DEX, BNE WARTE 1 → × F1)

Die Gesamt-Laufzeit (Verzögerungszeit VZ) dieser Routine ergibt sich aus

$$VZ = \{[(6 + 3) \cdot F3 + 11] \cdot F2 + 7\} \cdot F1 + 2 \text{ in } \mu s$$

Für den Fall, daß in die „Dekrementierregister" jeweils 1 geladen wird (F1 = F2 = F3 = 1, also geringste Verzögerung), wird VZ = 29 μs.

Es sei als Aufgabe gestellt, eine Sekunde Verzögerung einzustellen. Das Programm in **Bild 2.5.3** löst diese Aufgabe recht gut. Zur besseren Anpassung sind 8 μs eingeschoben (4 mal NOP). Nach einer Sekunde wird durch Inkrementierung an Port A die jeweils nächste Leuchtdiode eingeschaltet. Die exakte Verzögerung dazwischen berechnet sich zu

$$VZ = \{(9 \cdot 176 + 19) \cdot 208 + 7\} \cdot 3 + 2 + 3 = 1000298 \ \mu s = 1{,}000\,298 \text{ s}.$$

Das bedeutet, der Fehler im so erzeugten Sekundentakt beträgt etwa 0,3 ‰.

Weitere Übungen können mit Hilfe des in **Bild 2.5.4** und **Bild 2.5.5** dargestellten Programms durchgeführt werden. Dieses Programm erzeugt an Port A ein „Lauflicht". Anders als in der Version nach Bild 2.5.3 wird hier nicht durch Inkrementieren, sondern durch Addition Port A verändert. Die Verzögerungszeit wird nun in einem Unterprogramm hergestellt.

```
0010  0200               ;***** 1 SEKUNDE VERZOEGERUNG *****
0020  0200               ;
0030  0200        F1     =3              ;FAKTOR 1
0040  0200        F2     =208            ;FAKTOR 2
0050  0200        F3     =176            ;FAKTOR 3
0060  0200        HR     =$2FF           ;HILFSREGISTER
0070  0200        PA     =$F600          ;PORT A
0080  0200        FADIR  =$F601          ;RICHTUNGSREGISTER
0090  0200               ;
0100  0200               *=$200
0110  0200  A9 FF  START  LDA #$FF        ;PORT A KOMPLETT...
0120  0202  8D 01 F6      STA FADIR       ;...AUSGANG
0130  0205               ;
0140  0205               ;               ANZAHL DER ZYKLEN
0150  0205               ;              -----------------
0160  0205  EE 00 F6 INKR INC PA         ; 6
0170  0208  A2 03        LDX #F1         ; 2
0180  020A  A0 D0  WARTE1 LDY #F2        ; 2
0190  020C  A9 B0  WARTE2 LDA #F3        ; 2
0200  020E  8D FF 02     STA HR          ; 4
0210  0211  EA           NOP             ; 2
0220  0212  EA           NOP             ; 2
0230  0213  EA           NOP             ; 2
0240  0214  EA           NOP             ; 2
0250  0215  CE FF 02 WARTE3 DEC HR       ; 6   } ×176
0260  0218  D0 FB        BNE WARTE3      ; 3
0270  021A  88           DEY             ; 2         ×208
0280  021B  D0 EF        BNE WARTE2      ; 3
0290  021D  CA           DEX             ; 2
0300  021E  D0 EA   END  BNE WARTE1      ; 3              ×3
0310  0220  4C 05 02     JMP INKR        ; 3
0320  0223               .END
```

Bild 2.5.3

Befehls-Ausführungszeiten in µs:

```
0010  0200               ;***** UEBUNG MIT SCHLEIFEN *****
0020  0200               ;
0030  0200               *=$200
0040  0200  A9 FF        LDA #$FF         ;PORT A KOMPLETT...   2
0050  0202  8D 01 F6     STA $F601        ;...AUSGANG           4
0060  0205  A9 00        LDA #0                                 2
0070  0207  8D 00 F6 LOESCH STA $F600     ;PORT A LOESCHEN      4
0080  020A  18           CLC                                    2
0090  020B  69 01        ADC #1                                 2
0100  020D  20 20 02     JSR UNTER        ;AUFRUF UNTERPROGRAMM 6
0110  0210  4C 07 02     JMP LOESCH       ;WEITER               3
0120  0213               ;
0130  0213               *=$220
0140  0220  A0 C8   UNTER  LDY #$C8       ;FAKTOR 1 (DEZ. 200)  2
0150  0222  A2 64   WARTE1 LDX #$64       ;FAKTOR 2 (DEZ. 100)  2
0160  0224  CA      WARTE2 DEX                                  2
0170  0225  D0 FD        BNE WARTE2                             3
0180  0227  88           DEY                                    2
0190  0228  D0 F8        BNE WARTE1                             3
0200  022A  60           RTS                                    6
0210  022B               .END
```

Bild 2.5.4

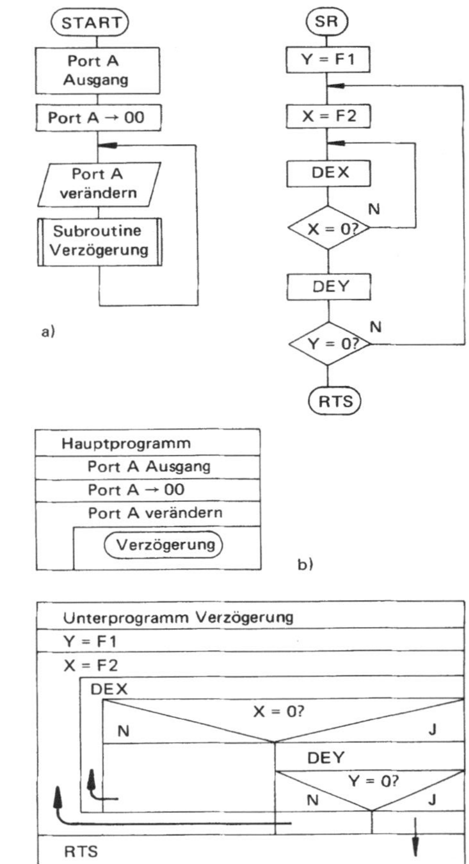

Bild 2.5.5 Graphische Darstellung des Programms nach Bild 2.5.4

Die Vergleichsbefehle (*Compare Instructions*) dienen dazu, zwei Operanden voneinander abzuziehen und dadurch festzustellen, ob beide gleich groß sind bzw. einer größer oder kleiner als der andere ist. Für die Vergleichsbefehle gilt:

CMP	A − M	Inhalt einer Speicherstelle M oder den direkt angegebenen Wert vom Akku-Inhalt abziehen
CPX	X − M	Speicherinhalt oder Wert vom X-Register-Inhalt abziehen
CPY	Y − M	Speicherinhalt oder Wert vom Y-Register-Inhalt abziehen

Das Besondere an diesen Befehlen ist, daß durch die Subtraktion weder der Inhalt des Registers noch der des Speichers verändert werden; auch die entstandene Differenz wird nicht abgespeichert. Einziger Zweck der Subtraktionen ist, im Statusregister bestimmte Flags zu setzen oder zu löschen. Schreiben wir für A, X bzw. Y einheitlich R, können die Beeinflussungen wie folgt beschrieben werden:

$C = 1$ wenn $R \geq M$ $C = 0$ wenn $R < M$	C bleibt 1, wenn Vorzeichen nicht wechselt (vgl. Übung Subtraktion)
$Z = 1$ wenn $R = M$ $Z = 0$ wenn $R \neq M$	Z wird immer in dieser Weise beeinflußt
$N = 1$ wenn $R < M$ $N = 0$ wenn $R \geq M$	In die N-Flag wird praktisch Bit 7 des Subtraktionsergebnisses kopiert

Daraus können wir nun Entscheidungskriterien ableiten:

Vergleichsergebnis	Zustand von C	Z	Abfragekriterium	Auf Vergleich folgende Sprunganweisungen
$R < M$	0	0	C = 0?	BCC ZIEL
$R = M$	1	1	Z = 1?	BEQ ZIEL
$R > M$	1	0	C = 1 UND Z = 0?	BCC WEITER BNE ZIEL WEITER XXX ...
$R \geq M$	1	X	C = 1?	BCS ZIEL

Zusätzliche Verzweigungsmöglichkeiten ergeben sich durch Abfrage der N-Flag, und zwar durch Verwendung von:

    BMI (Springe, wenn $N = 1$)
    BPL (Springe, wenn $N = 0$)

Programmierung eines 16-Bit-Binärzählers:

Es ist ein 16-Bit-Binärzähler mit Hilfe des E/A-Adapters zu simulieren.

Dazu wird Port B inkrementiert und jeweils mit $FF verglichen. Bei Gleichheit gibt es einen „Übertrag" in Port A (durch Inkrementierung von PA).

Der Vergleich wird im Hauptprogramm (**Bild 2.5.6**) mit dem CMP-Befehl ausgeführt. Im Unterprogramm (SR Verzögerung) kann durch Verändern der Faktoren F1, F2 und F3 (dreifache multiplikative Verschachtelung, vgl. das Flußdiagramm in **Bild 2.5.7**) die Zählfrequenz eingestellt werden.

Aufgaben:

1. Wie in der vorhergehenden Übung „Warteschleifen" ist durch Abzählen der Maschinenzyklen des Unterprogramms die Verzögerungszeit-Formel aufzustellen.
2. Durch Anpassen der Faktoren F1, F2, F3 sind Zählraten einzustellen (mit Stoppuhr über z.B. $2^{10} = 1024$ „Zählimpulse" prüfen).
3. Statt des nach Bild 2.5.6 programmierten Vorwärtszählers ist ein Rückwärtszähler zu programmieren (zuerst alle LEDs an und dann Dekrementieren, d.h. statt INC (Code $EE) nun DEC (Code $CE) einsetzen).

```
LINE # LOC      CODE        LINE

0010   0200                 ;***** DREIFACHSCHLEIFE *****
0020   0200                 ;
0030   0200                        *=$200
0040   0200  A9 FF          LDA  #$FF
0050   0202  8D 01 F6       STA  $F601           ;PORTS WERDEN AUSGAENGE
0060   0205  8D 03 F6       STA  $F603
0070   0208  A9 00          LDA  #0
0080   020A  8D 00 F6       STA  $F600           ;PORTS LOESCHEN
0090   020D  8D 02 F6       STA  $F602
0100   0210  EE 02 F6   WEITER INC  $F602        ;PORT B ERHOEHEN
0110   0213  20 30 02       JSR  VERZ            ;AUFRUF UNTERPROGRAMM
0120   0216  AD 02 F6       LDA  $F602           ;PORT B MIT...
0130   0219  C9 FF          CMP  #$FF            ;...255 VERGLEICHEN
0140   021B  D0 03          BNE  SPRUNG
0150   021D  EE 00 F6       INC  $F600           ;PORT A ERHOEHEN
0160   0220  4C 10 02   SPRUNG JMP  WEITER
0170   0223                 ;
0180   0223                        *=$230
0190   0230  A0 10      VERZ   LDY  #$10         ;FAKTOR 1
0200   0232  A2 10      WARTE1 LDX  #$10         ;FAKTOR 2
0210   0234  A9 10      WARTE2 LDA  #$10         ;FAKTOR 3 IN...
0220   0236  85 50          STA  $50             ;...HILFSREGISTER
0230   0238  C6 50      WARTE3 DEC  $50
0240   023A  D0 FC          BNE  WARTE3
0250   023C  CA            DEX
0260   023D  D0 F5          BNE  WARTE2
0270   023F  88            DEY
0280   0240  D0 F0          BNE  WARTE1
0290   0242  60            RTS
0300   0243                 .END
```

Bild 2.5.6

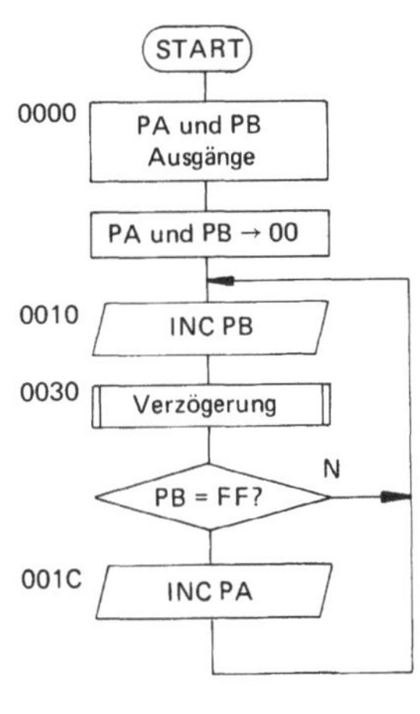

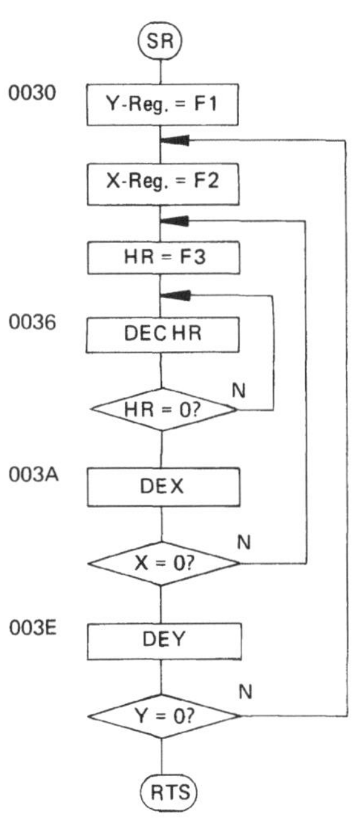

Bild 2.5.7
Flußdiagramm zum Programm Bild 2.5.6

Der µP 6502 besitzt keine Multiplikations- und Divisionsbefehle. Am Beispiel der Multiplikation zweier 16-Bit-Zahlen wird darum gezeigt, wie Multiplikationen mit Hilfe von Schiebe- und Rotationsbefehlen auf Additionen zurückgeführt werden können.

Wesentlich für die Handhabung und Erweiterungsfähigkeit einer Multiplikationsroutine ist die klare Vereinbarung über die Organisation des Programm-, Operanden- und Ergebnisteils. In **Bild 2.5.8** ist zunächst die logische Anordnung der Operanden und Hilfsregister skizziert. Dieses Schema ist leicht auf noch größere „Zahlen" zu ergänzen.

Bild 2.5.9 zeigt die Programmliste der Multiplikationsroutine. Das zugehörige Flußdiagramm ist in **Bild 2.5.10** dargestellt. Die im *Deklarationsteil* (auch: Vereinbarungsteil) vorgenommenen Zuweisungen könnten im Falle größerer Zahlen z.B. wie folgt verändert werden:

```
MKDn = $00 ...        MKTn = $10 ...        ;ZWn = $20 ...
PRn  = $40 ...        ZREG = $60            ;REG = $61
```

(Vor der Ausweitung des Registerbereichs vgl. Seite 172 unten.)

Bild 2.5.11 zeigt das Schema der Verschiebung um eine Stelle vor der nächsten Aufaddition in die Produktregister. Im Programm geschieht dies beim Label NICHT. Es ist einleuchtend, daß zuerst mit ASL eine Null einzuschieben ist. Die weiteren Schiebeschritte sind dann aber mit ROL auszuführen, weil dadurch über die C-Flag gerade das ganze Wort richtig durchgeschoben wird.

Die Multiplikationsroutine Bild 2.5.9 ist als selbständiges Programm geschrieben. Bei Dezimalarithmetik wird mit Adresse $0200 (Label DMPLY) gestartet, bei Dualarithmetik (engl. „binary") mit Adresse $0201 (Label BMPLY).

In einem größeren Programmpaket wird die Routine sinnvollerweise als Unterprogramm behandelt. Der Stoppbefehl BRK beim Label ENDE muß dann durch RTS (Code $60) ersetzt werden. In einem Hauptprogramm steht dann dort, wo die Multiplikation gewünscht wird, der Unterprogrammaufruf JSR (Code $20). Das könnte etwa folgendermaßen aussehen:

```
                Hauptprogramm
_________________________________________________________
                .
                .
                STA MKDn       ;Multiplikandenbytes laden
                .
                .
                STA MKTn       ;Multiplikatorbytes laden
MULTID          JSR DMPLY      ;Aufruf für Dezimalmultiplikation
                (oder)
MULTIB          JSR BMPLY      ;Aufruf für Dualmultiplikation
                (weiter)
                .
                .
_________________________________________________________
                Unterprogramm
_________________________________________________________
DMPLY           SED            ;Setze D-Flag für „Dezimal"
BMPLY           LDA #$00       ;Löschen der Hilfsregister
                .          ⎫ MPLY-Routine
                .          ⎭
                CLD            ;D-Flag wieder löschen
ENDE            RTS            ;Rückkehr in Hauptprogramm
```

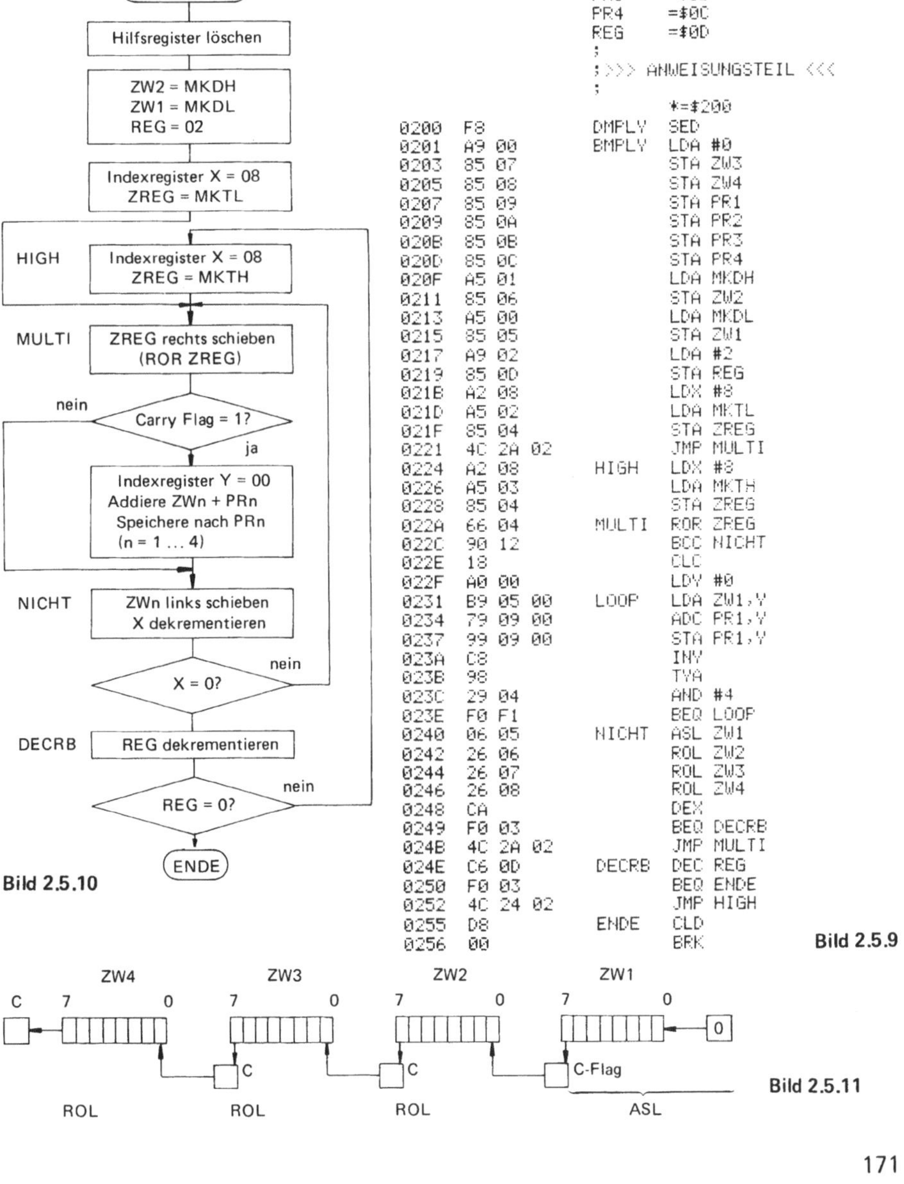


```
;***** MEHRFACHMULTIPLIKATION
;
;>>> DEKLARATIONSTEIL <<<
;
MKDL    =$00
MKDH    =$01
MKTL    =$02
MKTH    =$03
ZREG    =$04
ZW1     =$05
ZW2     =$06
ZW3     =$07
ZW4     =$08
PR1     =$09
PR2     =$0A
PR3     =$0B
PR4     =$0C
REG     =$0D
;
;>>> ANWEISUNGSTEIL <<<
;
                *=$200
0200  F8        DMPLY   SED
0201  A9 00     BMPLY   LDA #0
0203  85 07             STA ZW3
0205  85 08             STA ZW4
0207  85 09             STA PR1
0209  85 0A             STA PR2
020B  85 0B             STA PR3
020D  85 0C             STA PR4
020F  A5 01             LDA MKDH
0211  85 06             STA ZW2
0213  A5 00             LDA MKDL
0215  85 05             STA ZW1
0217  A9 02             LDA #2
0219  85 0D             STA REG
021B  A2 08             LDX #8
021D  A5 02             LDA MKTL
021F  85 04             STA ZREG
0221  4C 2A 02          JMP MULTI
0224  A2 08     HIGH    LDX #8
0226  A5 03             LDA MKTH
0228  85 04             STA ZREG
022A  66 04     MULTI   ROR ZREG
022C  90 12             BCC NICHT
022E  18                CLC
022F  A0 00             LDY #0
0231  B9 05 00  LOOP    LDA ZW1,Y
0234  79 09 00          ADC PR1,Y
0237  99 09 00          STA PR1,Y
023A  C8                INY
023B  98                TYA
023C  29 04             AND #4
023E  F0 F1             BEQ LOOP
0240  06 05     NICHT   ASL ZW1
0242  26 06             ROL ZW2
0244  26 07             ROL ZW3
0246  26 08             ROL ZW4
0248  CA                DEX
0249  F0 03             BEQ DECRB
024B  4C 2A 02          JMP MULTI
024E  C6 0D     DECRB   DEC REG
0250  F0 03             BEQ ENDE
0252  4C 24 02          JMP HIGH
0255  D8        ENDE    CLD
0256  00                BRK
```

Bild 2.5.9

Arithmetik-Befehle
Zusammenfassung – 6502

Unter dem Sammelbegriff „Arithmetik-Befehle" haben wir folgende Instruktionsgruppen des Prozessors 6502 zusammengefaßt:

Addition und Subtraktion	ADC, SBC
Inkrementierung	INC, INX, INY
Dekrementierung	DEC, DEX, DEY
Vergleichen	CMP, CPX, CPY

Multiplikations- und Divisionsbefehle existieren nicht. Diese sind auf Mehrfachaddition bzw. Subtraktion zurückzuführen. Ein Beispiel dafür ist am Ende dieses Kapitels angegeben.

Weil durch die Anweisungen ADC und SBC automatisch die C-Flag mitverwendet wird, empfiehlt sich folgendes:

bei Addition vorab   C-Flag löschen   – CLC
bei Subtraktion vorab C-Flag setzen   – SEC.

Die mit SEC vor der Subtraktion gesetzte C-Flag wird auch als Borgebit (*Borrow bit*) bezeichnet.

- Negative Zahlen werden durch ihr Zweierkomplement dargestellt.
- Die Subtraktion wird als Addition des Zweierkomplements ausgeführt.

Es besteht auch die Möglichkeit der Dezimalarithmetik. Eingestellt wird der Prozessor darauf durch Setzen der D-Flag (SED). Hinter dieser Betriebsart verbirgt sich die in 1.2.3 beschriebene BCD-Arithmetik mit automatischer Berücksichtigung der *Korrektur 6*.

Von großer Bedeutung sind die Inkrementier- und Dekrementierbefehle INC, DEC, INX, DEX, INY, DEY, durch die der Inhalt der Register A bzw. X oder Y um eine Einheit verändert wird. Sie dienen vor allem zum Einrichten sogenannter Softwarezähler. Dabei wird z.B. eine Schleife solange wiederholt, bis solch ein Zähler durch INC, DEC usw. Null erreicht hat. Es lassen sich damit beispielsweise verschieden schnelle bzw. langsame Systemteile aneinander anpassen. Im Abschnitt „Zeitschleifen" sind Methoden zur Erzeugung exakt einstellbarer Verzögerungszeiten beschrieben.

Mit den Vergleichsbefehlen CMP, CPX, CPY wird der Inhalt einer Speicherstelle oder ein direkt angegebener Wert vom Register A bzw. X oder Y abgezogen. Dadurch wird aber weder der Inhalt des Registers noch der des Speichers verändert; auch die entstandene Differenz wird nicht abgespeichert. Einziger Zweck der Subtraktion ist, im Statusregister bestimmte Flags zu setzen oder zu löschen und daraus Entscheidungskriterien abzuleiten.

Wegen der speziellen Verwendung der Inkrementier- und Vergleichsbefehle werden diese häufig auch bei den „logischen Befehlen" eingeordnet.

Anmerkung zu Seite 170 (Multiplizieren):

Wenn Dezimalzahlen verarbeitet werden sollen (Aufruf der Routine unter Label DMPLY; dadurch Setzen der D-Flag), sind in jedem Operandenbyte zwei BCD-Zahlen darstellbar, mit zwei Bytes also z.B.

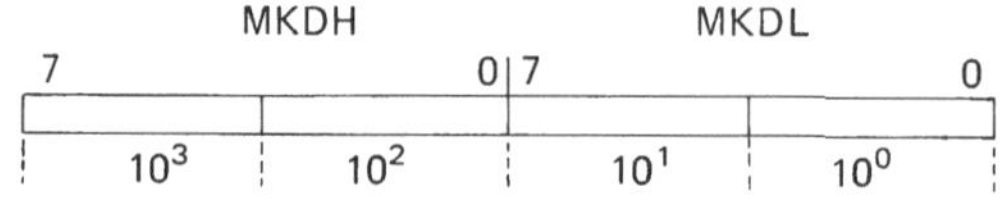

dezimale Wertigkeit:

D.h. einschließlich der C-Flag überdeckt man damit einen Wertebereich bis 10^4 = 10000. Würden wir 16 Bytes reservieren, kämen wir demzufolge auf einen Bereich bis 10^{32}.

16-Bit-μP 9900

Arithmetik-Befehle	Seite
A, AB, AI	174
S, SB	178
NEG, ABS	180
INC, INCT, DEC, DECT	182
C, CB, CI	186
COC, CZC	188
MPY, DIV	190

Programm zur Mehrfachaddition

```
0010                      IDT  'ADD'
0020 0200                 AORG >200
0030         0001 R1      EQU  1          REGISTERNAMEN DEFINIEREN
0040         0002 R2      EQU  2          (BEIM TM 990/189 NICHT...
0050         0003 R3      EQU  3             ...NOETIG !)
0060         0009 R9      EQU  9
0070         0250 H1      EQU  >250       OPERANDENADRESSEN
0080         0252 L1      EQU  >252
0090         0254 H2      EQU  >254
0100         0256 L2      EQU  >256
0110         0220 H3      EQU  >220       LABELS DEFINIEREN
0120         022A A1      EQU  >22A
0130 0200 02E0            LWPI >300       ARBEITSBEREICH
     0202 0300
0140 0204 A820            A  @L1,@L2      ADDIERE LOW-WORTE
     0206 0252
     0208 0256
0150 020A C060            MOV @L2,R1      SUMME ABLEGEN
     020C 0256
0160 020E C0A0            MOV @H2,R2      HOEHERES WORT
     0210 0254
0170 0212 1706            JNC H3          SPRINGE BEI C=0
0180 0214 0222            AI R2,1         ADDIERE 1,WENN C=1
     0216 0001
0190 0218 04C3            CLR R3
0200 021A 1702            JNC H3          SPRINGE BEI C=0
0210 021C 0223            AI R3,1         ADDIERE 1,WENN C=1
     021E 0001
0220 0220 A0A0            A  @H1,R2       ADDIERE HI-WORTE
     0222 0250
0230 0224 1702            JNC A1          SPRINGE BEI C=0
0240 0226 0223            AI R3,1         ADDIERE 1,WENN C=1
     0228 0001
0250 022A 2E83            XOP R3,10       ANZEIGEBEFEHLE
0260 022C 2E82            XOP R2,10
0270 022E 2E81            XOP R1,10
0280 0230 2F49            XOP R9,13       ANZ. EINSCHALTEN
0290                      END
ERRORS=0
```

Addieren (A, AB, AI)

Zur Beschreibung der mit den drei Additionsbefehlen möglichen Verknüpfungen verwenden wir die allgemeine Bezeichnung ADD S,D . Dann ist möglich:

S (*Source*)	Register	Register	Speicherstelle	Speicherstelle	Register
$\oplus$					
D (*Destination*)	Register	Speicherstelle	Register	Speicherstelle	Konstante

Mit den Abkürzungen Rn für eines der Register und Mn für Speicherstellen ergibt sich folgende konkrete Situation:

Befehl	Format	Basis-code	Operanden	Worte
Add Words – A (Addiere Worte)	0 7|8 15 `1 0 1 0 _ _ _ _ _ _ _ _ _ _ _ _` T_D D T_s S	>AXXX	Rn + Rm Rn + @Mm @Mn + Rm @Mn + @Mm	1 2 2 3
Add Bytes – AB (Addiere Bytes)	0 7|8 15 `1 0 1 1 _ _ _ _ _ _ _ _ _ _ _ _` T_D D T_s S	>BXXX		
Add Immediate – AI (Addiere unmittelbar)	0 7|8 15 `0 0 0 0 0 0 1 0 0 0 1 0 _ _ _ _` R	>0220 (+ Rn)	Rn + Const.	2

Es ist erkennbar, daß eine sehr flexible Behandlung arithmetischer Operationen möglich ist. Für die Additionsergebnisse gilt:

- Summe in D bei A und AB
- Summe in R bei AI

Die Ergebnisse werden mit null verglichen, und es werden folgende Statusbits beeinflußt:

LGT, AGT, EQ, C, OV, bei AB zusätzlich OP

Die nachstehenden einfachen *Beispiele* erläutern dies.

- A S,D — Addiere (S) zu (D); Summe in D.

(S) + (D) → D			LGT	AGT	EQ	C	OV
>1000	>0001	>1001	1	1	0	0	0
>F000	>1000	>0000	0	0	1	1	0
>F000	>8000	>7000	1	1	0	1	1
>4000	>4000	>8000	1	0	0	0	1

— gesetzt, wenn Betrag größer null
— gesetzt, wenn das höchstwertige Bit (MSB) der Summe *und* EQ null sind
— gesetzt, wenn Ergebnis = 0
— gesetzt, wenn Summe >65535 (absolut)
— gesetzt, wenn das MSB der Summe ungleich dem von D ist *und* wenn die MSB beider Operanden gleich sind.

● | AB S,D | — Addiere Byte aus S zu Byte in D; Summenbyte in D.

Für die Selektierung der Bytes aus den 16-Bit-Worten gilt das gleiche wie bei den Transferbefehlen in 2.1 (MOVB) und den Logik-Befehlen in 2.4 (z.B. SOCB), nämlich
— höherwertiges Byte, wenn S und D in Register oder geradzahliger Speicheradresse stehen;
— niederwertiges Byte bei ungerader Adresse.

Beispiel: AB @>0220,@>0223

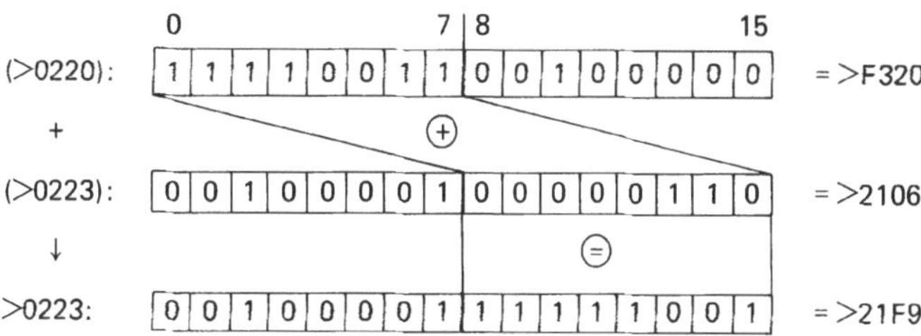

Das Statusbit OP (*Odd Parity*) wird gesetzt, wenn im Ergebnis die Anzahl der Einsbits ungerade ist.

● | AI Rn,Const | — Addiere unmittelbar angegebene Konstante zum Inhalt des Registers n; Summe in Rn.

Das Statusregister wird wie bei A S,D beeinflußt.

Die Addition von Zahlen, die den 16-Bit-Wertebereich überschreiten (engl. *Multi-Precision Arithmetic*) muß durch Aneinanderreihen von Datenworten geschehen. Die Verkettung geschieht über die C-Flag. Die Additionsbefehle berücksichtigen aber nicht automatisch die C-Flag, daran muß der Programmierer denken.

Das vollständige, auf Seite 173 aufgelistete Programm addiert 32-Bit-Zahlen. Das Prinzip ist dabei wie folgt:

```
         A     L1,L2     Addiere „Low"-Worte
         JNC   HIGH      Wenn C = 0, überspringe nächsten Befehl
         AI    H2,1      Wenn C = 1, addiere C
HIGH     A     H1,H2     Addiere „HIGH"-Worte usw.
                  .
                  .
```

Es sei daran erinnert, daß für die unmittelbare Addition (AI) der Operand H2 in einem Register stehen muß. Eine elegantere Methode der Berücksichtigung des Übertragsbits mit Hilfe eines Inkrementierbefehls werden wir später kennenlernen.

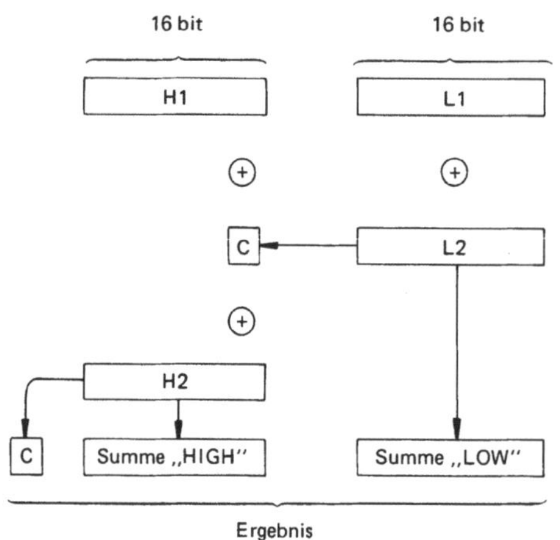

Bild 2.5.12

Schema der Mehrfachaddition.
L: "Low"-Wort; H: "High"-Wort;
C: Carry-Flag (Übertragsbit)

Datenfeld:

0250	H1
0252	L1
0254	H2
0256	L2

Programm:

0200	020E	LWPI >300
0202	0300	
0204	A820	A @L1,@L2
0206	0252	
0208	0256	
020A	C060	MOV @L2,R1

Bild 2.5.12 zeigt das Schema der Mehrfachaddition. Die Operanden sind vor dem Programmstart manuell (mit Hilfe des M-Befehls) in die Speicherstellen >0250 bis >0256 einzugeben. .

Zwei einfache *Zahlenbeispiele* sind

OP1 = >F0000000   und   OP1 = >FFFFFFFF
OP2 = >10000000   OP2 = >FFFFFFFF

Diese und weitere Beispiele sollen abgearbeitet werden. Die mittels der XOP-Befehle in der Anzeige sichtbar gemachten Ergebnisse sind schriftlich nachzuprüfen.

Programm zur Wort- und Bytesubtraktion

```
0010                        IDT  'SUB'
0020 0200                   AORG >200
0030         0001 R1        EQU  1
0040         0002 R2        EQU  2
0050         0003 R3        EQU  3
0060         0004 R4        EQU  4
0070         0009 R9        EQU  9
0080         0250 OP2       EQU  >250
0090         0252 OP1       EQU  >252
0100         0254 OP4       EQU  >254
0110         0256 OP3       EQU  >256
0120         0240 TXT1      EQU  >240
0130         0246 TXT2      EQU  >246
0140 0200 02E0 ST           LWPI >300              ARBEITSBEREICH
     0202 0300
0150 0204 6820              S @OP1,@OP2            WORTSUBTRAKTION
     0206 0252
     0208 0250
0160 020A 02C2              STST R2                STATUS IN R2
0170 020C C060              MOV @OP2,R1            ERGEBNIS IN R1
     020E 0250
0180 0210 2FA0              XOP @TXT1,14           TEXT: " D-S="
     0212 0240
0190 0214 2E81              XOP R1,10
0200 0216 2F49              XOP R9,13              ANZEIGE EINSCHALTEN
0210 0218 2FA0              XOP @TXT2,14           TEXT: "STAT="
     021A 0246
0220 021C 2E82              XOP R2,10
0230 021E 2F49              XOP R9,13
0240 0220 7820              SB @OP3,@OP4           BYTESUBTRAKTION
     0222 0256
     0224 0254
0250 0226 02C4              STST R4                STATUS IN R4
0260 0228 C0E0              MOV @OP4,R3            ERGEBNIS IN R3
     022A 0254
0270 022C 2FA0              XOP @TXT1,14           TEXT: " D-S="
     022E 0240
0280 0230 2E83              XOP R3,10
0290 0232 2F49              XOP R9,13
0300 0234 2FA0              XOP @TXT2,14           TEXT: "STAT="
     0236 0246
0310 0238 2E84              XOP R4,10
0320 023A 2F49              XOP R9,13
0330 0240                   AORG >240
0340 0240 2044              DATA >2044,>2D53,>3D00
     0242 2D53
     0244 3D00
0350 0246 5354              DATA >5354,>4154,>3D00
     0248 4154
     024A 3D00
0360         0200           END  ST
```

Es besteht die Möglichkeit, 16-Bit-Worte oder Bytes voneinander abzuziehen. Die unmittelbare Subtraktion einer Konstanten ist jedoch nicht vorgesehen. Wie bei den vergleichbaren Additionsbefehlen ist die Verwendung von Registern (Rn) und Speicherstellen (Mn) wie folgt möglich:

Befehl	Format		Basis-code	Operanden	Worte
Subtract Words – S (Subtrahiere Worte)	0 7|8 15 `0 1 1 0` T_D D T_s S		>6XXX	Rn – Rm Rn – @Mm @Mn – Rm @Mn – @Mm	1 2 2 3
Subtract Bytes – SB (Subtrahiere Bytes)	0 7|8 15 `0 1 1 1` T_D D T_s S		>7XXX		

Gehen wir von der allgemeinen Darstellung $\boxed{SUB\ S,D}$ aus, dann gilt:

> Inhalt von S wird vom Inhalt in D abgezogen; das Ergebnis (die Differenz) wird in D abgelegt, also:
> $D - S \rightarrow D$

Die Ergebnisse werden mit null verglichen, und es werden folgende Statusbits beeinflußt:

> LGT, AGT, EQ, C, OV, bei SB zusätzlich OP

Die nachstehenden *Beispiele* erläutern dies. Das dafür verwendete Programm ist auf der vorhergehenden Seite aufgelistet. Die Ergebnisse und die dadurch gesetzten Statusbits sind für ein paar Beispiele angegeben. Für die Byte-Subtraktion gilt das gleiche wie bei der Byte-Addition, weshalb in den drei Beispielen rechts die höheren Bytes verwendet werden (gerade Adressen). Durch Angabe ungerader Adressen können die niederen Bytes angesprochen werden. Vor der Ausführung sind jeweils die Operanden manuell ab Adresse >0250 einzuschreiben.

Wortsubtraktionen

- S @>252,@>250   *Code:* >6820 (drei Worte)
                                  >0252
                                  >0250

D (>250) – S (>252) → D → >250			LGT	AGT	EQ	C	OV	OP
>0005 (=5)	>0003 (=3)	>0002 (=2)	1	1	0	1	0	0
>FFFE (=−2)	>0003 (=3)	>FFFB (=−5)	1	0	0	1	0	0
>8223 (=33315)	>1225 (=4645)	>6FFE (=28670)	1	1	0	1	1	0

- Beträge größer 0
- AGT = 0 bei negativem Ergebnis
- Alle Ergebnisse sind ungleich 0
- C-Flag wurde bei den Subtraktionen *nicht* verwendet (kein Vorzeichenwechsel)
- Overflow-Flag wurde gesetzt, weil die MSB der beiden Operanden ungleich sind *und* das MSB der Differenz von dem des Zieloperanden (D; hier >8223) verschieden ist
- Beeinflussung nur bei Byteinstruktionen

Kommentar	Kommando-taste	Eingaben Adresse	Hexadez.-code	Mnemonische Schreibweise	Anzeigen (Adressen / Daten)
Statusregister auf null	Ret				? —
	F		0		F = X X X X 0 —
1. Beispiel	Ret				? —
Startadresse	P	200		LWPI >300	= X X X X 2 0 0 —
	Ret				? —
Flags:	E				? E —
	Ret	OP1=	0003	S @OP1, @OP2	D – S = 0 0 0 2 —
	Ret	OP2=	0005		S T A T = D 0 0 0 —
	Ret	OP3=	0600	SB @OP3, @OP4	D – S = F F 0 0 —
	Ret	OP4=	0500		S T A T = 8 0 0 0 —
2. Beispiel	E				
	Ret	OP1=	0003	S	D – S = F F F B —
	Ret	OP2=	FFFE		S T A T = 9 0 0 0 —
	Ret	OP3=	AA00	SB	D – S = 0 0 0 0 —
	Ret	OP4=	AA00		S T A T = 3 0 0 0 —
3. Beispiel	E				
	Ret	OP1=	1225	S	D – S = 6 F F E —
	Ret	OP2=	8223		S T A T = D 8 0 0 —
	Ret	OP3=	0345	SB	D – S = 0 7 B C —
	Ret	OP4=	0ABC		S T A T = D 4 0 0 —

Flags:

L>	A>	=	C	O	P
X	X		X		
X					

2. Beispiel

L>	A>	=	C	O	P
X			X		
		X	X		

3. Beispiel

L>	A>	=	C	O	P
X	X		X	X	
X	X		X		X

Bytesubtraktionen

- **SB** @>256, @>254   *Code:* >7820 (drei Worte)
                              >0256
                              >0254

D (>254) – S (>256) → D >254			LGT	AGT	EQ	C	OV	OP
>0500 (=5)	>0600 (=6)	>FF00 (=−1)	1	0	0	0	0	0
>AA00 (=170)	>AA00 (=170)	>0000 (=0)	0	0	1	1	0	0
>0ABC (=10)	>0345 (=3)	>07BC (=7)	1	1	0	1	0	1

- LGT = 0 bei Ergebnis ≠ 0
- AGT = 1 bei positivem Ergebnis
- EQ = 1 bei Ergebnis = 0
- C = 0 bei Vorzeichenwechsel
- vgl. hierzu Erklärung bei Wortsubtraktionen
- OP = 1, weil im Ergebnisbyte eine ungerade Anzahl von Einsbits steht (%00000111)

Die benutzten Bytes sind unterstrichen.

Negation und Betragsbildung (NEG, ABS)

Bei den Subtraktionen in der vorangegangenen Übung erhielten wir negative Resultate in Form der Zweierkomplemente. Beispielsweise war das Ergebnis >FFFB noch leicht durch Abzählen als −5 zu identifizieren. Bei anderen Resultaten müßte man aber wohl schriftlich durch Invertieren und Addieren von 1 den Betrag der negativen Zahl ermitteln (Bildung des Zweierkomplements).

Die 9900-Prozessoren verfügen über zwei Befehle zur Bildung des Zweierkomplements bzw. des Betrags einer Zahl. Es sind dies:

Befehl	Format	Basis-code	Operand in	Worte
Negate − NEG (Negiere)	0 ⟶ 7|8 ⟶ 15 `0 0 0 0 0 1 0 1 0 0` T_s | S	>05XX	Register (T_s = %00; S = 0 … 15)	1
Absolute Value − ABS (Absolutwert)	0 ⟶ 7|8 ⟶ 15 `0 0 0 0 0 1 1 1 0 1` T_s | S	>07XX	oder Speicherstelle (T_s = %10; S = 0)	2

Beide Befehle führen unter Voraussetzungen, die noch erläutert werden, das gleiche aus − nämlich Bildung des Zweierkomplements. Auch beeinflussen beide die gleichen Statusbits:

> LGT, AGT, EQ, OV

Die Overflow-Flag OV wird nur gesetzt, wenn der Operand gleich >8000 ist. Es gibt jedoch auch erhebliche Unterschiede zwischen NEG und ABS:

- **NEG OPERAND**

(1) Der 16-Bit-Operand wird durch sein Zweierkomplement ersetzt, ganz gleich, ob es sich um eine positive oder negative Zahl handelt.

(2) Das Ergebnis − das gebildete Zweierkomplement also − wird mit Null verglichen, die Statusbits (außer dem Überlaufbit OV) werden entsprechend gesetzt

- **ABS OPERAND**

(1) Der spezifizierte Operand wird mit Null verglichen, die Statusbits LGT, AGT und EQ werden entsprechend gesetzt. Der Zustand des Überlaufbits OV ergibt sich aus der hierauffolgenden Umwandlung.

(2) Es wird der Absolutwert (Betrag) des spezifizierten Operanden gebildet. Das bedeutet, der Prozessor versucht, aus einer negativen Zahl die entsprechende positive zu machen. Ist die Zahl bereits positiv, bleibt sie unverändert. Es gibt aber eine negative, die kein positives Gegenstück hat, die Zahl >8000. Anwendung von ABS hierauf führt wieder zu >8000. Man kann sagen, die Betragsbildung ergibt in diesem Fall das kuriose Ergebnis der wieder negativen Zahl >8000. Dieser einmalige Fall wird durch Einsetzen von OV angezeigt.

Zusammenfassung:

- Der Negationsbefehl NEG bildet das Zweierkomplement einer Zahl, sozusagen in „beiden Richtungen". Es wird also unabhängig vom Inhalt jedes Bit des Operanden invertiert, anschließend wird 1 addiert.

  Hinweis: Das reine Invertieren (Bildung des Einerkomplements) ist mit Hilfe der bei den Logik-Befehlen vorgestellten Anweisung INV möglich.

- Mit dem Betragsbefehl ABS kann sichergestellt werden, daß eine Zahl für weitere Verwendungen positiv ist.

  Ausnahme: Zahl >8000.

Man beachte die Reihenfolge bei Ausführung der Befehle NEG und ABS: Bei ABS wird der Vergleich mit Null am Ausgangsoperanden, also vor der Betragsbildung ausgeführt!

Ein typisches Beispiel für die Benutzung des NEG-Befehls ist im aufgelisteten *Programmbeispiel* enthalten. Verwendet werden:

— Wortsubtraktion und Anzeigeoperationen (*Extended Operations*, XOP) entsprechend der vorhergehenden Übung;
— Operanden OP1 und OP2 in >252 und >250;
— erklärender Text für die Anzeige mit Vorzeichen, d.h. Einschreiben von >2D (Minus) oder >2B (Plus) in >244;
— Verzweigung je nach Vorzeichen des Ergebnisses durch JGT (Jump if Greater Than 0; vgl. hierzu Bedingte Sprungbefehle in 2.3).

Durch manuelle Eingabe verschiedener Operanden in >250 und >252 kann die Wirkungsweise des NEG-Befehls beobachtet werden (evtl. schriftlich überprüfen).

In einer zweiten Stufe soll der Befehl NEG durch ABS ersetzt werden. Es empfiehlt sich, die gleichen Zahlen zu verwenden und die Resultate und Statusbits gegenüberzustellen.

```
0030      0001 R1     EQU 1
0040      0002 R2     EQU 2
0050      0007 R7     EQU 7
0060      0008 R8     EQU 8
0070      0009 R9     EQU 9
0080      0250 OP2    EQU >250
0090      0252 OP1    EQU >252
0100      0240 TXT1   EQU >240
0110      0246 TXT2   EQU >246
0120 0200 02E0        LWPI >300
     0202 0300
0130 0204 0207        LI R7,>2D00       MINUSZEICHEN
     0206 2D00
0140 0208 0208        LI R8,>2B00       PLUSZEICHEN
     020A 2B00
0150 020C C808        MOV R8,@>244      + VORGEBEN
     020E 0244
0160 0210 6820        S @OP1,@OP2       WORTSUBTRAKTION
     0212 0252
     0214 0250
0170 0216 02C2        STST R2           STATUS IN R2
0180 0218 1504        JGT PL            SPRUNG,WENN POSITIV
0190 021A 0520        NEG @OP2          ZWEIERKOMPLEMENT
     021C 0250
0200 021E C807        MOV R7,@>244      MINUSZEICHEN
     0220 0244
0210 0222 C060 PL     MOV @OP2,R1       ERGEBNIS IN R1
     0224 0250
0220 0226 2FA0        XOP @TXT1,14      TEXT: "D-S=(+ ODER -)"
     0228 0240
0230 022A 2E81        XOP R1,10
0240 022C 2F49        XOP R9,13
0250 022E 2FA0        XOP @TXT2,14      TEXT: "STAT="
     0230 0246
0260 0232 2E82        XOP R2,10
0270 0234 2F49        XOP R9,13
0280 0240             AORG >240
0290 0240 442D        DATA >442D,>533D,0     <VORZEICHEN !
     0242 533D
     0244 0000
0300 0246 5354        DATA >5354,>4154,>3D00
     0248 4154
     024A 3D00
```

Die 16-Bit-Prozessoren haben Befehle, mit denen Veränderungen um eine Einheit (Inkrementieren bzw. Dekrementieren) oder um zwei Einheiten möglich sind. Dadurch wird das Rauf- oder Runterzählen von Byte- und Wortadressen möglich. Es sind dies die folgenden Instruktionen:

Befehl	Format	Basis-code	Operanden in	Worte
Increment – INC (Inkrementiere)	0 7|8 15 `0 0 0 0 0 1 0 1 1 0` T$_s$ S	>05XX	Register oder Speicher-stelle	1
Increment by Two – INCT (Erhöhe um 2)	0 7|8 15 `0 0 0 0 0 1 0 1 1 1` T$_s$ S	>05XX		2
Decrement – DEC (Dekrementiere)	0 7|8 15 `0 0 0 0 0 1 1 0 0 0` T$_s$ S	>06XX		
Decrement by Two – DECT (Erniedrige um 2)	0 7|8 15 `0 0 0 0 0 1 1 0 0 1` T$_s$ S	>06XX		

Mit diesen Befehlen kann jedes Arbeitsregister, aber auch jede Speicherstelle verändert werden. Nach dem Inkrementieren bzw. Dekrementieren wird mit Null verglichen, woraus folgende Statusbitbeeinflussungen entstehen:

> LGT, AGT, EQ, C, OV

Besonders das Erreichen des Zustands Null (EQ = 1) wird genutzt, um definierte „Softwarezähler" einzurichten. Ein typisches *Beispiel* stellt die folgende Befehlsfolge dar, durch die 10 Speicherstellen – ab Adresse >250 beginnend – gelöscht werden:

Adresse	Code	Label	Mnemonisch
>0200	>02E0		LWPI >300
>0202	>0300		
>0204	>0201		LI R1,>250
>0206	>0250		
>0208	>0202		LI R2,>14
>020A	>0014		
>020C	>04F1	CL	CLR *R1+
>020E	>0642		DECT R2
>0210	>16FD		JNE CL
>0212	>10FF		JMP $+0

Die Befehlsfolge enthält folgende Besonderheiten:

– In R1 wird die erste Adresse des zu löschenden Bereichs geladen;
– in R2 wird die Anzahl der zu löschenden Speicherstellen geschrieben (hier >14 für 20 Bytes bzw. 10 Worte!);
– der Inhalt von R2 wird mit DECT nach null gezählt;
– der Programmstopp wird durch JMP $+0 erreicht („Treten auf der Stelle"; „Erlösen" durch LOAD);
– in Adresse >020C steht – durch die Einrahmung hervorgehoben – eine neue Adressierungsart: CLR *R1+ . Die Bedeutung ist:
(1)   Es wird die in Register R1 angegebene Speicherstelle gelöscht;
(2)   anschließend wird der Inhalt von R1 automatisch inkrementiert, was durch das Pluszeichen kenntlich gemacht ist (weitere Einzelheiten hierzu in 2.6).

Kommentar	Kommando-taste	Eingaben Adresse	Hexadez.-code	Mnemonische Schreibweise	Anzeigen Adressen	Daten
Übungsprogramm	Ret				?	−
	M	200			? M 0 2 0 0	−
	Ret			LWPI >250	0 2 0 0 = 0 2 E 0	−
	Sp				0 2 0 2 = 0 2 5 0	−
CRU-Basisadresse (×2)	Sp			LI R12, >20	0 2 0 4 = 0 2 0 C	−
	Sp				0 2 0 6 = 0 0 2 0	−
LED0 an	Sp			SBO 0	0 2 0 8 = 1 D 0 0	−
	Sp			LI R1,>300	0 2 0 A = 0 2 0 1	−
	Sp				0 2 0 C = 0 3 0 0	−
	Sp			LI R2,>AAAA	0 2 0 E = 0 2 0 2	−
	Sp				0 2 1 0 = A A A A	−
	Sp			LI R3,0	0 2 1 2 = 0 2 0 3	−
	Sp				0 2 1 4 = 0 0 0 0	−
Schleife	Sp	MV		MOV R2, *R1+	0 2 1 6 = C C 4 2	−
	Sp			INC R3	0 2 1 8 = 0 5 8 3	−
	Sp			JNE MV	0 2 1 A = 1 6 F D	−
LED0 aus	Sp			SBZ 0	0 2 1 C = 1 E 0 0	−
Auf der Stelle ...	Sp			JMP $+0	0 2 1 E = 1 0 F F	−
	LOAD				C P U R E A D Y	−
	Ret				?	−
	M	300			? M 3 0 0	−
	Ret				0 3 0 0 = A A A A	−
	Sp	usw.			0 3 0 2 = A A A A	−

Das oben beschriebene Programm ist einzugeben, zu starten und zu diskutieren. Zur Übung können unterschiedliche Speicherbereiche (erste Adresse in R1) mit jeweils anderen Bitkombinationen
belegt werden.

Hinweis für die Diskussion: Das Hochzählen in R3 mit INC R3 bedeutet im oben verwendeten
Fall, daß 65536 Bytes bzw. 32768 Worte mit >AAAA belegt werden. Das ist der vollständige
Adreßraum! Festwertspeicher-Bereiche werden natürlich nicht beeinflußt.

Eine weitere Übung: Register R2 zuerst mit 0 laden; dann innerhalb der Zählschleife (MV/JNE
MV) mit der Anweisung INC R2 hochzählen. Überprüfung des Ergebnisses ab Adresse >300.

Ein anderes *Beispiel* für die sinnvolle Verwendung von Inkrementierbefehlen kann durch die Übung
„Addieren" gegeben werden. Dort wurde im Programm 'ADD' die Berücksichtigung der C-Flag durch
AI R,1 (Adressen >214 und >220) realisiert. Einfacher ist in solchen Fällen die Anweisung INC R (nur
ein Wort).

In mehreren früheren Aufgaben mit z.B. CRU-Ein- und -Ausgaben konnten wir Beobachtungen nur im Einzelschrittbetrieb anstellen, weil die Abläufe im Normalmodus (mit *Execute*) im Mikro- und Millisekundenbereich stattfinden, mithin nicht beobachtbar sind. Ganz allgemein benötigen wir für die Anpassung (*Synchronisation*) verschiedener Systemteile einstellbare Warte- bzw. Verzögerungsschleifen, die wir mit Hilfe von Dekrementier- oder Inkrementierbefehlen bilden können.

Laden wir beispielsweise ein Arbeitsregister mit dem größtmöglichen Wort $>$FFFF, dann ergibt sich folgende Situation, wobei die für den Lerncomputer TM 990/189 gültige Zykluszeit von 0,5 μs (2 MHz) berücksichtigt wurde (vgl. hierzu auch die Befehlsausführungszeiten in der Übung „Byteaustausch" in 2.4):

```
LD    LI Rn,>FFFF   → 9 µs
AB    DEC Rn        → 8 µs )
      JNE AB        → 6 µs )  X Faktor
```

Dekrementieren und Rückspringen wird genau 65535 mal ausgeführt, so daß die drei Instruktionen insgesamt $9 + (14 \times 65535) = 917\,499\,\mu$s $\approx 0,92$s verbrauchen. Würden wir in Rn nur 1 laden, kämen wir auf $9 + 8 + 5 = 22\,\mu$s Laufzeit (JNE ohne Sprung braucht nur 5 μs). Durch einfache Schleifen lassen sich also Verzögerungen zwischen 22 μs und etwa 0,9s einstellen. Durch Aneinanderreihung solcher Schleifen (*additive Schleifenbildung*) ließe sich z.B. ein 1-Hz-Takt erzeugen. Für sehr lange Zeiten wird man aber Schleifen verschachteln müssen (*multiplikative Schleifenbildung*). **Bild 2.5.13** zeigt das Prinzip mit den benötigten Zeiten (siehe hierzu vollständige Tabelle der Befehlsausführungszeiten im **Anhang A6**).

Die Gesamt-Laufzeit (Verzögerungszeit VZ) der Zeitschleife in Bild 2.5.13 ergibt sich zu

$$VZ = [(8 + 6) \cdot F2 + 23] \cdot F1 + 9 \text{ in } \mu s$$

Die beiden *Grenzfälle* sind:

a) $F1 = F2 = 1 \quad\quad \rightarrow VZ = 46\,\mu$s
b) $F1 = F2 = 65535 \rightarrow VZ = 6,0129 \cdot 10^{10}\,\mu$s $\approx 16,7$ h!

Bereits mit einer Zweifachschachtelung werden also mehr als 16 Stunden Schleifen-Laufzeit erzeugt.

Das Programm auf der rechten Seite ist so dargestellt, wie die Befehlseingabe in den Computer vorzunehmen ist. Das Zeichen ⊔ bedeutet dabei „Leertaste" (*Space* bzw. Sp). Mit der Anweisung EQU (*Equal*) wird vorab die symbolische Adresse VZ für die Unterprogrammsprünge definiert. Mit der Anweisung AORG (*Absolute Origin*) wird während der Eingabe nach Adresse VZ = $>$250 gewechselt.

Das Programm erzeugt ein „Lauflicht"; die Schaltfrequenz wird durch die beiden Faktoren F1 und F2 festgelegt.

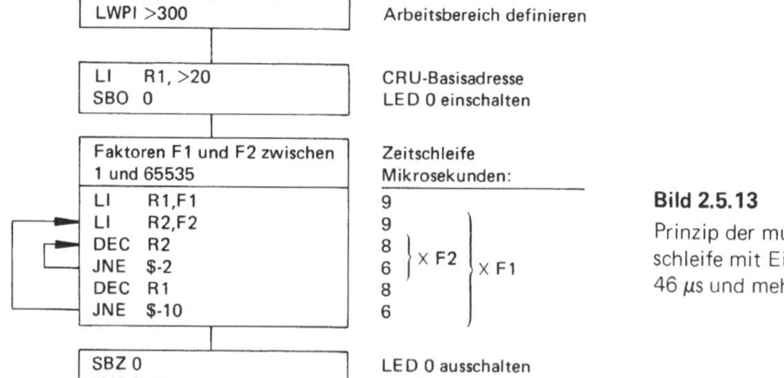

Bild 2.5.13

Prinzip der multiplikativen Zeitschleife mit Einstellzeiten zwischen 46 μs und mehr als 16 Stunden!

Die Laufzeit des Unterprogramms VZ ergibt sich zu

$$VZ = [14(F2 - 1) + 13 + 23](F1 - 1) + 22 + 18 \text{ in } \mu s$$

Hierbei ist berücksichtigt, daß die Sprungbefehle an den Schleifenenden nur 5 anstelle von sonst 6 μs dauern. Das Intervall für das Ein- und Ausschalten einer Leuchtdiode ist dann (VZ + 30) μs lang.

Die Aufgabe sei, die Leuchtdioden im 1-Hz-Takt schalten zu lassen. Dazu muß ein Faktor mindestens 2 betragen (vgl. die Grundschleife auf der linken Seite). Mit z.B. F2 = 2 können wir F1 berechnen aus:

$$VZ + 30 = 1\,000\,000 \ \mu s = 1\,s$$

$$(14 + 13 + 23)(F1 - 1) + 22 + 18 + 30 = 1\,000\,000$$

$$F1 - 1 = \frac{1\,000\,000 - 70}{50} = 19999$$

Nach diesem Muster lassen sich nun beliebige Takte erzeugen.

Hexadez.-adresse	Kommando-taste	Befehlseingabe	Kommentar	
	Ret	A200	Assemblerstart	
0200	Ret	VZ␣EQU␣>250	Label VZ definieren	
0202	Ret	␣LWPI␣>300		
0204	3 X Ret	␣LI␣12,>20		
	Hauptprogramm			*Ausführungszeiten in μs*
0208	3 X Ret	ST␣SBO␣0	LED 0 an	8
020A	2 X Ret	␣BL␣@VZ	Unterprogrammsprung	14 + VZ
020E	3 X Ret	␣SBZ␣0	LED 0 aus	8
0210	2 X Ret	␣SBO␣1	LED 1 an	
0212	2 X Ret	␣BL␣@VZ	Unterprogrammsprung	
0216	3 X Ret	␣SBZ␣1	LED 1 aus	
0218	2 X Ret	␣SBO␣2	LED 2 an	
021A	2 X Ret	␣BL␣@VZ	Unterprogrammsprung	
021E	3 X Ret	␣SBZ␣2	LED 2 aus	
0220	2 X Ret	␣SBO␣3	LED 3 an	
0222	2 X Ret	␣BL␣@VZ	Unterprogrammsprung	
0226	3 X Ret	␣SBZ␣3	LED 3 aus	
0228	2 X Ret	␣JMP␣ST	Rücksprung nach >0208 (zusätzlich 6 μs)	
022A	2 X Ret	␣AORG␣VZ	Adressenwechsel nach >0250	
	Unterprogramm VZ			*Ausführungszeiten in μs*
0250	Ret	␣LI␣1,20000	Faktor 1 = 20000	9
0254	3 X Ret	␣LI␣2,2	Faktor 2 = 2	9
0258	3 X Ret	␣DEC␣2		8
025A	2 X Ret	␣JNE␣$-2	innere Schleife	6 } X F2 } X F1
025C	2 X Ret	␣DEC␣1		8
025E	2 X Ret	␣JNE␣$-10	äußere Schleife	6
0260	2 X Ret	␣B␣*11	Rücksprung	9
0262	2 X Ret	␣END		
	2 X Ret		P = 200; *Execute*	

Die Vergleichsbefehle (*Compare Instructions*) dienen dazu, zwei Operanden voneinander abzuziehen und dadurch festzustellen, ob beide gleich groß sind bzw. einer größer oder kleiner als der andere ist. Für die Vergleichsbefehle gilt allgemein:

$$\boxed{\text{C S,D}} \quad \rightarrow \quad (S) - (D)$$

d.h. der Inhalt von D wird vom Inhalt von S abgezogen. Durch diese Subtraktion werden weder die Inhalte der beiden „Orte" S und D beeinflußt, noch wird die entstandene Differenz abgespeichert. Einziger Zweck ist, im Statusregister bestimmte Flags zu setzen oder zu löschen. Die folgende Übersicht erklärt die drei Befehle.

Befehl	Format	Basis-code	Operanden	Worte
Compare Words – C (Vergleiche Worte)	0 ... 7│8 ... 15 `1 0 0 0` T_D D T_s S	>8XXX	Rn – Rm	1
			Rn – @Mm	2
Compare Bytes – CB (Vergleiche Bytes)	0 ... 7│8 ... 15 `1 0 0 1` T_D D T_s S	>9XXX	@Mn – Rm	2
			@Mn – @Mm	3
Compare Immediate – CI (Vergleiche unmittelbar)	0 ... 7│8 ... 15 `0 0 0 0 0 0 1 0 1 0 0 0` R	>0280 (+Rn)	Rn – Const	2

Während bei den meisten anderen Befehlen die Ergebnisse mit null verglichen werden, erlauben die C-Befehle den direkten Vergleich beliebiger Operanden. Die anschließende Flagbeeinflussung ist wie folgt:

– Quellenoperand S absolut größer als Senkenoperand D → LGT = 1
– Quellenoperand S arithmetisch größer als Senkenoperand D → AGT = 1
– Quellenoperand gleich Senkenoperand (S = D) → EQ = 1.

Ein paar *Beispiele* sollen dies erläutern.

● $\boxed{\text{C S,D}}$ – Vergleiche (S) mit (D)

(S)	(D)	LGT	AGT	EQ	OP
>FFFF	>0000	1	0	0	0
>7FFF	>0000	1	1	0	0
>8000	>0000	1	0	0	0
>8000	>7FFF	1	0	0	0
>7FFF	>7FFF	0	0	1	0
>7FFF	>8000	0	1	0	0

– gesetzt, wenn |S| > |D|
– gesetzt, wenn S > D
– gesetzt, wenn S = D
– nur beim Bytebefehl beeinflußt

Für den Bytevergleich gilt sinngemäß alles, was auch für andere Bytebefehle zutrifft. Das bedeutet, eine ungerade Adresse selektiert das niederwertige Byte, gerade Adresse oder Registeradressierung das höherwertige Byte. Das Statusbit OP wird gesetzt, wenn im Quellenbyte (S) die Anzahl der Einsbits ungerade ist.

Der unmittelbare Vergleichsbefehl $\boxed{\text{CI R,Const}}$ wirkt wie der Wortvergleichsbefehl. Der Vergleichsoperand wird jedoch in diesem Fall direkt angegeben.

Beispiel: Programmieren eines Binärzählers

Das Programm ist so aufgebaut, daß R3 ständig bis 50000 „hochgezählt" wird; danach wird R2 inkrementiert und der Inhalt an den vier LEDs sichtbar gemacht. Wenn alle vier LEDs eingeschaltet sind (bis 15 gezählt), wird in R1 inkrementiert. Der aktuelle Inhalt von R1 gelangt dann mit Hilfe von XOP-Anweisungen auf die Anzeige (einschließlich Text: ;␣ R1 = XXXX—).

Bei Verwendung der Funktion XOP R9,13 bleibt die Anzeige solange eingeschaltet, bis durch Eingabe eines beliebigen Zeichens (Drücken irgendeiner Taste außer *Shift*) zur Ausführung von CI R1,>FFFF weitergeschaltet wird.

Wird der TM 990/189 mit einem externen Terminal mit Bildschirm betrieben, kann statt XOP R9,13 in Adresse >0228 der Befehl NOP (Code >1000) eingesetzt werden. Dann läuft das Zählprogramm automatisch durch, bis R1 auf >FFFF aufgefüllt ist. Durch den Sprungbefehl B @>3FFC wird danach die Kontrolle an den Monitor zurückgegeben.

Hinweis:

Die mit XOP @TX,14 aufgerufene ASCII-Zeichenfolge enthält als erstes den Code >07; der bedeutet BEL, d.h. es wird dadurch ein Piepton (*Beep*) erzeugt.

Achtung:

Das aufgelistete Programm ist so geschrieben, daß die Operations- und Adreßteile der mnemonischen Befehlsdarstellungen untereinander fluchten. Das erhöht die Übersichtlichkeit, entspricht aber *nicht* der für den TM 990/189 nötigen Tastenfolge, weil nämlich zwischen z.B. LI und R12,>20 nur *ein Leerschritt* eingegeben werden darf.

```
0010                     IDT 'CMP'
0020 0200                AORG >200
0030      0001 R1        EQU  1
0040      0002 R2        EQU  2
0050      0003 R3        EQU  3
0060      0009 R9        EQU  9
0070      000C R12       EQU  12
0080      0250 TX        EQU  >250
0100 0200 02E0 ST        LWPI >300
     0202 0300
0110 0204 020C           LI   R12,>20      CRU-BASISADRESSE
     0206 0020
0120 0208 04C1           CLR  R1
0130 020A 04C2 L2        CLR  R2
0140 020C 04C3 L3        CLR  R3
0150 020E 0583 IN        INC  R3           R3 BIS 50000...
0160 0210 0283           CI   R3,50000     ...HOCHZAEHLEN
     0212 C350
0170 0214 16FC           JNE  IN
0180 0216 0582           INC  R2           DANN R2=R2+1
0190 0218 3002           LDCR R2,0         AUSGABE VON (R2)
0200 021A 0282           CI   R2,>F        IST R2=15 ?
     021C 000F
0210 021E 16F6           JNE  L3           NEIN !
0220 0220 0581           INC  R1           JA: R1=R1+1
0230 0222 2FA0           XOP  @TX,14       TEXTAUSGABE
     0224 0250
0240 0226 2E81           XOP  R1,10        AUSGABE VON (R1)
0250 0228 2F49           XOP  R9,13        ANZEIGE IST AN
0260 022A 0281           CI   R1,>FFFF     R1 = 65535 ?
     022C FFFF
0270 022E 16ED           JNE  L2           NEIN !
0280 0230 0460           B    @>3FFC       ANZEIGE >>> ?
     0232 3FFC
0290 0250                AORG >250
0300 0250 073B           DATA >073B,>2052,>313D,0
     0252 2052
     0254 313D
     0256 0000
0310      0200           END ST
```

Mit zwei Vergleichsbefehlen lassen sich 16-Bit-Worte mit beliebigen Bitmasken vergleichen. Dadurch entstehen z.B. folgende Möglichkeiten:

— Erkennen von Datenübertragungs-Steuerzeichen;
— Aussortieren von Buchstaben (ASCII-Zeichen) oder ganzen Strings (Buchstabenfolgen);
— Überprüfung von Schaltergruppen usw.

Es sind dies die folgenden Befehle:

COC S,R und CZC S,R

wobei S ein Register oder eine Speicherstelle sein kann. Die Maske muß in S stehen, der Vergleichswert in einem Register R.

Befehl	Format	Basis-code	Maske in	Worte
Compare Ones Corresponding — COC (Vergleiche korrespondierende Einsen)	0 ... 7|8 ... 15 `0 0 1 0 0 0` R T_s S	>2XXX	Register ($T_s = \%00$; $S = 0 \ldots 15$) oder	1
Compare Zeroes Corresponding — CZC (Vergleiche korrespondierende Nullen)	0 ... 7|8 ... 15 `0 0 1 0 0 1` R T_s S	>2XXX	Speicher-Stelle ($T_s = \%10$; $S = 0$)	2

Beeinflußt wird das Statusbit EQ (*Equal*) — und zwar folgendermaßen:

COC S,R → EQ = 1, wenn alle Bits in S (Register oder Speicherstelle), die den Einsbits im Maskenregister R entsprechen, auch 1 sind.

CZC S,R → EQ = 1, wenn alle Bits in S, die den Einsbits in Maskenregister R entsprechen, gerade 0 sind.

Dies sei an Beispielen erläutert.

●   COC @MASKE,2

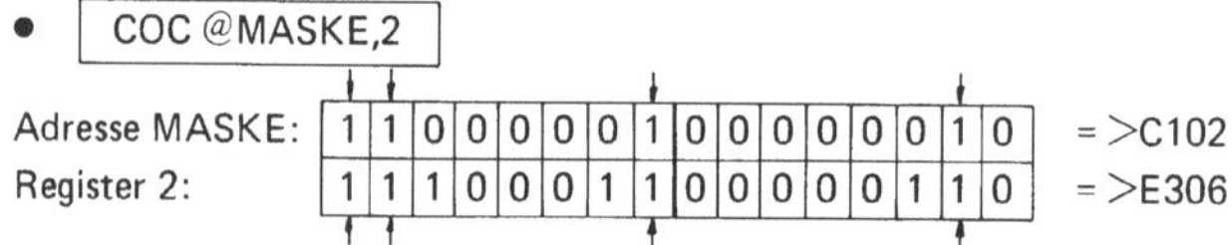

Adresse MASKE: `1 1 0 0 0 0 0 1 0 0 0 0 0 0 1 0` = >C102
Register 2: `1 1 1 0 0 0 1 1 0 0 0 0 0 1 1 0` = >E306

Es wird EQ = 1, weil allen Einsbits in @MASKE ein Einsbit in R2 entspricht.

●   CZC R1,R2

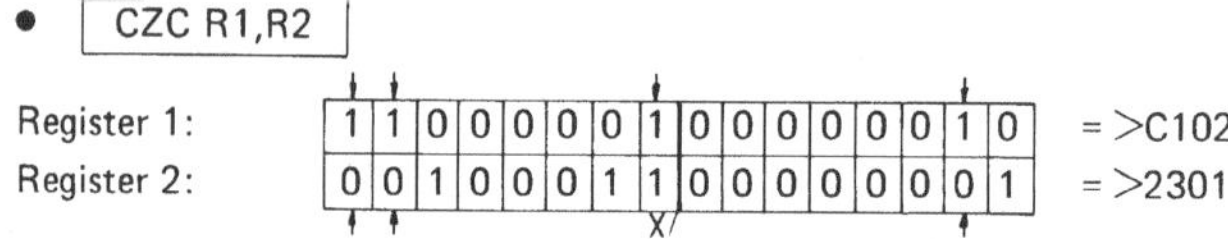

Register 1: `1 1 0 0 0 0 0 1 0 0 0 0 0 0 1 0` = >C102
Register 2: `0 0 1 0 0 0 1 1 0 0 0 0 0 0 0 1` = >2301

Es wird EQ = 0, weil dem Einsbit Nr. 7 in R1 *kein* Nullbit in R2 entspricht.

Durch geschickte Wahl der Bitmaske lassen sich so Einzelbits und Bitgruppen bzw. -kombinationen bis zur Länge 16 bit prüfen. Die anschließende Verzweigung wird mit Hilfe von JEQ (*Jump if Equal*, also EQ = 1) oder mit JNE (*Jump if Not Equal*, also EQ = 0) veranlaßt.

Das *Beispielprogramm* soll einen typischen Fall verdeutlichen, nämlich das Absuchen von Eingabedaten nach einem bestimmten Zeichen — hier Buchstabe X mit dem ASCII-Code >58, als Maske in das linke Byte von R1 abgelegt. **Bild 2.5.14** zeigt das Flußdiagramm.

Verwendet wird der Befehl XOP R2,13, der Eingaben von der Tastatur im linken Byte von R2 ablegt. Mit COC R1,R2 und anschließend JNE LA wird zu zwei verschiedenen Textausgaben verzweigt.

Weil der „Line-by-line"-Assembler des TM 990/189 bei Sprungbefehlen nur zurückliegende Labels berechnen kann, müssen LA, T1 und T2 vorab definiert werden.

Achtung: Warum wird bei Eingabe von z.B. Y oder Z wie bei Eingabe von X reagiert?

Bild 2.5.14

Flußdiagramm zum Beispielprogramm mit Zeichenerkennung (COC)

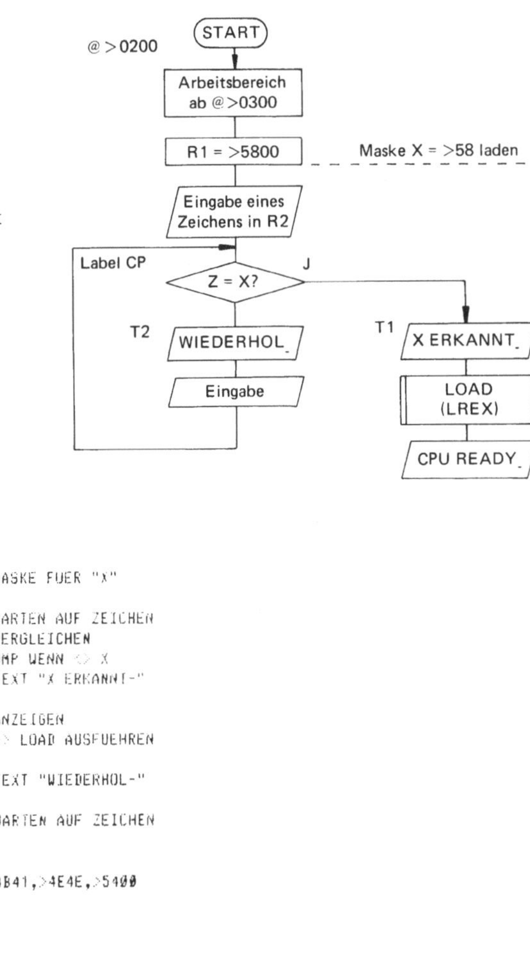


```
0010                 IDT  'COC'
0020 0200            AORG >200
0030      0001 R1    EQU  1
0040      0002 R2    EQU  2
0050      0009 R9    EQU  9
0070      0250 T1    EQU  >250
0080      0260 T2    EQU  >260
0100 0200 02E0 ST    LWPI >300
     0202 0300
0110 0204 0201       LI   R1,>5800   MASKE FUER "X"
     0206 5800
0120 0208 2F42       XOP  R2,13      WARTEN AUF ZEICHEN
0130 020A 2081 CP    COC  R1,R2      VERGLEICHEN
0140 020C 1619       JNE  LA         JMP WENN <> X
0150 020E 2FA9       XOP  @T1,14     TEXT "X ERKANNT-"
     0210 0250
0160 0212 2F49       XOP  R9,13      ANZEIGEN
0170 0214 03E0       LREX            >> LOAD AUSFUEHREN
0180 0240            AORG >240
0190 0240 2FA0 LA    XOP  @T2,14     TEXT "WIEDERHOL-"
     0242 0260
0200 0244 2F42       XOP  R2,13      WARTEN AUF ZEICHEN
0210 0246 10E1       JMP  CP
0220 0250            AORG >250
0230 0250 5820       DATA >5820,>4552,>4B41,>4E4E,>5400
     0252 4552
     0254 4B41
     0256 4E4E
     0258 5400
0240 0260            AORG >260
0250 0260 5749       DATA >5749,>4544,>4552,>484F,>4C00
     0262 4544
     0264 4552
     0266 484F
     0268 4C00
0260      0200       END  ST
```

Die 9900-Prozessoren besitzen je einen Multiplizier- und Dividierbefehl. Es können berechnet werden: Zwei Registerinhalte (Einwortbefehle) oder Register- mit Speicherstelleninhalt (Zweiwortbefehle). Die allgemeine Befehlsdarstellung lautet:

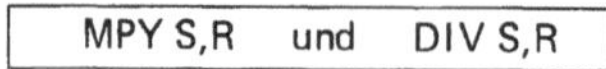

mit folgendem Format:

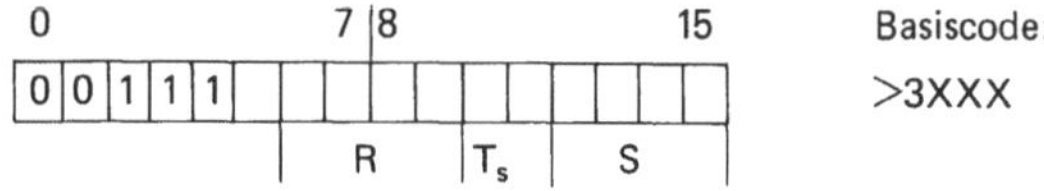

- Multiplikator bzw. Divisor sind als „Quellenoperand" definiert. Sie können auf fünf verschiedene Arten adressiert werden (vgl. Kap. 2.6) und in Register oder Speicherstelle stehen. Vorzeichen werden *nicht* berücksichtigt, d.h. es können nur ganzzahlige, positive Quellenoperanden bis 65535 (= >FFFF) verarbeitet werden.
- Multiplikand bzw. Dividend müssen als „Senkenoperand" in einem Arbeitsregister (bei MPY) bzw. zwei aufeinanderfolgenden Registern (bei DIV) stehen. Sie können ebenfalls nur ganzzahlig und positiv sein.

Multiplikation: Prinzipielle Abläufe und Beispiel

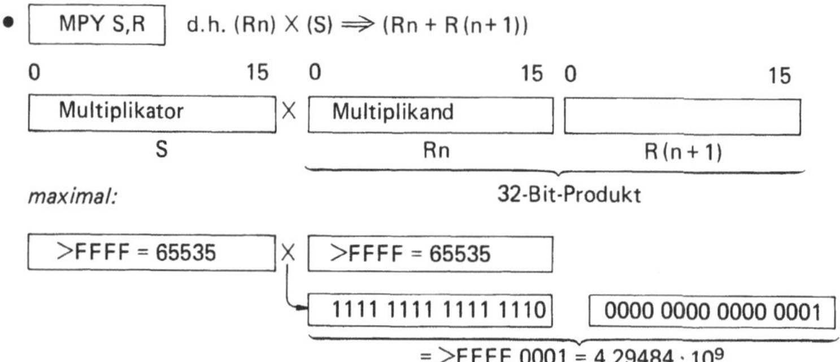

Es werden keine Statusbits beeinflußt.

Beispiele:　**MPY @MKT,R5**

	vorher	nachher	
@MKT	>0065	>0065	
R5	>01D9	>0000	} 32-Bit-Produkt
R6		>BA9D	
@MKT	>B0C6	>B0C6	
R5	>05C5	>03FB	} 32-Bit-Produkt
R6		>E65E	

Division: Prinzipielle Abläufe und Beispiel

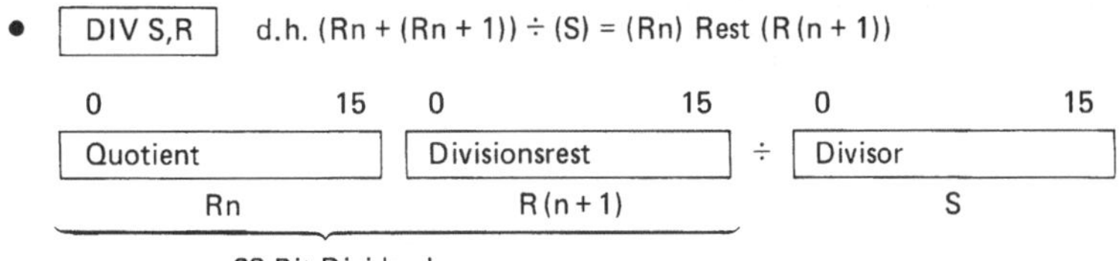

Die Division wird nur ausgeführt, wenn der Wert des Divisors größer ist als der in Rn stehende höherwertige 16-Bit-Teil des Dividenden. Andernfalls wird *nicht* dividiert und OV (*Overflowflag*) auf 1 gesetzt.

Beispiele: **DIV @DVS,R1**

	vorher	nachher		OV
@DVS	>000A	>000A		
R1	>0000	>0008	← Quotient	0
R2	>0057	>0007	← Divisionsrest	
@DVS	>000D	>000D		
R1	>000E		Division wird *nicht* ausgeführt!	1
R2	>24B5			

Das *Beispielprogramm* berechnet die folgende einfache Aufgabe:

A × B ÷ C

Die Operandeneingaben und Anzeigen der Ergebnisse werden durch XOP-Befehle gesteuert. Die Registerzuweisung ist wie folgt:

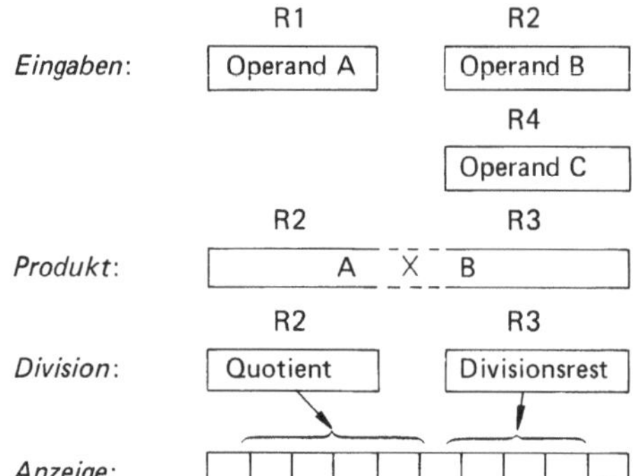

Man beachte die Anweisungen SWPB Rn, um die Operanden richtig zu plazieren, und die UND-Verknüpfungen (ANDI Rn,>F), wodurch aus ASCII-Codes „richtige" Dualzahlen werden.

Bild 2.5.15 zeigt das Flußdiagramm.

Achtung: Das Programm funktioniert nur richtig für Operanden ≤ 9 (wegen der ASCII-Codierung; vgl. **Anhang A9**). Ergebnisse größer als 9 werden aber hexadezimal angezeigt!

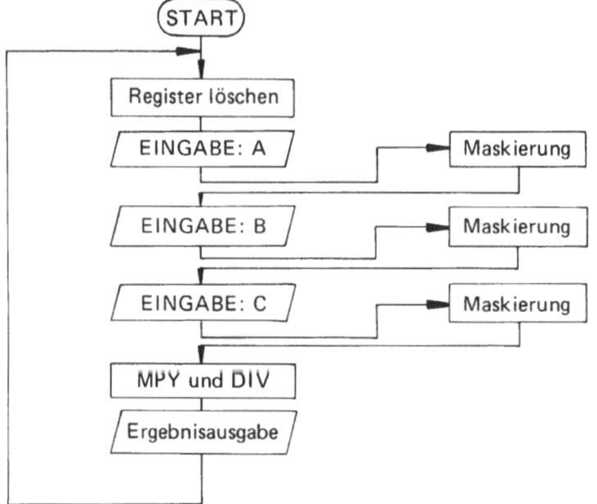

Bild 2.5.15

Flußdiagramm des Beispielprogramms für die Aufgabe A × B ÷ C

```
0020 0200                AORG >200
0030          0001 R1    EQU  1
0040          0002 R2    EQU  2
0050          0003 R3    EQU  3
0060          0004 R4    EQU  4
0070          0009 R9    EQU  9
0080          0250 T1    EQU  >250
0085          0260 T2    EQU  >260
0090          0270 T3    EQU  >270
0095          0280 T4    EQU  >280
0100 0200 02E0 ST        LWPI >300
     0202 0300
0110 0204 04C1           CLR  R1              REGISTER LOESCHEN
0120 0206 04C2           CLR  R2
0130 0208 04C3           CLR  R3
0140 020A 04C4           CLR  R4
0150 020C 2FA0           XOP  @T1,14          "EINGABE:A "
     020E 0250
0160 0210 2F41           XOP  R1,13           WARTEN AUF "A"
0170 0212 06C1           SWPB R1
0180 0214 0241           ANDI R1,>F            MASKIERUNG
     0216 000F
0190 0218 2FA0           XOP  @T2,14          "EINGABE:B "
     021A 0260
0200 021C 2F42           XOP  R2,13           WARTEN AUF "B"
0210 021E 06C2           SWPB R2
0220 0220 0242           ANDI R2,>F
     0222 000F
0230 0224 2FA0           XOP  @T3,14          "EINGABE:C "
     0226 0270
0240 0228 2F44           XOP  R4,13           WARTEN AUF "C"
0250 022A 06C4           SWPB R4
0260 022C 0244           ANDI R4,>F
     022E 000F
0270 0230 3881           MPY  R1,R2           MULTIPLIKATION
0280 0232 3C84           DIV  R4,R2           DIVISION
0290 0234 2FA0           XOP  @T4,14          "LEERZEICHEN"
     0236 0280
0300 0238 2E82           XOP  R2,10           ERGEBNIS ANZEIGEN
0310 023A 2E83           XOP  R3,10           DIVISIONSREST
0320 023C 2F49           XOP  R9,13           ANZEIGE EINSCHALTEN
0330 0250                AORG >250
0340 0250 4549           DATA >4549,>4E47,>4142,>453A,>4100
     0252 4E47
     0254 4142
     0256 453A
     0258 4100
0350 0260                AORG >260
0360 0260 4549           DATA >4549,>4E47,>4142,>453A,>4200
     0262 4E47
     0264 4142
     0266 453A
     0268 4200
0370 0270                AORG >270
0380 0270 4549           DATA >4549,>4E47,>4142,>453A,>4300
     0272 4E47
     0274 4142
     0276 453A
     0278 4300
0390 0280                AORG >280
0400 0280 2000           DATA >2000
0410      0200           END  ST
```

Arithmetik-Befehle
Gegenüberstellung – 6502/9900

Beide Prozessorfamilien besitzen Befehle für:		
	6502	9900
Addieren und Subtrahieren	8-Bit-Worte inklusive C-Flag	8-Bit- oder 16-Bit-Worte ohne C-Flag
Inkrementieren und Dekrementieren	Verändern um 1	Verändern um 1 oder 2
Vergleichen	8-Bit-Worte in Register A, X oder Y	8-Bit- oder 16-Bit-Worte

Die 16-Bit-Prozessoren der 9900-Familie verfügen über weitere Befehle zur Unterstützung bei der Programmierung arithmetischer Aufgaben:

— Negation und Betragsbildung (NEG, ABS)
— Multiplizieren und Dividieren (MPY, DIV).

Die automatische Berücksichtigung des Übertragsbits (*Carry-Flag* C) bei den 6502-Prozessoren ist sehr angenehm. Bei den 9900-Prozessoren müssen bei Verkettungen (Arithmetik mit größeren Wortlängen) Abfragen und Verzweigungen über das C-Bit eingefügt werden.

Andererseits bieten die 16-Bit-Prozessoren mit den Befehlen NEG und ABS bequeme Handhabungen negativer Zahlen. Hilfreich sind häufig auch die Extrabefehle für Multiplikation und Division.

Den einfachen, aber auch klaren Instruktionen für Vergleiche beim 6502-μP stehen zusätzliche Befehle des 9900-μP gegenüber, die Abfragen darauf gestatten, ob bestimmte Vergleichsbits auf 1 stehen (COC, *Compare Ones Corresponding*), oder ob sie auf 0 gesetzt sind (CZC, *Compare Zeroes Corresponding*).

Durch die 16-Bit-Wortlänge ist nicht nur die Grundarithmetik (vier Grundrechenarten) mit größeren Zahlen möglich (z.B. 16-Bit-Multiplikation mit 32-Bit-Ergebnis). Auch der Aufbau von Zeitschleifen ist mit den 9900-Prozessoren wegen der größeren Wortlänge einfacher als bei den 8-Bit-Prozessoren. Schon mit nur einer einfachen Schleife läßt sich fast eine Sekunde Verzögerung erzielen, mit einer multiplikativen Zweifachschachtelung sind gar schon viele Stunden „Zeitverbrauch'' möglich.

2.6 Adressierungsarten

Wir haben in den vorhergegangenen Kapiteln häufig feststellen können, daß die 56 Maschinenbefehle der 8-Bit-Prozessoren 6502 und die 69 Befehle der 16-Bit-Prozessoren 9900 auf verschiedene Weise auf Operanden wirken können. Diese mit den Grundbefehlen möglichen Variationen nennt man „Adressierungsarten" (*Addressing Modes*).

> Grundsätzliche Adressierungsarten sind:
> — Register oder Speicherstelle direkt angeben (*absolute*);
> — Wert (Konstante) unmittelbar nennen (*immediate*);
> — Register oder Speicherstelle indirekt (über eine „Zwischenstation" gewissermaßen) festlegen (*indirect*);
> — Register oder Speicherstelle mit Indizierung (Angabe eines Zählparameters), engl. *indexed*.

Spezialversionen, Modifikationen, Vermischungen und weitere Typen der Adressierung werden darüberhinaus verwendet.

Obwohl die beiden in diesem Arbeitsbuch benutzten Prozessoren durchaus ähnliche und — zum Teil — gleiche Adressierungsarten aufweisen, gibt es doch beträchtliche Unterschiede, die einerseits aus der verschiedenen Wortbreite stammen, andererseits aber auch auf differierende Zielsetzungen bei der Entwicklung der Prozessoren zurückzuführen sind.

Als Grundlage der Befehlscodierungen dient bei allen Prozessoren das in **Bild 2.6.1** gezeigte Schema. Danach besteht jede Maschineninstruktion aus

— *Operationsteil* mit der Angabe, *was* zu tun ist und

— *Adreßteil*, der angibt, *womit* etwas zu tun ist.

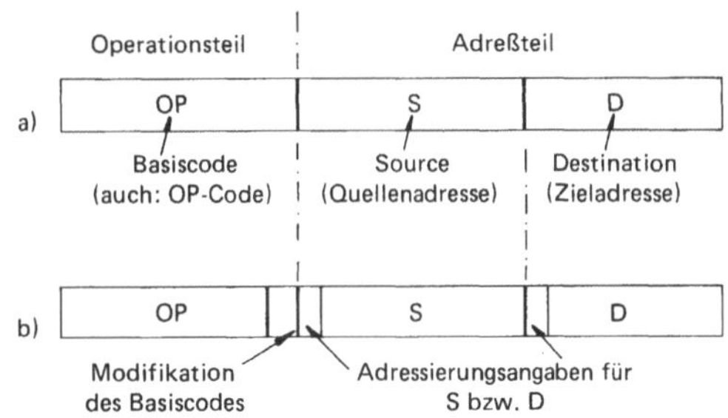

Bild 2.6.1

Grundsätzlicher Aufbau von Maschinenbefehlen.
a) Einfache Darstellung
b) Detaillierte Darstellung mit diversen Modifizierungsmöglichkeiten

Bei den meisten Operationen sind zwei Operanden bzw. Register oder Speicherstellen zu adressieren, weshalb der Adreßteil üblicherweise in Quellenadresse (*Source* S) und Zieladresse (*Destination* D) unterteilt wird. Die verschiedenen Adressierungsarten werden in bestimmten Bitfeldern codiert (Bild 2.6.1b).

Natürlich sind nicht bei allen Befehlen sämtliche Möglichkeiten der Adressierung zu finden, auch sind nicht immer S und D explizite zu erkennen bzw. anzugeben. Wir werden hierauf noch zurückkommen.

Am *Beispiel* eines Datentransfers zwischen einem Register und einer Speicherstelle seien die Codierungsmethoden weiter verdeutlicht.

8-Bit-Prozessoren 6502		16-Bit-Prozessoren 9900	
Transferbefehl	Befehlsformat	Transferbefehl	Befehlsformat
STA $F600 (Speichere den Akku-Inhalt unter Adresse $F600 ab)	7　　　　　0 `1 0 0 [ ][ ][ ][ ][ ]` OP-Code　　D Adressierungs-angabe nur für die Zieladresse Implementiert sind 7 verschiedene Adressie-rungsarten	MOV Rn, @>200 (Bewege Inhalt des Registers Rn zur Speicheradresse >200)	0　　　　7 |8　　　　15 `1 1 0 0 [ ][ ][ ]|[ ][ ][ ]` OP-Code　T_D　D　T_S　S Modifika-tion bei MOVB=1 Adressierungsangaben für D bzw. S. Für T_D und T_S sind jeweils max. 5 Modi-fikationen möglich; das ergibt max. 25 Adressierungsarten für den MOV-Befehl

Bei den 6502-Prozessoren ist der Quellenoperand — der Akkumulator A nämlich — sozusagen implizite im OP-Code enthalten; nur der Zieloperand ist verschieden nutzbar (7 Adressierungsarten).

Bei den 9900-Prozessoren sind explizite beide Operandenadressen angegeben (D und S), und beide Operanden sind mit Hilfe von T_D bzw. T_S auf verschiedene Art ansprechbar. Wegen der expliziten Angabe beider Operandenadressen nennt man einen solchen Prozessor auch „Zweiadreßmaschine".

In folgender Aufstellung sind die Adressierungsarten grob erklärt.

Adressierungsart	Kurzerklärung
implizite (*implied*)	alle nötigen Angaben (OP, D bzw. S) sind im Code implizite enthalten
Register direkt (*Register Addressing*)	es wird das Register direkt angegeben, in dem der Operand steht
unmittelbar (*immediate*)	es wird unmittelbar eine Konstante angegeben
direkt (*absolute, direct, symbolic*)	die Operandenadresse wird direkt angegeben
Register oder Speicher indirekt	es wird angegeben, in welchem Register bzw. in welcher Speicher-stelle die Operandenadresse zu finden ist
relativ	bezogen auf den Programmzählerstand wird angegeben, in welcher „Entfernung" (*distance* bzw. *displacement*) die nächste Instruktion zu finden ist
indiziert (*indexed*)	die Operandenadresse ergibt sich aus der Addition einer „Lauf-indexzahl" mit der angegebenen Adresse (direkt oder indirekt)
mit Autoinkrement	der Inhalt der direkt oder indirekt angegebenen Adresse (auch Register) wird nach Befehlsausführung automatisch inkrementiert (um 1 erhöht)

Adressierungsarten	Seite
μP 6502	197
Zusammenfassung	208
μP 9900	209
Gegenüberstellung	218

8-Bit-μP 6502

Adressierungsarten	Seite
implizite, unmittelbar, relativ	200
direkt, indirekt	202
direkt indiziert	204
indirekt indiziert	206

Tabelle des Befehlsvorrats nach Adressierungsarten sortiert

Adressierungs-art	Befehle	Anzahl Bytes
Implied	BRK, CLC, CLD, CLI, CLV, DEX, DEY, INX, INY, NOP, PHA, PHP, PLA, PLP, RTI, RTS, SEC, SED, SEI, TAX, TAY, TYA, TSX, TXA, TXS	1
Accumulator	ASL, LSR, ROL, ROR	1
Immediate	ADC, AND, CMP, CPX, CPY, EOR, LDA, LDX, LDY, ORA, SBC	2
Relative	BCC, BCS, BEQ, BMI, BNE, BPL, BVC, BVS	2
Absolute	ADC, AND, ASL, BIT, CMP, CPX, CPY, DEC, EOR, INC, JMP, JSR, LDA, LDX, LDY, LSR, ORA, ROL, ROR, SBC, STA, STX, STY	3
Zero Page	ADC, AND, ASL, BIT, CMP, CPX, CPY, DEC, EOR, INC, LDA, LDX, LDY, LSR, ORA, ROL, ROR, SBC, STA, STX, STY	2
Indirect	JMP	3
Indexed, X	ADC, AND, ASL, CMP, DEC, EOR, INC, LDA, LDY, LSR, ORA, ROL, ROR, SBC, STA, STY	3
Indexed, Y	ADC, AND, CMP, EOR, LDA, LDX, ORA, SBC, STA, STX	3
(Indirect, X)	ADC, AND, CMP, EOR, LDA, ORA, SBC, STA	2
(Indirect), Y	ADC, AND, CMP, EOR, LDA, ORA, SBC, STA	2

Der Prozessor 6502 unterstützt 13 Adressierungsarten. Je nach Adressierungsart sind die Maschinen-instruktionen 1, 2 oder 3 Bytes lang (Bild 2.6.2). Das vollständige Befehlsschema entsprechend Bild 2.6.1a ist an den Dreibytebefehlen gut erkennbar. Bei den „kürzeren" Befehlen sind alle nötigen Angaben im Code enthalten.

Bild 2.6.2 zeigt, daß es die absolute Adressierung ohne und mit Indizierung auch in einer verkürzten Schreibweise gibt (*Nullseiten-Adressierung*). Bei den Dreibytebefehlen ist die Reihenfolge bei der Angabe der vollständigen 16-Bit-Adressen zu beachten.

Die symbolische (mnemonische) Kennzeichnung der Adressierungsarten wird in den nachfolgenden Übungen jeweils angegeben. Ebenfalls wird dabei die Systematik der Decodierung erklärt.

Die Tabelle auf der vorhergehenden Seite listet auf, welche Befehle mit den 13 Adressierungsarten verwendbar sind. Bemerkenswert ist, daß nur der JMP-Befehl indirekt adressiert werden kann. Auch fällt auf, daß mehr Befehle mit dem Inhalt des Registers X indiziert werden können als mit dem des Registers Y.

Ein typisches Beispiel dafür, wie in den Prozessor-Handbüchern die Adressierungsarten der Befehle angegeben werden, ist in **Bild 2.6.3** für LDA vorgestellt.

Die Systematik der binären Codierung wird nun abschließend exemplarisch für die drei Ladebefehle LDA, LDX und LDY aufgezeigt:

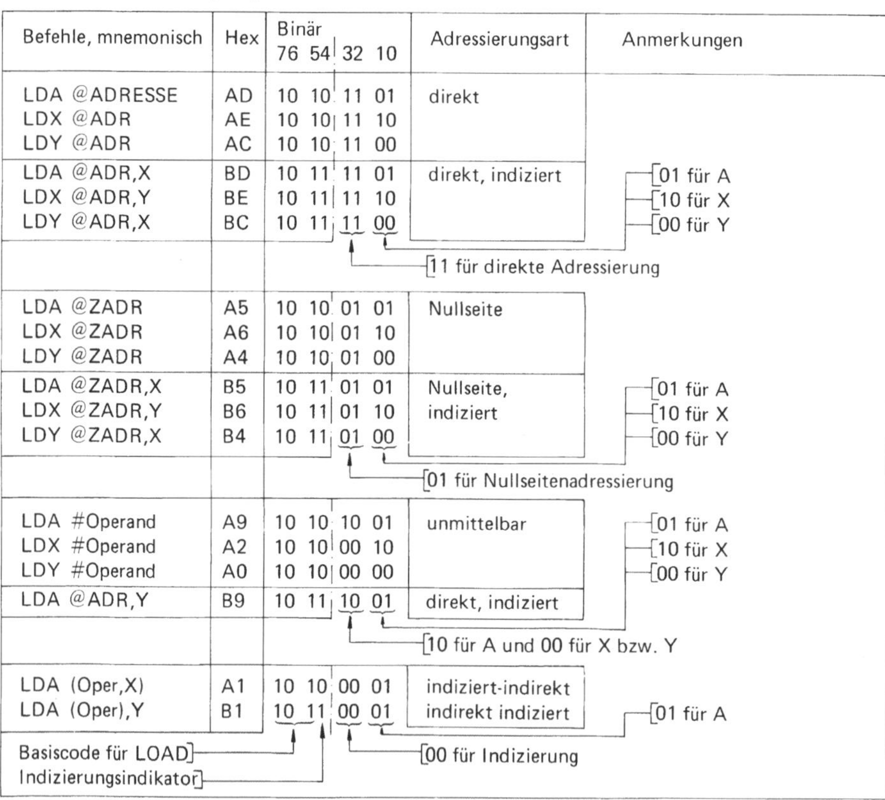

Befehle, mnemonisch	Hex	Binär 76 54 | 32 10	Adressierungsart	Anmerkungen
LDA @ADRESSE	AD	10 10 | 11 01	direkt	
LDX @ADR	AE	10 10 | 11 10		
LDY @ADR	AC	10 10 | 11 00		
LDA @ADR,X	BD	10 11 | 11 01	direkt, indiziert	⎰01 für A
LDX @ADR,Y	BE	10 11 | 11 10		⎱10 für X
LDY @ADR,X	BC	10 11 | 11 00		00 für Y
			11 für direkte Adressierung	
LDA @ZADR	A5	10 10 | 01 01	Nullseite	
LDX @ZADR	A6	10 10 | 01 10		
LDY @ZADR	A4	10 10 | 01 00		
LDA @ZADR,X	B5	10 11 | 01 01	Nullseite, indiziert	⎰01 für A
LDX @ZADR,Y	B6	10 11 | 01 10		⎱10 für X
LDY @ZADR,X	B4	10 11 | 01 00		00 für Y
			01 für Nullseitenadressierung	
LDA #Operand	A9	10 10 | 10 01	unmittelbar	⎰01 für A
LDX #Operand	A2	10 10 | 00 10		⎱10 für X
LDY #Operand	A0	10 10 | 00 00		00 für Y
LDA @ADR,Y	B9	10 11 | 10 01	direkt, indiziert	
			10 für A und 00 für X bzw. Y	
LDA (Oper,X)	A1	10 10 | 00 01	indiziert-indirekt	
LDA (Oper),Y	B1	10 11 | 00 01	indirekt indiziert	01 für A
Basiscode für LOAD			00 für Indizierung	
Indizierungsindikator				

Bezeichnung		Kurz-zeichen	Instruktions-Bytes		
deutsch	englisch		1	2	3
implizite	implied		OP		
Akkumulator	accumulator	A	OP A		
unmittelbar	immediate	#	OP	Operand	
relativ	relative	r	OP	Distanz	
direkt oder absolut	absolute	@	OP	Adr. L	Adr. H
Nullseite absolut	zero page absolute	z@	OP	Z Adr.	
indirekt	indirect	i	OP	Adr. L	Adr. H
direkt x-indiziert	absolute indexed, X	@x	OP	Adr. L	Adr. H
direkt y-indiziert	absolute indexed, Y	@y	OP	Adr. L	Adr. H
Nullseite x-indiziert	zero page indexed, X	zx	OP	Z Adr.	
Nullseite y-indiziert	zero page indexed, Y	zy	OP	Z Adr.	
indiziert indirekt	(indirect, X)	xi	OP	Basis	
indirekt indiziert	(indirect), Y	iy	OP	Z Adr.	

Bild 2.6.2 Adressierungsarten des µP 6502 mit schematischem Befehlsaufbau. OP: Operationscode; Adr. L, Adr. H: Adreßteil L (niedriges Byte) und H (höheres Byte); ZAdr.: Nullseitenadresse

LDA   LDA *Load accumulator with memory*   LDA
Operation: M → A   Z N C I D V
$$\sqrt{\ }\ \sqrt{\ }\ -\ -\ -\ -$$

Addressing Mode	Assembly Language Form	OP CODE	No. Bytes	No. Cycles
Immediate	LDA #Oper r	A9	2	2
Zero Page	LDA Oper	A5	2	3 3
Zero Page, X	LDA Oper, X	B5	2	4 4
Absolute	LDA Oper	AD	3	4 4
Absolute, X	LDA Oper, X	BD	3	4*
Absolute, Y	LDA Oper, Y	B9	3	4*
(Indirect, X)	LDA (Oper, X)	A1	2	6
(Indirect), Y	LDA (Oper), Y	B1	2	5*

*   Add 1 if page boundary is crossed.

LDX   LDX *Load index X with memory*   LDX
Operation: M → X   N Z C I D V
$$\sqrt{\ }\ \sqrt{\ }\ -\ -\ -\ -$$

Addressing Mode	Assembly Language Form	OP CODE	No. Bytes	No. Cycles
Immediate	LDX #Oper	A2	2	2
Zero Page	LDX Oper	A6	2	3
Zero Page, Y	LDX Oper, Y	B6	2	4
Absolute	LDX Oper	AE	3	4
Absolute, Y	LDX Oper, Y	BE	3	4*

*   Add 1 when page boundary is crossed.

Bild 2.6.3 Übliche Auflistung der Adressierungsarten am Beispiel LDA

Die implizite adressierten Befehle sind ein Byte lang, die unmittelbar und relativ adressierten zwei Bytes (vgl. Bild 2.6.2). Bei den „impliziten" trennt man meist noch diejenigen ab, die den Akkumulator benutzen (*Akkumulator-Adressierung*).

(I) Implizite Adressierung

Implizite nennt man einen Code dann, wenn in ihm — hier in dem einen Instruktionsbyte — alle Angaben über die auszuführende Operation sowie Quelle und Ziel vollständig enthalten sind.

Beispiele:

TAY,   Transferiere Akkuinhalt in das Indexregister Y →   Code: $A8
TAX,   Transferiere Akkuinhalt in das Indexregister X →   Code: $AA
ROR A, Rotiere rechtsherum im Akkumulator   →   Code: $6A

Bei impliziter Adressierung des Akkumulators (ASL A, ROL A, LSR A und ROR A) spricht man auch von *Akkumulator-Adressierung*.

In folgender Auflistung sind alle implizite adressierbaren Befehle mit ihren Codes angegeben. Nicht enthalten sind BRK (Code: $00), RTI ($40) und RTS ($60), weil sie nicht in das Codierungsschema passen.

Befehl	Hexcode	Binärdarstellung 7 6 5 4 3 2 1 0	Anmerkungen
PHP	08	0 0 0 0 1 0 0 0	
CLC	18	0 0 0 1	
PLP	28	0 0 1 0	
SEC	38	0 0 1 1	
PHA	48	0 1 0 0	
CLI	58	0 1 0 1	
PLA	68	0 1 1 0	
SEI	78	0 1 1 1	Kennzeichen für implizite Adressierung
DEY	88	1 0 0 0	
TYA	98	1 0 0 1	
TAY	A8	1 0 1 0	
CLV	B8	1 0 1 1	
INY	C8	1 1 0 0	
CLD	D8	1 1 0 1	
INX	E8	1 1 1 0	
SED	F8	1 1 1 1	
TXA	8A	1 0 0 0 1 0 1 0	
TAX	AA	1 0 1 0 1 0 1 0	
DEX	CA	1 1 0 0 1 0 1 0	
NOP	EA	1 1 1 0 1 0 1 0	
TXS	9A	1 0 0 1 1 0 1 0	
TSX	BA	1 0 1 1 1 0 1 0	
			Statusregister-Adressierung
			Kennzeichen für Akkumulator-Adressierung
ASL A	0A	0 0 0 0 1 0 1 0	
ROL A	2A	0 0 1 0 1 0 1 0	
LSR A	4A	0 1 0 0 1 0 1 0	
ROR A	6A	0 1 1 0 1 0 1 0	

Bei genauerem Hinsehen kann man aus dieser Tabelle auch ablesen, welche Codebits bzw. Kombinationen *Transfer, Push* und *Pull, Clear, Set* usw. festlegen.

(II) Unmittelbare Adressierung

Immediate Addressing bedeutet, daß unmittelbar auf den OP-Code der zu bearbeitende Wert (Konstante) folgt. Im OP-Code muß demzufolge neben dem Operationsteil (was ist zu tun?) auch der zweite Operand angegeben sein. Mnemonische Kennung ist das Zeichen „#":

Befehl	Hexcode	Binärdarstellung 7 6 5 4 3 2 1 0	Anmerkungen
ORA #	09	0 0 0 0 1 0 0 1	
AND #	29	0 0 1 0	
EOR #	49	0 1 0 0	
ADC #	69	0 1 1 0	Kennzeichen für unmittelbare
LDA #	A9	1 0 1 0	Adressierung (#) des Akkumulators
CMP #	C9	1 1 0 0	
SBC #	E9	1 1 1 0 1 0 0 1	
			Code für LOAD ohne Indizierung
LDY #	A0	1 0 1 0 0 0 0 0	
LDX #	A2	1 0 1 0 0 0 1 0	
			Zusätzliche Kennzeichnung für X bzw. Y *immediate* (ohne Indizierung)
CPY #	C0	1 1 0 0 0 0 0 0	
CPX #	E0	1 1 1 0 0 0 0 0	X-bzw. Y-Kennzeichnung Code für *compare* (Vergleichen)

(III) Relative Adressierung

Die Zweibytebefehle mit relativer Adressierung geben im zweiten Byte die Distanz an, um die vom aktuellen Programmzählerstand (PC) aus zu verzweigen ist. Es sind dies die Branch-Befehle BXX mit den maximalen Sprungweiten + 127/− 128.

Die Tabelle zeigt, daß die 8 Befehle BXX den Code %XXX10000 haben. Die anderen 8 Kombinationen %XXX00000 werden wie folgt genutzt:

Befehl	Binärdarstellung	Adressierung
BRK	0 0 0 0 0 0 0 0	implizite Adressierung
JSR	0 0 1 0 0 0 0 0	absolute Adressierung
RTI	0 1 0 0 0 0 0 0	implizite Adressierung
RTS	0 1 1 0 0 0 0 0	
	1 0 0 0 0 0 0 0	nicht genutzt
LDY #	1 0 1 0 0 0 0 0	unmittelbare Adressierung
CPY #	1 1 0 0 0 0 0 0	
CPX #	1 1 1 0 0 0 0 0	

Es folgt die Codierung der 8 relativ adressierten Branch-Befehle:

Befehl	Hexcode	Binärdarstellung 7 6 5 4 3 2 1 0	Anmerkungen
BPL	10	0 0 0 1 0 0 0 0	
BMI	30	0 0 1 1 0 0 0 0	
BVC	50	0 1 0 1 0 0 0 0	
BVS	70	0 1 1 1 0 0 0 0	
BCC	90	1 0 0 1 0 0 0 0	
BCS	B0	1 0 1 1 0 0 0 0	
BNE	D0	1 1 0 1 0 0 0 0	
BEQ	F0	1 1 1 1 0 0 0 0	Kennzeichen für relative Adressierung

Direkt oder absolut ist ein Operand adressiert, wenn unmittelbar nach dem OP-Code die Operandenadresse angegeben wird. Dies kann eine „vollständige" 16-Bit-Adresse sein (Dreibytebefehle), oder eine in nur einem Byte untergebrachte „Nullseitenadresse" (*Zero Page Address*; Zweibytebefehl).

Bei der indirekten Adressierung weist die Zweibyteadresse erst auf eine andere Adresse, die den Operanden enthält (Dreibytebefehl).

(I) Direkte oder absolute Adressierung

Wenn der Programmzähler PC auf einen absolut adressierten OP-Code zeigt, steht im darauffolgenden Byte der niedrigstwertige Teil der Operandenadresse (Adr. $LL), im übernächsten der höchstwertige Teil (Adr. $HH). Der Operand steht mithin im Byte $LL der Seite $HH (vgl. hierzu „Seitenbildung" in 1.3.3 mit Bild 1.3.18). Bei Operandenadressen in Seite null (*Page Zero*) kann eine verkürzte Codierung verwendet werden, indem man die „Seitennummer $00 (den Teil $HH der Gesamtadresse) einfach wegläßt. Der Prozessor erkennt dies und ergänzt automatisch zur angegebenen Teiladresse $LL die Seitennummer $00. Die nachfolgenden Skizzen erklären dies.

Vollständige Absolutadressierung:

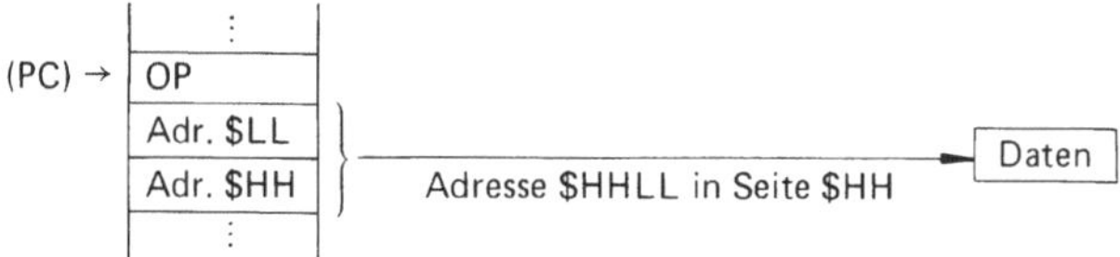

Nullseitenadressierung, absolut:

Die Sprungbefehle JMP (Code $4C) und JSR ($20) können nicht verkürzt adressiert werden. Für die anderen 21 Befehle mit beiden Adressierungsmöglichkeiten gilt das folgende Codeschema:

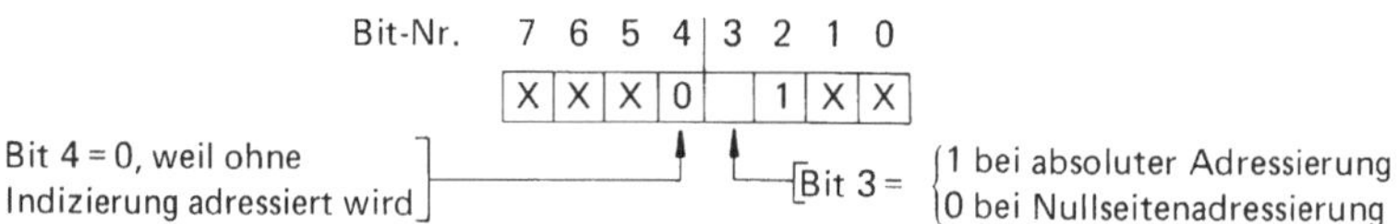

Die 5 Codebits 0, 1, 5, 6 und 7 spezifizieren den Operationsteil. Alle absolut adressierbaren Befehle (außer JSR) sind in der nächsten Tabelle mit ihren Hexadezimalcodes angegeben.

Befehlscodes $XC			Befehlscodes $XD			Befehlscodes $XE		
	Hex-Codes			Hex-Codes			Hex-Codes	
Befehl	Absolut	Nullseite	Befehl	Absolut	Nullseite	Befehl	Absolut	Nullseite
			ORA	0D	05	ASL	0E	06
BIT	2C	24	AND	2D	25	ROL	2E	26
JMP	4C	44	EOR	4D	45	LSR	4E	46
			ADC	6D	65	ROR	6E	66
STY	8C	84	STA	8D	85	STX	8E	86
LDY	AC	A4	LDA	AD	A5	LDX	AE	A6
CPY	CC	C4	CMP	CD	C5	DEC	CE	C6
CPX	EC	E4	SBC	ED	E5	INC	EE	E6

(II) Indirekte Adressierung

Nur der Befehl JMP ist indirekt adressierbar. Die Codes für die beiden Möglichkeiten dieses absolut auszuführenden Sprungs sind

```
JMP absolut:    $4C   (%01001100)
JMP indirekt:   $6C   (%01101100
```

Das Kriterium für „indirekt" ist also Bits 0 und 1 = 0 *und* Bits 5 und 6 = 1.

Die folgende Skizze erläutert abschließend das *Prinzip der indirekten Adressierung*:

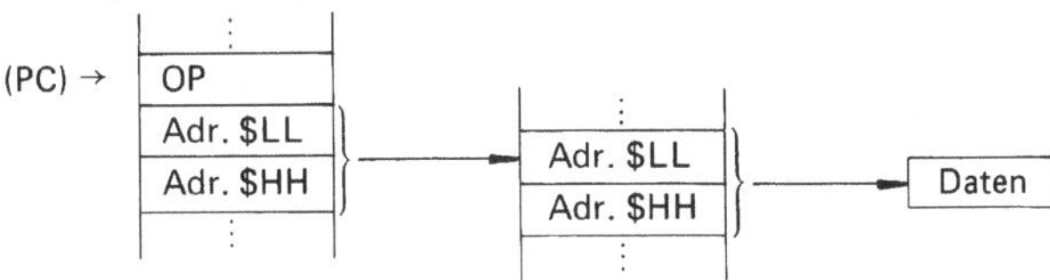

Die 6502-Prozessoren haben zwei Indexregister X und Y, die ähnlich wie der Akkumulator A direkt geladen und für einige Verknüpfungen benutzt werden können. Der Hauptverwendungszweck geht aber direkt aus dem Namen hervor, nämlich durch Indizierung ganze Adressenfelder zu erreichen. Im Prinzip wird dabei der jeweilige Inhalt von X oder Y zu einer gegebenen Basisadresse addiert, woraus die effektive Adresse entsteht. Durch anschließende Dekrementierung oder Inkrementierung wird die nächste Adresse angesprochen usw.

Ebenso wie bei der absoluten, also direkten Adressierung ohne Indizierung unterscheidet man hier danach, ob die Basisadresse vollständig oder für die Nullseite verkürzt angegeben ist. In beiden Fällen kann sowohl das X- als auch das Y-Register verwendet werden, so daß insgesamt vier verschiedene Arten der direkt indizierten Adressierung zur Verfügung stehen. Die folgende Skizze zeigt das allgemeine Prinzip.

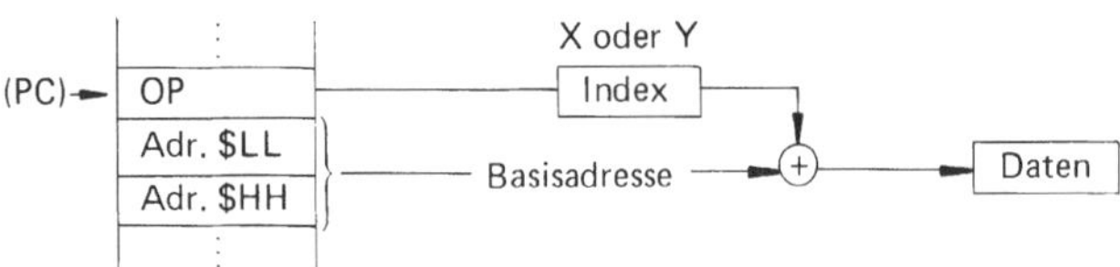

In der Tabelle auf der rechten Seite sind alle direkt indizierbaren Befehle mit ihren Codes aufgelistet. Als Ausnahmen müssen die Lade- und Speicherbefehle LDX, LDY, STX, STY angesehen werden, weil ein Indexregister natürlich nur mit dem jeweils anderen indiziert werden kann. Das drückt sich auch an gewissen Unregelmäßigkeiten im Codierungsschema aus. Für alle anderen Befehle gilt aber die folgende Systematik:

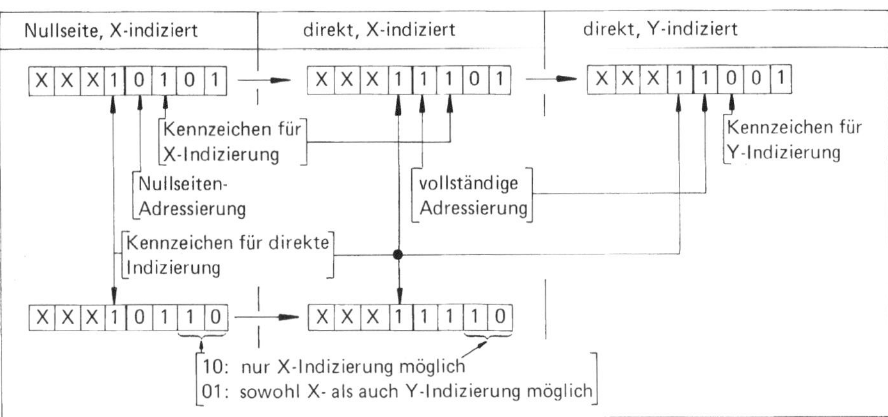

| Befehl | Hexadezimalcodes | | | |
| | Nullseite | | Absolut | |
	X-Indizierung	Y-Indizierung	X-Indizierung	Y-Indizierung
ORA	15		1D	19
ASL	16		1E	
AND	35		3D	39
ROL	36		3E	
EOR	55		5D	59
LSR	56		5E	
ADC	75		7D	79
ROR	76		7E	
STY	94			
STA	95		9D	99
STX		96		
LDY	B4			
LDA	B5		BD	B9
LDX		B6		BE
CMP	D5		DD	D9
DEC	D6		DE	
SBC	F5		FD	F9
INC	F6		FE	

(Die eingeklammerten Spalten STY/STA/STX, LDY/LDA/LDX zeigen mit Pfeilen auf: } Abweichungen vom Codeschema)

Am Beispiel des Additionsbefehls ADC sei nun noch einmal die vollständige Systematik der Codierung für die verschiedenen Adressierungsarten vorgeführt:

Adressierungsart	symbolisch	Hex-code	Binärcode 7 6 5 4 | 3 2 1 0	Adressierungsart	symbolisch	Hex-code	Binärcode 7 6 5 4 | 3 2 1 0
direkt	@Adr.	6D	0 1 1 0 1 1 0 1	direkt indiziert, X	@Adr.,X	7D	0 1 1 1 1 1 0 1
unmittel-bar	#Oper	69	0 1 1 0 1 0 0 1	direkt indiziert, Y	@Adr.,Y	79	0 1 1 1 1 0 0 1
Nullseite direkt	@ZAdr.	65	0 1 1 0 0 1 0 1	Nullseite indiziert, X	@ZAdr.,X	75	0 1 1 1 0 1 0 1
indiziert-indirekt	(Oper.,X)	61	0 1 1 0 0 0 0 1	indirekt indiziert	(Oper.),Y	71	0 1 1 1 0 0 0 1

keine Indizierung ┘   Indizierung ┘

Bit 3 = { 1 bei vollständiger Adressierung / 0 bei Nullseiten-Adressierung }

Die indiziert-indirekte und indirekt indizierte Adressierung wird in der nächsten Übung vorgestellt.

In der vorangegangenen Übung sind am Beispiel des Additionsbefehls bereits die beiden noch nicht besprochenen Adressierungsarten mit aufgeführt. Aus dem Codierungsschema kann man dort erkennen:
— die beiden Versionen sind Nullseiten-Adressierungsarten;
— die indiziert-indirekte Version wird formal wie eine Adressierung ohne Indizierung behandelt.
Dies wird noch deutlicher an der Auflistung auf der rechten Seite unten.

(I) Indiziert-indirekte Version

Das folgende Schema beschreibt die Ermittlung der effektiven Operandenadresse:

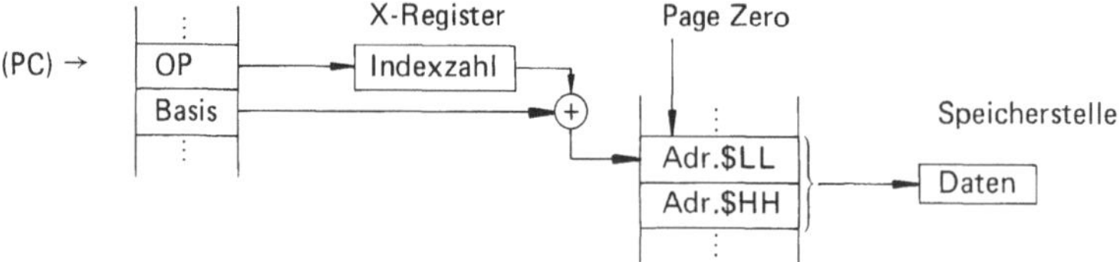

Es wird also der Inhalt des auf den OP-Code folgenden Bytes als *Basiszahl* zum Inhalt des Indexregisters X addiert. Die Summe darf nicht größer als 254 sein; sie wird als Nullseitenadresse interpretiert. Der Inhalt dieses Bytes stellt den niedrigstwertigen Teil (Adr.$LL), der Inhalt des darauffolgenden Bytes den höchstwertigen Teil (Adr.$HH) der Operandenadresse dar. *Beispiel*: Es wird mit der Instruktionsfolge ab Adresse $0200 der in Adresse $0250 stehende Wert in den Akkumulator geladen:

Adresse (hexadezimal)	Hexcode	Mnemonische Darstellung	Kommentar
⋮			
000D			
000E	50		„Low"-Teil der Operandenadresse
000F	02		„High"-Teil der Operandenadresse
⋮			
0200	A2	LDX #$0E	Indexregister unmittelbar mit $0E laden
0201	0E		Indexzahl
0202	A1	LDA (00,X)	indiziert-indirekter Ladebefehl
0203	00		Basiszahl
⋮			
0250	AA		Datenwert (Operand)
0251			
⋮			
00E7	AA		Akkumulatorinhalt nach Befehlsausführung

(II) Indirekt indizierte Version

Das folgende Schema beschreibt die Ermittlung der effektiven Operandenadresse:

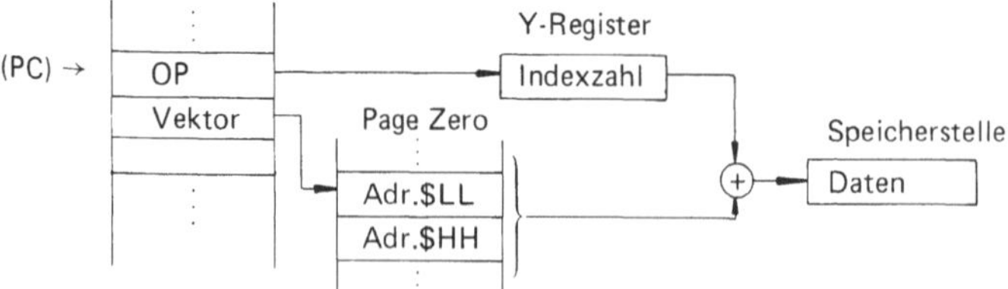

Hier wird also der Inhalt des auf den OP-Code folgenden Bytes als „Vektor" interpretiert, als Nullseitenadresse also, unter der sowie der darauf folgenden die 16-Bit-Adresse gespeichert sein muß, die mit dem Inhalt des Y-Registers indiziert wird. D.h. zu der mit dem Vektor indirekt ermittelten Adresse wird „X" addiert, woraus die effektive Operandenadresse folgt.

Beispiel: Es wird mit den Befehlen ab Adresse $0204 der in Adresse $0260 stehende Wert in den Akkumulator geladen:

Adresse (hexadezimal)	Hexcode	Mnemonische Darstellung	Kommentar
⋮			
000D			
000E	50		zu indizierende Adresse
000F	02		
⋮			
0204	A0	LDY #$10	Indexregister unmittelbar mit $10 laden
0205	10		Indexzahl
0206	B1	LDA ($0E),Y	indirekt indizierter Ladebefehl
0207	0E		„Low"-Teil der indirekten Adresse (Vektor)
⋮			
0260	55		Datenwert (Operand)
0261			
⋮			
00E7	55		Akkumulatorinhalt nach Befehlsausführung

Befehl	Codierung der Adressierungsart					Anmerkungen
	indiziert-indirekt (X)		indirekt indiziert (Y)			
	Hexcode	Binärdarstellung 7 6 5 4|3 2 1 0	Hexcode	Binärdarstellung 7 6 5 4|3 2 1 0		
ORA	01	0 0 0 0|0 0 0 1	11	0 0 0 1|0 0 0 1		
AND	21	0 0 1 0|0 0 0 1	31	0 0 1 1|0 0 0 1		
EOR	41	0 1 0 0|0 0 0 1	51	0 1 0 1|0 0 0 1		
ADC	61	0 1 1 0|0 0 0 1	71	0 1 1 1|0 0 0 1		
STA	81	1 0 0 0|0 0 0 1	91	1 0 0 1|0 0 0 1		
LDA	A1	1 0 1 0|0 0 0 1	B1	1 0 1 1|0 0 0 1		
CMP	C1	1 1 0 0|0 0 0 1	D1	1 1 0 1|0 0 0 1		
SBC	E1	1 1 1 0|0 0 0 1	F1	1 1 1 1|0 0 0 1		Kennzeichen der indirekt indizierten Versionen

Indizierung

Keine Indizierung!

Operationscode

Adressierungsarten

Zusammenfassung – 6502

Der Prozessor 6502 unterstützt 13 Adressierungsarten, wodurch die Maschineninstruktionen 1 bis 3 Bytes lang sein können. Der Operationscode steht in jedem Fall im ersten Byte. Das zweite (oder das zweite und dritte Byte) enthält eine Adresse, Distanz, Basiszahl oder einen unmittelbar zu verwendenden Wert.

Implizite adressiert sind Operanden dann, wenn in nur einem Byte alle nötigen Angaben für den Prozessor enthalten sind; 25 Befehle sind so adressierbar. Eine spezielle Gruppe verwendet nur den Akkumulator. Bei diesen vier Befehlen spricht man darum von *Akkumulator-Adressierung.*

Unmittelbare Adressierung (*immediate addressing*) gestattet die direkte Angabe eines Operanden im Befehl, und zwar im zweiten Byte (Kennzeichen „#"). Das gilt für 11 Befehle.

Relative Adressierung wird ebenfalls mit zwei Bytes codiert. Anwendbar ist diese Adressierungsart nur auf die 8 „Branch"-Befehle, wobei im zweiten Byte die Sprungweite anzugeben ist.

Direkte oder absolute Adressierung bedeutet, daß direkt nach dem ersten Byte mit dem OP-Code die Operandenadresse angegeben wird. Normalerweise werden dafür zwei Bytes benötigt (23 Befehle). Liegt die Adresse aber in der *Nullseite* (*Zero Page* mit Adressen zwischen \$0000 und \$00FF), kann die „Seitennummer" \$00 weggelassen werden, wodurch ein Byte eingespart wird (21 Befehle).

Indirekte Adressierung ist nur auf den Befehl JMP (bedingungsloser Sprung) anwendbar. Es wird dabei im 2. und 3. Byte eine Adresse angegeben, unter der und der darauf folgenden die Operandenadresse gespeichert ist.

Indizierte Adressierung ist mit Hilfe der beiden Indexregister X und Y möglich. Die direkte Ermittlung der effektiven Adresse durch Addition einer im Maschinenbefehl genannten vollen oder Nullseiten-Adresse und dem Indexregister-Inhalt ist bei maximal 18 Befehlen möglich (z.B. Nullseiten-Y-Indizierung nur bei STX und LDX).

Ziemlich komplexe Indizierungsmöglichkeiten stehen durch die beiden Versionen *indiziert-indirekte* und *indirekt indizierte Adressierungsart* zur Verfügung.

16-Bit-µP 9900

Adressierungsarten	Seite
implizite, unmittelbar, relativ, CRU	212
Register	214
absolut	216

Format	0 1 2 3 4 5 6 7 8 9 10 11 12 13 14 15	Typische Befehle
1	OP-Code / B / T_D / D / T_s / S	Arithmetik
2	OP-Code / Distanz mit Vorzeichen	Sprung (Jump)
3	OP-Code / R / T_s / S	Logik
4	OP-Code / C / T_s / S	CRU
5	OP-Code / C / R	Schieben
6	OP-Code / T_s / S	Inkrementieren
7	OP-Code / N	Kontrollinstr.
8	OP-Code / N / R	unmittelbare
9	OP-Code / D / T_s / S	XOP

Bild 2.6.4 Befehlsformate der 9900-Prozessoren. B: Byte-Indikator; S: Source (Quelle); D: Destination (Senke, Ziel); T_S und T_D: Adressierungsangaben für S bzw. D; C: CRU- oder Schiebeschritte (Counts); R: Register; N: nicht benutzt

Die 9900-Prozessoren unterstützen fünf Grundadressierungsarten. Dazu kommen Spezialversionen im Befehlssatz, die weitere Adressierungsmodifikationen bedeuten. Eine systematische Einordnung ist mit Hilfe der Formatdarstellung in **Bild 2.6.4** möglich. Alle Maschinenbefehle und „OP-Codes" (die nach Bild 2.6.1 definierten Basiscodes bzw. Operationsteile) sind in der Tabelle nach Befehlsformaten sortiert.

Einige spezielle Adressierungsarten sind durch das Befehlsformat selbst festgelegt. So sind mit dem Format 2 Befehle mit nur relativer Adressierung definiert, und das Format 8 ist der unmittelbaren Adressierung zugeordnet. Eine Sonderrolle spielt das Format 7, nach dem die Kontrollbefehle und RTWP aufgebaut sind.

Die anderen Befehlsformate erlauben jedoch variantenreiche Adressierungsmöglichkeiten mit Hilfe der Felder T_D, D, T_S und S. Und zwar gilt folgendes:

T_D oder T_S	Adressierungsart	Symbol
%00	direkte Registeradressierung	R
%01	indirekte Registeradressierung	*R
%10	absolute Speicheradressierung; nicht indiziert, wenn S oder D = 0	@
%10	absolute Speicheradressierung; indiziert, wenn S oder D $>$ 0	@ ... (R)
%11	indirekte Registeradressierung mit Autoinkrement	*R+

Die Befehle mit den Formaten 3, 4, 6 und 9 gestatten die Anwendung der 5 Grundadressierungsarten nur auf den Quellenoperanden S. Bei den 12 Befehlen mit dem Format 1 können jedoch Quellen- und Zieloperand modifiziert werden, so daß für diese Befehle insgesamt 25 verschiedene Adressierungsarten zur Verfügung stehen.

Zählt man alle Befehle mit ihren theoretisch möglichen Adressierungsarten zusammen, kommt man – ohne den *Extended Operations* (XOP) – auf 440 verschiedene Maschinencodes. Hierbei sind die jeweils 16 Möglichkeiten für die Felder R, C und D des Bildes 2.6.4 nicht enthalten.

Die XOP-Befehle nehmen eine Sonderstellung ein (vgl. Kap. 2.3, Sprungbefehle). Das D-Feld im Format 9 steht nämlich nicht für *Destination* (Zieladresse), es enthält vielmehr die XOP-Nummer, die Nummer also, unter der die vorher definierte erweiterte Operation aufgerufen wird. Formal stimmen die Formate 3 und 9 überein, weshalb MPY und DIV auch manchmal als Format-9-Befehle bezeichnet werden.

In den folgenden Übungen werden die Adressierungsarten weiter erklärt.

Tabelle des Befehlsvorrats nach Befehlsformaten sortiert

Format-Nr.	Mnemon. Darstellung	Basiscode (binär)	B	Basiscode (HEX)	Format-Nr.	Mnemon. Darstellung	Basiscode (binär)	Basiscode (HEX)
1	A	101	0	A	5	SLA	00001010	0A
1	AB	101	1	B	5	SRA	00001000	08
1	C	100	0	8	5	SRC	00001011	0B
1	CB	100	1	9	5	SRL	00001001	09
1	MOV	110	0	C				
1	MOVB	110	1	D	6	B	0000010001	044
1	S	011	0	6	6	BL	0000011010	068
1	SB	011	1	7	6	BLWP	0000010000	040
1	SOC	111	0	E	6	CLR	0000010011	04C
1	SOCB	111	1	F	6	SETO	0000011100	070
1	SZC	010	0	4	6	INV	0000010101	054
1	SZCB	010	1	5	6	NEG	0000010100	050
					6	ABS	0000011101	074
2	JEQ	00010011		13	6	SWPB	0000011011	06C
2	JGT	00010101		15	6	INC	0000010110	058
2	JH	00011011		1B	6	INCT	0000010111	05C
2	JHE	00010100		14	6	DEC	0000011000	060
2	JL	00011010		1A	6	DECT	0000011001	064
2	JLE	00010010		12	6	X	0000010010	048
2	JLT	00010001		11				
2	JMP	00010000		10	7	IDLE	00000011010	034
2	JNC	00010111		17	7	RSET	00000011011	036
2	JNE	00010110		16	7	CKOF	00000011110	03C
2	JNO	00011001		19	7	CKON	00000011101	03A
2	JOC	00011000		18	7	LREX	00000011111	03E
2	JOP	00011100		1C	7	RTWP	00000011100	038
2	SBO	00011101		1D				
2	SBZ	00011110		1E	8	AI	00000010001	022
2	TB	00011111		1F	8	ANDI	00000010010	024
					8	CI	00000010100	028
3	COC	001000		20	8	LI	00000010000	020
3	CZC	001001		24	8	ORI	00000010011	026
3	XOR	001010		28	8	LWPI	00000010111	02E
3	MPY	001110		38	8	LIMI	00000011000	030
3	DIV	001111		3C	8	STST	00000010110	02C
					8	STWP	00000010101	02A
4	LDCR	001100		30				
4	STCR	001101		34	9	XOP	001011	2C

Diese vier Adressierungsarten werden nicht durch die Felder T_D und T_S definiert, sie sind in Form von bestimmten Befehlen zusätzlich vorhanden.

(I) Implizite Adressierung (Format 7)

Von impliziter Adressierung spricht man, wenn in einem fest vorgegebenen Maschinencode alle Angaben über die auszuführende Operation und die Operanden vollständig enthalten sind. Wir zählen hierzu den Unterprogrammrücksprung (RTWP, vgl. 2.3) und die Kontrollbefehle (vgl. 2.2). All diese Befehle haben das Format 7:

	0	1	2	3	4	5	6	7	8	9	10	11	12	13	14	15	
RTWP	0	0	0	0	0	0	1	1	1	0	0	0	0	0	0	0	>0380
IDLE	0	0	0	0	0	0	1	1	0	1	0	0	0	0	0	0	>0340
RSET	0	0	0	0	0	0	1	1	0	1	1	0	0	0	0	0	>0360
CKON	0	0	0	0	0	0	1	1	1	0	1	0	0	0	0	0	>03A0
CKOF	0	0	0	0	0	0	1	1	1	1	0	0	0	0	0	0	>03C0
LREX	0	0	0	0	0	0	1	1	1	1	1	0	0	0	0	0	>03E0

Kennzeichen für die implizite Adressierung ┘   └─ vollständiger Code für die Befehlsausführung

Der Befehl LIMI (*Load Interrupt Mask Immediate*) hat den Basiscode >0300, d.h. das Bitfeld 8/9/10 enthält dann 0/0/0. Obwohl das Feld 6/7 das Kennzeichen für implizite Adressierung enthält, schließt der Prozessor aus den drei Nullbits, daß im nächsten Wort die unmittelbar zu ladende Maske folgt, dieser Befehl also das Format 8 hat.

(II) Unmittelbare Adressierung (Format 8)

Immediate Addressing bedeutet, daß unmittelbar nach dem OP-Codewort der zu bearbeitende Wert (Konstante) folgt. Im OP-Codewort muß demzufolge neben dem eigentlichen OP-Code (was ist zu tun?) auch der zweite Operand angegeben sein. Bei diesen Format-8-Befehlen kann dafür nur ein Register verwendet werden. In dieser strengen Form gilt das allerdings nur für LI, AI, ANDI, ORI und CI.

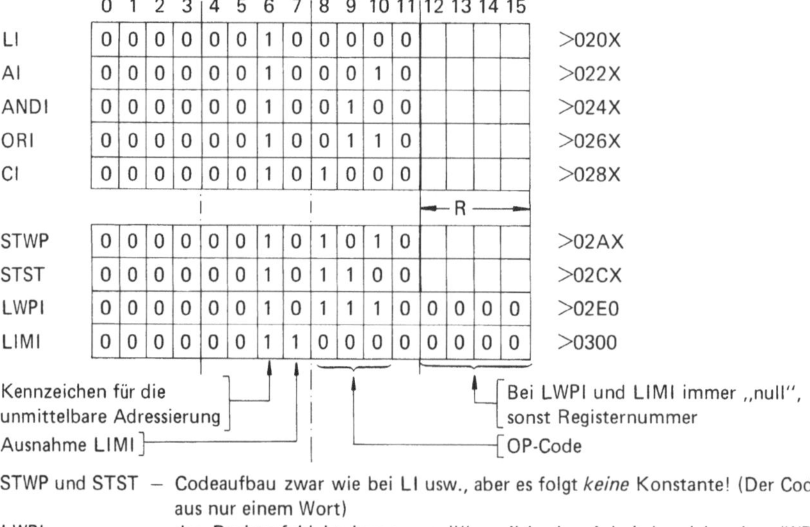

	0	1	2	3	4	5	6	7	8	9	10	11	12	13	14	15	
LI	0	0	0	0	0	0	1	0	0	0	0	0					>020X
AI	0	0	0	0	0	0	1	0	0	0	1	0					>022X
ANDI	0	0	0	0	0	0	1	0	0	1	0	0					>024X
ORI	0	0	0	0	0	0	1	0	0	1	1	0					>026X
CI	0	0	0	0	0	0	1	0	1	0	0	0					>028X
STWP	0	0	0	0	0	0	1	0	1	0	1	0					>02AX
STST	0	0	0	0	0	0	1	0	1	1	0	0					>02CX
LWPI	0	0	0	0	0	0	1	0	1	1	1	0	0	0	0	0	>02E0
LIMI	0	0	0	0	0	0	1	1	0	0	0	0	0	0	0	0	>0300

Kennzeichen für die unmittelbare Adressierung ┘ Ausnahme LIMI ┘   └ OP-Code   └ Bei LWPI und LIMI immer „null", sonst Registernummer

STWP und STST — Codeaufbau zwar wie bei LI usw., aber es folgt *keine* Konstante! (Der Code besteht aus nur einem Wort)

LWPI — das Registerfeld ist immer „null", weil in den Arbeitsbereichszeiger (WP) geladen wird

LIMI — Registerfeld immer „null", weil in das Statusregister (ST) geladen wird.

(III) Relative Adressierung (Format 2)

In englischen Texten wird ausführlich *Program Counter Relative Addressing* verwendet, weil Adressen relativ zum Bezugspunkt „aktueller Programmzählerstand" angegeben werden. Zum Format 2 gehören aber auch die CRU-Befehle SBO, SBZ und TB. Weil dabei relativ zur CRU-Adresse gearbeitet wird, behandeln wir diese Befehle getrennt. Hier verbleiben dann nur die „Jump"-Befehle, also diejenigen bedingten (JXX) und der unbedingte Sprungbefehl JMP, bei denen die Sprungweite, relativ zum augenblicklichen Programmzählerstand, maximal −128 oder +127 betragen kann (vgl. 2.3). Das Format 2 ist:

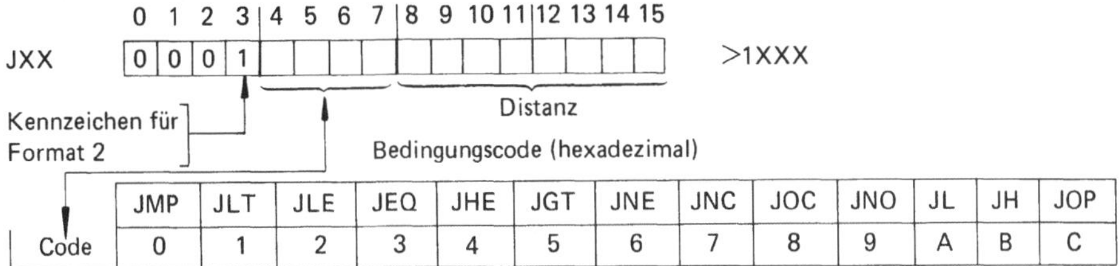

Die drei noch freien Codes D, E und F sind für die CRU-Einzelbitbefehle reserviert.

(IV) CRU-Adressierung (Formate 2 und 4)

Die CRU-Adressierung erfolgt immer relativ zur CRU-Basisadresse, deren doppelter Wert im Register R12 stehen muß (vgl. 2.1). Bezogen auf diese Basisadresse (zwischen 0 und 4095) können einzelne Bits gesetzt oder abgefragt werden (mit SBO, SBZ oder TB), oder es können Bitkombinationen der Länge 1 bis 16 transferiert werden (mit LDCR bzw. STCR). Ein Unterschied ist noch: die Einzelbitbefehle können nur CRU-Bits setzen oder abfragen, mit LDCR wird der Inhalt eines Registers an die CRU übergeben; mit STCR werden CRU-Bitkombinationen gelesen und in ein Register geschrieben. Die Befehlsformate lauten:

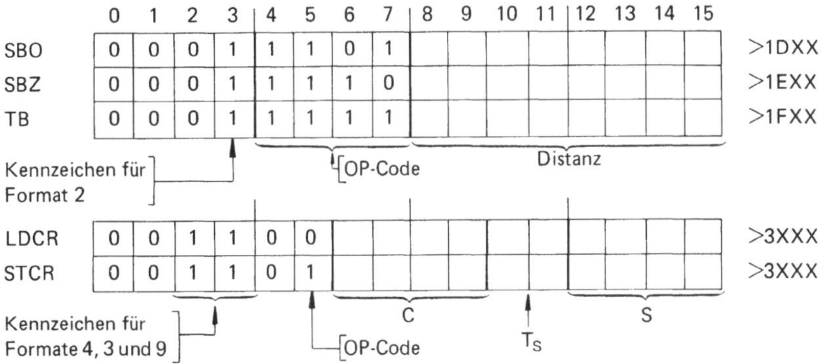

Die Formate 3, 4 und 9 sind ähnlich. Verschieden sind die Bitfelder 6 bis 9: Format 3: R für Registernummer; Format 4: C für CRU-Bit-Anzahl (*Count*); Format 9: D für XOP-Nummer.

Obwohl die Befehle mit den Formaten 3 und 9 anderen als den eben besprochenen Adressierungsarten unterliegen, sei wegen des verwandten Formats hier abschließend die Codierung angegeben:

Basiscode	Befehl	Format	besprochen in Abschnitt
>2000 >2400	COC CZC	3	2.5
>2800	XOR	3	2.4
>2C00	XOP	9	2.3
>3000 >3400	LDCR STCR	4	2.1
>3800 >3C00	MPY DIV	3	2.5

Die 5 Grundadressierungsarten bei den 9900-Prozessoren werden durch die Adressierungsfelder T_D und T_S definiert (vgl. „Befehlsformate und Möglichkeiten der Adressierung" in diesem Kapitel). Sie sind anwendbar auf Befehle mit den Formaten 1, 3, 4, 6 und 9, jedoch nur im Format 1 auf beide Operanden (vgl. Bild 2.6.4).

Registeradressierung bedeutet, daß die Verwendung der Arbeitsregister auf drei verschiedene Arten möglich ist:

Registeradressierung	Symbol	T_D bzw. T_S
direkt	R	%00
indirekt	*R	%01
indirekt mit Autoinkrement	*R+	%11

Eine Sonderform der Registeradressierung stellen die Befehle mit dem Format 5 dar; die Schiebe- und Rotationsbefehle wirken nur „direkt" auf Register:

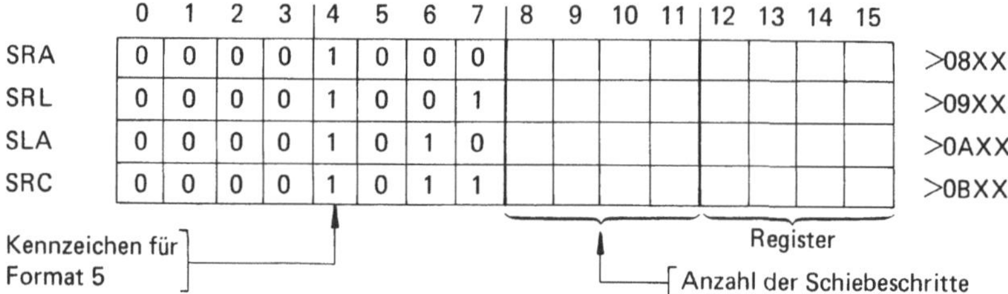

Nun aber zu den drei programmierbaren Registeradressierungsarten.

(I) Direkte Registeradressierung

Dies ist wohl die bequemste Art der Operandenadressierung und die schnellste Möglichkeit der Befehlsausführung (keine zusätzlichen Speicherzugriffszyklen nötig; vgl. „Befehlsausführungszeiten" in 2.4 und „Zeitschleifen" in 2.5). Die schematische Darstellung ist:

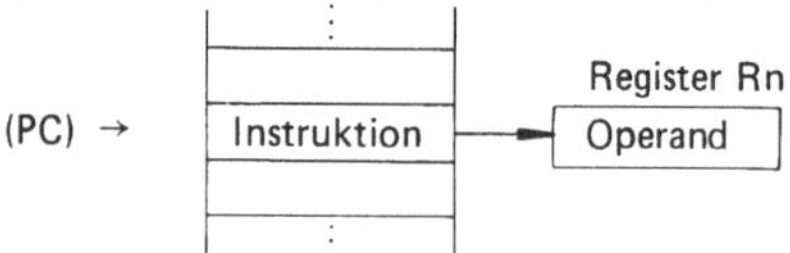

Beispiele:

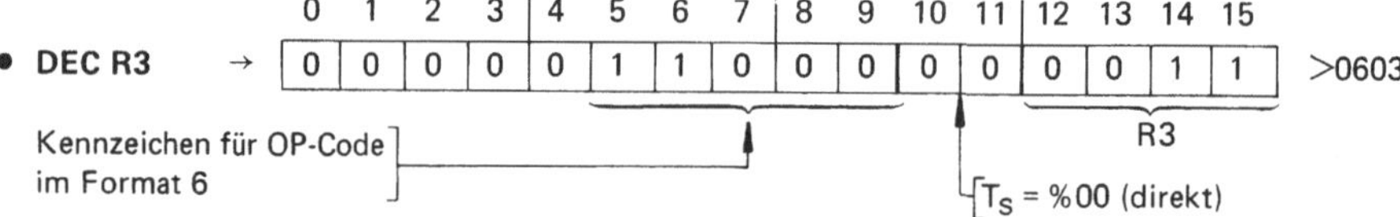

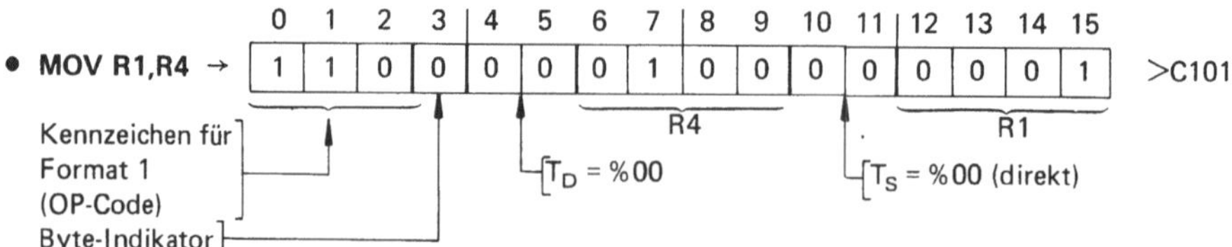

(II) Indirekte Registeradressierung

Hierbei wird nicht direkt der Inhalt eines Arbeitsregisters beeinflußt, sondern im genannten Register Rn befindet sich die Operandenadresse; schematisch:

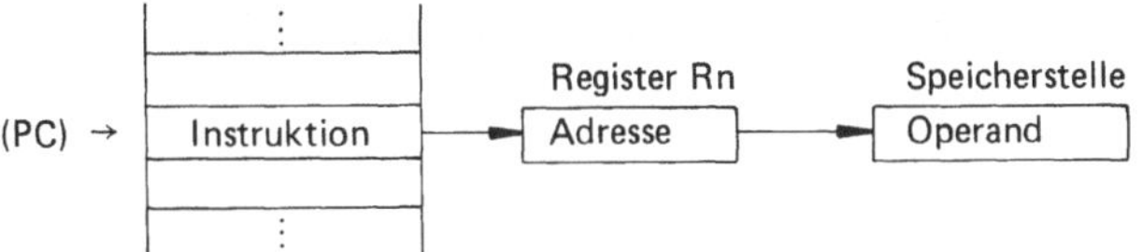

Beispiele:

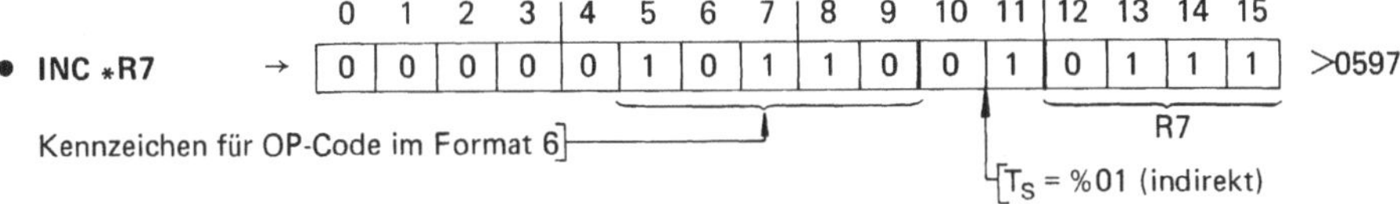

Der Operand in der in R7 angegebenen Adresse wird inkrementiert.

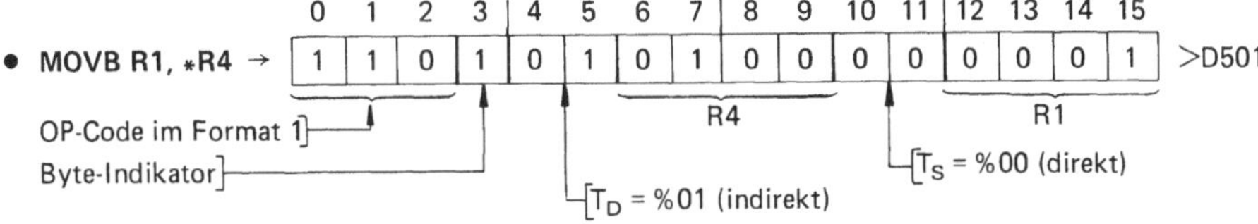

Natürlich sind auch beide Register indirekt adressierbar.

(III) Indirekte Registeradressierung mit Autoinkrement

Der Unterschied zur „einfachen" indirekten Registeradressierung ist, daß hierbei nach jeder Befehlsausführung der Inhalt des angegebenen Registers inkrementiert wird. Die schematische Darstellung:

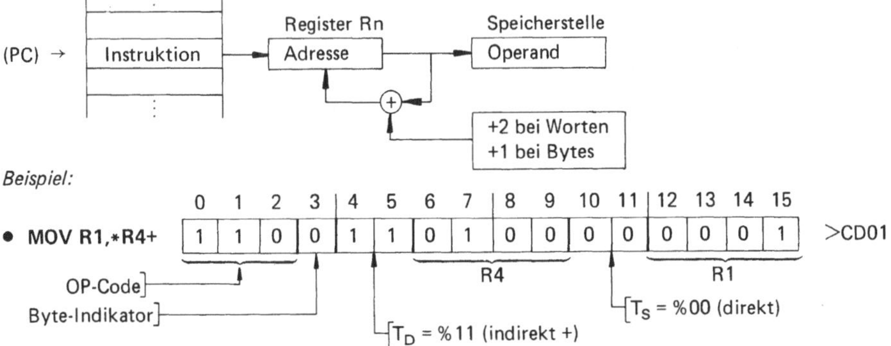

Beispiel:

Man beachte, daß die automatische Inkrementierung bei Wortoperationen (Bit 3 = 0) um 2 erhöht, bei Byteoperationen (Bit 3 = 1) aber nur um 1.

Grundsätzlich versteht man hierunter die direkte Angabe der Speicheradresse, in der sich der Operand befindet. Darum wird für diese Adressierungsart auch manchmal die Bezeichnung „direkt" verwendet (aber nicht „Register direkt"). *Absolut* heißt diese Version, weil konkrete Speicheradressen benutzt werden. Weil Assembler in der Regel die Möglichkeit bieten, für absolute Hexadezimaladressen „symbolische" Namen einzuführen, wird auch von symbolischer Speicheradressierung gesprochen. Es werden hier zwei Arten geboten:

Speicheradressierung	S oder D	Symbol	T_D bzw. T_S
absolut, nicht indiziert	0	@	%10
absolut, mit Indizierung	größer 0	@...(R)	%10

Beide Formen der absoluten Speicheradressierung haben mithin übereinstimmende Adressierungsfelder T_D bzw. T_S = %10. Die Unterscheidung nach indizierter bzw. nicht indizierter Ausführung wird an den Feldern für die Operanden S (*Source*) und D (*Destination*) erkannt. Die verwendete Festlegung impliziert, daß Register R0 nicht als Indexregister verwendbar ist.

(I) Absolute Speicheradressierung ohne Indizierung

Das formale Kennzeichen ist: Adressierungsfeld T = %10 *und* zugehöriges Operandenfeld gleich null. Dann gilt folgendes Schema:

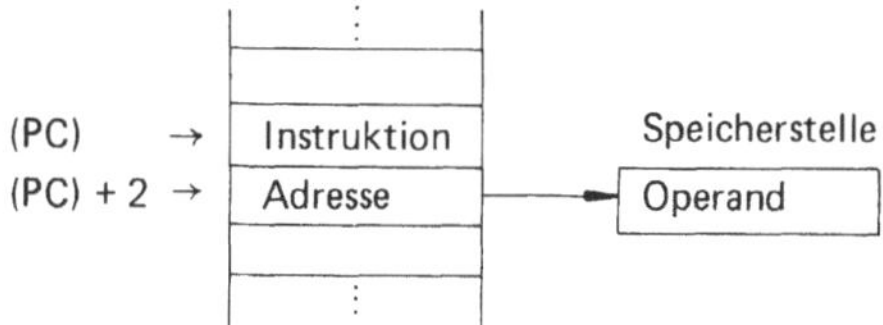

Beispiele:

● **MOV R1,@>0250**

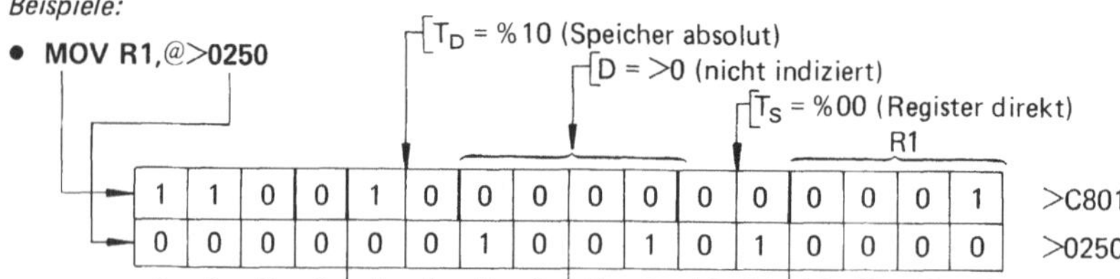

Es wird mit diesem Befehl der Inhalt des Registers R1 in die Speicherstelle mit der Adresse >0250 transferiert.

● **AB @>0250,@>0252**

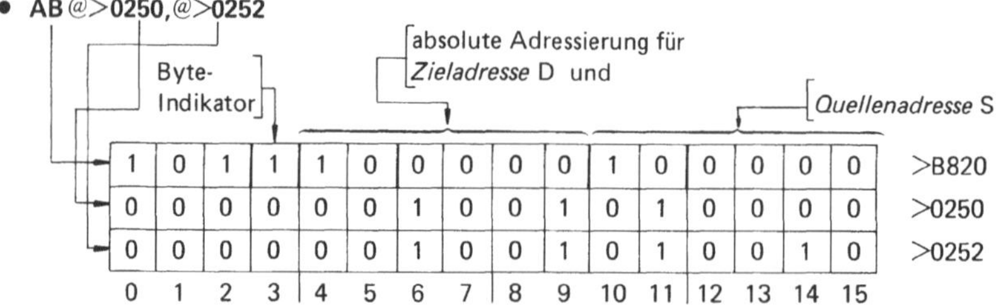

Es wird der Quellenoperand (höheres Byte in Adresse >0250) zum Zieloperanden (höheres Byte in Adresse >0252) addiert. Die Summe steht anschließend in der Zieladresse.

(II) Absolute Speicheradressierung mit Indizierung

Das formale Kennzeichen ist: Adressierungsfeld T = %10 *und* zugehöriges Operandenfeld ungleich null.
Es gilt folgendes Schema:

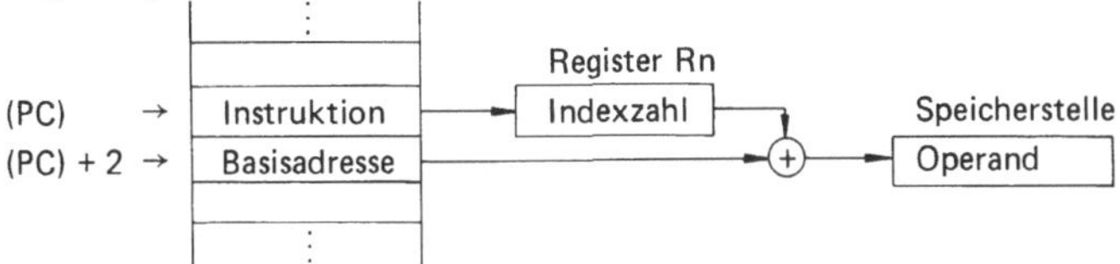

Die Ermittlung der Operandenadresse erfolgt also über die Addition einer in einem Register vorgegebenen Basisadresse.

Beispiel:

● MOV @>0250,@>0350(R1)

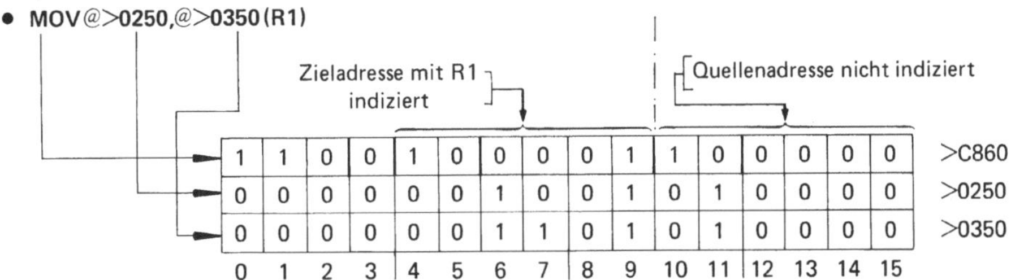

Es wird der Inhalt der Quellenadresse >0250 in die Adresse transferiert, die sich aus der Addition >0350 + (R1) ergibt (Basisadresse plus Inhalt von Register R1). Es können natürlich beide Operanden indiziert werden. Durch nachfolgende Inkrementierung oder Dekrementierung im verwendeten Register können so ganze Felder im Speicher erreicht werden.

> *Man beachte*: Die Indizierung ist nur zusammen mit der absoluten Speicheradressierung möglich.

Adressierungsarten

Gegenüberstellung – 6502/9900

Bei beiden Prozessorfamilien sind die verschiedenen Maschineninstruktionen unterschiedlich lang, je nach Adressierungsart nur ein Wort oder zwei bzw. drei Worte, wobei das Wort beim 6502 aus 8 Bits, das beim 9900 aber aus 16 Bits besteht. Es gibt weitere systematische Unterschiede:

8-Bit-Prozessor 6502	16-Bit-Prozessor 9900
Der Operationscode im ersten Byte ist für eine gegebene Adressierungsart immer ein fester Wert.	Der Operationscode im ersten Wort wird häufig berechnet aus der Addition einer Registernummer, einer Distanz oder einer Bitanzahl zum Basiscode
Im 2. und 3. Byte der Gesamtinstruktion kann jeweils nur eine Operandenadresse angegeben werden. Der zweite Operand ist „implizite" im ersten Byte – dem OP-Code – enthalten – (Einadreßmaschine)	Bei den meisten Befehlen sind „explizite" beide Operanden zu spezifizieren. Dadurch entsteht eine große Flexibilität bei der Verknüpfung von Operanden in Registern oder Speicherstellen – (Zweiadreßmaschine)

Bei den Adressierungsarten gibt es einige Übereinstimmungen und Ähnlichkeiten, aber auch Verschiedenheiten. Es folgt eine Gegenüberstellung:

Adressierungsart	6502	Anzahl der Bytes	9900	Anzahl der Worte
implizite	In *einem* Byte sind OP-Code, Quellen- und Zieladresse vollständig enthalten. Dies gilt für 29 Befehle!	1	In *einem* Wort sind OP-Code, Quellen- und Zieladresse vollständig enthalten. Dies gilt für die 6 Befehle mit dem Format 7	1
unmittelbar	Im zweiten Byte wird der unmittelbar zu bearbeitende 8-Bit-Wert angegeben (11 Befehle)	2	Im zweiten Wort wird der unmittelbar zu bearbeitende 16-Bit-Wert angegeben (9 Befehle des Formats 8)	2
relativ	Nur anwendbar auf die 8 bedingten Sprungbefehle (*Branch*); Sprungdistanz im zweiten Byte	2	Nur anwendbar auf die 13 Jump-Befehle (Format 2); Sprungdistanz im „Low-Byte" des einen Wortes	1
CRU			5 Befehle der Formate 2 und 4 arbeiten mit dem Peripheriebaustein CRU zusammen	1
Register direkt			Grundadressierungsart 1; in dem einen Wort wird das verwendete Register angegeben	1
Register indirekt			Grundadressierungsart 2; in dem einen Wort wird das Register angegeben, in dem die Operandenadresse steht	1

Adressierungsrat	6502	Anzahl der Bytes	9900	Anzahl der Worte
Register indirekt mit Auto-inkrement			Grundadressierungsart 3; wie bei 2, aber mit automatischer Inkrementierung	1
Speicher direkt (oder absolut)	Dreibytebefehl mit vollständiger Operanden-adresse oder	3	Grundadressierungsart 4; im ersten Wort Register angegeben, im zweiten Speicheradresse oder	2
	Zweibytebefehl bei Null-seiten (*Zero Page*)	2	im 2. und 3. Wort beide Operandenadressen	3
Speicher indirekt	Operandenadresse indirekt, nur bei JMP	3		
absolut mit Indizierung			Grundadressierungsart 5; wie bei 4, aber im ersten Wort Festlegung des Indexregisters	2 oder
Speicher direkt indiziert	Indizierung einer vollständigen oder einer Null-seitenadresse	3 2		
indiziert-indirekt	Indizierung einer Basiszahl mit X	2		
indirekt indiziert	Indizierung einer Null-seitenadresse mit Y	2		

Anhang

A1   6502-Befehlssatz
A2   Befehlsausführungszeiten beim μP 6502
A3   Prellfreier Schalter für Interruptauslösung an Port A7 des μC ALPHA 1
A4   9900-Befehlssatz
A5   Tabelle der durch die 9900-Befehle beeinflußten Prozessor-Statusbits
A6   Befehlsausführungszeiten beim μP 9980A
A7   Anschlußbelegung der Stiftleiste P5 auf der Computerplatine TM 990/189
A8   Monitor-Kommandos des Computers TM 990/189 (Unibug Commands)
A9   7-Bit-Code nach DIN 66003 (auch: ASCII-Code)

Fußnoten zu Seite 221 (A1):

(1)   Wenn im Dezimal-Modus gearbeitet wird, ist die Z-Flag ungültig. Es muß dann der Akkumulator auf „Null" geprüft werden

(2)   „Carry nicht" bedeutet: Borgebit (*borrow*)

Das Prozessor-Statusregister ist in 2.1 (Transferbefehle) mit **Bild 2.1.6** erläutert.

A1 6502-Befehlssatz

Instruktion Mnemonisch	Operation	Immediate	Absolute	Zero Page	Accumulator	Implied	(Indexed,X)	(Indexed),Y	Zero Page,X	Absolute,X	Absolute,Y	Relative	Indirect	Zero Page,Y	Prozessor-Status
Anzahl Bytes		2	3	2	1	1	2	2	2	3	3	2	3	2	7 6 5 4 3 2 1 0
						Hexadezimalcodes									N V – B D I Z C
ADC	$A + M + C \to A$ (1)	69	6D	65			61	71	75	7D	79				N V . . . . Z C
AND	$A \wedge M \to A$	29	2D	25			21	31	35	3D	39				N . . . . . Z .
ASL	C ← [7 0] ← 0		0E	06	0A				16	1E					N . . . . . Z C
BCC	BRANCH ON C = 0											90			. . . .
BCS	BRANCH ON C = 1											B0			. . . .
BEQ	BRANCH ON Z = 1											F0			. . . .
BIT	$A \wedge M$		2C	24											$M_7 M_6$ . . . Z .
BMI	BRANCH ON N = 1											30			. . . .
BNE	BRANCH ON Z = 0											D0			. . . .
BPL	BRANCH ON N = 0											10			. . . .
BRK	BREAK					00									. . . . 1 . 1 . .
BVC	BRANCH ON V = 0											50			. . . .
BVS	BRANCH ON V = 1											70			. . . .
CLC	$0 \to C$					18									 0
CLD	$0 \to D$					D8									. . . . 0 . . .
CLI	$0 \to I$					58									. . . . . 0 . .
CLV	$0 \to V$					B8									. 0 . . . . . .
CMP	$A - M$	C9	CD	C5			C1	D1	D5	DD	D9				N . . . . . Z C
CPX	$X - M$	E0	EC	E4											N . . . . . Z C
CPY	$Y - M$	C0	CC	C4											N . . . . . Z C
DEC	$M - 1 \to M$		CE	C6						D6	DE				N . . . . . Z .
DEX	$X - 1 \to X$					CA									N . . . . . Z .
DEY	$Y - 1 \to Y$					88									N . . . . . Z .
EOR	$A \not\equiv M \to A$	49	4D	45			41	51	55	5D	59				N . . . . . Z .
INC	$M + 1 \to M$		EE	E6						F6	FE				N . . . . . Z .
INX	$X + 1 \to X$					E8									N . . . . . Z .
INY	$Y + 1 \to Y$					C8									N . . . . . Z .
JMP	JUMP TO NEW LOC		4C										6C		. . . .
JSR	JUMP SUB		20												. . . .
LDA	$M \to A$	A9	AD	A5			A1	B1	B5	BD	B9				N . . . . . Z .
LDX	$M \to X$	A2	AE	A6							BE			B6	N . . . . . Z .
LDY	$M \to Y$	A0	AC	A4					B4	BC					N . . . . . Z .
LSR	0 → [7 0] → C		4E	46	4A				56	5E					0 . . . . . Z C
NOP	NO OPERATION					EA									. . . .
ORA	$A \vee M \to A$	09	0D	05			01	11	15	1D	19				N . . . . . Z .
PHA	$A \to M \quad S - 1 \to S$					48									. . . .
PHP	$P \to M \quad S - 1 \to S$					08									. . . .
PLA	$S + 1 \to S \quad M_s \to A$					68									N . . . . . Z .
PLP	$S + 1 \to S \quad M_s \to P$					28									(RESTORED)
ROL	← [7 0] ← C ↵		2E	26	2A				36	3E					N . . . . . Z C
ROR	→ C → [7 0] →		6E	66	6A				76	7E					N . . . . . Z C
RTI	RTRN INT					40									(RESTORED)
RTS	RTRN SUB					60									. . . .
SBC	$A - M - C \to A$	E9	ED	E5			E1	F1	F5	FD	F9				N V . . . . Z C (2)
SEC	$1 \to C$					38									 1
SED	$1 \to D$					F8									. . . . 1 . . .
SEI	$1 \to I$					78									. . . . . 1 . .
STA	$A \to M$		8D	85			81	91	95	9D	99				. . . .
STX	$X \to M$		8E	86										96	. . . .
STY	$Y \to M$		8C	84					94						. . . .
TAX	$A \to X$					AA									N . . . . . Z .
TAY	$A \to Y$					A8									N . . . . . Z .
TSX	$S \to X$					BA									N . . . . . Z .
TXA	$X \to A$					8A									N . . . . . Z .
TXS	$X \to S$					9A									. . . .
TYA	$Y \to A$					98									N . . . . . Z .

A2 Befehlsausführungszeiten beim μP 6502

Diese Tabelle gibt für alle Adressierungsarten die Anzahl der nötigen Prozessor-Zyklustakte an. Bei Kenntnis der Taktfrequenz ergeben sich daraus direkt die Befehlsausführungszeiten. In der Standardversion „laufen" die Prozessoren 6502 mit 1 MHz; d.h. die angegebenen Zyklustakte geben dann direkt die Ausführungszeiten in Mikrosekunden an.

	Accumulator	Immediate	Zero Page	Zero Page, X	Zero Page, Y	Absolute	Absolute, X	Absolute, Y	Implied	Relative	(Indirect, X)	(Indirect), Y	Absolute Indirect
ADC		2	3	4		4	4*	4*			6	5*	
AND		2	3	4		4	4*	4*			6	5*	
ASL	2		5	6		6	7						
BCC										2**			
BCS										2**			
BEQ										2**			
BIT			3			4							
BMI										2**			
BNE										2**			
BPL										2**			
BRK													
BVC										2**			
BVS										2**			
CLC									2				
CLD									2				
CLI									2				
CLV									2				
CMP		2	3	4		4	4*	4*			6	5*	
CPX		2	3			4							
CPY		2	3			4							
DEC			5	6		6	7						
DEX									2				
DEY									2				
EOR		2	3	4		4	4*	4*			6	5	
INC			5	6		6	7						
INX									2				
INY									2				
JMP						3							5
JSR						6							
LDA		2	3	4		4	4*	4*			6	5*	
LDX		2	3		4	4		4*					
LDY		2	3	4		4	4*						
LSR	2		5	6		6	7						
NOP									2				
ORA		2	3	4		4	4*	4*			6	5*	
PHA									3				
PHP									3				
PLA									4				
PLP									4				
ROL	2		5	6		6	7						
ROR	2		5	6		6	7						
RTI									6				
RTS									6				
SBC		2	3	4		4	4*	4*			6	5*	
SEC									2				
SED									2				
SEI									2				
STA			3	4		4	5	5			6	6	
STX*			3		4	4							
STY**			3	4		4							
TAX									2				
TAY									2				
TSX									2				
TXA									2				
TXS									2				
TYA									2				

*) Wenn durch Indizierung die „Seitengrenze" (*page boundary*) überschritten wird, muß ein Zyklus hinzugezählt werden.

**) Ein Zyklus ist zu addieren, wenn eine Verzweigung auftritt; ein zweiter muß addiert werden, wenn dabei eine Seitengrenze überschritten wird.

A3 Prellfreier Schalter für Interrupt-Auslösung am µC ALPHA 1

Solch ein Schalter ist nötig, wenn bei Übungen zur Interruptverarbeitung — z.B. in 2.3, Sprungbefehle — eindeutige Schaltflanken zu erzeugen sind.

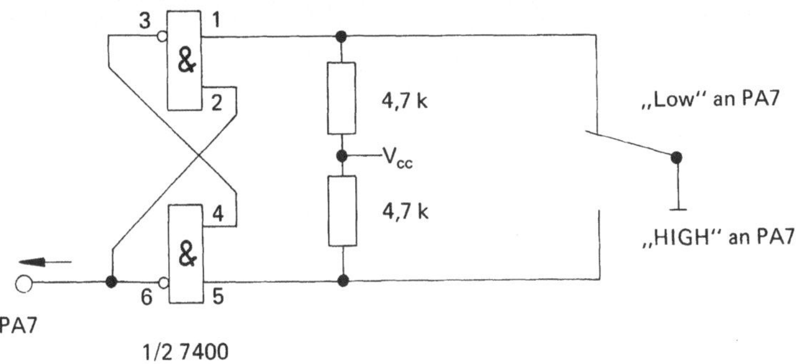

Stiftbelegung am „Applikationsanschluß":

Stift 8 — PA7
Stift 10 — Masse (GND)
Stift 20 — V_{cc} (5 Volt)

A4 9900-Befehlssatz

| Instruktionen | | | beein- | Ergebnis | Instruktionen |
mne- monisch	hexa- dezimal	Format	flußte Status- bits	mit Null- vergleich	
A	A000	1	0—4	X	Add (word)
AB	B000	1	0—5	X	Add (byte)
ABS	0740	6	0—2	X	Absolute Value
AI	0220	8	0—4	X	Add Immediate
ANDI	0240	8	0—2	X	AND Immediate
B	0440	6	—		Branch
BL	0680	6	—		Branch and Link (R11)
BLWP	0400	6	—		Branch; New Workspace Pointer
C	8000	1	0—2		Compare (word)
CB	9000	1	0—2,5		Compare (byte)
CI	0280	8	0—2		Compare Immediate
CKOF	03C0	7	—		User Defined
CKON	03A0	7	—		User Defined
CLR	04C0	6	—		Clear Operand
COC	2000	3	2		Compare Ones Corresponding
CZC	2400	3	2		Compare Zeroes Corresponding
DEC	0600	6	0—4	X	Decrement (by one)
DECT	0640	6	0—4	X	Decrement (by two)
DIV	3C00	9	4		Divide
IDLE	0340	7	—		Computer Idle

Instruktionen mnemonisch	hexadezimal	Format	beeinflußte Statusbits	Ergebnis mit Nullvergleich	Instruktionen
INC	0580	6	0–4	X	Increment (by one)
INCT	05C0	6	0–4	X	Increment (by two)
INV	0540	6	0–2	X	Invert (One's Complement)
JEQ	1300	2	–		Jump Equal (ST2=1)
JGT	1500	2	–		Jump Greater Than (ST1=1), Arithmetic
JH	1B00	2	–		Jump High (ST0=1 and ST2=0), Logical
JHE	1400	2	–		Jump High or Equal (ST0 or ST2=1), Logical
JL	1A00	2	–		Jump Low (ST0 and ST2=0), Logical
JLE	1200	2	–		Jump Low or Equal (ST0=0 or ST2=1), Logical
JLT	1100	2	–		Jump Less Than (ST1 and ST2=0), Arithmetic
JMP	1000	2	–		Jump Unconditional
JNC	1700	2	–		Jump No Carry (ST3=0)
JNE	1600	2	–		Jump Not Equal (ST2=0)
JNO	1900	2	–		Jump No Overflow (ST4=0)
JOC	1800	2	–		Jump On Carry (ST3=1)
JOP	1C00	2	–		Jump Odd Parity (ST5=1)
LDCR	3000	4	0–2,5	X	Load CRU
LI	0200	8	–	X	Load Immediate
LIMI	0300	8	12–15		Load Interrupt Mask Immediate
LREX	03E0	7	12–15		Load and Execute
LWPI	02E0	8	–		Load Immediate to Workspace Pointer
MOV	C000	1	0–2	X	Move (word)
MOVB	D000	1	0–2,5	X	Move (byte)
MPY	3800	9	–		Multiply
NEG	0500	6	0–2	X	Negate (Two's Complement)
ORI	0260	8	0–2	X	OR Immediate
RSET	0360	7	12–15		Reset AU
RTWP	0380	7	0–15		Return from Context Switch
S	6000	1	0–4	X	Subtract (word)
SB	7000	1	0–5	X	Subtract (byte)
SBO	1D00	2	–		Set CRU Bit to One
SBZ	1E00	2	–		Set CRU Bit to Zero
SETO	0700	6	–		Set Ones
SLA	0A00	5	0–4	X	Shift Left Arithmetic
SOC	E000	1	0–2	X	Set Ones Corresponding (word)
SOCB	F000	1	0–2,5	X	Set Ones Corresponding (byte)
SRA	0800	5	0–3	X	Shift Right (sign extended)
SRC	0B00	5	0–3	X	Shift Right Circular
SRL	0900	5	0–3	X	Shift Right Logical
STCR	3400	4	0–2,5	X	Store From CRU
STST	02C0	8	–		Store Status Register
STWP	02A0	8	–		Store Workspace Pointer
SWPB	06C0	6	–		Swap Bytes
SZC	4000	1	0–2	X	Set Zeroes Corresponding (word)
SZCB	5000	1	0–2,5	X	Set Zeroes Corresponding (byte)
TB	1F00	2	2		Test CRU Bit
X	0480	6	–		Execute
XOP	2C00	9	6		Extended Operation
XOR	2800	3	0–2	X	Exclusive OR

A5 Tabelle der durch die 9900-Befehle beeinflußten Prozessor-Statusbits

Das 9900-Prozessor-Statusregister ist in 2.1 (Transferbefehle) mit **Bild 2.1.12** erläutert.

Mnemonic	L>	A>	EQ	C	OV	OP	X	Mnemonic	L>	A>	EQ	C	OV	OP	X
A	X	X	X	X	X	–	–	LDCR	X	X	X	–	–	1	–
AB	X	X	X	X	X	X	–	LI	X	X	X	–	–	–	–
ABS	X	X	X	X	X	–	–	LIMI	–	–	–	–	–	–	–
AI	X	X	X	X	X	–	–	LREX	–	–	–	–	–	–	–
ANDI	X	X	X	–	–	–	–	LWPI	–	–	–	–	–	–	–
B	–	–	–	–	–	–	–	MOV	X	X	X	–	–	–	–
BL	–	–	–	–	–	–	–	MOVB	X	X	X	–	–	X	–
BLWP	–	–	–	–	–	–	–	MPY	–	–	–	–	–	–	–
C	X	X	X	–	–	–	–	NEG	X	X	X	X	X	–	–
CB	X	X	X	–	–	X	–	ORI	X	X	X	–	–	–	–
CI	X	X	X	–	–	–	–	RSET	–	–	–	–	–	–	–
CLR	–	–	–	–	–	–	–	RTWP	X	X	X	X	X	X	X
COC	–	–	X	–	–	–	–	S	X	X	X	X	X	–	–
CZC	–	–	X	–	–	–	–	SB	X	X	X	X	X	X	–
DEC	X	X	X	X	X	–	–	SBO	–	–	–	–	–	–	–
DECT	X	X	X	X	X	–	–	SBZ	–	–	–	–	–	–	–
DIV	–	–	–	–	X	–	–	SETO	–	–	–	–	–	–	–
IDLE	–	–	–	–	–	–	–	SLA	X	X	X	X	X	–	–
INC	X	X	X	X	X	–	–	SOC	X	X	X	–	–	–	–
INCT	X	X	X	X	X	–	–	SOCB	X	X	X	–	–	X	–
INV	X	X	X	–	–	–	–	SRA	X	X	X	X	–	–	–
JEQ	–	–	–	–	–	–	–	SRC	X	X	X	X	–	–	–
JGT	–	–	–	–	–	–	–	SRL	X	X	X	X	–	–	–
JH	–	–	–	–	–	–	–	STCR	X	X	X	–	–	1	–
JHE	–	–	–	–	–	–	–	STST	–	–	–	–	–	–	–
JL	–	–	–	–	–	–	–	STWP	–	–	–	–	–	–	–
JLE	–	–	–	–	–	–	–	SWPB	–	–	–	–	–	–	–
JLT	–	–	–	–	–	–	–	SZC	X	X	X	–	–	–	–
JMP	–	–	–	–	–	–	–	SZCB	X	X	X	–	–	X	–
JNC	–	–	–	–	–	–	–	TB	–	–	X	–	–	–	–
JNE	–	–	–	–	–	–	–	X	2	2	2	2	2	2	2
JNO	–	–	–	–	–	–	–	XOP	2	2	2	2	2	2	2
JOC	–	–	–	–	–	–	–	XOR	X	X	X	–	–	–	–
JOP	–	–	–	–	–	–	–								

(1) Wenn durch LDCR oder STCR höchstens 8 Bits transferiert werden, wird die OP-Flag wie bei den Byte-Instruktionen gesetzt.

(2) Die X-Instruktion selbst beeinflußt keine Flags; die durch „X" aufgerufenen Befehle jedoch beeinflussen den Status „normal". Durch Ausführung einer XOP-Operation wird die X-Flag gesetzt; die zugehörige Subroutine setzt dann Flags entsprechend obiger Tabelle.

A6 Befehlsausführungszeiten beim μP 9980A

In 2.4, Logik- und Schiebe-Befehle, sind am Beispiel des SWPB-Befehls Ausführungszeiten berechnet worden. Die nachfolgenden Tabellen listen alle nötigen Taktzyklen für den auf der Platine TM 990/189 arbeitenden Prozessor 9980A auf. Der Standard-Prozessor 9900 benötigt nur etwa 2/3 dieser Taktzyklen. Außerdem wird er mit bis zu 4 MHz betrieben, wodurch sich die Befehlsausführungszeiten erheblich reduzieren.

Die Berechnung der totalen Ausführungszeit T für einen Befehl erfolgt nach

$$T = t_z(Z + WM) = t_z \cdot [Z_1 + Z_2 + Z_3 + W(M_1 + M_2 + M_3)]$$

Hierin sind

t_z: Zykluszeit des Prozessors 9980A; auf der Platine TM 990/189 ist t_z = 0,5 μs (2 MHz);
W: zusätzliche Speicher-Wartezyklen; es gilt W = 0 für Speicher auf der Platine (Zugriffszeit < 512 ns);
Z_1:   Basis-Taktzyklen zwischen 10 und 136
Z_2:   zusätzliche Zyklen für den Quellenoperanden
Z_3:   zusätzliche Zyklen für den Zieloperanden (beide zwischen 0 und 12);
M_i: Speicher-Zugriffszyklen; hier ohne Wirkung, weil W = 0.

Je nach Adressierungsart sind für den Quellen- und/oder Zieloperanden aus den Tabellen A bzw. B die zusätzlichen Zyklen Z_i herauszusuchen.

Bei Verwendung langsamerer Speicherbausteine ist für W der Wert 1, 2 oder 3 einzusetzen (Datenbuch entnehmen). Dann gehen entsprechend auch die Speicher-Zugriffszyklen M_i ein.

Tabelle der Basiszyklen mit Verweis auf Tabelle A bzw. B, je nach Adressierungsart

Befehl	Taktzyklen Z_1	Speicherzugriff M_1	Adreßmodifikation Quelle	Ziel
A	22	8	A	A
AB	22	8	B	B
ABS (MSB = 0)	16	4	A	—
(MSB = 1)	20	6	A	—
AI	22	8	—	—
ANDI	22	8	—	—
B	12	4	A	—
BL	18	6	A	—
BLWP	38	12	A	—
C	20	6	A	A
CB	20	6	B	B
CI	20	6	—	—
CKOF	14	2	—	—
CKON	14	2	—	—
CLR	16	6	A	—
COC	20	6	A	—
CZC	20	6	A	—
DEC	16	6	A	—
DECT	16	6	A	—
DIV (ST4 is set)	22	6	A	—
DIV (ST4 is reset)*	104–136	12	A	—
IDLE	14	2	—	—
INC	16	6	A	—
INCT	16	6	A	—
INV	16	6	A	—
Jump (PC is changed)	12	2	—	—
(PC is not changed)	10	2	—	—
LDCR (C = 0)	58	6	A	—
(1 < C < 8)	26 + 2C	6	B	—
(9 < C < 15)	26 + 2C	6	A	—

Befehl	Taktzyklen Z_1	Speicherzugriff M_1	Adreßmodifikation	
			Quelle	Ziel
LI	18	6	—	—
LIMI	22	6	—	—
LREX	14	2	—	—
LWPI	14	4	—	—
MOV	22	8	A	A
MOVB	22	8	B	B
MPY	62	10	A	—
NEG	18	6	A	—
ORI	22	8	—	—
RSET	14	2	—	—
RTWP	22	8	—	—
S	22	8	A	A
SB	22	8	B	B
SBO	16	4	—	—
SBZ	16	4	—	—
SETO	16	6	A	—
Shift $(C \neq 0)$	$18 + 2C$	6	—	—
$(C \neq 0$, Bits 12–15 of R0 = 0)	60	8	—	—
$(C = 0$, Bits 12–15 of R0 = N $\neq$ 0)	$28 + 2N$	8	—	—
SOC	22	8	A	A
SOCB	22	8	B	B
STCR $(C = 0)$	68	8	A	—
$(1 \leqslant C \leqslant 7)$	50	8	B	—
$(C = 8)$	52	8	B	—
$(9 \leqslant C \leqslant 15)$	66	8	A	—
STST	12	4	—	—
STWP	12	4	—	—
SWPB	16	6	A	—
SZC	22	8	A	A
SZCB	22	8	B	B
TB	16	4	—	—
X**	12	4	A	—
XOP	52	16	A	—
XOR	22	8	A	—
RESET function	36	10	—	—
LOAD function	32	10	—	—
Interrupt context switch	32	10	—	—
Undefined op codes: 0000–01FF, 0320 033F, 0C00–0FFF, 0780–07FF	8	2	—	—

*) Ausführungszeit ist abhängig vom partiellen Quotienten nach jedem Taktzyklus während der Ausführung.

**) Diese Ausführungszeit muß zu derjenigen addiert werden, die durch den mit dem „X"-Befehl aufgerufenen Befehl benötigt wird.

Tabellen für die Adreßmodifikationen:

Tabelle A

Adressierungsart	Taktzyklen Z_2, Z_3	Speicherzugriff M
WR (T_S or T_D = 00)	0	0
WR indirect (T_S or T_D = 01)	6	2
WR indirect auto-increment (T_S or T_D = 11)	12	4
Symbolic (T_S or T_D = 10, S or D = 0)	10	2
Indexed (T_S or T_D = 10, S or D $\neq$ 0)	12	4

Tabelle B

Adressierungsart	Taktzyklen Z_2, Z_3	Speicherzugriff M
WR (T_S or T_D = 00)	0	0
WR indirect (T_S or T_D = 01)	6	2
WR indirect auto-increment (T_S or T_D = 11)	10	4
Symbolic (T_S or T_D = 10, S or D = 0)	10	2
Indexed (T_S or T_D = 10, S or D $\neq$ 0)	12	4

A7 Anschlußbelegung der Stiftleiste P5 auf der Computerplatine TM 990/189

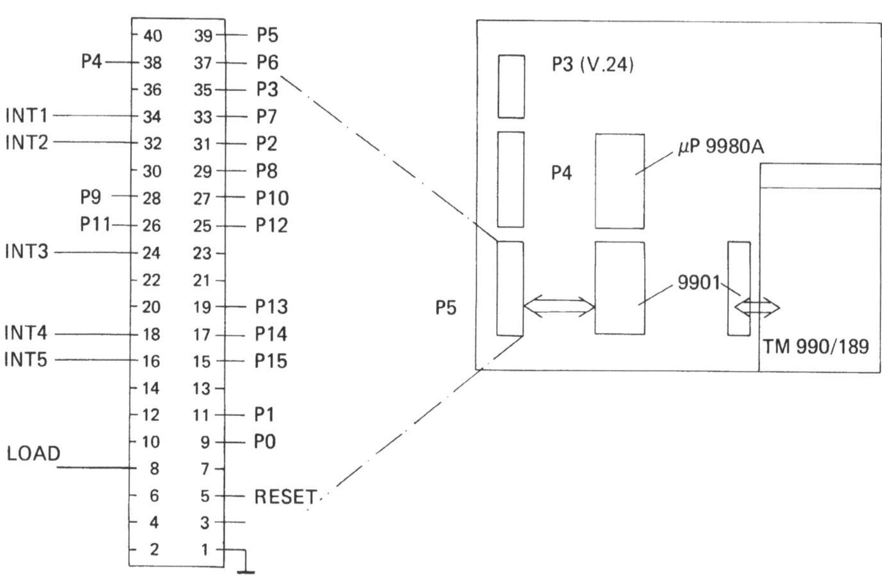

Am Parallelport (Parallel I/O) P5 stehen 16 Daten-Eingänge P0 ... P15 und 5 Interrupt-Eingänge INT1 ...
... INT5 zur Verfügung. Um z.B. den in 2.3 mit der Übung „Interruptverarbeitung (RTWP)" programmierten „Alarmvorgang" auszulösen, kann Stift 16 (INT5) mit Masse (Stift 1) kurzgeschlossen werden
(vgl. **Bild 2.3.10** und **Bild 2.3.11**). In gleicher Weise lassen sich andere Interrupts und auch Datenmuster
erzeugen oder beispielsweise die LOAD-Funktion auslösen.

A8 Monitor-Kommandos des Computers TM 990/189 (Unibug Commands)

Eingabetaste	Wirkung
A	Assembleraufruf mit Löschung der Symboltabelle
B	Assembleraufruf mit Beibehaltung der Symboltabelle. Das bedeutet, vorher mit EQU oder während der laufenden mnemonischen Befehlseingabe definierte *Labels* (symbolische Adressen) bleiben erhalten.
C	CRU-Kontrolle und -Änderung
D	Speicherinhalt auf Kassette (*Dump Memory*)
E	Befehlsausführung (*Execute*)
F	Statusregister (*Flag-Register*) aufrufen und ändern
J	Sprung zu einem im EPROM gespeicherten Programm
L	Von Kassette in Arbeitsspeicher laden (*Load*)
M	Speicheradresse aufrufen und ändern (*Memory*)
P	Programmzähler aufrufen bzw. einstellen
R	Arbeitsregister ansehen oder ändern
S	Einzelschritt (*Single Step*) abarbeiten
T	Schreibmaschinenprogramm (*Typewriter*)
W	Arbeitsbereichszeiger (*Workspace Pointer*) ansehen bzw. ändern
Ret	Neue Zeile erzwingen (*Return*)

A9 7-Bit-Code nach DIN 66003 (auch: ASCII-Code)

b7	b6	b5	b4	b3	b2	b1	Spalte → Zeile	Spalte 0	1	2	3	4	5	6	7
							b7	0	0	0	0	1	1	1	1
							b6	0	0	1	1	0	0	1	1
							b5	0	1	0	1	0	1	0	1
							dez / hex	0	1	2	3	4	5	6	7
0	0	0	0				0 0	NUL $_0$	(TC 7) DLE $_{16}$	SP $_{32}$	0 $_{48}$	@($) $_{64}$	P $_{80}$	` $_{96}$	p $_{112}$
0	0	0	1				1 1	(TC 1) SOH $_1$	DC1 $_{17}$	! $_{33}$	1 $_{49}$	A $_{65}$	Q $_{81}$	a $_{97}$	q $_{113}$
0	0	1	0				2 2	(TC 2) STX $_2$	DC2 $_{18}$	" $_{34}$	2 $_{50}$	B $_{66}$	R $_{82}$	b $_{98}$	r $_{114}$
0	0	1	1				3 3	(TC 3) ETX $_3$	DC3 $_{19}$	#(£) $_{35}$	3 $_{51}$	C $_{67}$	S $_{83}$	c $_{99}$	s $_{115}$
0	1	0	0				4 4	(TC 4) EOT $_4$	DC4 $_{20}$	$ $_{36}$	4 $_{52}$	D $_{68}$	T $_{84}$	d $_{100}$	t $_{116}$
0	1	0	1				5 5	(TC 5) ENQ $_5$	(TC 8) NAK $_{21}$	% $_{37}$	5 $_{53}$	E $_{69}$	U $_{85}$	e $_{101}$	u $_{117}$
0	1	1	0				6 6	(TC 6) ACK $_6$	(TC 9) SYN $_{22}$	& $_{38}$	6 $_{54}$	F $_{70}$	V $_{86}$	f $_{102}$	v $_{118}$
0	1	1	1				7 7	BEL $_7$	(TC 10) ETB $_{23}$	' $_{39}$	7 $_{55}$	G $_{71}$	W $_{87}$	g $_{103}$	w $_{119}$
1	0	0	0				8 8	FE0 (BS) $_8$	CAN $_{24}$	($_{40}$	8 $_{56}$	H $_{72}$	X $_{88}$	h $_{104}$	x $_{120}$
1	0	0	1				9 9	FE1 (HT) $_9$	EM $_{25}$	) $_{41}$	9 $_{57}$	I $_{73}$	Y $_{89}$	i $_{105}$	y $_{121}$
1	0	1	0				10 A	FE2 (LF) $_{10}$	SUB $_{26}$	* $_{42}$	: $_{58}$	J $_{74}$	Z $_{90}$	i $_{106}$	z $_{122}$
1	0	1	1				11 B	FE3 (VT) $_{11}$	ESC $_{27}$	+ $_{43}$	; $_{59}$	K $_{75}$	[(Ä) $_{91}$	k $_{107}$	{ (ä) $_{123}$
1	1	0	0				12 C	FE4 (FF) $_{12}$	IS 4 (FS) $_{28}$	, $_{44}$	< $_{60}$	L $_{76}$	\ (Ö) $_{92}$	l $_{108}$	| (ö) $_{124}$
1	1	0	1				13 D	FE 5 (CR) $_{13}$	IS 3 (GS) $_{29}$	— $_{45}$	= $_{61}$	M $_{77}$	] (Ü) $_{93}$	m $_{109}$	} (ü) $_{125}$
1	1	1	0				14 E	SO $_{14}$	IS 2 (RS) $_{30}$	. $_{46}$	> $_{62}$	N $_{78}$	^ $_{94}$	n $_{110}$	−(ß) $_{126}$
1	1	1	1				15 F	SI $_{15}$	IS 1 (US) $_{31}$	/ $_{47}$	? $_{63}$	O $_{79}$	— $_{95}$	o $_{111}$	DEL $_{127}$

dezimal — hexadezimal

Erklärung der in den Code-Tabellen benutzten internationalen Kurzzeichen

Die in Klammern in kursiver Schrift hinzugefügten englischen Benennungen sind der Internationalen Norm ISO 646 entnommen.

Platz (Spalte/ Zeile)	Kurz- zeichen	Benennung
0/0	NUL	Nil (*Null*)
0/1 und weitere	TC	Übertragungssteuer- zeichen (*Transmission Control Characters*)
0/1	SOH	Anfang des Kopfes (*Start of Heading*)
0/2	STX	Anfang des Textes (*Start of Text*)
0/3	ETX	Ende des Textes (*End of Text*)
0/4	EOT	Ende der Übertragung (*End of Transmission*)
0/5	ENQ	Stationsaufforderung (*Enquiry*)
0/6	ACK	Positive Rückmeldung (*Acknowledge*)
0/7	BEL	Klingel (*Bell*)
0/8 bis 0/13	FE	Formatsteuerzeichen (*Format Effectors*)
0/8	BS	Rückwärtsschritt (*Backspace*)
0/9	HT	Horizontal-Tabulator (*Horizontal Tabulation*)
0/10	LF	Zeilenvorschub (*Line Feed*)
0/11	VT	Vertikal-Tabulator (*Vertical Tabulation*)
0/12	FF	Formularvorschub (*Form Feed*)
0/13	CR	Wagenrücklauf (*Carriage Return*)
0/14	SO	Dauerumschaltung (*Shift-out*)
0/15	SI	Rückschaltung (*Shift-in*)
1/0	DLE	Datenübertragungsum- schaltung (*Data Link Escape*)
1/1 bis 1/4	DC	Gerätesteuerzeichen (*Device Control Characters*)

Platz (Spalte/ Zeile)	Kurz-zeichen	Benennung
1/5	NAK	Negative Rückmeldung (*Negative Acknowledge*)
1/6	SYN	Synchronisierung (*Synchronous Idle*)
1/7	ETB	Ende des Datenüber-tragungsblocks (*End of Transmission Block*)
1/8	CAN	Ungültig (*Cancel*)
1/9	EM	Ende der Aufzeichnung (*End of Medium*)
1/10	SUB	Substitutionszeichen (*Substitute Character*)
1/11	ESC	Code-Umschaltung (*Escape*)
1/12 bis 1/15	IS	Informationstrennzeichen (*Information Separators*)
1/12	FS	Hauptgruppen-Trenn-zeichen (*File Separator*)
1/13	GS	Gruppen-Trennzeichen (*Group Separator*)
1/14	RS	Untergruppen-Trennzeichen (*Record Separator*)
1/15	US	Teilgruppen-Trennzeichen (*Unit Separator*)
2/0	SP	Zwischenraum (*Space*)
7/15	DEL	Löschen (*Delete*)

Benennung der in den Code-Tabellen vorkommenden Sonderzeichen

Platz (Spalte/ Zeile)	Schrift-zeichen	Benennung
2/0[4])		Zwischenraum, Leerzeichen
2/1	!	Ausrufungszeichen
2/2	''	Anführungszeichen
2/3	#	Nummernzeichen
2/4	¤	Währungszeichen
2/4	$	Dollar
2/5	%	Prozent
2/6	&	kommerzielles Und
2/7	'	Apostroph
2/8	(	runde Klammer auf
2/9	)	runde Klammer zu
2/10	*	Stern
2/11	+	plus
2/12	,	Komma

---

[4]) Dieses Zeichen ist auch ein Steuerzeichen.

Platz (Spalte/Zeile)	Schriftzeichen	Benennung
2/13	—	Bindestrich, minus
2/14	.	Punkt
2/15	/	Schrägstrich
3/10	:	Doppelpunkt
3/11	;	Semikolon
3/12	<	kleiner als
3/13	=	gleich
3/14	>	größer als
3/15	?	Fragezeichen
4/0	@	kommerzielles à
4/0	§	Paragraph
5/11	[	eckige Klammer auf
5/12	\	inverser Schrägstrich
5/13	]	eckige Klammer zu
5/14	^	Aufwärtspfeilspitze, Zir Zirkumflex
5/15		Unterstreichung
6/0	`	Gravis
7/11	{	geschweifte Klammer auf
7/12	|	senkrechter Strich
7/13	}	geschweifte Klammer zu
7/14	~	Überstreichung, Tilde

Literaturverzeichnis

[1] *Schumny, H.:* Digitale Datenverarbeitung für das technische Studium. Viewegs Fachbücher der Technik, Braunschweig 1975.

[2] *Schumny, H.:* Signalübertragung, Lehrbuch der Nachrichtentechnik und Datenfernverarbeitung. Viewegs Fachbücher der Technik, Reihe Informationstechnik, Braunschweig 1978.

[3] *Hoffmann, N.:* Digitale Regelung mit Mikroprozessoren. Verlag Vieweg, Braunschweig 1983.

[4] *Kaspers, W., Küfner, H.-J.:* Messen, Steuern, Regeln. Viewegs Fachbücher der Technik, Braunschweig 1977.

[5] *Reuter, M.:* Regelungstechnik für Ingenieure. Viewegs Fachbücher der Technik, Braunschweig 1975.

[6] *Samal, E.:* Grundriß der praktischen Regelungstechnik. R. Oldenbourg Verlag, München 1971.

[7] *Mann, H., Schiffelgen, H.:* Einführung in die Regelungstechnik. C. Hanser Verlag, München 1968.

[8] *Kriechbaum, G.:* Pneumatische Steuerungen. Viewegs Fachbücher der Technik, Braunschweig 1971.

[9] *Hannauer, G.:* Grundlagen des hybriden Analogrechners. R. Oldenbourg Verlag, München 1973.

[10] *Tafel, H. J.:* Einführung in die digitale Datenverarbeitung. C. Hanser Verlag, München 1971.

[11] *Dotzauer, E.:* Grundlagen der Datenverarbeitung. C. Hanser Verlag, München 1968.

[12] *Dokter, F., Steinhauer, J.:* Digitale Elektronik. Philips Fachbücher, Hamburg 1972.

[13] *Obermair, G.:* EDV, Grundwissen für Führungskräfte. Heyne Verlag, München 1974.

[14] *Wolters, F.:* Der Schlüssel zum Computer, Rowohlt, Hamburg 1974.

[15] *Worsch, P.:* Kleines Lehrbuch der Datenverarbeitung. Verlag Moderne Industrie, München 1973.

[16] *Haack, O.:* Einführung in die Digitaltechnik. Teubner Studienskripten, Stuttgart 1972.

[17] *Haacke, W.:* Datenverarbeitung für Ingenieure. B. G. Teubner, Stuttgart 1973.

[18] *Kunsemüller, H.:* Digitale Rechenanlagen. B. G. Teubner, Stuttgart 1971.

[19] *Schumny, H.:* Fehlererkennung mit Hilfe zyklischer Codes (CRC) bei der Übertragung und magnetischer Speicherung digitaler Daten. DIN-Mitt. 55 (1977), Heft 2, S. 69–76.

[20] *Zschocke, J.:* Mikrocomputer — Aufbau und Anwendungen, Arbeitsbuch zum μP 6800. Viewegs Fachbücher der Technik, Reihe Informationstechnik, Braunschweig 1981.

[21] *Osborne, A.:* Einführung in die Mikrocomputer-Technik. te-wi Verlag GmbH, München 1978.

[22] *Veronis, A.:* Microprocessors: Design and Applications. Reston Publishing Comp. Inc., Reston, Virginia 1978.

[23] *Goode, G.:* 16 Bit Mikroprozessor-Kursbuch. Texas Instruments Deutschland GmbH, Freising 1979.

[24] *Forsythe, A. I., Keenan, T. A., Orgarnick, E. I., Stenberg, W.:* Problemanalyse und Programmieren. Verlag Vieweg, Braunschweig 1975.

[25] *Higman, B.:* Programmiersprachen. Eine vergleichende Studie. Carl Hanser Verlag, München 1972.

[26] *Schlossberg, E., Breckman, J., Horton, L.:* The Home Computer Handbook. Bantam Books, New York 1978.

[27] *Zacks, R.:* An Introduction to Personal and Business Computing. Sybex Inc., Berkeley und Paris 1978.

[28] *McGlynn, D. R.:* Personal Computing. John Wiley & Sons, New York 1979.

[29] *Warren, C. D.:* Best of Interface Age, Volume 1: Software in BASIC. Dilithium Press, Portland 1979

[30] *Schneider, W.:* BASIC, Einführung für Techniker. Verlag Vieweg, Braunschweig 1979.

[31] *Schneider, W.:* Einführung in BASIC. Reihe: Programmieren von Heimcomputern. Verlag Vieweg, Braunschweig 1979.

[32] *Engelbrecht, R., Lederer, R., Schauer, H., Unfried, H.:* Lehrbuch EDV. Verlag Vieweg, Braunschweig 1974.

[33] *Schwill, W.-D., Weibezahn, R.:* Einführung in die Programmiersprache BASIC. uni-text, Verlag Vieweg, Braunschweig 1976.

[34] *Feldmann, H.:* Einführung in ALGOL 60. uni-text, Verlag Vieweg Braunschweig 1972.

[35] *Feldmann, H.:* Einführung in ALGOL 68. uni-text, Verlag Vieweg Braunschweig 1978.

[36] *Schneider, W.:* FORTRAN, Einführung für Techniker. Verlag Vieweg, Braunschweig 1977.

[37] *Lamprecht, G.:* Einführung in die Programmiersprache FORTRAN IV. uni-text, Verlag Vieweg, Braunschweig 1973.

[38] *Lamprecht, G., Lührs, S., Müller, W.:* Programmieren mit FORTRAN IV. kolleg-text, Verlag Vieweg, Braunschweig 1972.

[39] *Kamp H., Pudlatz, H.:* Einführung in die Programmiersprache PL/1. uni-text, Verlag Vieweg, Braunschweig 1973.

[40] *Werum, W., Windauer, H.:* PEARL. Verlag Vieweg, Braunschweig 1978.

[41] *Lamprecht, G.:* Einführung in die Programmiersprache SIMULA. uni-text, Verlag Vieweg, Braunschweig 1976.

[42] *Voss, M.:* Einführung in die technische Informatik. Verlag Vieweg, Braunschweig 1979.

[43] *Donovan, J. J.:* System-Programmierung. Verlag Vieweg, Braunschweig 1976.

[44] *Schneider, W.:* PASCAL, Einführung für Techniker. Verlag Vieweg, Braunschweig 1981.

[45] *Schneider, W.:* BASIC für Fortgeschrittene. Progr. von μC, Band 3. Verlag Vieweg, Braunschweig 1981.

[46] *Becker, K.-H., Lamprecht, G.:* Einführung in die Programmiersprache PASCAL. uni-text, Verlag Vieweg, Braunschweig 1982.

Sachwortverzeichnis

Ralf Jungclaus

Modeling of Dynamic Object Systems

Informatics

R. Jungclaus
Modeling of Dynamic Object Systems
A Logic-based Approach

J.M. Schneider
Protocol Engineering
A Rule-based Approach

R. Gotzhein
Open Distributed Systems
On Concepts, Methods, and Design
from a Logical Point of View

C.W. Keßler
Automatic Parallelization
New Approaches to Code Generation, Data Distribution,
and Performance Prediction

W. Bibel
Automated Theorem Proving

E. Eder
Relative Complexities of First Order Calculi

F. Kurfeß
Parallelism in Logic

Springer Fachmedien Wiesbaden GmbH

Ralf Jungclaus

Modeling of Dynamic Object Systems

A Logic-based Approach

With a Foreword by H.-D. Ehrich

Accepted by the Faculty of Natural Science
of the Technische Universität Carolo-Wilhelmina zu Braunschweig
as Dissertation

Printed on acid-free paper

ISBN 978-3-528-05386-4   ISBN 978-3-663-14018-4 (eBook)
DOI 10.1007/978-3-663-14018-4

To Petra and Jan

Foreword

This book is concerned with conceptual modeling, design and specification of information systems.

Conventional information systems design starts with separating data from operations, designing each with its own collection of concepts, methods, tools – and people: conceptual modeling for the imformation structure, and program design for the application programs. The separation carries through until the final implementation: data are collected in databases and managed with database management systems, and application programs are implemented with programming languages.

This approach tends to suffer from a problem known as *impedance mismatch*. The basic paradigms underlying databases and programs – modeling, design, languages, and systems – do not fit easily together: there are incompatible type systems, data formats, operation modes, etc.

The object-oriented paradigm promises to overcome these problems: a system is viewed as a community of interacting objects, each incorporating data and operations. While we still have object-oriented programming languages incompatible with object-oriented database systems, ideas and approaches seem to converge towards homogeneous software systems dealing with both data and operations in a uniform way.

Viewing a system as a community of interacting objects does not solve all problems. Beyond the object concept, abstraction and structuring principles are needed, together with languages and methods to work with them.

So far, work in this area has been mostly pragmatic and system oriented. More conceptual and theoretical work is needed. Formal semantics and proof systems are rare which allow to formally state and verify relevant system properties. We need more conceptual clarification and unification as well as more theoretical underpinning.

This book provides a major contribution to the field, focussing on conceptual work with a sound theoretical basis. The book presents an object-oriented specification language for information systems, elaborating on ideas currently under discussion. The language offers a variety of structuring mechanisms for systems so that systems can be constructed from components which can be analysed locally.

The book is one of the rare texts that are at the forefront of the field, technically sound and precise, and well readable. May it find the attention it deserves.

Hans-Dieter Ehrich   Braunschweig, August 1993

Preface

The book presents an approach to formal object-oriented specification of information systems. The approach focuses on the early phases of system development where existing systems have to be described or systems to be developed have to be prescribed (*requirements specification* or *conceptual modeling*). Systems are considered to be reactive systems composed from objects that evolve concurrently in a discrete, event-driven way. An indispensable tool for modeling and analysis is a *rigorously defined language* over a set of *precisely defined concepts*. The definition of such a language (which is called TROLL) is the main contribution of this book.

Chapter 1 gives introductory remarks. The topic of this book is motivated and narrowed down. In **Chapter 2**, we show the different dimensions in the development process for information systems. The main section of this chapter deals with basic ideas characterizing the requirements engineering or conceptual modeling phase.

Part I is about the foundations underlying the language TROLL. In **Chapter 3**, fundamental notions of formal approaches to system specification and design are introduced. We cover the dimensions of functional, structural and dynamic modeling by reviewing characteristic approaches. Finally, concepts of object-oriented modeling and specification are reviewed. **Chapter 4** presents the semantic concepts underlying the TROLL language. The main section presents a temporal object specification logic which is the framework for the definition of the semantics of TROLL. Besides that, issues of data structure specification and object identification are discussed.

In **Part II** of the book, the language TROLL is defined. The language features are introduced using examples and the formal syntax as well as the semantics of language constructs are defined. **Chapter 5** introduces the base languages which are used to specify properties of objects. Furthermore, the structuring mechanisms of TROLL are presented informally. In **Chapter 6**, we describe the specification of objects and classes. **Chapter 7** presents the language features to specify different aspects of objects. We introduce the language features to describe specializations, roles, and composite objects. **Chapter 8** deals with constructs to connect separately specified objects to construct a system and to define subsystems and interfaces to subsystems.

In **Part III** of the book, we relate TROLL to other approaches and discuss our proposal. **Chapter 9** compares TROLL with a number of textual as well as graphical formalisms for object-oriented conceptual modeling. In **Chapter 10**, we summarize, discuss advantages and drawbacks and state subjects of further work.

The present book is the final version of my doctoral thesis which was submitted to the Faculty of Natural Science of Braunschweig Technical University in December 1992 and accepted in February 1993.

Acknowledgements A thesis like this one is seldom an effort that is possible without the help of others. Thus, it is only natural at this point to thank a number of people for their support.

First of all, thanks to my supervisor Hans-Dieter Ehrich. He took me on board and gave me the opportunity to enter the IS-CORE project as soon as I started working as a researcher in his group. He supported my proposal for a topic and gave valuable advice. Thanks also to Cristina Sernadas who agreed to serve as external supervisor. Without her patience in answering questions about OSL it would have taken much longer to work with the logic.

Gunter Saake has had a tremendous impact on me and my work. I know him from the beginning of my studies and he initiated (along with Cristina Sernadas) the development of TROLL – I had the opportunity to participate in a memorable 2-day technical meeting in Lisboa where the core concepts of TROLL were defined. This was the basis of the work reported in this book. Gunter is the leader of the TROLL-subgroup in Braunschweig of which another member is Thorsten Hartmann. Thorsten made significant contributions to TROLL and put great efforts into the language report. Thanks to him for many discussions and for proofreading the thesis.

The work reported here has its roots in the IS-CORE project lead by Amilcar Sernadas. Thanks to him and all other members of IS-CORE and related enterprises (that have not been mentioned before), in particular to (in alphabetical order) Stefan Braß, Felix Costa, Olga De Troyer, José Fiadeiro, Peter Hartel, Gerhard Koschorrek, Udo Lipeck, Tom Maibaum, Robert Meersman, Georg Reichwein, Egon Verharen, and Roel Wieringa.

The colleagues in Braunschweig made working a pleasure. Along with those already mentioned I have to thank (again in alphabetic order) Stefan Conrad (for valuable comments), Grit Denker, Martin Gogolla (his questions made me think), Rudolf Herzig, Perdita Löhr-Richter, Karl Neumann (for convincing me to go for the PhD), Niko Vlachantonis and the former colleagues Gregor Engels, Uwe Hohenstein, Klaus Hülsmann, and Cristine Müller.

A number of students have contributed ideas while preparing theses or working as research assistants. Thanks to Guntram Hüske, Gotthard Korella, Jan Kusch, Judith Schulze, Stefan Scholz, Scarlet Schwiderski, Axel Stein, Rüdiger Stöcker, and Urs Thürmann.

Thanks also to the people that survived my talks and were putting up questions. Of particular value concerning my understanding of requirements engineering were discussions with Eric Dubois and Philippe Du Bois from Namur and with Jaques Hagelstein from Brussels. Special thanks also to Goetz Graefe and his group in Boulder, to Hele-Mai Haav from Tallinn, to Andreas Heuer and his group from Clausthal, to Gerti Kappel from Vienna, to Chenho Kung from Arlington, to José Meseguer and his colleagues at SRI, and to Susan Urban and Anton Karadimce from Tempe.

Last but not at all least Petra and Jan have been a source of energy and change. They have been suffering a bit from days and nights at work and I have to thank for their patience and their moral support. I dedicate the book to them.

All this would not have been possible without my parents.

Contents

1 Introduction

Information systems are evolving from simple data stores to systems that support complex tasks in complex problem ares. The problem areas are characterized to have a large number of dependencies and localities along with complex procedures. Furthermore, we observe that local information systems in organizations are being integrated in order to fulfill the need for accessing information from several sources directly. The *correctness* of data is essential in such a scenario.

Information systems in large organizations can be regarded as *reactive systems*: they provide a number of *services*, they *react* upon interactions with the environment, their behavior is influenced by the environment, and they react according to rules or procedures that are defined within the organization. Often, an information system must process complex service requests of long duration instead of short transactions with few dependencies.

The importance of modeling in the development of such information systems is increasing due to the complexity of applications and organizations. A large information system creates a virtual reality and decisions are made based on the information and support available from such systems. Thus, it is absolutely essential that such a system models *correctly* the relevant aspects that have been identified in the requirements analysis phase. It is at least as important to do the right things than to do things right. This form of correctness *cannot be verified formally*. Therefore, the development of an information system is an *interactive process* between the developers and the customers. This interactive process should be carried out over a *precise framework of modeling concepts* (cf. [TM87, Chapter 1] and [Gog92]. A proposal of such a framework is the main contribution of this thesis.

In software engineering, it has been shown that the most severe flaws are produced in the analysis and design phase [Par90, GJM91, Gog92]. Mainly, the errors are produced when transforming user needs and organizational structures and rules into a requirements specification. A lot of errors can also be produced in the subsequent phases but misunderstandings and flaws in the analysis and design phase often are not realized before the shipping of the software system to the client, which makes them very expensive to remove and increases the so-called maintenance costs. Our approach focuses on the early phases of information system development where the task is to *model* user need and organizational structures and processes. By making available a formal framework of modeling we aim at improving the quality of early specifications. It has been stated in [Gog92] that precise languages can help in the process of producing requirements specifications by reducing misunderstandings.

Modeling of systems is based on a particular *perspective* which provides interpretation concepts for a portion of the world (which implies that we are able to filter out the irrelevant aspects of the problem domain [Gri82, Lin90]). This portion of the world is called the *problem domain* or *Universe of Discourse*. Initially, the problem domain includes not only concepts to be computerized but also concepts that make up the environment of the system to be implemented (*closed systems view*). We employ a perspective that has been influenced by the conceptual modeling perspective (both structural and behavioral) [RC92] and by the original *object-oriented* perspective as proposed in the SIMULA approach [BDMN73]. The characteristics of our perspective are the following:

- The problem domain consists of a collection of *phenomena* [Lin90]. A phenomenon can exist physically or in the mental world.

- Each phenomenon is embedded in an environment. That is, a phenomenon can be regarded to be a *component* in a system. Each component has *local properties* that can be observed.

- Our perspective of the world is *discrete*. That is, we abstract from reality in that we regard state transitions to be discrete events. This is not considered harmful since a digital computing system usually is used as the implementation platform for an information system.

- The behavior of a component depends on *interactions* with its environment. Since we are working in a discrete setting, the behavior of a component can be regarded as being *event-driven*. Furthermore, an information system can be considered not to halt (at least ideally). Such systems are called *reactive systems*.

- Components conceptionally evolve *concurrently* to each other. Concurrency further increases the complexity of the system model.

In order to increase the quality of *reactive, composite information systems* that are modeled according to the perspective presented above, the modeling process should be carried out over a framework with the following characteristics [GJM91]:

- *Incremental* techniques must be possible. An incremental technique supports the stepwise development and refinement of an initial design. Incrementality is essential in requirements engineering since specifications emerge due to interactions between analysts and clients and requirements continually change [Gog92].

- A modeling framework must provide a formal semantics—only then we can ensure preciseness and in principle it is possible to prove properties of the model being constructed.

- The framework must support the *structuring* of a specification according to the perspective described above. The structuring mechanisms help in organizing large specification documents and should be usable to decrease the complexity of analyzing specifications by supporting a strong notion of locality.

- The framework must support the formal modeling of concurrency aspects. The modeling of concurrency is an active field of research in theoretical computer science and its integration with approaches to modeling structure and functionality of systems is a rather new field.

In this book we are proposing an approach along these lines. We aim at supporting *rigorous* and *object-oriented* modeling at the conceptual level. Furthermore, the modeling of static and dynamic aspects shall be integrated and concurrency shall be inherently supported. The approach shall support both the declarative and the operational style of modeling, i.e. attributes as properties observable in a state shall be syntactically and semantically distinguished from *events* or *actions* that describe transitions between states. *Locality* of properties (be they static or dynamic) is very important since it supports the structuring of specifications and changes are kept local to the smallest unit enclosing the changes without affecting the properties of other components.

Integrating components into a larger systems requires the support of bottom-up modeling. We have to provide means to connect separately specified components and we have to be able to hide unnecessary details of a component description to the outside.

An *expressive language* providing declarative and operational constructs is the vehicle we are using as core component of our approach. It is called TROLL. TROLL is much more usable than a pure formal calculus due to syntactical sugar and strong separation of specification aspects. The language provides a number of *abstraction mechanisms*:

- Specialization as a more detailed view of a concept (*is-a relationship*);

- Roles as a temporary dynamic specialization; and

- Composite objects as objects being constructed from others (*part-of relationship*).

The language also provides constructs that support putting together components of a system. The constructs also allow the extension of systems and some modularization above the object level. The constructs are:

- Relationships defining global constraints, global interactions and scripts;

- Interfaces provide restricted views on separately defined units in order to hide unnecessary details to other system components.

The semantics of TROLL is defined using a *logic*. The logic is called *Object Specification Logic* and was developed by A. Sernadas, C. Sernadas, and J. F. Costa from INESC Lisbon [SSC92]. Basically, the logic supports the specification of temporal behavior and has an inherent notion of locality. The advantages of a logical approach are

- the possibility of incremental specification, i.e. a specification can be refined or completed by adding specifications of additional properties, and

- we may derive further knowledge about properties of the system from a specification using the inference rules of the logic.

The concepts underlying the language TROLL origin in work being performed in a project sponsored by the CEC under the name IS-CORE (Information Systems—COrrectness and REusability). The basic ideas have been developed by A. and C. Sernadas along with H.-D. Ehrich in [SSE87]. There, an algebraic framework for object-oriented specification of database applications was proposed. Since then, work has been done towards more sophisticated semantic domains for object-oriented specification [ESS89, ES89, SE90, EGS90, ES91, EGS91], logical foundations based on semantical concepts [SFSE88, FSMS90, FM90, FM92, SSC92], different specification languages on the basis of the semantical frameworks [CSS89, SFSE89, SSG$^+$91, JSS91, SJ91a, SJ91b, JSH91, HJS92, Saa93] and work on methods of object-oriented specification [Ver91]. Overviews about the IS-CORE approach to object-oriented conceptual modeling give [SFSE89, SE90, SS91, SJE91,

ESS92, EDS93]. The TROLL language itself is based on previous work reported in [SFSE89, CSS89, JSS91, SJ91a, SJ91b]. A precursor version of the language has been defined in the language report [JSHS91]. This version is referred to as TROLL91 in this book. For the semantics, we used the recent paper introducing the object specification logic [SSC92].

Outline of this Book

In the next chapter, we will outline the context and the motivations for the approach described in this thesis. We will briefly discuss system development in terms of phases, quality criteria, and principles and put some emphasis on the description of principles underlying requirements specification, conceptual modeling, and object-oriented modeling.

Chapter 3 presents basic notions of approaches to system specification. Our approach borrows notions and principles from different formal approaches to specification. We will briefly introduce them and will discuss deficiencies of the approaches for the integrated specification of structure and behavior.

In Chapter 4 we will present the main semantic concepts. The chapter gives a brief introduction into the concepts of the underlying data universe. In the main part, we present the Object Specification Logic (OSL) after [SSC92]. This logic is the framework for defining the semantics of the language TROLL.

Chapters 5 to 8 make up the body of the thesis where the language is defined. In Chapter 5, we define the base languages. Sentences of the base languages are used to specify different kinds of properties in different areas of the specification structures. Furthermore, we give a light introduction to the high-level structuring concepts provided by TROLL. In Chapter 6, the specification of templates as basic structuring concept of system specifications and the specification of classes is described. Chapter 7 introduces the abstraction mechanisms specialization, roles, and composite objects after the introduction of the underlying concepts of referencing in collections and interactions. Chapter 8 finally introduces language features to put together specification units to system specifications. In each section, the language features are introduced informally before their formal syntax and their semantics is presented.

Chapter 9 compares TROLL to a number of related approaches, both textual ones and graphical ones. In Chapter 10, finally, we discuss the approach presented in this thesis and point out further research areas.

2 Information Systems Development

This chapter is about the development of dynamic, composite information systems. In the first section, we will give a brief overview about general development issues for software systems. We will sketch development phases and development models. The first section closes with a list of quality criteria in the development of software systems and principles that are considered essential for successful system development.

After this general introduction to system development we will enter into a particular phase, the *requirements specification* or *conceptual modeling* phase. We will show the tasks in this phase and will briefly compare the notions of requirements engineering and conceptual modeling. The different dimensions of techniques for high-level modeling are pointed out. We describe object modeling as a particular technique and show the impact of knowledge representation and deductive approaches on modeling and development.

The chapter closes with an introduction to our modeling approach. We will narrow down the requirements and goals of the approach presented in the remainder of the book.

Of course we will not elaborate on all aspects of system development. We are not considering organizational aspects and human aspects in software development although we know that these issues are as important as the ones sketched in this thesis. For more details see e.g. [GJM91].

2.1 The System Development Process

Usually, the development of software systems (like information systems are) is divided into a number of phases. Each phase is concerned with problems on a certain level of abstraction in the development of software systems.

2.1.1 Development Phases

The traditional development phases can be characterized as follows [GJM91, Gog92]:

- The initial stage of the development process is a definition of the *objectives*, mostly in terms of the qualities to achieve. The problem must be analyzed at least at a global level. This phase is mainly performed at an executive level. Furthermore, alternative possible solutions (and the costs in terms of money and time) are to be identified. Sometimes this phase is called the *feasibility study*.

- In the *requirements analysis and specification* phase, the qualities of the application must be defined. This should be done in a *declarative way*, i.e. the specifier must define *what* qualities the system ought to have and not *how* these qualities can be achieved. *Requirements engineering* is often defined to be the process of capturing user requirements and to *construct a model* of the system *and its environment*. This phase will be examined in more detail in the next section in this chapter. It should be mentioned that this phase is recognized to be critical in the development process of information systems because requirements are difficult to capture and they change over time.

- The *design and specification* phase should deliver a description of the system architecture (i.e. the modules, their functionality and the relationships between modules). Furthermore, the behavior of each module must be specified. The designer must also make tentative resource decisions and strategy decisions.

- In the *construction and validation* phase the system components are realized and assembled to form the system. The components are validated against the component specifications and the system is validated against the system specification. Often, this is done in a progressive way by integrating more and more components and validating the resulting subsystem [GJM91].

- In the *deployment and maintenance* phase, the system is delivered and installed. Maintenance means on the one hand to correct remaining errors that are only revealed after delivery of the system and on the other the continuous upgrading and modification of the system. Often, modifications result from misunderstandings in the requirements phase, but a system must also be modified according to changing requirements. Often, the cost of maintenance makes up to 60% of the total costs of software [GJM91].

The phases sketched above are those which can be found in a traditional system development process. When the phases are strictly separated and follow subsequently, the process is referred to as the *waterfall model* [GJM91]. It cannot be considered adequate since the requirement that the results of each phase be frozen is not realistic—there is always feedback in later phases (especially when clients use the system) that has an impact on the results of earlier phases (see Figure 2.1).

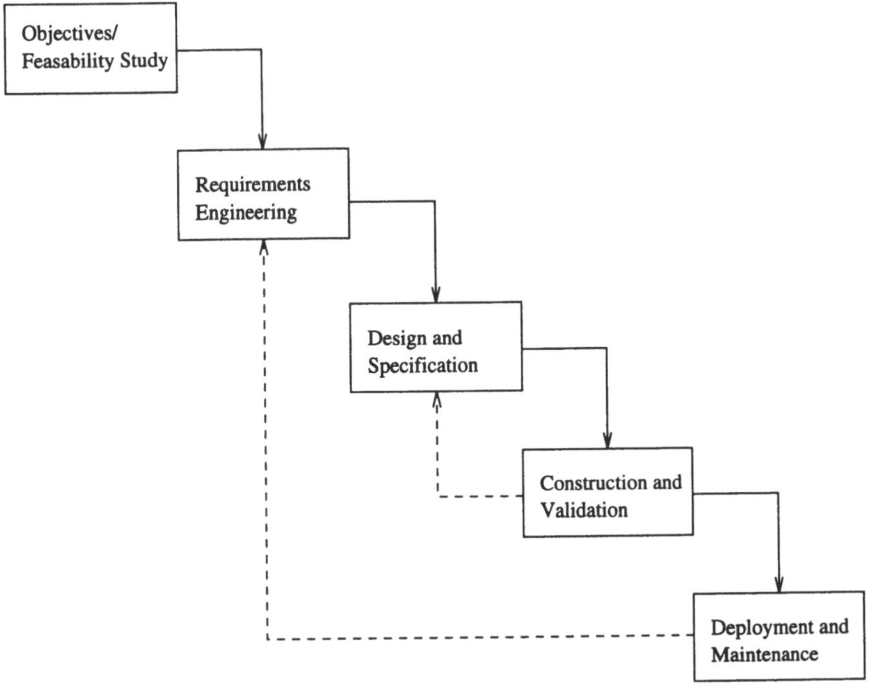

Figure 2.1: Phases in the Traditional Software Development Process

Therefore, a number of alternative process models have been proposed:

- The *incremental* or *evolutionary* model supports the delivery of *increments* to the user in order to making the user drive the evolution of the increment by operational experience. An increment is a self-contained unit along with its specifications and other supporting material [GJM91, Section 7.1.2].

- The *spiral model* consists of cycles consisting itself of four steps:

- The identification of the objectives of the software system, alternative solutions and constraints on the alternative solutions;

- the evaluation of the alternative solutions, maybe using prototypes or formal analysis;

- a plan for the next level of prototyping; and

- a review with suggestions for the next cycle.

The spiral moves outward from the center, where the costs are increasing as the radius of the spiral increases. The progress can be determined by angular displacement.

2.1.2 Quality Criteria

A number of quality criteria can be established for system development [GJM91]. The first set of criteria concerns the design:

- *Adequacy*
  An information system should represent all the desired or even needed aspects of the problem domain. That is, the requirements having been recorded in the requirements analysis phase must be correct in the sense that they are a faithful representation of what the system must ensure in order to satisfy the needs of the client organization. Obviously, there is no way of measuring this quality and it is not possible to guarantee adequacy. In our opinion, the only way to get as close as possible to what the client expects is to perform the process of capturing requirements in an *interactive* way, if possible by using *prototypes* or *animated specifications*, i.e. by simulation. We consider this criterion to be very important since many errors and flaws do not come in during design but during requirements elicitation.

- *Correctness*
  A system is correct if it does not violate its specification. This definition implies that we must be able to *formally verify* whether or not a system meets its specification. An indispensable prerequisite for doing that is the availability of a formal specification of the system or of certain aspects of the system. From these considerations it is also clear that formal representation techniques should be used as early as possible in the development process of information systems.

- *Verifiability*
  The properties of a system should be easy to verify against the specification. To achieve this, formal analysis techniques should be used since testing cannot guarantee the correctness of a system. Generally, formal techniques can hardly be used due to the complexity of the task. Therefore, the structuring of a system into units that can be verified in isolation is considered to be useful to ensure verifiability.

- *Modifiability*
  As said before already, requirements change over time. A system should be easy to modify to meet the new requirements. Today, such changes are often not started at design level but at the product level. Due to the complexity of software systems, the impacts of such changes cannot be fully determined and the system becomes even more fragile. Therefore, the original system design must be performed with modifiability in mind and all changes to the system should be performed at the level of design or even at the level of requirements specification.

- *Reusability*
  In our setting, reusability at the requirements level is most important. During the modeling of a new application we may try to identify parts that are similar to parts used in a previous application. We may then reuse parts of that application instead of developing a new specification from scratch. This, however, requires that the *semantics* of specifications is precise and that the impact of adaption and modification of reused parts can be fully determined. Reusability is not considered explicitly in this thesis, but the proposed approach seems to make a high level of reusability possible.

Finally, let us state two criteria that are essential for dynamic information systems:

- *Integrity*
  Integrity requirements state conditions that must be guaranteed in every state of the system or that must be guaranteed in a sequence of states. Integrity implies that there be not contradictions in states.

- *Safety*
  Safety mainly is considered in real-time systems as the absence of undesirable behaviors. It also is important in information systems since more and more information systems integrate behavioral aspects and these can cause severe

problems (like e.g. in financial applications). Safety requirements state what should always be guaranteed by a system in execution.

Naturally, there are many more quality criteria for software systems. Since we are only considering the abstract specification of systems and problem areas, we will not mention implementation-related criteria.

2.1.3 Development Principles

There are a number of principles that can result in better systems and a successful development of systems. Principles are not enough to drive the process of system development but they are considered essential in the development of large software systems. The list is by no means exhaustive, but it covers the important aspects of information systems development on the conceptual level.

- *Rigor*

  A specification should be as formal as possible. On the one hand, formality induces preciseness. On the other hand, formality makes possible the derivation of knowledge from a design and thus makes the analysis of specifications possible. Full formality, however, is hard to use and understand, in particular by clients who must evaluate a conceptual model specification. In any case, even if a less formal notation is used, there should always be a rigorous semantics to ensure preciseness and analyzability.

- *Modularity*

  A complex system usually consists of a number of subsystems or components. On the conceptual level, there are a number of goals that require modularity: we must be able to decompose a system into components, we must be able to compose components to form a system, we must be able to understand components in isolation in order to reduce the complexity of a system, and we must be able to encapsulate components in order to separate concerns. Decomposing means to divide the system into subsystems in order to concentrate on the local properties of subsystems first. Compositionality means to be able to put subsystems together (using appropriate means to specify their interaction) and yield a semantics of the composite system. The ability to analyze components separately reduces the complexity of the analysis task and supports modifiability. Encapsulation of modules means that there must be a precisely defined interface to a components only allowing access to relevant properties (*black box*). The object-oriented perspective towards systems design supports modularity on the object level. This, however, is too fine a granularity when it comes to the design of large systems.

- *Abstraction*
  Abstraction means to identify the important aspects of a system and to ignore
  irrelevant details. In conceptual modeling and requirements specification, it
  is necessary to abstract from implementation-related details of the solution.
  When we develop a specification, we also abstract from reality. It is generally
  not possible to capture all details of a problem domain. We have to decide
  upon which aspects are relevant and which are not. This implies that there
  may be many different abstractions from the same reality (often called *views*
  [Per90]).

- *Anticipation of Change*
  When designing or modeling a system, the designer should be aware of the
  fact that there will be changes in the problem domain that have to be reflected
  by the model, maybe even introduced through the use of the system in an
  organizational environment. The principle of anticipation of change should be
  used to achieve modifiable specifications and systems. A technique following
  this principle is structuring a design into encapsulated units. Other aspects
  like version control and related issues are not considered in this thesis.

- *Incrementality*
  Incrementality claims that we may develop a design in a stepwise manner,
  where each step is called an increment. Thus, we must be able to expand
  an initial design by additional properties and must be able to refine a design
  in that more details are added. The motivation for incrementality is that
  requirements usually emerge while analyzing the problem domain and while
  interacting with the client about conceptual models [Gog92].

After having discussed properties of the design process especially in the early
phases, let us now enter into a particular phase in the development process, the
requirements analysis and specification phase.

2.2 Requirements Analysis and Conceptual Modeling

Among the first phases of information systems development we can find the requirements analysis or conceptual modeling phase. An important task in this phase
(besides cost estimates, resource estimates, and development time estimates) is the
modeling of the problem domain. A model is an abstraction of something in order
to understand it before constructing it. Basically, the main tasks are:

- an analysis of an organization or a system in order to understand and describe that organization or system precisely, and

- an analysis of the interaction and relationships of the system with its existing or desired environment.

In [DHR91, DDP93], the relationship between the tasks for requirements engineering have been illustrated as shown in Figure 2.2. In the *elicitation task*, the relevant information about the problem domain is collected from the customers or users by the analyst. The techniques for elicitation are not considered in this book. The information collected in the elicitation task is processed in the *modeling task*. The result of the modeling task is a *specification of a model* in the above sense (i.e. a formal representation of the information collected in the elicitation phase) or an improved version of an already existing specification. In the *analysis task*, the specification is (formally) analyzed for consistency and (if possible) completeness. An indispensable tool in the modeling and analysis tasks is a *rigorously defined language* over a set of *precisely defined concepts*. In the *validation task*, a model is presented to the customers or users for examination. The primary task of validation is to check whether the specified model meets the requirements—this can neither be ascertained nor be proven by any modeling and analysis framework.

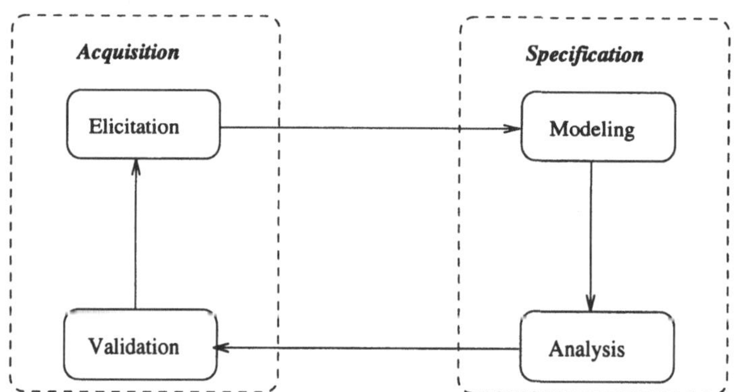

Figure 2.2: The Requirements Engineering Tasks

Requirements engineering for dynamic information systems must also analyze the interactions of components to be computerized and the environment. In the requirements document, we are likely to have references to manual procedures to be installed, to real-world entities, or to specific devices (like sensors). Such systems are often called *composite systems* [Fea87, DD92]. Only some components of a composite system represent software (sub-)systems. Other components are represented by structures to be controlled or monitored in software components. Of special importance are the associations and interactions between software components and other components of the system—they are turned into interfaces of the software system to its environment later.

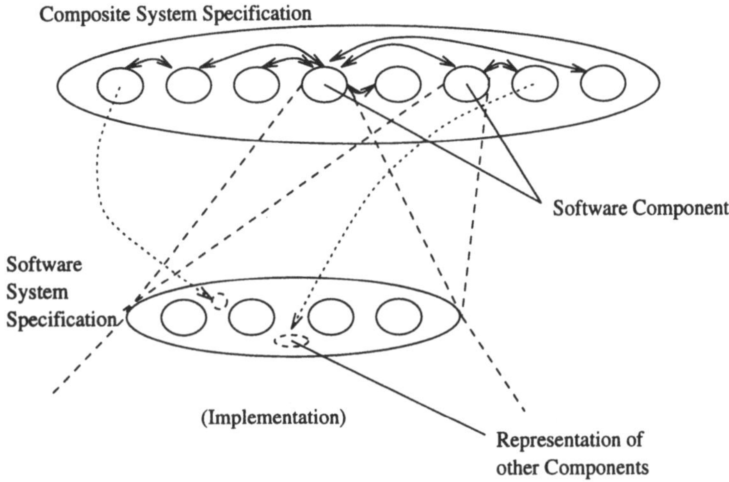

Figure 2.3: A Composite System Specification and its Implementation

Figure 2.3 illustrates the notion of composite system. It shows the composite system specification which consists of interacting objects. Some of these objects represent software systems—they are defined and refined in the specification of the software system. This specification also includes representations for those components that interact with the software system or are controlled by the software system.

2.2.1 Notions and Properties

The term *requirements analysis* usually denotes the process of capturing the requirements of the client. The end-product of this phase is a *requirements specification* which contains as its most important part a specification of a model of the problem domain. Traditionally, this model is *functional*, i.e. it identifies the functionality which is to be computerized by the system to be developed. The data structures are developed around the functions.

The term conceptual modeling denotes a similar process in the context of information systems. A conceptual model is usually *data-oriented*, i.e. it identifies the data to be represented and its structuring according to *entities* in the problem domain. The functionality of the system based on the data structures usually is vaguely defined. The end-product of conceptual modeling usually is called a conceptual model (although it really is a *specification* of such a model).

Recently, it has been realized that the temporal aspects of an information system (in particular the evolution of data over time) were not treated sufficiently by neither the functional nor the data-oriented approach. The *behavioral perspective* (cf. [Lin90, Saa91, DHR91, RC92]) therefore focuses on the dynamic evolution of data and the impact of events on the state of the system.

In any case, a specification describes a model which enables us to understand the problem. It contains the relevant aspects and properties of a portion of the problem domain.

Qualities

We want to concentrate here on the qualities that a specification must have. Many of the qualities have been mentioned already for the entire development process. We briefly want to comment on the most important ones in this phase:

- *Modifiability*

  Since the requirements specification is the vehicle for understanding a problem, it is also the basis for interactions between developers and clients. It has also been said before that requirements emerge gradually in the analysis phase. Thus, a specification is to be considered as an increment which is subject to refinement.

- *Understandability*

  A specification must be understandable. For large specifications, it is essential that we are able to analyze parts of the specification in isolation. Ideally, the specification parts correspond to components of the system. In order to understand the whole specification, we must be able to compose the parts into a specification of the whole system.

  Another important aspect of understandability is the *expressiveness* of specification formalisms. A developer should not be forced to code already at the conceptual level but should be able to express things as natural as possible. A specification in a formal calculus or in terms of mathematical expressions is hard to understand for the developer and impossible to understand for the client. The use of graphical symbols also helps a lot.

2.2.2   Techniques

A great number of techniques have been proposed for requirements specification. In the following, we want to mention some techniques and evaluate them against some issues.

Structural and Behavioral Modeling

In a specification of a model of the problem domain, we must be able to specify *structural and behavioral aspects*.

Behavioral modeling mainly is used in connection with Structured Analysis techniques [DeM79]. Structured Analysis techniques analyze a problem domain by discovering the data flows in the problem domain. Data is transformed and transformations are connected. The basic concepts of *Data Flow Diagrams* are

- *external entities* which act as sources or sinks of data outside the system to be computerized;

- *data transformations* which represent *functions* mapping input data to output data;

- *data stores* that store data, and

- *data flows* between external entities, data stores, and transformations.

The emphasis lies on the modeling of the data transformations, hence such approaches are called "functional". The process of producing a Data Flow Diagram is called functional decomposition, since it decomposes a problem domain according to the data transformations being identified or desired. Data is grouped around functions. The approach *neglects the structure* of the problem domain. Furthermore, functions are more likely to change than entities [GJM91].

Other behavioral modeling approaches emphasize *states* and *state transitions*. A prominent example are *Statecharts* [Har88].

There have been proposed a large number of formal approaches to behavior specification. On the one hand, we have several approaches in the *process specification* corner, of which the basic ones are CCS [Mil80] and CSP [Hoa85]. A process is considered to be a collection of possible life cycles. On the other hand, we have Petri nets [Rei85], which allow for the specification of concurrent behavior.

In general, approaches to behavioral modeling allow for at most very restricted ways to model structural properties. The formal approaches neglect the need for structural modeling except for LOTOS [ISO84] which employs algebraic specification of data types.

Structural modeling in contrast concentrates on the identification of the entities in a problem domain, their properties and the relationships between entities. These are the main concepts of the Entity-Relationship model [Che76] of which a number of extensions have been proposed, e.g. [HNSE87, EN89, Hoh90]. Structural modeling is also underlying other database models.

In structural modeling, the description of operations on structures or of behavior is usually not integrated. These aspects have to be described in a different model. In general, coherence of models is a problem when using such an approach.

Thus, none of the approaches is suited to cover both structural and behavioral aspects satisfactorily. One solution would be to *combine* the specification of different aspects of a problem domain. It has been shown, however, that neither starting with functional decomposition and take data stores and external entities as input for a structural modeling approach nor starting with a structural approach and defining behavior using data flow diagrams leads to satisfactorily results [SF91, Wie91b, Wie91a].

A promising approach is the object-oriented approach. There are approaches, however, which use different diagrams for the structural, behavioral, and functional aspects of a system which fail to integrate fully these aspects later [RBP+91].

Declarative and Operational Specifications

Behavior can be specified in several styles [HR92].

- The *declarative* style employs formulas to *constrain* the possible behaviors. Thus, the goal is to specify the valid states, the valid changes, and the *admitted behavior*. The approach provides a very high level of abstraction along with the possibility to describe locality of properties. The severe drawback is known as the *frame problem* [HR92]: we do not only have to specify the required changes, we also have to *explicitly exclude the undesired ones*! If we specify that certain conditions imply the change of the value of a variable, then we might want that *only* under these conditions a change is allowed; this must be specified explicitly by *excluding all other possible changes*.

- The *operational* style employs explicit control through calls and triggers to execute operations that modify information. There is an implicit assumption that no change takes place unless induced by the execution of an operation. This approach, however, prevents an abstract description of admissible behavior and constraints. It is e.g. impossible to express a requirement like "salaries never decrease" directly; we have to analyze all operations to be able to infer such a requirement.

In the requirements engineering phase for dynamic information systems we are likely to encounter various kinds of behavior. For some kinds, the declarative style has advantages over the operational style, for others the operational style is more suited. Thus, it has been argued in [SE90, FSMS90, JSHS91, SSC92] as well as in [HR92] that reconciling both approaches results in a powerful approach to specifying the dynamics of information systems.

Top-Down and Bottom-Up Modeling

The usual way in requirements analysis is to employ a *top-down* approach [DD92]. One starts with identifying *global goals* which the system as a whole must fulfill. Then, the components of the system are identified and to each of them the local responsibilities and properties are attached such that the decomposition preserves the original global specification. Each component can be further decomposed by applying the previous step recursively.

Bottom-up modeling means to analyze the problem in order to identify required components, to select suitable components from a library and adapt them or create them according to the needs, and to assemble the components to form the system.

In practice, the goal is to combine both approaches: in order to understand a sufficiently large problem domain, one has to decompose it into subsystems which are then analyzed in isolation. The relationships between the components must be analyzed, too. Then components are modeled and assembled using the relationships identified before. Such a process is supported by *object modeling*.

2.2.3 Object Modeling

The notion of object-orientation was coined with the presentation of the language SIMULA [BDMN73], which was originally developed for simulation. The developers of SIMULA took as a basis for their language the idea for regarding the situation to be simulated as a *collection of objects that interact*. This idea has been employed by many approaches to modeling, among them OBLOG [SFSE89] or OMT [RBP+91].

A central characteristic of problem domains is their *concurrency*. In has been pointed out in [Weg90], that object-based concurrency allows the natural modeling of concurrency aspects in problem domains and thus expands the power of modeling approaches. In a more formal setting, even concurrency alone is an active field of research. Combining concurrency and object-orientation *in a formal setting* is still an active field of research. First attempts are e.g. [Agh86, SEC90, EGS90, ES91].

Concepts

Usually, the following characteristics are agreed upon in research on object-oriented concepts:

- *Object*
  An object is the *basic structuring unit*. It represents a concept with sharp boundaries. It is described by an interface consisting of observable properties (attributes) and operations or events as state changes, and admissible behaviors. An object description describes actual *instances*. An instance is in a *state* at each moment of existence. The state is reflected in the values of the attributes.

- *Identity*
  Each instance has its own unique identity. Thus, we are able to distinguish instances in a state even if the values of all their observable properties are identical. We must also be able to refer to the same object in different states.

- *Classification*
  Objects having the same properties and showing the same admissible behavior can be grouped into a class. A similar notion is that of *typing* although the direction is the opposite: a type describes the potential instances. The currently existing instances form a class of that particular type.

  The main purpose for classification is abstraction—we do not have to describe each instance separately, it deserves to describe a generic instance and the possible extensions of classes.

  Please note that the classification of instances is not necessarily based on the syntactical notion of having the same properties and behavior—classification is always performed according to problem-related semantics.

- *Specialization*
  Objects (and classes) can be related to others to form a hierarchy. A specialization instance is a more detailed view on the same conceptual entity than the base instance. Therefore, it is called an *aspect* in [ES91]. On the specification level, the specified properties of the base also hold for the specialization but may be further refined. On the instance level, the base instance is included in the specialization instance. Please note that this ensures that both instances refer to the same conceptual entity.

Specialization is a static concept: if it exists, a specialization exists for the whole lifetime of the base aspect, and there can exist at most one specialization of a kind of a base instance.

- *Roles*
  Role instances are *temporary specializations*. In contrast to specialization, there can be multiple roles of one base instance in a state and a role can be played several times in the life of a base instance. Roles are a new concept that origins in the modeling of behavior-intensive applications [Sci89].

- *Aggregation*
  Composite instances or *aggregations* have other instances as components, they are *parts*. The properties specified for the parts or components remain valid in the context of the composite object. An access to components, however, is only possible through their interface—direct manipulation is not possible.

- *Relationships*
  When considering objects as the basic building blocks of system models, we have to be able to specify interactions and dependencies between them. Following the tradition of semantic data modeling, this should be separated from the description of the objects itself. It is not desirable to describe context-sensitive information (as relationships to other components are) in the local context of an object description. Relationships have been proposed as a modeling concept in object modeling in [RBP+91].

Implications

Object modeling on the conceptual level implies the following deviations from traditional modeling principles [RBP+91, Boo90, Ver91]:

- The emphasis is not on the modeling of the functionality of the entire system or the structure of the application domain but on the structure and behavior of the system components, the objects. That is, information is localized around objects.

- There is no separation of structural and operational specifications. Objects are highly independent entities containing highly coherent (structural and behavioral) information local to it.

- The behavior of the system is determined by the behavior of the components and the interaction between them. There is no global control instance describing an invocation structure for functions.

2.2.4 Knowledge Representation

Knowledge representation is concerned with *world modeling* [Myl90]. "Objects" are regarded as the things that populate the problem domain or Universe of Discourse.

Researchers interested in knowledge representation are interested in *symbolic structures* that represent information. These structures (also called *notation*) must be suitable to be used to describe (rather than prescribe) open, hardly definable and unpredictable domains.

Very early, researchers have found predicate logic to describe assumptions holding in problem domains very useful. Predicate logic, however, results in a clumsy description since it is difficult to organize descriptions. A good overview on the use and limitations of logic in knowledge representation can be found in [Kow89]. Logic is only a formalism to be used at some internal level because it does per se not provide any structuring concepts geared towards external (i.e. real-world) semantics.

Today, one can identify three main streams of notational approaches to knowledge representation [Myl90]:

- *Entity-based* notations
  Such notions offer some kind of entity concept. An entity is assumed to have a one-to-one correspondence to an "object" in the real world.

- *Term-based* notations
  These notions focus on the specification and organization of terms used to express knowledge about a problem domain. Term-based notations are often equipped with description-forming operations. Terms are interpreted in a symbolic way in the tradition of deductive logic.

- *Frame-based* notations
  Frames are data structures to represent common knowledge. They furthermore support different forms of common sense reasoning, including default reasoning.

A particular representative of entity-based notations are semantic nets [RM75]. A semantic net is a directed graph whose nodes denote entities or entity types and whose labelled edges denote relationships of several kinds:

- `is-instance-of`
  The target node of an `is-instance-of` relationship is an entity type of which the source node is an instance. This implies that the description of the schema and the actual population are mixed in one semantic net.

- `is-a`
  An `is-a` relationship denotes *specialization*: the source entity is a specialization of the target entity.

- `is-part-of`
  This relationship describes the fact that the source entity is regarded to be a component of the target object (which is then an aggregation).

Some semantic data models like TAXIS [MBW80] are based on semantic nets. Frame-based notations [Min75] employ the following concepts:

- Frames are data structures denoting a *natural kind*, i.e. they are similar to an object type. A frame has a number of *properties* which apply to the kind of type and a number of *slots* which are attributes or procedures denoting a data value. Slots are local to an instance of a frame.

- There is an *is-a* relationship between frames along with *inheritance* of properties and slots from the base frame. We can have monotonic inheritance as well as non-monotonic inheritance (in the presence of exceptions and defaults).

- Integrity constraints, like e.g. cardinality constraints, can be attached to frames and relationships.

Frames focus on concepts of stereotypes and default reasoning. The world is modeled by comparing newly discovered "objects" to already known stereotypes. In absence of information, default assumptions are made which can be retracted in a non-monotonic way when more information becomes available.

Concepts from entity-based and frame-based knowledge representation approaches have influenced requirements specification and data models. In particular the inference techniques that come with formal approaches to knowledge representation have had a significant impact on data models. We only want to mention the notions here:

- Closed-World Assumption (CWA)
  A representation of a problem domain always leaves certain aspects unspecified. The closed-world assumption basically states that unspecified facts have to be considered as being false. This way, an incomplete representation can be completed. For details see [Bra92].

- Unique Name Assumption (UNA)
  An unambiguous representation of knowledge must rely on the assumption that names for entities be unique.

- Non-Monotonic Reasoning
  Non-monotonic reasoning basically means that assumptions that have been
  made in the absence of facts can be dismissed when information is available
  (which is not true in classical logic).

Moreover, the representation of *temporal* and *spatial* knowledge has become very
important when regarding domains with inherent dynamics. There is a variety
of approaches that penetrates many fields from planning [AHT90] to information
and data modeling. Recent developments in the context of information systems
modeling are RML [GBM86] and Telos [MBJK92].

These considerations conclude the discussion of the context of research in system
development.

2.3 Requirements and Characteristics of a Logic-based Approach

We have pointed out the importance of a rigorously defined language for modeling
and analysis in the early phases of information systems development. The concepts
underlying that language shall

- support the perspective of object systems, i.e. a system is represented as a
  collection of interacting objects that evolve over time in a discrete, event-
  driven way, and

- support the abstract specification of systems according to that perspective.

We are trying to combine characteristics of the approaches to the development
of complex systems described above in order to come up with a new language that
fulfills the following requirements:

- The language shall support a *problem-oriented* way of modeling. That is, we
  want to model problems and their conceptual solution, but not the implementation of the solution.

- This implies that the language must have a high degree of *expressiveness*
  because the specifier should not be forced to encode the problem to be able
  to specify it.

- The language must have a well-defined semantics, which should be as rigorous
  as possible. The semantic framework must be *logic-based* in order to make
  reasoning about specifications possible.

- The language must support both a declarative and an operational style of specification in order to be used for capturing *structural and behavioral* aspects of systems. Thus, we must integrate the description of states and evolution of states as well as the description of events or actions that cause states to change.

- The language must provide a wide variety of structuring mechanisms for specifications in order to reduce the complexity of a specification. The structuring mechanisms should make use of *object-oriented* concepts. The structuring mechanisms should not only support better understanding of system specifications but should also make possible to reason about components in isolation.